ALTE ABENTEUERLICHE REISEBERICHTE

Henry M. Stanley

Henry M. Stanley

Wie ich Livingstone fand

Mit 43 Abbildungen
und 2 Karten

Herausgegeben
von
Heinrich Pleticha

Verlag
Neues Leben
Berlin

ISBN 3-355-00157-0

© 1981 Edition Erdmann Verlags-GmbH, Tübingen
© 1983 Edition Erdmann in K. Thienemanns Verlag, Stuttgart
Lizenzausgabe für den Verlag Neues Leben, Berlin

Verlag Neues Leben, Berlin 1986
Lizenz Nr. 303 (305/104/86)
LSV 7323
Schutzumschlag und Einband: Hilda und Manfred Salemke
Druck und buchbinderische Weiterverarbeitung:
Offizin Andersen Nexö, Graphischer Großbetrieb, Leipzig III/18/38
Bestell-Nr. 644 125 8
01480

INHALT

»Dr. Livingstone, I presume?«

Kaum ein anderer Satz aus den Reisewerken der Entdecker ist so populär geworden wie diese steife Frage des jungen Journalisten Henry Morton Stanley am Freitag, dem 10. November 1871, bei seiner ersten Begegnung mit dem berühmten Afrikaforscher David Livingstone in Udschidschi, einem Sklavenhändlerdorf am Ostufer des Tanganikasees. 236 Tage war Stanley unterwegs gewesen und hatte in dieser Zeit von der ostafrikanischen Küste aus gut tausend Kilometer zurückgelegt, um im Auftrag eines amerikanischen Zeitungsverlegers den im Herzen Afrikas verschollenen Livingstone zu suchen.

Man kann sich kaum größere Gegensätze vorstellen als die beiden Männer, die an diesem abgelegenen Fleck der Erde zusammentrafen: der achtundfünfzigjährige erschöpfte und schwerkranke Arzt, der, ohne es zu ahnen, nun schon am Ende seiner Forscherlaufbahn stand, und der einunddreißigjährige energische Journalist, der über keinerlei Erfahrungen als Afrikareisender verfügte und völlig unbekümmert in dieses Abenteuer gezogen war. Für den einen war die Begegnung ein letzter Lichtblick in einer schwierigen Lage, für den anderen sollte sie zum Schicksal werden, sollte ihn entscheidend verändern und prägen und ihn auf seine eigentliche Bestimmung als Forscher verweisen. Nur eines hatten diese beiden Männer gemeinsam, beide stammten sie aus einfachsten Verhältnissen und hatten sich ihren Weg nach oben, der zugleich ein Weg in den dunklen Erdteil war, ebenso mühsam wie energisch erkämpfen müssen*.

---

* Bei den folgenden Schilderungen der Lebenswege decken sich einige Abschnitte mit Teilen der Einleitungen zu Livingstone »Zum Sambesi und quer durchs südliche Afrika« und Stanley »Die Entdeckung des Kongo« (beide Edition Erdmann) vom gleichen Herausgeber. Da es nicht sinnvoll erschien, dieselben Fakten mit neuen Worten zu wiederholen, wurden sie deshalb hier übernommen, jedoch in andere Zusammenhänge eingeordnet.

David Livingstone wurde am 29. März 1813 in Blantyre in der Nähe von Glasgow in Schottland geboren. Er stammte aus einer alten Bauernfamilie, doch hatte schon der Großvater seinen kleinen Besitz verkauft und sich in der Hoffnung auf bessere Lebensbedingungen Arbeit in einer der damals gerade aufblühenden Baumwollspinnereien gesucht. Der Vater verdiente sein Geld als Teekrämer, die Mutter mußte mehr schlecht als recht die Kinder versorgen. Kein Wunder also, daß David schon mit zehn Jahren in die Fabrik geschickt wurde, um durch seinen kleinen Verdienst zur Verminderung der familiären Sorgen beizutragen. Der Junge war aber nicht gewillt, sich mit diesem Schicksal abzufinden. Für einen Teil des ersten Wochenverdienstes kaufte er sich ein Lehrbuch der lateinischen Sprache. Nach der Arbeit besuchte er von acht bis zehn Uhr eine Feierabendschule, die von den Fabrikbesitzern eingerichtet worden war. Dann studierte er daheim bis Mitternacht weiter, obgleich er um sechs Uhr früh schon wieder mit der Fabrikarbeit beginnen mußte. Nebenbei verschlang er in seiner Lesewut alle Bücher, die er nur auftreiben konnte, besonders naturwissenschaftliche Werke und Reiseliteratur.

Schließlich reifte in ihm der Plan, als Missionar nach China zu gehen. Es war kennzeichnend für Livingstones praktische Einstellung, daß er zugleich beschloß, sich eine solide medizinische Ausbildung zu verschaffen, um für den erstrebten Beruf besser geeignet zu sein. So kaufte er sich einige ältere medizinische Werke und setzte mit ihrer Hilfe zuerst einmal sein Selbststudium fort. Eine Lohnaufbesserung nach einigen Arbeitsjahren ermöglichte es ihm, im Sommer genug für den Unterhalt der Familie zu verdienen und im Winter an der Universität Glasgow Vorlesungen über Medizin und Theologie zu besuchen. Auf Empfehlungen einiger Freunde schloß er sich einer konfessionell nicht gebundenen Missionsgesellschaft in London an, die den strebsamen jungen Mann unterstützte, der schließlich seine medizinischen Studien erfolgreich abschloß. Sein Plan, nach China zu gehen, scheiterte allerdings an den politischen Verhältnissen, da der sogenannte Opiumkrieg dort jede missionarische Tätigkeit verhinderte. Dafür lenkte der Missionar Robert Moffat

(1795–1883), einer der besten Kenner Südafrikas, Livingstones Aufmerksamkeit auf das noch weitgehend unerschlossene Gebiet. Dieser nahm die Anregung dankbar auf und reiste 1840 nach Afrika.

Die folgenden Jahre verbrachte er zuerst als Arzt und Missionar auf der Station Moffats, dessen Tochter er 1844 heiratete. Zusammen mit ihr zog er nördlich in das Landesinnere und gründete 1847 eine neue Missionsstation in Kolobeng. Die dort lebenden Buren zwangen ihn aber, seine Tätigkeit wieder aufzugeben, und deshalb entschloß er sich 1849 zu einer ersten größeren Entdeckungsreise durch die Kalahari, um den Ngamisee zu suchen, von dessen Vorhandensein er Kenntnis erhalten hatte. Als er ihn tatsächlich entdeckte, war das ein beachtenswerter Erfolg für den damals in der wissenschaftlichen Welt noch völlig unbekannten Missionar, der zugleich sein Leben von Grund auf verändern sollte; denn von nun an widmete er sich in zunehmendem Maß der wissenschaftlichen Forschung. Da die Kenntnis des südlichen Afrika um die Mitte des vorigen Jahrhunderts noch ausgesprochen dürftig war, entschloß er sich 1852 zu einer großen Reise, die ihn berühmt machte*.

Er zog erst am Sambesi aufwärts, überquerte dann die Wasserscheide zum Kongo, wandte sich nach Nordwesten und erreichte schließlich nach erheblichen Strapazen Ende Mai 1854 die portugiesische Niederlassung Loanda an der Atlantikküste. Die Reise war zwar ein wesentlicher Beitrag zur Erforschung Afrikas, doch bewies sie gleichzeitig, daß sich im Gegensatz zu Livingstones Vermutung die verfolgte Route nicht praktisch nutzen ließ. Kurz entschlossen kehrte er deshalb auf dem fast gleichen Weg wieder zurück und wandte sich im November 1855 nach Osten, um dem Sambesi abwärts bis zum Indischen Ozean zu folgen. Gleich zu Beginn dieses neuen Reiseabschnitts entdeckte er die großen Wasserfälle des Sambesi, die er nach seiner Königin Victoria-Fälle benannte. Ende Mai 1856 erreichte

---

* Vgl. hierzu seinen Reisebericht »Zum Sambesi und quer durchs südliche Afrika« (Edition Erdmann Tübingen 1980).

er die Ostküste des Erdteils und hatte damit innerhalb von vier Jahren als erster europäischer Reisender das südliche Afrika durchquert.

In den Jahren zwischen 1858 und 1864 unternahm er acht kleinere, weniger beachtete Reisen, auf denen er den Unterlauf des Sambesi genauer erforschte. 1864 bereitete er dann im Auftrag der Königlichen Geographischen Gesellschaft ein neues großes Unternehmen vor, bei dem er das Rätsel der Nilquellen lösen wollte. Schon 1858 hatten Richard F. Burton und John H. Speke von Ostafrika aus das zentralafrikanische Seengebiet erreicht und den Tanganika- und den Victoriasee entdeckt, doch war es ihnen nicht gelungen, die Trennung der Flußsysteme von Nil und Kongo zu klären. Livingstone plante, an ihre Erfolge anzuknüpfen. Er zog 1865 von der Ostküste bis zum Njassasee und an dessen Westufer vorbei nach Norden, bis er im April 1867 das Südende des Tanganikasees erreichte. Von hier aus wandte er sich westwärts zum Merusee und kam im Juli 1868 an den Bangweolosee. Von da aus kehrte er wieder nach Norden zurück, wo er in Udschidschi, das wir in dem folgenden Text näher kennenlernen, Nachschub an Lebensmitteln und Medikamenten vorzufinden hoffte. Aber diese Vorräte waren gestohlen worden. Statt daraufhin die an sich schon langdauernde und erfolgreiche Expedition abzubrechen und auf dem bekannten Karawanenweg an die Ostküste zurückzukehren, beschloß er, trotz aller Schwierigkeiten erneut in das Gebiet westlich des Sees vorzustoßen und dort die Flußsysteme zu erkunden.

Livingstone war zu diesem Zeitpunkt der Lösung des Problems sehr nahe, wenn er auch seine Aufmerksamkeit zu stark auf mögliche Quellflüsse des Nil konzentrierte und die Möglichkeit einer Verbindung dieser Flüsse mit dem Kongo außer acht ließ. Immerhin gelangte er westwärts bis Njangwe (Nyangwe), einem wichtigen Stützpunkt der Sklavenhändler am Lualaba, den er für den Oberlauf des Nil hielt. Unruhen der Eingeborenen und Intrigen der Sklavenhändler verhinderten eine Weiterfahrt flußabwärts und damit die Erkenntnis, daß es sich hier um einen der Quellflüsse des Kongo handelte, wie erst neun Jahre später Stanley beweisen sollte. So aber kehrte er nach Udschi-

dschi zurück. Seine lange Abwesenheit und Aussagen von Eingeborenen hatten in Europa das Gerücht von seiner Ermordung
aufkommen lassen und schwere Besorgnis ausgelöst. Deshalb
sandte der New Yorker Zeitungsverleger James Gordon Bennett
im November 1869 den jungen Reporter Henry Morton Stanley
auf die Suche nach Livingstone.

Dieser hieß eigentlich John Rowlands und wurde 1841 als
uneheliches Kind einer Magd und eines kurz zuvor verstorbenen
Landwirts in dem kleinen Dorf Denbigh, unweit Liverpool, geboren. Not und tiefstes Elend zeichneten die Kindheit des kleinen John, der von niemandem geliebt, von allen aber als Last
empfunden und dementsprechend umhergestoßen wurde. Mit
siebzehn Jahren hielt er es schließlich nicht mehr daheim in
England aus und ging als Schiffsjunge nach Amerika. In New
Orleans fand er Unterkunft bei einem Kolonialwarenhändler, der
den aufgeweckten Jungen schließlich als Pflegesohn annahm
und ihm auch seinen Namen – Henry Stanley – gab. Aber schon
1861 starb der Pflegevater, und der nun zwanzigjährige Stanley
war wieder auf sich selbst gestellt. Während des Sezessionskrie-
ges kämpfte er als Freiwilliger in der Armee der Südstaaten,
diente dann in der Flotte der USA und versuchte sich schließlich als Journalist. Er bewies Begabung und Wagemut, ging erst
nach Kleinasien und dann als Kriegsberichter des »New York
Herald« nach Abessinien. Sein Verleger schätzte die Fähigkeiten
des jungen Mannes richtig ein, und so kam es zu jener Szene,
die Stanley in der Einleitung dieses Buches schildert.

Stanley mag in seinem Bericht die nachfolgende Suche und
nicht zuletzt auch seine eigenen Verdienste daran journalistisch
etwas aufgebauscht haben. Zudem hatte er ein gutes Gespür für
wirkungsvolle Effekte, und gewiß war es auch nicht so schwierig, Livingstone aufzufinden; denn die Nachrichtenverbindun-
gen arabischer Händler funktionierten vorzüglich. Aber er hat
mit der ihm eigenen anerkennenswerten Energie diese Reise zu
einem Zeitpunkt verwirklicht, zu dem seine Landsleute unnötig
zögerten, und er hat damit dem kranken und erschöpften Livingstone im entscheidenden Augenblick noch einmal eine
Überlebenschance verschafft. Daß sie dieser nicht oder, besser

gesagt, in einem anderen Sinne nutzte, als man normalerweise erwartet hätte, lag im Charakter des zähen Schotten begründet, der den Rettungsanker nicht ergriff, sondern in dem für ihn typischen Pflichtbewußtsein ausharrte und trotz seiner Erschöpfung die einmal gestellte wissenschaftliche Aufgabe lösen wollte.

Wie ernst die Lage für Livingstone in den Tagen unmittelbar vor dem Eintreffen Stanleys geworden war, geht aus seinen eigenen Tagebuchaufzeichnungen hervor, die in ihrer Nüchternheit zugleich ein interessantes Gegenstück zu Stanleys dramatischer Schilderung bilden:

»23. Oktober*. – Bei Tagesanbruch nach Udschidschi aufgebrochen. Daselbst von allen Arabern ... begrüßt. Ich bin bis zum Skelett abgemagert, da aber hier täglich Markt gehalten wird und alle Arten heimischer Lebensmittel feilgeboten werden, so hoffte ich, gute Verpflegung und Ruhe würden mich bald wieder herstellen; am Abend kamen jedoch meine Leute und meldeten mir, Shereef habe alle meine Waren verkauft. Diese Nachricht wurde durch Moenyegheré bestätigt, der mir sagte: ›Wir protestierten dagegen, er ließ aber von 3000 Ellen Kattun keine einzige übrig, ebensowenig von den 700 Pfund Perlen eine Schnur.‹ Das war eine sehr niederschlagende Kunde. Ich hatte mich entschlossen, falls ich keine Leute in Udschidschi bekommen könne, daselbst zu warten, bis Begleiter für mich von der Küste her eintreffen würden, aber daß ich dort als Bettler warten sollte, hatte ich nicht mit in Berechnung gezogen, und ich fühlte mich sehr unglücklich bei diesem Gedanken ...

24. Oktober. – Meine Waren sind an Shereefs Freunde für bloß nominelle Preise verkauft worden. Seyed bin Majid, ein guter Mann, schlug vor, sie sollten mir zurückgegeben und Shereef das Elfenbein abgenommen werden; sie wollten sie aber nicht wieder zurückgeben, obschon sie wußten, daß sie gestohlen waren ... In meiner Verlassenheit kam ich mir vor wie der Mann, der von Jerusalem nach Jericho ging und unter die Räuber fiel; ich konnte aber nicht hoffen, daß Priester, Levit oder ein guter

---

* Zur fehlerhaften Datumsberechnung vgl. im folgenden die Bemerkungen Stanleys auf S. 153 f.

12

Samariter von irgendeiner Seite käme ... Als jedoch meine Niedergeschlagenheit den höchsten Grad erreicht hatte, war der gute Samariter wirklich dicht bei mir. Eines Morgens kam Susi gerannt und rief mir, nach Atem schnappend, schon von ferne zu: ›Ein Engländer! Ich sehe ihn!‹ Damit stürzte er wieder fort und ihm entgegen. Die amerikanische Flagge an der Spitze einer Karawane verkündete die Nationalität des Fremden. Warenballen, zinnerne Badewannen, große Kessel, Kochtöpfe, Zelte usw. ließen mich denken: ›Das muß ein sehr gut ausgestatteter Reisender sein und nicht einer, der mit seinem Witz zu Ende ist wie ich.‹ (28. Oktober) Es war Henry M. Stanley, der reisende Korrespondent des New York Herald, den James Gordon Bennett jun. mit einem Kostenaufwand von über 4000 Pfund ausgesandt hatte, um genaue Erkundigungen über Dr. Livingstone einzuziehen, falls ich noch lebe, und falls ich tot sei, meine Gebeine nach Hause zu bringen. Die Neuigkeiten, die er mir, der ich zwei Jahre ohne jede Kunde von Europa gewesen war, zu erzählen hatte, machten meinen ganzen Körper erbeben ... Der Appetit stellte sich wieder ein, und statt der schmalen, geschmacklosen zwei Mahlzeiten des Tages aß ich täglich viermal, so daß ich mich nach einer Woche kräftig zu fühlen begann. Ich gehöre nicht zu den demonstrativen Naturen und bin wirklich so kalt, wie es uns Insulanern als Grundzug unseres Wesens nachgesagt wird, aber die uneigennützige Güte, welche Mr. Bennett für mich hatte und zu deren ausübendem Werkzeug Mr. Stanley sich in so edler Weise gemacht, war doch überwältigend für mich. Ich fühle eine unbegrenzte Dankbarkeit ...«

Diese Zeilen bleiben aber auch die einzige gefühlsbetonte Äußerung. Auf den folgenden Seiten seines Tagebuches vermeidet Livingstone dann alle persönlichen Bemerkungen. Wenn er Stanley erwähnt, dann meistens nur mit kurzen Hinweisen auf dessen Fieberanfälle. Das besagt aber keineswegs, daß er ihn nicht schätzte und seine Leistungen nicht anerkannte. Stanley selbst war wesentlich enthusiastischer und machte aus seiner tiefen Verehrung für den Älteren nie ein Hehl. Nur einmal noch spricht er später in seinen »Erinnerungen« rückblickend von seinem Pflegevater mit gleicher Wärme. –

Die vier Monate des Zusammenseins wurden für Stanley zur wichtigen Lehrzeit. Er durfte mit Livingstone den Nordteil des Tanganika erkunden. Auch bei den Berichten über dieses Unternehmen scheiden sich die Geister. Während Stanley die Reise ausführlich schildert und die Entdeckung, daß der Rusizi einen Zufluß in den See bildet und diesen nicht in das Quellgebiet des Nils entwässert, geradezu dramatisierte, ging Livingstone auf die Entdeckung in seinen Tagebüchern nur ganz knapp und am Rande ein, weil sie ihm nicht bedeutsam genug war. Trotzdem prägten die gemeinsam verbrachten Wochen den jungen hitzköpfigen Journalisten und beeinflußten seinen weiteren Lebensweg ganz entscheidend. Am 14. März 1872 trennten sich die beiden. Livingstone blieb in Unyanyembé zurück, um auf die versprochenen Hilfsgüter zu warten, während Stanley wieder nach Osten zog. Die beiden sollten sich nie mehr wiedersehen. Sobald Livingstone seinen Nachschub erhalten hatte, zog er an der Ostseite des Tanganikasees südwärts erneut bis zum Bangweolosee und umwanderte, stets nach der Nilquelle suchend, dessen Osthälfte. Aber die Strapazen dieser Reise waren zuviel für den geschwächten Körper. Am Morgen des 1. Mai 1873 fanden ihn seine schwarzen Diener in der Hütte eines Eingeborenendorfes, in dem er Rast gemacht hatte, vor dem Bett kniend, der Kopf ruhte auf den gefalteten Händen. Der Tod hatte ihn im Gebet überrascht. –

Die treuen Diener unter der Führung von Susi und Chuma begruben sein Herz unter einem Baum und balsamierten den Leichnam auf primitive Weise ein. Dann transportierten sie ihn heimlich und unter größten Strapazen bis zur Küste; eine Tat tiefster Treue, die noch ein letztes Mal bewies, wie beliebt Livingstone bei seinen Leuten gewesen war! Die kleine Karawane erreichte den Indischen Ozean, und ein Schiff brachte den toten Forscher in die Heimat, wo er am 18. April 1874, ein Jahr nach seinem Tod und zwei Jahre nach dem Abschied von Stanley, in der Westminster-Abtei beigesetzt wurde.

Zu den Männern, die bei dem feierlichen Leichenkondukt die Schnüre des Bahrtuches hielten, gehörte auch Stanley. Er hatte in den Monaten nach seiner Rückkehr gleichermaßen heftige Anfeindungen wie begeisterte Anerkennung geerntet. Er hatte bewußt darauf verzichtet, sich im Gefolge Livingstones als Autorität in geographischen Fragen aufzuwerfen. Nun aber, nach dem Tode seines Lehrmeisters, sah er auch seine Stunde für gekommen, und er beschloß, die von Livingstone nicht mehr bewältigten Probleme anzugehen und das Rätsel der Nilquellen endgültig zu lösen.

Ähnlich wie in Nord- und Südamerika hat die Erforschung der großen Ströme und ihrer Einzugsgebiete sowie die Nutzung der Wasserwege zum Eindringen ins Innere auch bei der Entschleierung Afrikas eine bestimmende Rolle gespielt. Livingstone, dem die Sambesiforschung entscheidende Anstöße verdankt, irrte jedoch bei der Zuordnung des von ihm im März 1871 entdeckten Lualaba zum Stromsystem des Nil. Stanley, dem er von diesem Fluß berichtete, hat auf seiner 1874 angetretenen zweiten Afrikareise den Lualaba befahren und ihn durch seinen Vorstoß bis zum Atlantik als Quellfluß des Kongo identifiziert. 1879-84 war er dann noch einmal im Kongobecken – diesmal mit direktem Kolonisationsauftrag des belgischen Königs Leopold II. Die Gründung des Kongo-Staates und ihre Sanktionierung durch alle Kolonialmächte in der Berliner Kongo-Akte von 1885 ist ein direktes Ergebnis dieser Tätigkeit. In Stanley begegnet uns damit ein neuer Entdeckertyp, ein moderner Konquistador, der sich den Weg voran freipeitscht und freischießt. Die Menschenverachtung bei der Aufteilung Afrikas durch die europäischen Mächte vor hundert Jahren stand der arabischer Sklavenhändler in nichts nach.

Stanleys ursprüngliche Legitimation als Afrikakenner ist in der erfolgreich verlaufenen Suchexpedition nach dem verschollenen Menschenfreund Livingstone begründet. Immer wieder hat er sich als dessen Schüler bezeichnet, und doch gibt es kaum ein sinnfälligeres Symbol für den Wandel im Stil der Entdeckungsreisen zu Beginn des imperialistischen Zeitalters als die Begegnung zwischen Henry M. Stanley und David Livingstone*.

---

* Vgl. dazu Stanley »Die Entdeckung des Kongo« (Edition Erdmann), dort in der Einleitung auch Hinweise auf den weiteren Lebensweg.

Seinen Bericht über dessen Auffindung hatte Stanley bereits 1872 unter dem Titel »How I found Livingstone« in London veröffentlicht. Auf ein breiteres Publikum wirkte er sensationell und beeinflußte auch die zeitgenössische Entdeckungsliteratur. Unter den bis dahin erschienenen Büchern über Entdeckungsreisen gab es gewichtige wissenschaftliche Werke wie etwa der voluminöse Bericht Heinrich Barths, es gab auch durchaus lebendige Darstellungen wie Livingstones »Missionsreisen«, aber noch nie zuvor hatte ein so krasser Außenseiter die Szene betreten – und gleichzeitig im ersten Anlauf mit seinem Buch einen solchen Erfolg erzielt. Stanley war Journalist, er sah sein Unternehmen zuerst einmal unter dem Aspekt der journalistischen Wirkung, und das spürt man deutlich aus seinem ungemein dramatischen Bericht. Aber gerade deshalb gelang es ihm auch, in aller Welt ein weitaus größeres Publikum anzusprechen, als das bisher je einem Forscher möglich gewesen war.

Sein schriftstellerischer Erfolg verschaffte ihm gleichermaßen Neider wie Nachfolger im positiven Sinne. Niemand wird die Schwächen des Werkes übersehen. Die Fachleute kritisierten seinerzeit den Mangel an geographischer Information, wir schätzen es heute wegen seines Detailreichtums als Zeitdokument ersten Ranges. Noch nie zuvor war eine Expedition in allen Einzelheiten so genau und zugleich so farbig beschrieben worden. Ebenso wie die späteren Werke, so läßt auch dieses erste Rückschlüsse auf den Menschen Stanley zu, der ein Draufgänger war, hart und diszipliniert gegen sich selbst, hart und oft geradezu brutal gegen seine Begleiter, gegen die Weißen gleichermaßen wie gegen die Farbigen. Stanley war aber auch ehrlich genug, seine Schwächen zumindest im Vergleich mit Livingstone zuzugeben. Das beweist beispielsweise eine sehr aufschlußreiche Tagebuchstelle vom 3. März 1872, die er allerdings nicht in den Reisebericht aufnahm, sondern die erst später von seiner Frau in den »Lebenserinnerungen« veröffentlicht wurde. Dort erzählt er, wie es Livingstone mit einigen ruhigen Worten gelang, einen Konflikt mit einem eingeborenen Diener zu schlichten, den er selbst infolge seines cholerischen Temperaments provoziert hatte.

Unterschiedlich war auch die Einstellung der beiden Reisenden zum Sklavenhandel. Gewiß lehnte ihn auch Stanley ab, aber er arrangierte sich, wo er es für nötig hielt, mit den arabischen Sklavenhändlern, nahm sogar Partei bei ihren internen Streitigkeiten, unterstützte sie bei ihren Kämpfen und verbündete sich auf der zweiten Reise mit einem der berüchtigtsten Händler. Livingstone dagegen war viel kompromißloser. Er prangerte das Vorgehen der Araber an, wo er nur konnte, seine Tagebücher gewinnen dort ungemein an Farbe und Dramatik, wo er sich gegen die Sklavenhändler und ihre Brutalitäten wendet.

Die vorliegende Ausgabe geht auf die erste deutsche Übersetzung des Werkes bei F. A. Brockhaus zurück. Die Rechtschreibung wurde modernisiert, beibehalten dagegen entsprechend den bisherigen Editionsprinzipien die Namensschreibung, also z. B. Tanganika statt heute Tanganyika oder Tanganjika, aber auch Udschidschi gegenüber Udjidji etwa in »Durch den dunkeln Welttheil« (und dementsprechend in der Neuausgabe »Die Entdeckung des Kongo«).

Ein besonderes Problem bildeten die Textkürzungen. Gegenüber der Originalausgabe wurde zuerst einmal auf die beiden landeskundlichen Kapitel und auf das Schlußkapitel verzichtet, das sich sowieso nur mit persönlichen Querelen auseinandersetzt. Eine stärkere Möglichkeit der Kürzung ergab sich auch bei dem Bericht über Livingstones frühere Reisen. Weitere Streichungen wurden sehr behutsam innerhalb der einzelnen Kapitel vorgenommen und beschränken sich überwiegend auf die ermüdenden Marschangaben, die Aufzählung der Ausrüstung und Charakterbeschreibungen einzelner Träger. Dementsprechend deckt sich die Kapiteleinteilung nicht mehr mit dem Original, und die ursprünglich sechzehn Kapitel des Werkes wurden in acht zusammengefaßt.

Heinrich Pleticha

Am 16. Oktober 1869 war ich von den Kämpfen bei Valencia soeben in Madrid angekommen. Um 10 Uhr vormittags überreicht mir Jacopo, in Nr. – Calle de la Cruz, ein Telegramm, welches lautet: »Kommen Sie sofort nach Paris wegen wichtiger Geschäfte.«

Das Telegramm ist von James Gordon Bennett jun., dem jungen Direktor des »New York Herald«.

Schleunigst nehme ich meine Bilder von den Wänden meiner im zweiten Stock gelegenen Zimmer, packe meine Bücher und Andenken, meine hastig zusammengerafften, teils halb gewaschenen, teils noch nicht getrockneten Kleider in meine Koffer, und nach ein paar Stunden eiliger und angestrengter Arbeit ist mein Gepäck geschnürt und nach Paris signiert.

Um 3 Uhr nachmittags war ich unterwegs, und da ich in Bayonne einige Stunden Aufenthalt hatte, kam ich in Paris erst in der folgenden Nacht an. Ich ging direkt ins Grand Hôtel und klopfte an Herrn Bennetts Türe.

»Herein!« rief eine Stimme.

Bei meinem Eintritt fand ich Herrn Bennett im Bett.

»Wer sind Sie?« fragte er.

»Mein Name ist Stanley«, antwortete ich.

»Ach ja! Nehmen Sie Platz. Ich habe ein wichtiges Geschäft für Sie.«

Nachdem er sich den Schlafrock umgeworfen, fragte mich Herr Bennett: »Wo, glauben Sie, daß Livingstone sich aufhält?«

»Ich weiß es wirklich nicht.«

»Glauben Sie, daß er am Leben ist?«

»Kann sein, kann aber auch nicht sein«, antwortete ich.

»Ich glaube, er ist am Leben und man kann ihn finden, und ich will Sie ausschicken, um ihn aufzusuchen.«

»Was?« sagte ich, »Sie meinen wirklich, daß ich imstande bin, Dr. Livingstone aufzufinden? Sie meinen, daß ich nach Zentral-Afrika gehen soll?«

»Jawohl, ich meine, daß Sie hingehen und ihn aufsuchen sollen, wo Sie ihn nur immer vermuten können, daß Sie dann alle Nachrichten, die Sie von ihm erhalten können, sammeln. Und vielleicht«, fügte er in nachdenklichem Tone hinzu, »ist der alte Mann in Not. Nehmen Sie genug mit sich, um ihm beizustehen, wenn er dessen bedarf. Natürlich werden Sie nach eigenem Plane handeln und das tun, was Sie für das Beste halten, aber – *finden Sie Livingstone!*«

»Aber«, sagte ich in Verwunderung über den kaltblütigen Befehl, mit dem man einen Menschen nach Zentral-Afrika schickte, um einen Mann aufzusuchen, den ich wie die meisten für tot hielt, »haben Sie ernstlich die große Ausgabe überlegt, der Sie sich für diese kleine Reise aussetzen?«

»Was wird es kosten?« fragte er kurz.

»Burtons und Spekes Reise nach Zentral-Afrika hat 3 000 bis 5 000 Pfd. St. gekostet, und ich denke, man kann die Reise nicht für weniger als 2 500 Pfd. St. machen.«

»Gut, da will ich Ihnen sagen, was zu tun ist. Erheben Sie zunächst 1 000 Pfd., und wenn Sie die verbraucht haben, trassieren Sie wieder 1 000 Pfd., und wenn diese verausgabt sind, abermals 1 000 Pfd, und wenn Sie damit zu Ende sind, noch 1 000 Pfd. usw., aber – *finden Sie Livingstone!*«

Erstaunt, aber nicht irre gemacht durch diesen Befehl – denn ich wußte, daß wenn Herr Bennett einmal zu etwas entschlossen, er nicht leicht von seinem Plane abging –, meinte ich doch, da es ein solches Riesenunternehmen war, daß er noch nicht völlig die Gründe und Gegengründe bei sich erwogen habe, und sagte: »Ich habe gehört, daß, wenn Ihr Vater stirbt, Sie den ›Herald‹ verkaufen und sich vom Geschäft zurückziehen wollen.«

»Wer Ihnen das gesagt hat, hat Sie falsch berichtet, denn es gibt gar nicht Geld genug in New York, um den ›New York Herald‹ zu kaufen. Mein Vater hat ihn zu einer großen Zeitung gemacht, aber ich gedenke ihn noch bedeutend zu vergrößern. Ich wünsche, daß er eine Zeitung in dem wahren Sinne des Wortes werde. Ich meine, daß er alles bringen soll, was die Welt interessiert, gleichviel was das kosten möge.«

Ich erwiderte ihm: »Dann habe ich nichts weiter zu sagen. – Meinen Sie, daß ich direkt nach Afrika gehen soll, um Dr. Livingstone aufzusuchen?«

»Nein; ich wünsche, daß Sie sich zuerst zur Einweihung des Suez-Kanals begeben und dann den Nil hinaufgehen. Ich höre, daß sich Baker gerade nach Oberägypten begibt; suchen Sie alles über seine Expedition zu erfahren, was Sie können, und wenn Sie den Nil hinaufgehen, beschreiben Sie möglichst genau alles, was für Touristen von Interesse ist. Schreiben Sie einen Führer, einen recht praktischen, für Unterägypten, in dem Sie uns alles berichten, was es dort Sehenswertes gibt.

Dann könnten Sie auch nach Jerusalem gehen, Kapitän Warren soll dort eben einige interessante Entdeckungen machen. Besuchen Sie darauf Konstantinopel und berichten Sie über die zwischen dem Khediven und dem Sultan herrschenden Schwierigkeiten. Dann können Sie ja wohl auch die Krim und die alten Schlachtfelder dort besuchen. Gehen Sie durch den Kaukasus ans Kaspische Meer, dort sollen die Russen eine Expedition gegen Chiwa ausrüsten. Von da können Sie durch Persien nach Indien gehen und uns einen interessanten Bericht aus Persepolis schreiben. Bagdad liegt dicht an Ihrem Wege nach Indien; wie wäre es, wenn Sie dort hingingen und uns etwas über die Euphrattal-Eisenbahn berichteten. Wenn Sie dann in Indien gewesen sind, können Sie sich nach Livingstone umschauen. Vermutlich werden Sie bis dahin gehört haben, daß er sich auf dem Rückwege nach Sansibar befindet, wenn nicht, so gehen Sie ins Innere und suchen Sie ihn dort. Wenn er am Leben ist, versuchen Sie, von ihm soviel Nachrichten als möglich über seine Entdeckungen zu erlangen, und wenn er tot ist, bringen Sie alle möglichen Beweise für seinen Tod mit. Das ist alles. Gute Nacht und Gott sei mit Ihnen!«

»Gute Nacht«, sagte ich, »ich will alles tun, was in der Menschenmöglichkeit liegt, und Gott wird bei einer Aufgabe, wie sie mir gestellt ist, mit mir sein.«

Ich brauche hier gar nicht aufzuzählen, was ich getan habe, ehe ich nach Zentral-Afrika ging: ich zog den Nil hinauf, sah den Oberingenieur der Bakerschen Expedition, Herrn Higginbotham, in Phylae und verhinderte ein Duell zwischen ihm und einem tollen jungen Franzosen, der sich mit Herrn Higginbotham auf Pistolen duellieren wollte, weil er die Zumutung übelnahm, für einen Ägypter gehalten zu werden, obgleich er einen Fes trug. Ich habe mich mit Kapitän Warren in Jerusalem unterhalten und bin dort mit einem Unteringenieur in eine der Gruben gefahren, um die Merkzeichen der tyrischen Arbeiter auf den Grundsteinen des Salomonischen Tempels zu besehen. Ich habe die Moscheen von Stambul in Gesellschaft des nordamerikanischen Ministerresidenten und Generalkonsuls besucht, ich bin über die Schlachtfelder der Krim gereist, Kinglakes berühmtes Werk in der Hand; ich habe mit der Witwe des Generals Liprandi in Odessa gespeist; ich habe in Trapezunt den arabischen Reisenden Palgrave und in Tiflis den Zivilgouverneur des Kaukasus, Baron Nicolay, besucht; in Teheran bin ich mit dem russischen Gesandten zusammengewesen, habe überall auf meiner Reise durch Persien die größte Gastfreundschaft von den Herren der indo-europäischen Telegraphen-Gesellschaft erfahren und nach dem Beispiel vieler berühmter Männer meinen Namen auf die Monumente von Persepolis eingeschrieben. Im Monat August 1870 kam ich in Indien an, am 12. Oktober fuhr ich auf der Barke »Polly« von Bombay nach Mauritius. Da die »Polly« ein langsames Schiff war, dauerte die Überfahrt 37 Tage. An Bord der Barke befand sich ein gewisser William Lawrence Farquhar aus Leith in Schottland als Erster Steuermann. Er war ein ausgezeichneter Schiffer, und da ich meinte, daß er mir von Nutzen sein könnte, nahm ich ihn in Dienst unter der Bedingung, daß sein Sold von dem Tage angehen solle, wo wir von Sansibar nach Bagamoyo abreisen würden. Da ich keine Gelegenheit hatte, direkt nach Sansibar zu fahren, so ging ich zu Schiff nach den Seychellen. Drei oder vier Tage nach meiner Ankunft in Mahé, einer Insel der Seychellen, hatte ich das Glück, auf einem amerikanischen Walfischfahrer mit William Lawrence Farquhar und Selim, einem arabischen Christenknaben aus Jerusalem, der als Dolmetscher fungieren sollte, nach Sansibar zu segeln, in welchem Hafen wir am 26. Januar 1871 ankamen.

London, Oktober 1872   *Henry M. Stanley*

ERSTES KAPITEL

Es war am frühen Morgen, als ich durch den Kanal segelte, der Sansibar von Afrika trennt. In dem Morgengrauen wurden die Höhen des Festlandes gleich langen Schatten sichtbar; die Insel lag uns in einer Entfernung von nur einer Meile zur Linken und trat mit dem vorrückenden Tage aus den sie umhüllenden Nebeln allmählich hervor, bis sie endlich deutlich in Sicht war und so schön aussah wie das schönste Kleinod der Schöpfung. Sie schien niedrig, aber nicht flach zu sein, hin und wieder sah ich sanfte Höhen, die sich über den anmutigen Wipfeln der Kokosbäume erhoben, welche sich längs der Insel hinzogen. Auch wurden sie in angenehmer Weise durch Talsenken unterbrochen, welche andeuteten, wo diejenigen, die Schutz vor der heißen Sonne suchten, Kühlung finden könnten. Mit Ausnahme der schmalen Sandlinie, über die das saftgrüne Wasser in beständigem Gemurmel dahinrollte, schien die Insel ganz in Grün gehüllt. Auf dem herrlichen Spiegel der Meerenge befanden sich mehrere Dhauen, die rasch mit schwellenden Segeln der Bucht von Sansibar zueilten oder dieselbe verließen. Über dem Horizont des Meeres erschienen nach Süden zu die nackten Masten einiger großer Schiffe und östlich von diesen eine dichte Masse weißer Häuser mit flachen Dächern. Dies war Sansibar, die Hauptstadt der Insel, welche sich bald als eine ziemlich große, dichtgebaute Stadt enthüllte, an der man alle charakteristischen Merkmale der arabischen Baukunst erkennen konnte.

Mit aufrichtiger Höflichkeit und Gastfreiheit empfing mich der nordamerikanische Konsul, Kapitän Francis R. Webb (der früher auf der nordamerikanischen Flotte gedient hatte). Ein Tag in Sansibar brachte mir meine Unwissenheit in bezug auf das Volk und die Dinge Afrikas im allgemeinen zum Bewußtsein. Ich bildete mir ein, ich hätte Burton und Speke ziemlich gut durchgelesen und folglich die Bedeutung, Wichtigkeit und Größe der Aufgabe, die ich übernommen hatte, erfaßt. Aber meine auf Bücherweisheit gegründeten Schätzungen waren einfach lächerlich, die phantastischen Vorstellungen von den Reizen, die Afrika bietet, waren alsbald zerstreut, die Freuden, die ich vorausgesetzt hatte, verschwanden, und alle unreifen Vorstellungen nahmen eine bestimmte Gestalt an.

Ich spazierte durch die Stadt und verschaffte mir allgemeine Eindrücke. In dem reinlichen Stadtviertel sah ich krumme, enge Gassen, weißgetünchte Häuser, mit Mörtel gepflasterte Straßen. In dem Teil, den ich das Banyanenviertel nennen will, erblickte ich auf jeder Seite sehr vertiefte Alkoven, vor denen rotbeturbante Banyanen saßen, und im Hintergrunde dünne Baumwollstoffe, Kalikos, amerikanische und bedruckte Baumwollwaren und andere Gegenstände; auf den Fluren lagen Elfenbeinzähne dichtgedrängt; in dunklen Ecken Haufen von ungereinigter loser Baumwolle, Vorräte von Steingut, Nägeln, billigen Eisenwaren und Werkzeugen. Im Negerquartier rochen die Straßen sehr übel nach der gelben und schwarzen Bevölkerung, welche mit ihren Wollköpfen vor den Türen ihrer elenden Hütten schwatzend, lachend, feilschend und keifend saß. Der Geruch war ein Gemisch von Häuten, Teer, Schmutz, vegetabilischem Abgang, Exkrementen usw. Ich sah Straßen, die von großen, solid aussehenden Häusern mit flachen Dächern begrenzt wurden, mit großen geschnitzten Türen und Messingklopfern, vor denen Sklaven mit übereinandergeschlagenen Beinen saßen und den Eingang zu ihrer Herren Häuser bewachten; eine seichte Seebucht, auf der sich Dhauen, Nachen, Boote und ein paar vereinzelte Bugsierdampfer befanden, welche auf dem von der Ebbe zurückgelassenen Schlammeer seitlich übergeneigt dalagen.

Dem neuen Ankömmling sind die Muskataraber von Sansibar im höchsten Grade interessant. Sie haben eine gewisse Geschäftigkeit an sich, die man bewundern muß. Sie sind meist alle Reisende. Die Mehrzahl von ihnen ist oft schon in gefahrvollen Lagen gewesen, wenn sie in Zentral-Afrika eindrangen, um das kostbare Elfenbein zu bekommen, und dies sowie ihre reichen Erfahrungen haben ihrem Gesicht einen gewissen unverkennbaren Zug von Selbstvertrauen und Selbstgenügsamkeit gegeben; sie haben etwas Ruhiges, Entschlossenes, Trotziges, Unabhängiges an sich, welches jedem unbewußt Achtung abge-

Blick auf Sansibar

winnt. Die Erzählungen einiger dieser Leute könnten meines Erachtens Bände voll spannender Abenteuer füllen.

Der Banyane ist ein geborener Handelsmann, das Ideal eines schlauen, Geld verdienenden Menschen. Das Geld fließt ihm so natürlich in die Tasche wie das Wasser von einer Höhe hinab, und nie werden Gewissensbisse ihn daran hindern, seinen Nebenmenschen zu betrügen. Er übertrifft den Juden, und sein einziger Nebenbuhler auf dem Markt ist der Perser. Der Araber ist ein Kind dagegen. Es ist Geldes wert, ihn zu sehen, wie er mit aller Energie der Seele und des Leibes dahin arbeitet, den Eingeborenen selbst um die allerkleinste Geldsumme zu übervorteilen. Hat zum Beispiel der Eingeborene einen Elfenbeinzahn, der ein paar Frasileh wiegt, die Waagschale zeigt auch das Gewicht an, und der Eingeborene versichert aufs feierlichste, daß es mehr als zwei Frasileh betragen müsse, so wird unser Banyane auf alle mögliche Weise behaupten und schwören, daß der Eingeborene nichts davon verstehe und daß die Waagschale falsch sei. Er nimmt seine ganze Kraft zusammen, um den Zahn aufzuheben. »Er ist ja so leicht, er wiegt nicht mehr als ein Frasileh. Komm«, sagt er, »Knicker, nimm dein Geld und geh deiner Wege. Bist du verrückt?« – Wenn der Eingeborene zaudert, so pflegt er vor Wut laut aufzuschreien, er schiebt ihn weg, stößt das Elfenbein mit verächtlicher Gleichgültigkeit mit dem Fuße fort, kurz, nirgends wird solch ein Lärm um nichts gemacht. Obgleich er nun dem erstaunten Eingeborenen befiehlt, sich zu trollen, so beabsichtigt er durchaus nicht, daß ihm der Kauf entgehen soll.

Die Banyanen üben vor allen anderen Klassen den größten Einfluß auf den Handel von Zentral-Afrika aus. Mit Ausnahme von ein paar reichen Arabern sind fast alle anderen Kaufleute den Nachteilen des Wuchers ausgesetzt. Ein Handelsmann, der eine Reise ins Innere machen will, gleichviel ob er nach Sklaven oder Elfenbein, Kopalgummi oder Orseillewurzel auszieht, schlägt einem Banyanen vor, ihm 5 000 Dollars zu 50, 60 oder 70 Prozent zu leihen. Der Banyane weiß sicher, daß er nichts verliert, ob die Spekulation des Handelsmannes sich bezahlt macht oder nicht; denn ein erfahrener Handelsmann erleidet selten

Verluste, oder wenn er unschuldigerweise unglücklich gewesen ist, so verliert er seinen Kredit nicht. Mit Hilfe des Banyanen kommt er bald wieder auf die Beine.

Auf die Banyanen folgen in Sansibar, was die Machtstellung betrifft, die mohammedanischen Hindus. Eine Zeitlang war ich wirklich im Zweifel, ob die Hindus nicht ebenso arg im Handel betrügen wie die Banyanen, und wenn ich den letzteren die Palme gereicht habe, so ist das nur mit Widerstreben geschehen. Dieser Stamm der Inder erzeugt Massen gewissenloser Schurken, während er kaum einen ehrlichen Kaufmann aufzuweisen hat. Einer der ehrlichsten Leute von allen, ob weiß oder schwarz, ob rot oder gelb, ist ein mohammedanischer Hindu, namens Tarya Topan. Er ist unter den Europäern in Sansibar durch seine Ehrlichkeit und strenge Rechtschaffenheit im Geschäft sprichwörtlich geworden. Er ist sehr reich, besitzt mehrere Schiffe und Dhauen und nimmt eine hervorragende Stellung im Rat bei Seyyid Barghasch ein. Tarya hat viele Kinder, unter denen zwei oder drei erwachsene Söhne sich befinden, welche er ganz nach seinem Vorbilde erzogen hat. Aber Tarya repräsentiert nur eine ungemein kleine Minderheit.

Die Araber, Banyanen und mohammedanischen Hindus bilden die höheren und mittleren Klassen. Diese sind im Besitze der Landgüter, der Schiffe und des Handels. Vor ihnen beugen sich die Mischlingsrassen und die Neger.

Nach diesen sind das bedeutendste Volk, welches zur gemischten Bevölkerung dieser Insel beiträgt, die Neger. Sie bestehen aus den eingeborenen Wasawahili, Somalis, Komorines, Wanyamwezi und einer Anzahl Repräsentanten der Stämme von Innerafrika.

Für einen weißen Fremdling, der im Begriff steht, ins Innere von Afrika zu gehen, ist ein Spaziergang durch die Negerquartiere der Wanyamwezi und Wasawahili höchst interessant; denn hier lernt man es erst, daß man zugeben muß, daß die Neger Menschen wie unsereins sind, obgleich von anderer Farbe; daß sie Leidenschaften und Vorurteile, Sympathien und Antipathien, Geschmacksrichtungen und Empfindungen wie alle anderen Menschen haben. Je eher man diese Tatsache einsieht und sich nach ihr richtet, um so leichter wird einem die Reise unter den verschiedenen Stämmen des Innern werden. Je schmiegsamer man von Natur ist, um so gedeihlicher werden die Reisen ausfallen.

Die Neger der Insel bilden wohl zwei Drittel der ganzen Bevölkerung; sie sind die arbeitenden Klassen, ob sie Sklaven oder Freie sind. Die Sklaven verrichten die Arbeit auf den Plantagen, Landgütern und in den Gärten der Gutsbesitzer oder dienen als Hamals oder Lastträger auf dem Lande sowie in der Stadt. Auf dem Lande sieht man sie mit sehr großen Lasten auf dem Kopfe so zufrieden und heiter wie möglich, nicht etwa, weil sie freundlich behandelt werden oder leichte Arbeit haben, sondern weil sie ihrer Natur nach heiter und leichten Herzens sind, weil sie weder Vergnügungen noch Hoffnungen haben, die sie nicht nach Belieben befriedigen können, und keinem Ehrgeiz frönen, dem sie nicht Genüge tun könnten, daher auch in ihren Hoffnungen nicht getäuscht worden sind.

Die Stadt Sansibar, auf dem südwestlichen Ufer der Insel gelegen, hat eine Bevölkerung von fast 100 000 Einwohnern; die ganze Insel schätze ich auf nicht mehr als 200 000, alle Rassen eingeschlossen.

Die Europäer und Amerikaner, die in der Stadt Sansibar wohnen, sind entweder Regierungsbeamte oder unabhängige Kaufleute oder Agenten für ein paar große europäische und amerikanische Handelshäuser. Das wichtigste Konsulat ist das britische. Als ich in Sansibar meine Expedition ins Innere von Afrika ausrüstete, war Dr. John Kirk britischer Konsul und Geschäftsführer daselbst. Ich war sehr begierig, diesen Herrn kennenzulernen, weil sein Name so oft mit dem des Dr. David Livingstone, den ich aufsuchen wollte, zusammen genannt worden ist. In fast allen Zeitungen wurde er als der frühere Begleiter von Dr. Livingstone bezeichnet. Nach den Artikeln und Briefen an die indische Regierung, die ich gelesen hatte, bildete ich mir ein, daß, wenn ich überhaupt irgendwelche positive Kunde in bezug auf den Aufenthaltsort des Dr. Livingstone erhalten könnte, mir dieselbe von Dr. Kirk zukommen würde; daher erwartete ich die

Ehre, von Kapitän Webb bei ihm eingeführt zu werden, mit nicht geringer Ungeduld.

Am zweiten Morgen nach meiner Ankunft in Sansibar gingen der amerikanische Konsul und ich, in Übereinstimmung mit der Etikette des Ortes, auf die Straße hinaus, und nach einigen Augenblicken stand ich vor diesem vielbesprochenen Manne. Kapitän Webb sagte zu einem Manne von dünner, hagerer Gestalt, der einfach gekleidet und etwas gebückt ging, schwarzhaarig, von schmalem Gesicht und eingefallenen Wangen war und einen Bart trug: »Dr. Kirk, erlauben Sie mir, Ihnen Herrn Stanley, vom ›New York Herald‹, vorzustellen.«

Ich glaubte zu bemerken, daß er in dem Augenblick seine Augenlider merklich erhob und dadurch den ganzen Umfang seiner Augen zeigte. Wenn ich einen solchen Blick beschreiben sollte, so würde ich ihn als ein Anstarren bezeichnen. Während der Unterhaltung, die sich über verschiedene Gegenstände verbreitete, sah ich sein Gesicht, welches ich aufmerksam beobachtete, sich nur einmal beleben und erregt werden, und zwar als er uns einige seiner Jagdgeschichten erzählte. Da der Gegenstand, der meinem Herzen am nächsten war, nicht zur Sprache kam, nahm ich mir vor, ihn über Dr. Livingstone das nächstemal, wenn ich ihn besuchte, auszufragen.

Am Dienstagabend haben Dr. und Frau Kirk ihre Gesellschaftsabende, wie die Sansibarer wissen. Die Freuden eines solchen Abends werden von der zivilisierten Bevölkerung von Sansibar im allgemeinen ignoriert, aber die Repräsentanten der europäischen Kolonie besuchen sie trotzdem. An eben diesem Abend waren die reichsten Einwohnerklassen ziemlich stark vertreten.

Die Erfrischungen, welche der britische Konsul nebst Frau ihren Gästen an ihren Empfangsabenden anboten, bestanden aus einer Art milden Weines und Zigarren, nicht weil sie nichts anderes zu Hause haben, etwa Tee oder ein paar Kuchen, sondern wohl nur, weil es die Sitte eines sansibarisierten Europäers ist, dergleichen, mit etwas Soda- oder Selterswasser gemischt, als eine Art Reizmittel für das bißchen Klatsch zu sich zu nehmen, das gewöhnlich unter dem Einfluß des Weines sympathische und eifrige Zuhörer findet.

Es war wohl alles sehr schön, aber trotzdem hielt ich diesen für einen der langweiligsten Abende, die ich je erlebt hatte, bis Dr. Kirk aus Mitleid für die Langeweile, an der ich litt, mich beiseite rief, um mir eine schöne Elefantenflinte zu zeigen, welche ihm, wie er sagte, vom Gouverneur von Bombay geschenkt worden sei. Ich hörte nun Loblieder auf ihre tödliche Kraft und verderbenbringende Präzision und ließ mir einige Anekdoten von dem Leben im Schilfmoor, einige Jagdabenteuer und Erlebnisse auf seinen Reisen mit Livingstone erzählen. »Ach, jawohl, Dr. Kirk«, sagte ich nachlässig, »was Livingstone betrifft – wo, glauben Sie, ist der jetzt?«

»Ja«, erwiderte er, »das ist sehr schwer zu sagen; er kann tot sein; wir wissen nichts Positives, worauf wir uns bestimmt verlassen können. Davon bin ich überzeugt, daß niemand etwas Bestimmtes von ihm seit mehr als zwei Jahren gehört hat. Dennoch glaube ich, daß er am Leben sein muß. Wir schicken ihm beständig irgend etwas zu. In Bagamoyo befindet sich eben eine kleine Expedition, die im Begriff steht aufzubrechen. Ich glaube wirklich, daß der alte Mann jetzt nach Hause kommen sollte; er wird, wie Sie wissen, alt, und wenn er stirbt, so wird die Welt nichts von seinen Entdeckungen haben. Er schreibt weder Notizen noch Tagebücher, und nur sehr selten bringt er seine Beobachtungen zu Papier, sondern macht nur ein Zeichen oder einen Punkt oder etwas ähnliches auf eine Karte, was niemand als er selbst verstehen kann. Ja, wenn er am Leben ist, so sollte er unter allen Umständen heimkehren und einem jüngeren Manne seine Stelle lassen.«

»Wie ist er im Umgange, Doktor?« fragte ich mit lebhaftem Interesse an dieser Unterhaltung.

»Nun, ich glaube, daß es im ganzen sehr schwer ist, mit ihm zu verkehren. Ich habe persönlich zwar nie mit ihm Streit gehabt, aber ich habe ihn gegen andere Leute oft hitzig werden sehen, und das ist, wie ich glaube, der hauptsächliche Grund, weshalb er niemanden gern um sich hat.«

»Wie ich höre, ist er ein sehr bescheidener Mann, nicht wahr?«
fragte ich.

»Nur, er kennt den Wert seiner eigenen Entdeckungen besser
als irgendein anderer. Er ist nicht gerade ein Engel«, sagte er lachend.

»Nun, gesetzt, ich begegnete ihm auf meinen Reisen; ich
könnte doch möglicherweise mit ihm zusammentreffen, wenn er
in der Richtung reist, die ich selbst nehme. Wie würde er sich
gegen mich verhalten?«

»Um Ihnen die Wahrheit zu sagen«, sagte er, »so glaube ich
nicht, daß er es sehr gern sehen würde. Ich weiß, daß, wenn Livingstone in Erfahrung brächte, daß Burton oder Grant oder Baker oder einer von diesen Leuten ihn aufsuchen wollten, er es bald
so einrichten würde, daß hundert Meilen Sumpfboden sich zwischen ihnen befänden. Das glaube ich bestimmt – auf mein
Wort!« –

Das war der Inhalt der Unterhaltung, die ich mit Dr. Kirk,
dem früheren Genossen von Livingstone, führte, so genau, wie
mein Tagebuch und mein Gedächtnis sie mir erinnerlich machen.

Brauche ich wohl zu sagen, daß diese Kunde von einem
Herrn, der bekanntlich mit Dr. Livingstone genau bekannt war,
eher mehr dazu beitrug, den Enthusiasmus für meine Sache zu
dämpfen als ihn zu beleben? Ich fühlte mich sehr verstimmt
und hätte gern mein Unternehmen aufgegeben, aber der Befehl
lautete: »Gehen Sie und finden Sie Livingstone!« Außerdem
hatte ich nicht angenommen, obgleich ich sehr gern darauf eingegangen war, den Doktor aufzusuchen, daß der Weg nach Zentral-Afrika mit Rosen bestreut sein werde. Wenn ich nun wirklich als ein unverschämter Eindringling auf dem Gebiete der
Entdeckungen getadelt werden sollte, als ein Mensch, der sich in
Dinge mischt, die ihn nichts angehen, als einer, dessen Abwesenheit dem Doktor viel angenehmer wäre als seine Anwesenheit – hatte ich nicht den Befehl erhalten, ihn zu suchen? Nun,
ich wollte ihn aufsuchen, wenn er noch auf Erden wandelte,
und wenn nicht, so wollte ich das mitbringen, was die Leute sicher zu wissen interessierte. Dr. Kirk versprach mir freundlich

alle in seiner Macht stehende Unterstützung und stellte mir alle Vorteile seiner Erfahrung zur Verfügung, aber ich erinnere mich weder, daß er mir in irgendeiner Weise wirkliche Unterstützung angedeihen ließ, noch finde ich es in meinem Tagebuch verzeichnet. Natürlich wußte er nicht, daß meine Befehle dahin lauteten, Dr. Livingstone aufzusuchen, sonst würde er wohl zweifelsohne sein Versprechen eingelöst haben. Er glaubte, daß ich im Begriffe stände, den Rufidschifluß bis an seine Quellen zu verfolgen. Aber welche Zeitung würde wohl einen Spezialkorrespondenten ausschicken, um die Quellen eines so unbedeutenden Flusses wie des Rufidschi zu entdecken?

Ich kannte das Innere durchaus nicht, und es war daher schwer zu wissen, was ich brauchte, um eine Expedition nach Zentral-Afrika zu unternehmen. Auch war die Zeit kostbar, und ich konnte nicht viel auf Erkundigung und Nachforschung verwenden. In einem solchen Falle wäre es, nach meiner Ansicht, ein großes Glück gewesen, wenn einer der drei Herren, Kapitän Burton, Speke oder Grant, uns irgendeine Belehrung über diese Punkte gegeben hätte, wenn sie ein Kapitel darüber geschrieben hätten, wie man eine Expedition nach Zentral-Afrika auszurüsten habe.

Einige der Fragen, die ich mir vorlegte, wenn ich mich nachts im Bett herumwälzte, lauteten: Wieviel Geld ist nötig? Wie viele Pagazis oder Lastträger? Wie viele Soldaten? Wieviel Tuch? Wie viele Perlen? Wieviel Draht? Welche Sorten Zeug sind für die verschiedenen Stämme nötig? – Ich mochte mir diese Fragen noch so häufig stellen, so kam ich dem Punkt doch nicht näher, den ich zu erreichen wünschte. Die Europäer in Sansibar wußten so wenig als möglich hierüber. Es gab nicht einen Weißen in Sansibar, der mir sagen konnte, wie vieler Dotis per Tag eine Truppe von hundert Mann für ihren Unterhalt auf der Reise bedurfte.

Ich beschloß als das beste, einen arabischen Kaufmann aufzutreiben, der mit Elfenbein handelt oder der vor kurzem aus dem Innern angekommen war.

Scheikh Haschid war ein Mann von Bedeutung und Reichtum in Sansibar. Er hatte selbst eine Anzahl Karawanen ins Innere gesandt und war infolgedessen mit verschiedenen hervorragenden Händlern bekannt, die in sein Haus kamen und sich mit ihm über ihre Abenteuer und Gewinne unterhielten. Von diesem graubärtigen, ehrwürdig aussehenden Scheikh habe ich über afrikanische Tauschwerte, die Art, mit ihnen umzugehen, die Menge und Qualität der Stoffe, die ich brauchte, mehr Auskunft erhalten als aus einem dreimonatigen Studium von Büchern über Zentral-Afrika. Auch von anderen arabischen Kaufleuten, mit denen der alte Scheikh mich bekannt machte, erhielt ich sehr wertvolle Andeutungen und Winke, welche mich schließlich in den Stand setzten, meine Expedition auszurüsten.

Meine Berater gaben mir zu verstehen, daß hundert Menschen mit 10 Doti oder 40 Meter Tuch täglich für ihre Nahrung auskommen; es war also das Richtige, 2 000 Doti amerikanische Leinwand, 1 000 Doti Kaniki und 650 Doti farbige Zeugsorten zu kaufen. Dies hielt man für völlig ausreichend für den Unterhalt von hundert Mann auf zwölf Monate. Nach diesem Maßstabe würden also für zwei Jahre 4 000 Doti oder 16 000 Meter amerikanische Leinwand, 2 000 Doti oder 8 000 Meter Kaniki, 1 300 Doti oder 5 200 Meter verschiedene farbige Zeuge nötig sein.

Die zweite wichtige Frage war: wie viele und welche Perlen nötig wären. Perlen sollten unter einigen Stämmen des Innern die Stelle des Zeuges einnehmen. Der eine Stamm zieht weiße Perlen den schwarzen, braune den gelben, rote den grünen, grüne den weißen usw. vor. Daher mußte ich genau den Aufenthalt meiner Expedition in den verschiedenen Ländern erforschen und berechnen, damit ich genug von jeder Gattung hätte und doch einen zu großen Überschuß vermiede. Burton und Speke zum Beispiel mußten einige hundert Fundo Perlen als wertlos wegwerfen.

Nach den Perlen kam die Drahtfrage. Ich machte nach bedeutender Mühe die Entdeckung, daß die Nummern 5 und 6, die fast die Dicke von Telegraphendraht haben, als die besten für Handelszwecke gelten. Perlen vertreten in Afrika die Kupfermünzen, Zeuge das Silber, Draht gilt als Gold in den Ländern jenseits des Tanganika. 10 Frasileh oder 350 Pfund Messingdraht hielt mein arabischer Ratgeber für völlig ausreichend.

Nachdem ich meine Einkäufe an Zeug, Perlen und Draht gemacht hatte, überblickte ich mit nicht geringem Stolz die stattlichen Ballen und Pakete, welche reihenweise in dem geräumigen Vorratszimmer des Kapitän Webb aufgehäuft lagen. Damit war aber meine Arbeit nicht zu Ende, sondern fing erst an. Noch waren Provisionen, Kochgeräte, Boote, Seile, Bindfaden, Zelte, Esel, Sättel, Packleinwand, Segeltuch, Teer, Nähnadeln, Handwerkszeug, Munition, Flinten, Reisegerät, Beile, Arzneimittel, Bettzeug, Geschenke für Häuptlinge, kurz tausenderlei einzukaufen. Die Feuerprobe, die ich beim Schachern und Feilschen mit hartherzigen Banyanen, Hindus, Arabern und Mischlingen zu bestehen hatte, war sehr angreifend. Ich kaufte zum Beispiel 22 Esel in Sansibar, wofür mir 40–50 Dollars abgefordert wurden, was ich mit einem ungeheuren Aufwand an Argumenten, die einer besseren Sache wert waren, auf 15–20 herabdrücken mußte. Meine Erfahrungen mit den Eselhändlern wiederholten sich bei den Kleinkrämern, selbst der Preis eines Pakets Stecknadeln mußte um 5 Prozent heruntergehandelt werden, was natürlich sehr viel Zeit und Geduld erforderte.

Nachdem ich die Esel zusammengebracht hatte, entdeckte ich, daß man in Sansibar keine Packsättel haben konnte. Nun waren aber die Esel ohne Packsättel für mich ganz nutzlos. Ich erfand also einen Sattel, den ich und mein weißer Diener Farquhar einzig und allein aus Segeltuch, Stricken und Baumwolle fabrizieren mußten. 3–4 Frasileh Baumwolle und 10 Stück Segeltuch waren für die Sättel nötig. Ich selbst machte einen Mustersattel zur Probe, darauf wurde ein Esel gesattelt und ihm eine Last von 140 Pfund aufgepackt, und obgleich das Tier, eine wilde Bestie aus Unyamwezi, sich bäumte und wütend gebärdete, so blieb doch die ganze Last fest sitzen. Nach diesem Experiment ließ ich Farquhar noch 21 Sättel nach demselben Muster fabrizieren. Auch wurden wollene Polster angekauft, um die Tiere vor dem Wundwerden zu schützen, doch muß ich hier wohl erwähnen, daß die Idee zu dem Sattel, den ich fertigte, von dem Otagosattel hergenommen ist, den die englische Armee zu ihren Transporten in Abessinien benutzt hat.

John William Shaw, ein geborener Londoner, der bisher Dritter Steuermann auf dem amerikanischen Schiff »Nevada« gewesen war, wandte sich an mich, um Beschäftigung zu erlangen. Obgleich seine Entlassung von der »Nevada« etwas verdächtig war, besaß er doch alle die Eigenschaften eines Menschen, wie ich ihn brauchte, war vertraut mit der Nadel und verstand aus Segeltuch alles zu machen, war ein vorzüglicher Schiffer und willig, soweit seine Kunst reichte. Ich sah keinen Grund, seine Dienste abzuweisen, und nahm ihn daher für ein Jahresgehalt von 300 Dollars als zweiten im Range nach William L. Farquhar an.

Farquhar war ein ausgezeichneter Schiffer und vorzüglicher Rechner; er war kräftig, energisch und gescheit, aber leider ein starker Trinker. Während unseres Aufenthalts in Sansibar war er jeden Tag benebelt, und das wüste, lasterhafte Leben, das er hier führte, wurde ihm, wie wir sehen werden, bald nachdem wir ins Innere kamen, verderblich.

Meine nächste Aufgabe bestand darin, eine zuverlässige Eskorte von zwanzig Mann für die Reise anzuwerben und mit Waffen und anderen Dingen auszurüsten. Dschohari, der Erste Dragoman des amerikanischen Konsulats, sagte mir, er wisse, wo man einige von Spekes »Getreuen« auffinden könne. Es war mir schon vorher klar geworden, daß es am besten sein würde, wenn es mir gelänge, einige mit den Sitten der Weißen vertraute Leute in Dienst zu nehmen, welche andere veranlassen könnten, sich der Expedition anzuschließen. Besonders hatte ich dabei an den Sidy Mbarak Mombay, gewöhnlich Bombay genannt, gedacht, der trotz seines »Holzkopfes« und seiner »plumpen Hände« für den »Getreuesten der Getreuen« galt.

Mit Hilfe des Dragomans Dschohari nahm ich in der Zeit von ein paar Stunden Uledi, Kapitän Grants früheren Bedienten, Ulimengo, Baruti, Ambari, Mabruki (Muinyi Mabruki, der stierköpfige Mabruki, Kapitän Burtons früheren unglücklichen Diener), also fünf von Spekes »Getreuen« in meine Dienste. Als ich sie fragte, ob sie bereit wären, abermals an der Expedition eines Weißen nach Udschidschi teilzunehmen, erwiderten sie bereitwilligst, daß sie sehr gern mit einem Bruder von Speke reisen wollten. Der englische Konsul Dr. John Kirk, der zugegen war, sagte ihnen darauf, daß ich kein Bruder von Speke sei, sondern nur seine Sprache rede; aber auf diese Unterscheidung legten sie keinen Wert, und ich hörte, wie sie mit großer Freude ihre Bereitwilligkeit erklärten, überall mit mir hinzugehen und alles zu tun, was ich wünschte.

Mombay, wie sie ihn nannten, oder Bombay, unter welchem Namen wir Wasungu (Weißen) ihn kennen, war nach Pemba, einer Insel im Norden von Sansibar, gegangen. Uledi aber war der bestimmten Überzeugung, daß Mombay bei der Aussicht auf eine neue Expedition vor Freude Luftsprünge machen würde. Dschohari erhielt daher den Auftrag, ihm nach Pemba zu schreiben und ihn von dem ihm bevorstehenden Glück zu benachrichtigen.

Am vierten Morgen nach Abgang des Briefes erschien der berühmte Bombay, dem die »Getreuen« von Speke ihrem Range gemäß folgten. Vergeblich sah ich nach dem Holzkopf und den Alligatorzähnen, von denen sein früherer Herr gesprochen hatte. Ich sah einen schlanken, kurzen Mann von etwa fünfzig Jahren, mit grauem Kopf, ungewöhnlich hoher, enger Stirn und großem Munde, der sehr unregelmäßige, weit auseinanderstehende Zähne zeigte. Eine häßliche Lücke an der oberen, vorderen Zahnreihe Bombays war durch die geballte Faust von Kapitän Speke in Uganda bewirkt, als ihm die Geduld riß und sofortige Bestrafung nötig erschien. Kapitän Speke hatte ihn offenbar durch Güte verwöhnt, was aus der Tatsache hervorgeht, daß Bombay die Frechheit hatte, ihn zu einem Boxkampf aufzufordern. Aber das fand ich erst einige Monate später heraus, als ich selbst genötigt war, ihn gründlich zu bestrafen. Bei seiner ersten Erscheinung war ich von Bombay, trotz seines rauhen Gesichts, seines großen Mundes, seiner kleinen Augen und seiner platten Nase, sehr eingenommen.

»Salaam aleikum!« waren die Worte, mit denen er mich begrüßte.

»Aleikum salaam!« antwortete ich mit allem Ernst, den ich aufbieten konnte. Dann benachrichtigte ich ihn, daß ich ihn zum Hauptmann meiner nach Udschidschi gehenden Soldaten zu haben wünsche. Seine Antwort lautete, er sei bereit, allen meinen Befehlen nachzukommen, überall hinzugehen, wo ich ihn hinschicke, kurz ein Muster von einem Diener und ein gutes Beispiel für die Soldaten abzugeben. Er hoffe, ich werde ihn mit einer Uniform und einem guten Gewehr versehen, was ich ihm beides versprach. Als ich mich nach den übrigen »Getreuen«, welche Speke nach Ägypten begleitet hatten, erkundigte, sagte man mir, daß ihrer nur sechs in Sansibar wären.

Bombay, meinem Eskortanführer, gelang es, noch achtzehn freie Männer als Askari (Soldaten) anzunehmen, Leute, von denen er wußte, daß sie nicht desertieren würden, und für die er sich verantwortlich erklärte. Es waren lauter sehr stattliche Burschen und weit intelligenter in ihrem Aussehen, als ich jemals von afrikanischen Barbaren hätte glauben mögen. Sie stammten hauptsächlich aus Uhiyau, einige aus Unyamwezi, andere aus Useguhha und Ugindo. Als Sold wurden einem jeden von ihnen 36 Dollars für das Jahr ausgesetzt oder 3 Dollars für den Monat; jeder Soldat sollte eine Feuerschloßmuskete, Pulverhorn, Kugeltasche, Messer, Beil und hinreichend viel Pulver und Kugeln für 200 Schüsse erhalten. Bombay bekam, aus Rücksicht auf seinen Rang und seine früheren treuen Dienste gegen Burton, Speke und Grant, 80 Dollars pro Jahr, wovon er die halbe Summe im voraus erhielt, einen guten, gezogenen Vorderlader und außerdem eine Pistole, ein Messer und ein Beil. Die andern fünf »Getreuen«, Ambari, Mabruki, Ulimengo, Baruti und Uledi, wurden zu 40 Dollars pro Jahr und mit der gehörigen Ausrüstung als Soldaten in Dienst genommen.

Da ich alle auf Ost- und Mittel-Afrika bezugnehmenden Reisebeschreibungen ziemlich gründlich studiert hatte, so hatte ich einen einigermaßen deutlichen Begriff von den Schwierigkeiten, die sich mir beim Aufsuchen von Dr. Livingstone entgegenstellen würden. Diese so weit zu vermeiden, als Menschenwitz es könnte, war das beständige Ziel meiner Gedanken.

»Soll ich mich, wenn ich von Udschidschi über die Wasser des Tanganika-Sees aufs andere Ufer blicke, auf der Schwelle des Erfolges durch die Unverschämtheit eines Königs Kannena oder die Launen eines Hamed bin Sulayyam aufhalten lassen?«

fragte ich mich. Um mich gegen solche Zufälligkeiten zu schützen, entschloß ich mich, meine eigenen Boote mitzunehmen. »Dann«, dachte ich, »kann ich, wenn ich höre, daß Livingstone auf dem Tanganika ist, meine Boote vom Stapel lassen und ihm folgen«.

Ich kaufte mir also vom amerikanischen Konsul ein großes Boot für 80 Dollars, das imstande war, zwanzig Leute mit hinreichenden Vorräten und Waren für eine Seefahrt zu beherbergen, und ein kleineres von einem anderen Amerikaner für 40 Dollars. Das letztere konnte bequem sechs Mann mit den dazugehörigen Vorräten aufnehmen.

Die Boote wollte ich aber nicht ganz mitführen, sondern die Bretter herausnehmen und bloß das Gerippe transportieren. Die Arbeit, die Boote auseinanderzunehmen und von den Brettern zu befreien, fiel mir zu, und diese kleine Aufgabe beschäftigte mich ungefähr fünf Tage; auch packte ich sie für die Pagazis zusammen, so daß jede Last, sorgfältig gewogen, nicht mehr als 68 Pfund betrug. John Shaw zeichnete sich in der Bearbeitung des Segeltuchs für die Boote aus; als die Überzüge fertig waren, paßten sie genau zu den Gerippen.

Ein unübersteigliches Hindernis für das rasche Fortkommen in Afrika ist der Mangel an Lastträgern, und da Eile ein Hauptzweck der unter meinem Befehl stehenden Expedition war, so war es meine Pflicht, diese Schwierigkeiten soviel als möglich zu verringern. Lastträger konnte ich mir zwar erst bei meiner Ankunft in Bagamoyo auf dem Festlande verschaffen, doch hatte ich mehr als zwanzig gute Esel in Bereitschaft und glaubte, daß ein für die Ziegenpfade Afrikas eingerichteter Karren nützlich sein könnte. Daher ließ ich einen Karren bauen, der 18 Zoll breit und 5 Fuß lang war, den ich mit zwei Vorderrädern eines leichten amerikanischen Wagens versah, hauptsächlich, um die schmalen Munitionskästen zu befördern. Ich meinte, wenn ein Esel eine Last von 4 Frasileh oder 140 Pfund nach Unyanyembé tragen könne, so müsse er imstande sein, 8 Frasileh auf einem solchen Karren fortzuziehen, eine Last, die der Tragkraft von vier starken Pagazis oder Lastträgern gleichkommen würde. Die späteren Ereignisse werden beweisen, wie meine Theorie sich in der Praxis bewährte.

Nachdem ich meine Einkäufe vollendet hatte und alles reihenweise geschichtet aufgehäuft sah, hier Kochgeräte, da Bündel von Stricken, Zelten, Sätteln, dort wieder Koffer und Kisten, die alles mögliche enthielten, gestehe ich, daß ich über meine eigene Kühnheit verlegen wurde. Da lagen wenigstens 6 Tonnen Material! »Wie wird es nur möglich sein«, dachte ich, »diese ganze träge Masse durch die zwischen dem Meere und den großen Seen von Afrika befindliche Wildnis zu transportieren? Doch wirf nur alle deine Zweifel hinter dich, Mensch, und laß sie fahren! Jeder Tag hat genug an seinen eigenen Sorgen, ohne daß er noch die des nächsten hinzunehmen braucht.«

Der Reisende, der einen See in der Mitte jenes weiten afrikanischen Kontinents vor sich hat, muß natürlich in ganz anderer Weise reisen, als er es von anderen Ländern her gewöhnt ist. Er muß das mit sich nehmen, was ein Schiff braucht, wenn es auf eine lange Reise ausgeht. Er muß sich eine Kiste mit Tee, einen kleinen Vorrat wohlverwahrter Leckerbissen, Arzneien, außerdem Flinten, Pulver, Kugeln mitnehmen, um, wenn nötig, auch verschiedene Kämpfe gehörig bestehen zu können. Er muß Leute haben, die ihm diese mannigfachen Gegenstände transportieren, und da das höchste, was ein einzelner Mann tragen kann, nur 70 Pfund ist, so braucht man, um 11 000 Pfund zu transportieren, gegen 160 Leute.

Was für eine schwere Arbeit ist es aber für einen einzelnen, eine solche Expedition in Bewegung zu setzen! Wenn der Tag vorüber und ich durch die Glühhitze einer unbarmherzigen Sonne von Laden zu Laden geeilt war, mich mit viel Ausdauer und Geduld für das Feilschen mit dem dunklen Hindu gerüstet, allen Mut und Witz zusammengenommen hatte, um den schurkischen Goanesen einzuschüchtern und dem listigen Banyanen ein Paroli zu bieten; wenn ich den Tag über ganze Bände zusammengesprochen, Abschätzungen korrigiert, Rechnungen gemacht, die Ablieferung von gekauften Gegenständen überwacht und sie gemessen und gewogen hatte, um zu sehen, daß sie vollgewichtig seien; wenn ich endlich die Aufsicht über Farquhar und Shaw geführt hatte, welche Eselsättel, Segel, Zelte, Boote für die Expedition machten – dann fühlte ich wohl, daß Körper und Geist der Ruhe bedurften. So mühte ich mich, ohne Unterlaß, einen ganzen Monat ab.

Nachdem ich Tratten auf Herrn James Gordon Bennett im Betrage von mehreren tausend Dollars für Zeuge, Perlen, Draht, Esel und tausend andere Bedürfnisse verhandelt, die weiße und schwarze Begleitung meiner Expedition besoldet, Kapitän Webb und seine Familie mehr als genug mit dem Lärm der Vorbereitung belästigt und sein Haus mit meinen Gütern angefüllt hatte, blieb mir nichts übrig, als formell von den Europäern Abschied zu nehmen und dem Sultan und den Herren, die mir beigestanden hatten, ehe ich mich nach Bagamoyo einschiffte, zu danken.

Ein seit langer Zeit in Sansibar lebender amerikanischer Kaufmann, Herr Goodhue von Salem, schenkte mir, als ich ihm Adieu sagte, ein edles kastanienbraunes Pferd, das vom Kap der Guten Hoffnung importiert und in Sansibar mindestens 500 Dollars wert war.

Am 4. Februar, 28 Tage nach meiner Ankunft in Sansibar, war die Expedition des »New York Herald« vollständig ausgerüstet und organisiert; die Zelte und Sättel waren fabriziert, die Boote und Segel fertig. Die Esel schrien und die Pferde wieherten ungeduldig nach der Reise.

Die Etikette verlangte, daß ich noch einmal meine Karte bei den europäischen und amerikanischen Konsuln in Sansibar abgab und jedermann Adieu sagte.

Am 5. ankerten vier Dhauen vor dem amerikanischen Konsulat; in eine derselben wurden meine zwei Pferde gebracht, in zwei andere die Esel, in die vierte, welche die größte war, die schwarze Begleitung und die viel Raum einnehmenden Tauschwerte der Expedition.

Als ich eben den Befehl zur Abfahrt erteilen wollte, fehlten die beiden Weißen, Farquhar und Shaw. Nach eifriger Nachforschung fand man sie irgendwo in den Schenken, in Gesellschaft von etwa einem Dutzend guter Kameraden. Dort hielten sie Reden über die Größe der Kunst, Afrika zu erforschen, und such-

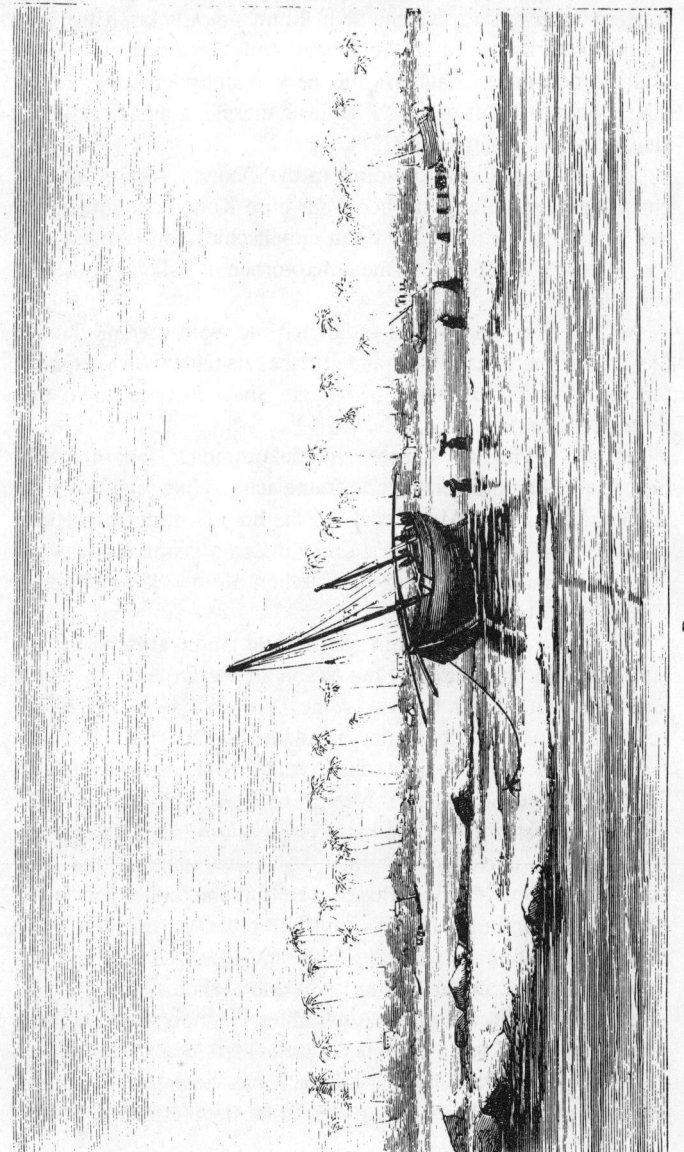

Bagamoyo

ten sich vermittelst des Branntweins die schrecklichen Vorahnungen abzuwehren, welche sich ihnen heimtückisch hin und
wieder aufdrängten und ihnen warnend zuraunten: es könne
doch in den neuen Ländern, die sie kennenlernen sollten, trotz
aller Romantik, mit der die Phantasie dieselben ausstatte, etwas
stecken, was ... nun was ... –

»Kerls, macht, daß ihr sofort in die Dhauen kommt! Das ist
ein schlechter Anfang, nachdem ihr eure Kontrakte unterzeichnet habt«, sagte ich, als ich sie in Gesellschaft von Bombay und
vier bis fünf Mann von der neuangeworbenen Eskorte zum Ufer
wanken sah.

»Bitte, Herr, darf – darf – darf ich Sie wohl fragen, glauben
Sie, daß ich ganz richtig gehandelt habe, als ich Ihnen versprach,
Sie nach Afrika zu begleiten?« fragte Shaw in zögerndem und
bewegtem Tone.

»Habt ihr nicht vorausbezahlt bekommen? Habt ihr nicht
den Kontrakt unterzeichnet?« fragte ich. »Und jetzt wollt ihr
euch zurückziehen? Macht, daß ihr ins Boot kommt, rasch! Jetzt
sind wir alle daran gebunden und müssen zusammen schwimmen oder untergehen, leben oder sterben. Keiner darf sich seiner
Pflicht entziehen!«

Kurz vor 12 Uhr segelten wir ab. Die amerikanische Flagge,
ein Geschenk der gütigen Frau Webb an die Expedition, wurde
am Mast gehißt; der Konsul, seine Frau und seine prächtigen
Kinderchen Mary und Charley befanden sich auf dem Dache ihres Hauses und schwenkten das Sternenbanner sowie Hüte und
Taschentücher mir und den Meinigen als Abschiedsgruß zu.

Langsam entzog sich die Insel Sansibar mit ihren Hainen von
Kokospalmen und Mangobäumen, von Gewürznelken und Zim-
metstauden und den gleichsam Schildwache haltenden Insel-
chen Tschumbi und French, mit ihrer weißgetünchten Stadt
und ihren Düften von Johannisbrot, mit ihrem Hafen und den
Seeschiffen unserm Blick, und im Westen erhob sich der afrikanische Kontinent, ein in Grün gehülltes Gestade, das dem ähnlich ist, welches zurückweichend sich jetzt in eine bloße sich
über dem Horizont hinschlängelnde Linie verwandelt hat, und
erschien in nördlicher Richtung als hohe Bergkette. Die Entfer-

nung von Sansibar nach Bagamoyo ist ungefähr 25 englische Meilen, aber die langsamen, schwerfälligen Dhauen brauchten 10 Stunden, ehe sie auf dem Korallenriff ankerten, welches wenige Fuß über dem Wasserspiegel, ungefähr 100 Meter von dem Ufer entfernt, sichtbar ist.

Die neuangeworbenen Soldaten, die Lärm und Aufregung liebten, gaben wiederholte Salven, um die am Ufer angesammelten Araber, Banyanen und Wasawahili zu begrüßen, die dort standen, um die Musungu (Weißen) zu empfangen, was sie durch allgemeines Angaffen und ein im Chor gebrülltes »Yambo, Bana« (Wie befinden Sie sich, Herr?) taten. Unter den ersten, die uns hier begrüßten, war ein Pater der Gesellschaft des heiligen Geistes, der mit den anderen Jesuiten unter dem Superior Horner einen Missionsposten von bedeutendem Einfluß und Verdienst in Bagamoyo eingerichtet hat. Sie luden uns ein, von der Gastfreundschaft der Mission Gebrauch zu machen, unsere Mahlzeiten dort einzunehmen und, wenn wir es wünschten, unser Lager auf ihrem Grund und Boden aufzuschlagen. Aber wie liebenswürdig auch immer eine Bewillkommnung und wie aufrichtig herzlich eine Einladung sein mag, ziehe ich doch, wo es möglich ist, die Unabhängigkeit der Abhängigkeit vor. Deshalb sagte ich dem gastfreundlichen Pater, daß ich mich nur auf eine Nacht von meinem Lager entfernen könne.

Ich suchte ein Haus nahe der westlichen Umgebung der Stadt aus, wo ein großer, offener Platz liegt, durch den die Straße nach Unyanyembé führt. Wäre ich einen ganzen Monat in Bagamoyo gewesen, so hätte ich keinen besseren Platz auswählen können. Meine Zelte wurden gegenüber dem Tembé (Hause), das ich mir ausgesucht hatte, aufgeschlagen und schlossen einen kleinen Platz ein, wo man Geschäfte abmachen, Warenballen nachsehen, untersuchen und signieren konnte, ohne von der Zudringlichkeit Neugieriger belästigt zu werden. Nachdem ich die 27 Tiere der Expedition in einen eingehegten Platz hinter dem Hause hatte treiben lassen, die Güterballen aufgespeichert und einen Kordon von Soldaten herumgestellt hatte, begab ich mich, müde und hungrig, in die Jesuitenmission, um ein spätes

Das Lager in Bagamoyo

Mittagessen einzunehmen, und ließ das neugebildete Lager unter
Aufsicht der Weißen und des Kapitäns Bombay.

Die Missionsanstalt ist eine gute halbe Meile nördlich von
der Stadt entfernt; sie bildet eigentlich ein Dorf für sich und
zählt ungefähr 15–16 Häuser. Mehr als 10 Patres und ebensovie-
le Schwestern sind dort in der Niederlassung beschäftigt, und
alle haben sie genug damit zu tun, den Schädeln der Eingeborenen das Feuer der Intelligenz zu entlocken. Die Wahrheit zwingt
mich zu sagen, daß sie dabei schöne Erfolge erzielt haben. Sie
haben in der Anstalt mehr als 200 Zöglinge, sowohl Knaben als
auch Mädchen, und diese tragen, vom ältesten bis zum jüng-
sten, das Gepräge der brauchbaren Erziehung, die sie erhalten
haben, an sich.

Das für die Väter und ihren Gast bereitete Mittagessen bestand aus ebensoviel Schüsseln, wie ein Hotel erster Klasse in
Paris sie zu geben pflegt, und war mit ebensoviel Kunst gekocht,
obwohl die Umgebungen keineswegs die gleichen waren.

Nach dem Abendessen, das mir die fehlende Kraft wiedergegeben hatte und für das ich außerordentlich dankbar war, kamen

die fortgeschrittensten Zöglinge, etwa 20 an der Zahl, mit Blasinstrumenten heraus und bildeten ein vollständiges Musikkorps. Ich war ziemlich erstaunt, so harmonische Töne von diesen wollköpfigen Burschen zu hören, bekannte französische Musik in diesem einsamen Hafen zu vernehmen.

Ich genoß eine sehr erquickende Nachtruhe und suchte bei Tagesgrauen mit frischem Mut für das neubeginnende Leben mein Feldlager auf. Als ich die Tiere zählte, fehlten zwei Esel, und als ich meine afrikanischen Tauschwerte musterte, war eine Rolle Draht, Nr. 6, nicht zu finden. Offenbar hatten sich alle meine Leute auf den Boden geworfen, um zu schlafen, und hatten die Tatsache vergessen, daß auf dem Mrima viele Diebe nachts umherschleichen. Ich schickte also Soldaten in die Stadt, um dieselbe samt ihrer Nachbarschaft zu durchsuchen. Vor dem Abend entdeckte man einen der fehlenden Esel außerhalb der Stadt, wie er Maniokblätter fraß, aber das andere Tier und die Drahtrolle fanden sich nicht.

Unter den Leuten, die mich an diesem ersten Tage meines Aufenthalts in Bagamoyo besuchten, befand sich Ali bin Salim, ein Bruder des berühmten Sayd bin Salim, früher Ras Kafilah, der bei Burton und Speke und darauf bei Speke und Grant gewesen war. Er war mit seinen Salaams sehr freigebig, und außerdem sollte sein Bruder mein Agent in Unyamwezi sein; ich zögerte mithin nicht, sein Anerbieten, mir zu helfen, anzunehmen. Aber leider wurde dieser Ali bin Salim gegenüber meiner dem Weißen eigenen Arglosigkeit zu einer Schlange, zu einem wirklich bösen Dorn in meinem Fleische. Ich wurde in sein bequemes Haus zum Kaffee gebeten und ging dorthin; der Kaffee war gut, aber ohne Zucker, seine Versprechungen waren zahlreich, aber ohne Wert. Er sagte zu mir: »Ich bin Ihr Freund, ich wünsche Ihnen zu dienen, was könnte ich für Sie tun?« Ich antwortete: »Ich bin Ihnen sehr dankbar, ich bedarf eines guten Freundes, der die Sprache und Sitten der Wanyamwezi kennt und imstande ist, mir sowohl die Pagazis zu verschaffen, die ich brauche, als auch meine Weiterreise zu beschleunigen. Ihr Bruder ist mit den Wasungu (den weißen Männern) bekannt und weiß, daß Sie Ihr Wort halten. Schaffen Sie mir 140 Pagazis, und ich will Ihnen dafür zahlen, was Sie fordern.«

Mit salbungsvoller Höflichkeit sagte die Schlange, die ich hegte und pflegte: »Ich wünsche nichts von Ihnen, mein Freund, für einen so kleinen Dienst. Bleiben Sie ruhig und zufrieden. Sie sollen sich keine 14 Tage hier aufhalten. Morgen früh komme ich und werde mir Ihre Güter ansehen, um zu berechnen, was nötig ist.« Als ich mich von ihm verabschiedete, war ich von dem beglückenden Gedanken beseelt, daß ich bald auf dem Wege nach Unyanyembé sein würde.

Am nächsten Tage besuchte Ali bin Salim, getreu seinem Versprechen, mein Feldlager mit sehr wichtiger Miene und teilte mir, nachdem er den Haufen Zeugwaren besichtigt hatte, mit, daß ich sie mit Makandas, das heißt Binsenbeuteln, bedecken müsse. Er sagte, er werde mir einen Mann schicken, um dazu Maß zu nehmen, riet mir aber, mit diesem nicht wegen der Beutel zu handeln, da er selbst alles in Ordnung bringen werde.

Während wir mit lobenswerter Geduld die 140 Pagazis, die uns Ali bin Salim versprochen hatte, erwarteten, beschäftigten wir uns mit allem, was man für nötig halten konnte, um die ungesunde Seegegend zu durchziehen, so daß wir sie passieren könnten, ehe das schreckliche Fieber uns mutlos und schlaff machte. Ein kurzer Aufenthalt in Bagamoyo zeigte uns schon, was fehlte, was überflüssig und was notwendig war. In einer Nacht wurden wir von einem Sturm und furchtbarem Regen heimgesucht. Ich hatte Pagazizeug im Wert von 1500 Dollars in meinem Zelt. Am Morgen besah ich es, und siehe da, der Drillich hatte den Regen wie ein Sieb hereingelassen, und jeder Meter Tuch war naß. Es bedurfte zweier Tage, um die Tuche zu trocknen und wieder zusammenzufalten. Das Drillichzelt wurde also verworfen und eins aus Hanfsegeltuch Nr. 5 gemacht. Erst darauf gewann ich die Überzeugung, daß meine Zeugballen und die Munition für ein Jahr sicher seien und dem Masika Trotz bieten könnten. In der Eile unserer Abreise von Sansibar und da ich damit nicht bekannt war, wie man Ballen zu packen habe, hatte ich mich dem besseren Urteil und der Erfahrung eines gewissen Dschetta, eines Kommissionärs, unterworfen, der mir meine Ballen für den Transport herrichtete. Dieser wog die Ballen nicht beim Zusammenpacken, sondern legte einfach Merikani, Kaniki, Barsati, Dschamdani, Dschoho, Ismahili schichtweise aufeinander und schnürte alles in Ballen. Ein paar Pagazis kamen in mein Lager und fingen an zu unterhandeln, wünschten aber erst die Ballen zu sehen, ehe sie den Handel abschlössen. Sie versuchten es, sie zu heben, aber o weh! der Versuch schlug fehl, und sie gingen wieder ab. Ich ließ darauf eine genaue Saltersche Federwaage aufhängen und hängte einen Ballen an dieselbe; der Zeiger wies 105 Pfund oder 3 Frasileh nach, also gerade 35 Pfund oder 1 Frasileh Übergewicht. Als ich alle Ballen in dieser Weise geprüft hatte, bemerkte ich, daß die Arbeit Dschettas, die nur nach allgemeinen Schätzungen gemacht worden war, trotz seiner Erfahrung mir bedeutende Mühe verursachte. Ich ließ also durch die Soldaten die Ballen wieder öffnen und zusammenpacken.

Der 15. Tag, zu welchem mir Ali bin Salim die Pagazis versprochen hatte, ging vorüber, und keine Spur von einem Pagazi zeigte sich in meinem Lager. Ich schickte also den stierköpfigen Mabruki, einen von Burtons Gefährten, zu Ali bin Salim, um ihm meine Salaams zu überbringen und die Hoffnung auszudrücken, daß er sein Wort halten werde. Nach einer halben Stunde kam Mabruki mit der Antwort von dem Araber zurück, daß er in ein paar Tagen imstande sein werde, alle die Pagazis zusammenzubringen, »aber«, fügte Mabruki schlau hinzu, »Bana, ich glaube ihm nicht; er sprach so laut zu sich selbst, daß ich es hören konnte: ›Warum sollte ich diesem Musungu Pagazis verschaffen?‹«

Nach meiner Überzeugung war es jetzt Zeit zu handeln. Ali bin Salim sollte einsehen, daß es ein übel Ding sei, mit einem Weißen, der ernstlich abreisen wollte, sein Spiel zu treiben. Ich ritt also in sein Haus, um ihn zu fragen, was er eigentlich meine.

Seine Antwort war, Mabruki hätte eine Lüge gesagt, die so schwarz sei wie sein Gesicht; wenn er (Ali) je etwas Derartiges gesagt hätte, so wolle er selbst mein Sklave oder ein Pagazi werden. Aber hier brachte ich den redseligen Ali zum Schweigen und erwiderte ihm, daß ich nicht daran denken könne, ihn als Pagazi zu benutzen, oder von einem Menschen, der mich einmal, wie Ali bin Salim, hintergangen hätte, irgendeinen Dienst annehmen wolle. Es wäre daher besser, wenn Ali bin Salim aus meinem Lager wegbliebe und weder in Person noch durch Vertreter mit demselben verkehre.

Ich hatte 14 Tage verloren. In dieser Not erinnerte ich mich des Versprechens, das mir der große Kaufmann von Sansibar, Tarya Topan, der mohammedanische Hindu, gemacht hatte, daß er mir einen Brief an einen jungen Mann namens Sur Hadschi Pallu geben wolle, der in Bagamoyo am besten imstande sein sollte, Pagazis zu verschaffen.

Ich schickte also meinen arabischen Dolmetscher Selim in einer Dhau nach Sansibar mit der inständigen Bitte an Kapitän Webb, daß er mir von Tarya Topan den so lange verschobenen Einführungsbrief verschaffe. Dies war die letzte Karte, die ich ausspielen konnte.

Am dritten Tage kam der junge Selim zurück und brachte mir nicht nur einen Brief an Sur Hadschi Pallu, sondern auch eine Menge guter Dinge aus dem stets gastfreien Hause des Herrn Webb. Sehr kurze Zeit nach dem Empfang des Briefes kam der ausgezeichnete junge Mann Sur Hadschi Pallu zu mir und teilte mir mit, daß er von Tarya Topan gebeten sei, für mich 140 Pagazis nach Unyanyembé so rasch wie möglich zu mieten. Dies wäre, wie er sagte, sehr kostspielig, denn es gäbe eine Menge arabischer und wasawahilischer Kaufleute, welche auf jede Karawane lauerten, die aus dem Innern käme, und diese pflegten 20 Doti oder 80 Meter Zeug jedem Pagazi zu zahlen. Da viele dieser Kaufleute nicht willens oder imstande gewesen wären, mehr zu zahlen, so hätten sie sechs Monate warten müssen, ehe sie ihre Leute bekommen hätten.

»Wenn Sie«, fuhr er fort, »rasch fortzukommen wünschen, so müssen Sie 25–40 Doti bezahlen, und dann kann ich Sie vor Ablauf eines Monats expedieren.«

Ich erwiderte ihm darauf: »Hier sind meine Zeuge für die Pagazis im Werte von 1750 Dollars oder 3500 Doti, welche ausreichen, um 25 Doti jedem der 140 Mann zu geben. Mehr als 25

Doti will ich nicht bezahlen. Schicken Sie mir 140 Pagazis mit meinem Zeug und Draht nach Unyanyembé, und ich werde Sie mit dem größten Geschenk, das Sie je erhalten haben, erfreuen.« Mit erquicklicher Naivität erwiderte der »junge Mann«, daß er kein Geschenk wünsche, er werde mir die betreffende Anzahl Pagazis schon besorgen, und dann könnte ich den »Wasungu« sagen, was für ein guter »junger Mann« er sei, und er werde infolge davon den Vorteil haben, daß sein Geschäft zunehme. Er schloß diese Erwiderung mit der erfreulichen Bemerkung, daß er schon 10 Pagazis in seinem Hause habe, und wenn ich so gut sein wolle, 4 Ballen Zeug, 2 Beutel Perlen und 20 Rollen Draht in sein Haus bringen zu lassen, so könnten die Pagazis unter Bedeckung von drei Soldaten am nächsten Morgen Bagamoyo verlassen. »Denn«, bemerkte er, »es ist viel besser und billiger, viele kleine Karawanen als eine große zu expedieren. Die großen Karawanen laden zum Angriff ein oder werden von habsüchtigen Häuptlingen unter den albernsten Vorwänden aufgehalten, wogegen kleine unbemerkter vorüberziehen.«

Die Ballen und Perlen wurden richtig nach Sur Hadschi Pallus Haus geschickt, und ich brachte den Tag damit zu, mich innerlich über mein großes Glück zu freuen, des jungen Hindus geschäftliche Begabung, die Größe und den Einfluß von Tarya Topan und Herrn Webbs Güte anzuerkennen, die meine Abreise von Bagamoyo so sehr beschleunigt hatten. In meinem Geist gelobte ich, dem Sur Hadschi Pallu ein prächtiges Geschenk und eine große Reklame in meinem Buch angedeihen zu lassen, und mit frohem Herzen machte ich diese Soldaten für ihren Marsch nach Unyanyembé fertig.

Der Abgang der ersten Karawane klärte mich auch in bezug auf die Honga oder den Tribut auf. Dieser mußte für sich allein zusammengepackt werden und aus den allerbesten Tuchen bestehen, denn die Häuptlinge sind nicht nur habgierig, sondern auch sehr wählerisch und nehmen das dünne, farbige Zeug der Pagazis nicht an, müssen vielmehr außerordentlich schöne und sehr teure Dabwani, Ismahili, Rehani oder Sohari und Doti von breitem Scharlachtuch erhalten. Der Tribut für die erste Karawane betrug 25 Dollars. Da ich mehr als 140 Pagazis abzuschicken hatte, so würde dieses Tributgeld schließlich 330 Dollars in Gold betragen, wobei noch ein Agio von 25 Cents auf jeden Dollar zu rechnen ist. Dieses bedenke, o Reisender! Ich setze dir diese Tatsache zur speziellen Belehrung auseinander.

Aber ehe mich meine erste Karawane verließ, mußten der würdige Jüngling Sur Hadschi Pallu und ich zu einer schließlichen Verständigung über die Geldangelegenheiten gelangen. Am Morgen, an dem die Abreise stattfinden sollte, kam Sur Hadschi Pallu in meine Hütte und überreichte mir mit der ehrbarsten Miene der Unschuld eine Rechnung darüber, daß er jeden Pagazi mit 25 Doti als Mietgeld nach Unyanyembé versehen habe, und bat sich sofortige Bezahlung in Gold aus. Worte können das Erstaunen, das ich fühlte, gar nicht ausdrücken, daß dieser so schlau aussehende Jüngling so bald den mündlichen Kontrakt vergessen haben sollte, den ich mit ihm am Morgen vorher abgeschlossen hatte, welcher dahin lautete, daß von den 3 000 in meinem Zelte lagernden Doti, die ausdrücklich für das Mieten von Pagazis angeschafft waren, jeder meiner Lastträger von Bagamoyo nach Unyanyembé bezahlt werden solle. Als ich ihn fragte, ob er sich des Kontraktes erinnere, bejahte er dies; seine Gründe, ihn so bald zu brechen, bestanden darin, daß er lieber seine eigenen Zeuge als die meinigen verkaufe, für seine Tuche brauche er aber Geld und könne für dieselben keine andern in Tausch nehmen. Ich gab ihm jedoch zu verstehen, daß er, da er die Pagazis für mich anschaffe, meine Pagazis auch mit meinen Zeugen zu bezahlen habe; daß ich ihm nicht mehr Geld zu zahlen gedenke als genau die Summe, die nach meinem Dafürhalten den Mühen, die er als mein Agent gehabt, entspreche, und daß er nur auf diese Bedingungen hin in dieser Angelegenheit wie in jeder andern für mich zu handeln habe, kurz, daß der »Musungu« nicht daran gewöhnt sei, sein Wort zurückzunehmen.

Das Vorstehende faßt eine große Anzahl Worte in wenige zusammen. Es repräsentiert ein einstündiges Zwiegespräch, einen bösen Zank von einer halben Stunde, ein Gelübde des Sur Hadschi Pallu, daß, wenn ich seine Zeuge nicht nehme, er sich auch um mein Geschäft durchaus nicht kümmern werde, viele

Tränen, Bitten schmerzliche Reue und noch manches andere, worauf ich einfach erwiderte: »Tun Sie, was ich von Ihnen verlange, oder tun Sie gar nichts!« Schließlich kam die Sache zu einem glücklichen Ende. Sur Hadschi Pallu verließ mich mit heiterem Gesichte, denn er nahm Poscho für drei Soldaten und Honga für die Karawane mit sich. Wohl mir, daß es so endete und daß die späteren Streitigkeiten ähnlicher Art immer so friedlich verliefen, sonst bezweifle ich, daß meine Abreise von Bagamoyo so rasch vor sich gegangen wäre, wie es der Fall war. Da ich gerade bei diesem Thema bin, welches faktisch jeden Augenblick meiner Zeit in Bagamoyo in Anspruch nahm, so kann ich gleich in bezug auf Sur Hadschi Pallu und seine Verbindung mit meiner Expedition ausführlicher sprechen.

Sur Hadschi Pallu war ein gewandter junger Geschäftsmann, energisch, ein rascher Rechner und schien zum glücklichen Kaufmann geboren. Seine Augen ruhten nie, sie wanderten über jeden Teil meines Körpers, über das Zelt, das Bett, die Flinten, die Tuche, und nachdem sie ihren Rundgang beendet, fingen sie ihn schweigend von neuem an. Seine Finger lagen nie still, sie hatten eine unruhige, nervöse Tätigkeit in ihren Spitzen und waren beständig im Begriff, nach etwas herumzufühlen. Während er mit mir sprach, pflegte er sich überzulehnen und das Gewebe meines Hosenstoffes, meines Rockes oder meine Schuhe und meine Socken zu befühlen. Dann fühlte er sein eigenes leichtes Dschamdani-Hemd oder Dabwani-Lendentuch an, bis sich seine Augen zufälligerweise auf einen neuen Gegenstand hefteten, sein Körper sich überbeugte und sein Arm sich mit den ungeheuren Fingern danach ausstreckte. Auch waren seine Kinnladen in einer beständigen Bewegung, die durch die schlechte Gewohnheit bedingt war, Betelnuß mit Kalk und bisweilen Tabak mit Kalk zu kauen. Sie gaben einen schnalzenden Ton von sich, ähnlich wie ein junges Ferkel beim Saugen. Er war ein frommer Mohammedaner und beobachtete die äußerlichen Zeremonien der wahrhaft Gläubigen. Er pflegte mich freundlich zu grüßen, seine Schuhe abzunehmen und in mein Zelt immer mit der Versicherung einzutreten, daß er nicht wert wäre, in meiner Gegenwart zu sitzen, und nachdem er sich gesetzt hatte, brachte er in umständlicher Weise sein Anliegen vor. Von Ehrlichkeit, wirklicher praktischer Ehrlichkeit wußte dieser Jüngling nichts; die reine Wahrheit war ihm völlig fremd; die Lügen, die er während seines kurzen Lebens gesagt hatte, schienen ihm schon den kühnen Blick der schuldlosen Jugend aus den Augen ausgelöscht, selbst den Schein aller Wahrhaftigkeit aus den Zügen verbannt, kurz ihn, ein Bürschchen von zwanzig Jahren, zu einem vollendeten Schurken und kompletten Betrüger gemacht zu haben.

Während der sechs Wochen, die ich in Bagamoyo war und auf meine Leute wartete, hat mir dieser zwanzigjährige Bursche so viel Mühe gemacht, als alle Schurken von New York zusammengenommen dem dortigen Polizeipräsidenten bereiten. Zehnmal den Tag ertappte man ihn auf Unehrlichkeiten, aber er schämte sich nie darüber. Er schickte zum Beispiel seine Rechnungen über das Zeug, womit er die Pagazis versehen hatte, ein und behauptete, daß er jedem 25 bezahlt hätte. Als ich jemand hinschickte, der die Sache untersuchen mußte, stellte sich heraus, daß die größte Zahl 20 und die niedrigste 12 betrug. Sur Hadschi Pallu gab an, die Zeuge wären alle von erster Qualität gewesen, Ulyahtuche, welche auf dem Markte viermal soviel wert seien wie die gewöhnliche Sorte, die den Pagazis gegeben wird; aber eine persönlich angestellte Untersuchung erwies, daß es die dünnsten verkäuflichen Stoffe waren, zum Beispiel $2^1/_2$ Fuß breite amerikanische Leinwand, wovon das Stück von 30 Meter in Sansibar $2^3/_4$ Dollars kostet, oder die geringste Sorte Kaniki, von denen gewöhnlich 20 Stück 9 Dollars kosten. Er kam auch noch persönlich in mein Lager, um 40 Pfd. Sami-Sami, Merikani und Bubuperlen als Poscho oder Rationen für die Karawane zu verlangen. Eine Besichtigung ihrer Vorräte vor der Abreise aus dem ersten Lager hinter Bagamoyo wies ein Manko von ungefähr 5—30 Pfund nach. Ferner betrog er mich auch um bares Geld, verlangte zum Beispiel 4 Dollars für die Kingani-Fähre für je 10 Pagazis, während das Fährgeld doch nur 2 Dollars betrug, und für Poscho eine ganz übertriebene Masse Pice (eine Kupfermünze, die ungefähr $^3/_4$ Cents beträgt). Vier Wochen lang wurde dies Betrugssystem täglich fortgesetzt. An jedem Tage entwarf er ein Dutzend neuer Pläne, jeden Augenblick schien er sich zu überlegen, wie er uns plündern konnte, bis ich schließlich nicht mehr wußte, wie ich ihn daran hindern sollte, denn wenn ich ihn der Menge seiner Genossen gegenüber enthüllte, so brachte das keine Schamröte auf seine fahlen Wangen, er hörte dann mit einem Achselzucken zu; das war alles, und dies konnte ich mir auslegen, wie ich wollte. Eine Drohung, sein Geschenk zu verkürzen, hatte gar keine Wirkung. Ein Vogel in der Hand war für ihn mehr wert als zwei auf dem Dache, und daher waren ihm gestohlene Waren im Werte von 10 Dollars, die er aber faktisch besaß, von größerem innerem Wert als 20 Dollars, deren Besitz ihm nach einigen Tagen zugesichert wurde, selbst wenn das Versprechen von einem »Musungu« herrührte.

Farquhar und Shaw, meine Weißen, arbeiteten fleißig an wasserdichten Zelten von Hanfsegeltuch, denn ich ersah aus den vorangehenden Regengüssen, die die Annäherung des Masika bezeichneten, daß ein gewöhnliches Zelt von leichtem Zeug mich der Feuchtigkeit und meine Waren dem Verschimmeln aussetzen würden, und da jetzt noch Zeit war, alle die Irrtümer, welche sich aus Unwissenheit oder übergroßer Eile in meinen Plan eingeschlichen hatten, zu korrigieren, so dachte ich doch, daß es nicht klug wäre, die Dinge sich ganz selbst zu überlassen. Jetzt, wo ich mit ungeschwächter Gesundheit zurückgekommen bin, obgleich ich 23 Fieberanfälle in der kurzen Zeit von 13 Monaten erlitten habe, muß ich gestehen, daß ich mein Leben erstlich der Gnade Gottes, zweitens dem Enthusiasmus für mein Unternehmen, welcher mich von Anfang bis zu Ende belebte, drittens dem Umstande, daß ich meine Konstitution nicht durch Unmäßigkeit oder Ausschweifungen ruiniert habe, viertens der Energie meiner Natur, fünftens einem angeborenen zur Hoffnung geneigten Temperament, das sich nie verstimmen ließ, und sechstens der Maßregel verdanke, daß ich mich mit einem geräumigen Segeltuchhause, welches dicht gegen Wasser und alle Feuchtigkeit war, versehen habe.

Ich war noch nicht lange in Bagamoyo, als ich nach dem Lager Mussoudis hinüberging, um die »Livingstone-Karawane« zu besuchen, welche der britische Konsul am 1. November 1870 ausgeschickt hatte, um Livingstone Hilfe zu leisten. Die Zahl ihrer Traglasten betrug 35, und diese bedurften ebenso vieler Menschen, um nach Unyanyembé transportiert zu werden. Die Leute, die diese Karawane zu begleiten hatten, bestanden aus sieben Johannesen und Wahiyau. Von diesen sieben waren vier Sklaven. Sie führten hier ein vergnügtes Leben, ohne an ihren Auftrag zu denken oder sich um die Folgen zu bekümmern. Was diese Leute die ganze Zeit über in Bagamoyo getan haben, außer ihren lasterhaften Neigungen zu frönen, begreife ich nicht.

Wenn der britische Konsul sich damit entschuldigt, er habe gar nicht gewußt, daß seine für Livingstone bestimmten Vorräte noch in Bagamoyo wären, so beweist mir das nur, daß er in strafwürdigster Weise seine Pflicht gegen einen britischen Untertan und Kollegen vernachlässigt hat, der selbst bis auf seinen Lebensunterhalt völlig von ihm abhing. Denn am ersten Abend meiner Ankunft in Sansibar erfuhr ich, daß eine Karawane in Bagamoyo im Begriff stand abzureisen, um dem Dr. Livingstone Vorräte ins Innere zu bringen. Damals wußte ich noch gar nicht, ob es ein schweres oder leichtes Ding sei, eine Karawane ins Innere zu expedieren. Man kann sich daher meine Verwunderung leichter vorstellen, als ich sie zu beschreiben vermag, wie ich die Entdeckung machte, daß diese Karawane, die nur 35 Mann brauchte und vom britischen Konsul abgeschickt worden war, Sansibar am 1. oder 2. November 1870 verlassen hatte und sich noch am 10. Februar 1871, also volle hundert Tage, in Bagamoyo im Lager befand.

Ungefähr am 10. Februar verbreitete sich das Gerücht in den Bazars von Bagamoyo und von dort aus in meinem Lager, daß der »Balyuz« (technischer Ausdruck für Gesandter) nach Bagamoyo kommen werde, um den Abgang der Livingstone-Karawane zu beschleunigen. An demselben Abend nun oder am nächsten Morgen ging dieselbe aus Furcht ins Innere ab, aber nur mit vier Mann Begleitung.

Bagamoyo hat ein sehr angenehmes Klima. Es ist in jeder Beziehung dem von Sansibar sehr vorzuziehen. Wir konnten in freier Luft schlafen und standen am Morgen erfrischt und gesund auf, um unser Frühbad im Meer zu genießen, und bei Son-

Shaw und Farquhar

nenaufgang waren wir schon mit verschiedenartigen Vorbereitungen für unsere Abreise beschäftigt. Unsere Tage wurden durch Besuche von den Arabern belebt, die auch nach Unyanyembé gehen wollten. Ferner kamen komische Szenen im Lager vor; bisweilen Kriegsgerichte, die über die Widerspenstigen abgehalten wurden; Boxkämpfe zwischen Farquhar und Shaw, die auch mein Einschreiten erforderlich machten, wenn sie gar zu hitzig wurden; hin und wieder ein Jagdausflug nach der Ebene und dem Fluß Kingani; gesellige Unterhaltungen mit dem alten Hauptmann und seiner Belutschenbande, die nie müde wurden, mich vor der Ankunft der Masika zu warnen und mir den Rat zu erteilen, mich so rasch wie möglich auf den Weg zu machen, ehe die Reisezeit vorüber sei.

John Shaw pflegte sehr verdrießlich zu werden, so oft diese Besuche von den schwarzen Magnaten von Bagamoyo stattfanden. Bei diesen Gelegenheiten war es nämlich meine erste Pflicht, nach der Sitte der Araber, ihnen Erfrischungen und Kaffee anzubieten, und zwar sie zuerst zu bedienen und dann erst das Präsentierbrett den Weißen darzureichen.

Ich bemerkte hierbei, daß Shaw sehr ungehalten aussah, und als ich mich nach der Ursache erkundigte, sagte man mir, ich habe ihn dadurch sehr beleidigt, daß ich die Araber oder »Niggers«, wie er sie zu nennen beliebte, eher als ihn, einen Weißen, habe bedienen lassen. Der arme Shaw war unwissend wie ein Kind in bezug auf die ihm in jenem Lande, nach welchem sich jetzt seine Gedanken richteten, noch bevorstehenden Widerwärtigkeiten. Was würde er nicht darum gegeben haben zu wissen, daß noch ganz andere Beschwerden, als diese seiner Farbe angetane Beleidigung, ihm auf dieser gefahrvollen Expedition bevorständen. Er bewies es deutlich, daß der ungebildete Angelsachse nicht geeignet ist zu reisen und mit andern Rassen in Verkehr zu treten.

Im Verlaufe der Zeit fand ich, daß es notwendig war, Farquhar und Shaw voneinander zu trennen; denn der letztere hatte keine Spur von Humor in seinem Wesen, aber eine sehr leicht verletzliche Eitelkeit und einen himmelhoch fliegenden, grenzenlosen Ehrgeiz.

Ich glaubte, Farquhar würde für sich allein viel besser daran sein als mit Shaw zusammen, der ohne Zweifel eine für Farquhars Charakter und Intelligenz höchst aufregende Manier hatte. Deshalb erwählte ich ihn dazu, die dritte Karawane ins Innere zu führen, und nachdem ich ihm dies angekündigt hatte, war der Friede sogleich zwischen den widerspenstigen Gegnern hergestellt.

Eines Abends ertappten wir einen Pferdejungen beim Diebstahl bei den Ballen, und da war denn die Jagd nach ihm ins Land, bis er sich in den Dschungeln unseren Blicken entzog, eine der angenehmsten Zerstreuungen, welche während unserer Vorbereitungen zum Marsche vorkamen.

Ich hatte jetzt vier Karawanen ins Innere abgesandt, und die fünfte, welche die Boote und Kasten, mein persönliches Gepäck und einige Zeug- und Perlenladungen befördern sollte, wollte ich selbst führen.

ZWEITES KAPITEL

Am 21. März, gerade 73 Tage nach meiner Ankunft in Sansibar, verließ die fünfte Karawane unter meiner Anführung und mit der Parole »Vorwärts« die Stadt Bagamoyo auf unserer ersten Reise nach Westen. Als der Kirangozi die amerikanische Flagge aufrollte und sich an die Spitze der Karawane stellte und Pagazis, Tiere, Soldaten und müßige Zuschauer sich in Reihen zum Marsche bereit gemacht hatten, sagten wir dem dolce far niente des zivilisierten Lebens, dem blauen Ozean, der uns den Weg in die Heimat eröffnete, den Hunderten von dunkelfarbigen Zuschauern, die sich versammelt hatten, um unsere Abreise mit wiederholten Musketensalven zu begrüßen, Lebewohl!

Unsere Karawane besteht aus 28 Pagazis mit Einschluß des Kirangozi oder Führers; aus 12 Soldaten unter Hauptmann Mbarak Bombay, welche 17 Esel und ihre Lasten zu beaufsichtigen haben; aus meinem jungen Dolmetscher Selim mit einem Esel und einem belasteten Karren; aus einem Koch und seinem Stellvertreter, der gleichzeitig Schneider und Gehilfe für alles ist und mein graues Pferd führt; aus Shaw, dem ehemaligen Steuermann, der jetzt in einen Führer des Nachtrabs und Aufseher über die Karawane verwandelt ist und, mit einer nachenförmigen Kopfbedeckung und Wasserstiefeln versehen, auf einem guten Reitesel sitzt, und schließlich aus mir selbst, auf dem herrlichen kastanienbraunen Pferde reitend (dem Geschenk des Herrn Goodhue, eines seit langem in Sansibar lebenden Amerikaners), als »Bana Mkuba«, der »große Herr«, wie ich von meinen Leuten genannt werde, als Leiter, Reporter, Denker und Führer der Expedition.

Im ganzen zählt die Expedition am Tage der Abreise 3 Weiße, 23 Soldaten, 4 Überzählige, 4 Hauptleute und 153 Pagazis, 27 Esel und 1 Karren, welche Zeuge, Perlen, Draht, Bootgerätschaften, Zelte, Kochgeräte, Schüsseln, Medizin, Pulver, Schrot, Musketen und Metallpatronen, Instrumente, kleine Lebensbedürfnisse wie zum Beispiel Seife, Zucker, Tee, Kaffee, Liebigschen Fleischextrakt, Fleischkonserven, Lichte usw. transportieren, was alles in allem 153 Lasten ausmacht. Die Waffen der Expedition bestehen aus einem glatten, doppelläufigen Hinterlader, einer amerikanischen Winchesterflinte (einem sogenannten »Sechzehnschießer«), einer gezogenen Henryflinte (auch Sechzehnschießer), 2 Starrschen Hinterladern, einem Jocelynschen Hinterlader, einer Elefantenflinte mit Kugeln, von denen 8 aufs Pfund gehen, 2 Revolvern mit Hinterladung, 24 Feuerschloßmusketen, 6 einläufigen Pistolen, einer Schlachtaxt, 2 Schwertern, 2 Dolchen (persischen Kummers, die ich selbst in Schiras gekauft habe), einem Sauspieß, 2 vierpfündigen amerikanischen Beilen, 24 Hacken und 24 Metzgermessern.

Wir verließen Bagamoyo, von den Blicken vieler Neugieriger verfolgt, mit vielem Eklat und zogen dann eine enge Gasse hinauf, welche durch das dichte Laub zweier parallel laufender Hecken von Mimosen fast in ein Dämmerlicht gehüllt war. Wir waren alle guten Mutes, die Soldaten sangen, der Kirangozi erhob seine Stimme in einem lauten, brüllenden Tone und ließ die amerikanische Flagge flattern, welche allen Zuschauern sagte: »Siehe da, die Karawane eines Musungu!«, und mein Herz schien mir rascher zu schlagen, als es sich für das ernste Gesicht eines Führers paßte, aber ich konnte es nicht zurückhalten, der Enthusiasmus der Jugend haftete mir noch an trotz meiner Reisen.

Und vor mir glänzte die Sonne der Verheißung auf ihrem Wege gen Westen. Um mich war alles lieblich; ich sah fruchtbare Felder, eine lachende Vegetation, merkwürdige Bäume; ich hörte das Zirpen der Heimchen, das Geschrei des Kiebitzes und das Summen vieler Insekten, welche mir alle zu sagen schienen: Endlich bist du auf dem Wege! Was konnte ich tun, als das Gesicht gegen den wolkenlosen Himmel erheben und rufen: »Gott sei Dank!«

Das erste Lager, Schamba Gonera, ungefähr 3¹/₄ englische Meilen entfernt, erreichten wir in 1 Stunde 30 Minuten. Diese erste oder »kleine« Reise lief verhältnismäßig sehr gut ab. Der Knabe Selim warf nicht mehr als dreimal den Wagen um. Der Soldat Zaidi ließ seinen Esel, der einen von meinen Kleiderkoffern und einen Munitionskasten trug, in einen Pfuhl schmutzigen Wassers fallen. Die Kleider mußten wieder gewaschen werden; der Munitionskasten war, dank meiner Vorsicht, wasserdicht.

Die folgenden drei Tage wurden dazu verwendet, die Vorbereitungen für die lange Landreise ganz zu vollenden und unsere Vorsichtsmaßregeln gegen die Masika, die jetzt bedenklich nahe war, zu treffen, sowie unsere Rechnungen zu bezahlen. Die Soldaten und Pagazis benutzten noch die Zwischenzeit, um ihre Freundinnen zu besuchen.

»Sofari – sofari leo! – Pakia, pakia!« (Eine Reise – eine Reise heute! – Macht euch auf den Weg – macht euch auf den Weg!) ertönte am Morgen des vierten Tages, der in allem Ernst für die Abreise bestimmt war, die muntere Stimme des Kirangozi, welche ihren Widerhall fand in der meines arabischen Knaben Selim, des Tambourmajors, Dieners und Faktotums. Als ich meine Leute zu ihrer Arbeit antrieb und kräftig mithalf, die Zelte abzubrechen, beschloß ich in meinem Geiste, daß, wenn meine vorangeeilten Karawanen mir reinen Weg gemacht hätten, ehe drei Monate vergangen wären, Unyanyembé unser Ruheort sein solle. Um 6 Uhr morgens war unser zeitiges Frühstück abgemacht, und die Esel und Pagazis zogen vom Lager Gonera ab. Selbst in dieser frühen Stunde hatte sich auf dem Lande eine ganze Menge neugieriger Eingeborener versammelt, denen wir das Abschieds-»Quahary« herzlich zuriefen. Mein kastanienbraunes Pferd erwies sich mir als unschätzbar für den Dienst des Quartiermeisters eines Transportzuges; denn mit einem solchen mußte ich mich vergleichen. Ich konnte zurückbleiben, bis der letzte Esel das Lager verlassen hatte, um nach einem Galopp von wenigen Minuten mich wieder an die Front zu begeben und Shaw den Nachtrab zu überlassen.

Der Weg war ein bloßer Fußpfad und führte über einen Boden, der, obgleich sandig, von merkwürdiger Fruchtbarkeit war und Korn und andere Pflanzen, die in ganz ungeschickter Weise gesät und gepflanzt worden, hundertfältig hervorbrachte.

In etwa einer halben Stunde hatten wir das hohe Matama und die Felder von Wassermelonen, Gurken und Maniok hinter uns gelassen und befanden uns, nachdem wir ein Binsenmoor überschritten hatten, in einem offenen Walde von Ebenholz- und Kalabassenbäumen.

Alsbald erreichten wir den trüben Kingani, der wegen seiner Flußpferde berühmt ist, und gingen durch das Schilfmoor längs seines rechten Ufers, bis uns durch einen engen Graben, der einen unmeßbar tiefen schwarzen Schlamm enthielt, geradezu Halt geboten wurde. Die Schwierigkeit, die uns dieser darbot, war sehr groß, obgleich er kaum 8 Fuß breit war. Man konnte nämlich die Esel und vor allen Dingen die Pferde nicht dazu bringen, die beiden Stangen zu überschreiten, wie es unsere zweibeinigen Lastträger taten. Auch konnte man sie nicht in den Graben treiben, weil sie dort rasch untergegangen wären. Die einzige Möglichkeit, ihn mit Sicherheit zu überschreiten, war durch eine Brücke, welche in diesem konservativen Lande Generationen lang als das Werk der Wasungu bestehen würde. So begaben wir uns denn an die Arbeit, da wir es nicht vermeiden konnten, und bauten mit den amerikanischen Äxten, welche unzweifelhaft die ersten waren, deren Streiche in diesem Teile der Welt gehört wurden, eine Brücke. Man kann sich darauf verlassen, daß sie rasch gemacht wurde, denn wo der zivilisierte Weiße sich einfindet, muß jede Schwierigkeit weichen. Die Brücke bestand aus sechs starken Bäumen, die über den Graben geworfen wurden. Kreuzweis über diese wurden fünfzehn Packsättel gelegt, welche wiederum mit einer dicken Grasschicht bedeckt wurden. Alle Tiere gingen sicher hinüber, und sodann begann zum drittenmal an diesem Morgen das Weiterwaten.

Der Kingani fließt hier nach Norden, und unser Weg lag an dem rechten Ufer entlang. Nachdem wir eine halbe Meile in der Richtung durch ein Dickicht von ungeheuren Binsen und üppigen Schlingpflanzen gegangen waren, kamen wir an eine Fähre, wo die Tiere wieder einmal abgeladen werden mußten.

Kingwere, der Nachenruderer, der uns von seinem Dickicht-Versteck auf der andern Seite erblickte, beantwortete höflich unsere Hallos und brachte seinen großen ausgehöhlten Baum geschickt über die Wirbel des Stromes an den Ort, wo wir auf ihn warteten. Während ein Teil unserer Gesellschaft den Nachen mit unseren Gütern belud, machten andere ein langes Seil zurecht, welches den Tieren um den Hals befestigt wurde, um sie durch den Fluß aufs andere Ufer hinüberzuziehen.

Die Karawane war mittlerweile mit ihren Ballen, Gepäckstücken, Eseln und Leuten glücklich hinübergegangen. Ich hatte daran gedacht, am Ufer zu kampieren, um mich mit der Antilopenjagd zu amüsieren, mir das Fleisch derselben zu verschaffen und dadurch meine Ziegen zu schonen, von denen ich eine Anzahl lebendig mit mir führte; aber dank dem Schrecken und der Furcht, welche meine Leute vor den Flußpferden empfanden, mußte ich bis an die Vorposten der Belutschgarnison von Bagamoyo, die sich in einem kleinen, vier Meilen vom Fluß entfernt liegenden Dorfe namens Kikoko befand, weitereilen.

Das westliche Ufer des Flusses war bedeutend besser als das östliche. Die Ebene erhob sich eine Meile lang allmählich, wie der Strand eines Badeortes, bis sie in einem sanften, abgerundeten Bergrücken gipfelte, und bot nicht die Schwierigkeiten dar, welche uns auf der anderen Seite belästigt hatten. Dort gab es keine jener ungeheuren Schmutzmassen und schwarzen Kotlachen mit den überhohen Gräsern. Es fehlte die miasmenreichen Dschungel mit ihren schädlichen Ausdünstungen. Die Landschaft war gerade so, wie man sie vor einem englischen Herrenhause findet, eine schöne, ausgedehnte, mit Rasen belegte Ebene, auf der genug Gebüsch vorhanden ist, um eine angenehme Abwechslung hineinzubringen. Die Straße führte, nachdem sie über eine offene Fläche gegangen, durch einen Hain junger Ebenholzbäume, wo Perlhühner und ein Hartebeest sichtbar wurden; dann wandte sie sich mit den charakteristischen großen Krümmungen eines Ziegenpfades eine Reihe von Landwellen hinauf und hinab, umsäumt von dem dunkelgrünen Laub des Mango- und den spärlicheren und heller gefärbten Blättern des großen Kalabassenbaumes.

Wir kamen in Kikoka um fünf Uhr nachmittags an, nachdem wir unsere Packtiere viermal auf- und abgeladen, eine tiefe Pfütze, eine Schlammquelle und einen Fluß passiert und 11 Meilen zurückgelegt hatten.

Die Ansiedlung von Kikoka besteht aus einer Anzahl Strohhütten, die nach keinem architektonischen Stil, sondern in einer

Mischform gebaut sind, die von trägen Ansiedlern aus der Mrima und Sansibar erfunden wurde, um soviel Sonnenschein wie möglich von dem durch vorspringende Dächer beschatteten Äußeren und dem Innern des Hauses abzuhalten. Eine Quelle und einige Brunnen versehen sie mit Wasser, das, obgleich süß, nicht besonders gesund oder appetitlich ist, da große Mengen verwester Stoffe durch den Regen hineingewaschen werden, dort liegen bleiben und sich dann weiter zersetzen. Man hat einen schwachen Versuch gemacht, die Gegend zu lichten, um Platz für den Ackerbau zu gewinnen, aber anstatt sich der schwierigen Aufgabe des Abholzens der Dschungel zu unterziehen, benutzen die Ansiedler lieber offene Waldplätze, von denen sie nur das Gras beseitigen, so daß sie bloß den Boden 2–3 Zoll tief aufzuhacken brauchen, um den Samen hineinzuwerfen, und mit Bestimmtheit auf Ertrag rechnen können.

Am nächsten Tag machten wir in Kikoka halt, da die vierte Karawane, welche bloß aus Wanyamwezi bestand, sich als ein großes Hindernis für ein schnelleres Fortkommen erwies. Maganga, ihr Führer, versuchte es auf verschiedene Weise, mir mehr Tuch und Geschenke abzupressen, obwohl er schon mehr als die drei anderen Führer zusammen gekostet hatte; aber seine Anstrengungen fruchteten weiter nichts, als daß ich ihm einen Lohn versprach, wenn er so rasch wie möglich nach Unyanyembé käme, damit ich ungehindert weiterkönne.

Am 27. bald nach sieben Uhr morgens brachen wir unser Lager ab, nachdem die Wanyamwezi fort waren. Das Land hatte denselben Charakter wie das zwischen dem Kingani und Kikoka; es war anziehendes, in allen seinen Gebilden schönes Parkland.

Ich ritt voran, um uns Fleisch zu verschaffen, wenn sich eine Gelegenheit dazu bieten sollte, fand aber keine Spur von Dikkicht oder Wild. Gerade vor uns, im Westen, dehnten sich die Landwellen, die sich bald hoben, bald senkten und wie die vielfach vergrößerten Furchen eines Feldes parallel verliefen. Jeder Bergrücken hatte einen mit Buschwerk bewachsenen Punkt oder einen dünnen Strich dicht belaubter Bäume, bis wir ganz in die Nähe von Rosako, unserem nächsten Halteplatz, kamen, wo sich das eintönig wellige Land veränderte und in einzelne Hügel, die mit dichten Gebüschen bewachsen waren, verwandelte. Auf einem derselben liegt, in undurchdringliches Dunkel dorniger Akazien eingehüllt, Rosako, das von dieser natürlichen Befestigung umgürtet wird und an ein anderes nach Norden gelegenes Dorf stößt, das in ähnlicher Weise geschützt ist. Zwischen beiden senkt sich ein äußerst fruchtbares und an Produkten reiches Tal, das von einem kleinen Bach durchschnitten wird, welcher das Wasser von demselben und den darumliegenden niedrigen Hügeln ableitet.

Rosako ist das Grenzdorf von Ukwere, während Kikoka im äußersten Nordwesten von Uzaramo liegt. Wir zogen in dies Dorf und besetzten den mittleren Teil desselben mit unseren Zelten und Tieren. Der Dorfhäuptling brachte mir eine Kitanda oder eine viereckige, leichte Bettstelle, ohne Behänge, Fransen oder sonstige überflüssige Zierate, die aber trotzdem ebenso bequem ist, als wenn sie mit dergleichen versehen wäre, für meinen Gebrauch ins Zelt. Die Tiere wurden unmittelbar, nachdem sie entlastet waren, auf die Weide getrieben, und die Soldaten machten sich Mann für Mann an die Arbeit, die Bagage zusammenzupacken, damit der während der Masikazeit stets drohende Regen keinen unersetzlichen Schaden anrichte.

Vor unserer Abreise am folgenden Morgen brachte mir Maganga, der Führer der vierten Karawane, die traurige Nachricht, daß drei seiner Pagazis krank seien, und er bat mich deshalb um etwas »Dowa« (Medizin). Obgleich ich kein Arzt bin und in keinerlei Beziehung zu dieser Kunst stehe, hatte ich einen gut gefüllten Medizinkasten, ohne den kein Reisender in Afrika leben kann, gerade für einen derartigen Unfall bei mir. Ich besuchte also Magangas Kranke und fand, daß einer eine Lungenentzündung, ein anderer das Mukunguru (afrikanisches Wechselfieber) und der dritte ein venerisches Leiden hatte. Sie dachten alle, daß sie sterben müßten, und schrien laut: »Mama, Mama!«, obwohl sie alle erwachsene Männer waren. Offenbar konnte die vierte Karawane an dem Tage nicht weiterziehen. Ich befahl also dem Maganga, mir sobald wie möglich nachzueilen, und setzte meine eigene Marschroute fort.

So sehr ich auch wünschte, nach Unyanyembé zu kommen, so wurde ich doch durch eine Herzensangst um die Ankunft meiner von der vierten Karawane transportierten Güter zurückgehalten, welche, ehe meine Karawane 9 Meilen marschiert war, den höchsten Grad erreicht hatte und mich veranlaßte, dort ein Lager aufzuschlagen. Der von mir erwählte Platz lag in der Nähe eines sich lang hinziehenden Quells, der während der Regenzeit viel Wasser hat, da er den Abfluß für zwei ausgedehnte Bergabhänge bildet. Kaum hatten wir unser Lager aufgeschlagen, eine Boma von dornigen Akazien und anderen Baumzweigen gebaut und umpfählt, sodann unsere Tiere auf die Weide getrieben, als wir eine ungeheure Zahl der verschiedenartigsten Insekten bemerkten, welche eine Zeitlang für uns zu einer neuen Quelle von Besorgnissen wurden, bis sie durch eine genaue Untersuchung der verschiedenen Arten zerstreut wurden.

Am zweiten Morgen hielt ich es für geratener, auf die vierte Karawane zu warten, statt weiter vorwärtszugehen. Burton hat für mich ausreichende Erfahrungen in bezug auf die Versprechungen der Banyanen von Kaole und Sansibar gemacht; er mußte elf Monate warten, ehe er die versprochenen Gegenstände erhielt. Da ich überhaupt nicht sehr viel mehr als elf Monate auf meine ganze Reise zu verwenden gedachte, so wäre es ein absoluter und nicht wiedergutzumachender Ruin gewesen, wenn ich durch meine Karawane so lange in Unyanyembé zurückgehalten werden sollte. Ihre Ankunft erwartend, widmete ich mich den Freuden der Jagd. Ich muß gestehen, daß ich darin noch ein Neuling war, obgleich ich in den Ebenen von Amerika und Persien mit gejagt hatte; ich konnte mich indes immerhin als nicht schlechten Schützen ansehen und zweifelte nicht, daß, wenn ich mich in einer Wildgegend und in entsprechender Nähe des Wildes befände, ich einiges ins Lager bringen könnte.

Nachdem wir durch das hohe Gras der Ebene eine Weile lang gegangen waren, erreichten wir zwischen dichtem Schilf gelegene Lichtungen. Ohne Erfolg spähte ich hier nach guten Verstecken und Schlupfwinkeln, kam aber schließlich auf eine Spur, welche von kleinen Antilopen und Hartebeests reichlich betreten war, der wir folgten. Sie führte mich in ein Dickicht und einen Wasserlauf entlang, der dasselbe durchschnitt; aber nachdem ich ihm eine Stunde lang gefolgt war, kam ich von demselben und beim Versuch, ihn wieder aufzufinden, auch von meinem Wege ab. Hier leistete jedoch mein Taschenkompaß gute Dienste, und mit seiner Hilfe steuerte ich auf die freie Ebene zu, in deren Mitte das Lager stand. Aber es war furchtbar schwere Arbeit, sich durch ein afrikanisches Dickicht durchzudrängen, das den Kleidern und der Haut gleich verderblich war. Um rasch fortzukommen, hatte ich ein paar Flanellgamaschen angezogen und die Füße in Segeltuchschuhe gesteckt. Wie sich erwarten ließ, faßte, ehe ich ein paar Schritte weit gegangen war, ein Zweig der Acacia horrida, die nur eins unter hundert ähnlichen Übeln bildet, das rechte Bein meiner Gamaschen am Knie und riß es fast rein ab, worauf ein stämmiger Kolquall mich an der Schulter faßte und mir als unvermeidliche Folge einen zweiten Riß beibrachte. Ein paar Schritte weiter verunzierte eine stachelige Aloepflanze durch einen weiteren Riß das andere Bein meiner Gamaschen, und fast unmittelbar darauf strauchelte ich gegen einen Convolvulus von der Stärke einer Mastenstrickleiter und fiel der Länge nach auf ein Bett von Dornen. Auf allen Vieren, wie ein Hund auf der Fährte, war ich nun gezwungen weiterzuwandern. Mein Sonnenhut wurde mit jeder Minute schlechter, meine Haut mehr und mehr verletzt, meine Kleider bei jedem Schritt mehr zerrissen. Außer diesen Übeln gab es eine stechende ätzende Pflanze, welche neben ihren starken Gerüchen mir schmerzhaft ins Gesicht schlug und einen dem durch Cayennepfeffer verursachten ähnlichen, brennenden Schmerz hinterließ. Die in dem undurchdringlichen Dickicht eingeschlossene Atmosphäre war heiß und erstickend, der Schweiß rann mir aus allen Poren und machte meine Flanellfetzen so naß, als ob ich durch ein Regenbad gegangen wäre. Als ich schließlich wieder in die Ebene gelangt war und frei atmen konnte, gelobte ich mir im Geist, daß ich nie wieder ins Innere afrikanischer Dschungel zu dringen versuchen würde, wenn es nicht eine dringende Notwendigkeit erheischte.

Trotz der grausamen Risse in meinen Kleidern und meiner Hautwunden konnte ich nicht umhin, als ich über die große

Bombay und Mabruki

wellenförmige, in liebliches Grün gekleidete Ebene blickte, die
von schönen, im Frühlingslaub prangenden Wäldern begrenzt
wurde, und die kleinen über die weite Fläche verstreuten Ge-
büschinseln betrachtete, die Schönheit der Gegend zu bewundern. Täglich gewann das Land in meiner Wertschätzung, denn
bisher fühlte ich nur, daß ich erhaltenen Befehlen nachkam, und
wie ungesund es auch sein mochte, so war ich doch verpflichtet
weiterzugehen; aber aus Furcht vor dem schrecklichen Fieber,
das mir durch die Fieberaussichten, die das bittere Buch des Kapitän Burton in meiner Phantasie angeregt hatte, noch schrecklicher wurde, gelobte ich mir, nicht einen Fußbreit von meinem
Wege abzugehen.

Der zweite und dritte Tag verging ohne irgendeine Nachricht
von Maganga. Daher wurden Shaw und Bombay ausgesandt, um
ihn mit aller möglichen Beschleunigung heranzubringen. Am
vierten Morgen kehrten sie, von dem langsamen Maganga und

seinen langsam nachziehenden Leuten begleitet, zurück. An ihn gerichtete Fragen waren nur imstande, ihm die Entschuldigung zu entlocken, daß seine Leute zu krank gewesen wären und er gefürchtet hätte, ihre Kräfte eher auf die Probe zu stellen, als bis sie ganz imstande wären, die Strapazen auszuhalten. Außerdem machte er den Vorschlag, ich möchte doch, da er sich noch einen Tag in dem Lager aufhalten müsse, nach Kingaru voranziehen und dort bis zu seiner Ankunft im Lager bleiben. Auf diesen Rat hin brach ich mein Lager ab und zog nach dem fünf Meilen entfernten Kingaru.

Auf diesem Marsche wurde das Land hügeliger, und die Karawane stieß zuerst auf Schilfmoor, was unserem Wagen bedeutende Mühe verursachte. Pisolithischer Kalkstein trat in Schichten und Geröllen hervor; wir fingen an, uns einzubilden, daß wir uns einem gesunden Hochlande näherten, und als ob dieser Gedanke sich bestätigen sollte, wurden im Norden und Nordwesten die purpurnen Kegel von Udoe sichtbar, und über allen ragte der Dilima-Pic etwa 1 500 Fuß hoch über der Meeresfläche empor. Aber bald darauf senkte sich der Weg wieder in ein kesselförmiges, grünes, von hohem Korn bewachsenes Tal und bog sich leicht von Nordwesten nach Westen durch ein Land, das sich abermals in wellenförmigen Linien dahinzog.

In einer der zwischen diesen länglichen Bodenanschwellungen befindlichen Niederungen stand das Dorf Kingaru mit einer Umgebung, die in ihrem Äußeren auf Wechsel- und andere Fieber hindeutete. Vielleicht machten die dicken Regenwolken und überhängenden Bergfirste mit ihren dichten, durch das Dunkel traurig aussehenden Wäldern den Ort unangenehmer als gewöhnlich; jedenfalls waren die ersten Eindrücke keineswegs angenehm, die ich von dieser rasenbekleideten, von dunklen Wäldern eingeschlossenen Talsenke und der nahegelegenen tiefen sumpfigen Wasserrinne empfing.

Ehe wir unser Lager in Ordnung bringen und die Zelte aufschlagen konnten, kam der schreckliche Vorbote der Masikazeit in hinreichenden Strömen herab, um die junge, glühende Liebe, die ich in letzter Zeit für Ost-Afrika an den Tag gelegt hatte, zu dämpfen. Trotz des Regens jedoch arbeiteten wir weiter, bis unser Lager fertig, das Eigentum vor Wetter und Dieben in Sicherheit gebracht war und wir mit Ergebung zusehen konnten, wie die Regentropfen den Boden in einen äußerst zähen Schlamm verwandelten und aus unserem Lagergrunde kleine Seen und Flüsse bildeten.

Gegen Abend, nachdem das unangenehme Schauspiel seinen Höhepunkt erreicht hatte, hörte der Regen auf, und die Eingeborenen kamen aus den in den Wäldern gelegenen Dörfern scharenweise mit ihren Verkaufsartikeln ins Lager. Ihnen voran erschien, als ob er dazu verpflichtet wäre, der Sultan – Beherrscher oder Häuptling – des Dorfes mit drei Maß Matama und einem halben Maß Reis, die er mich mit väterlichem Lächeln anzunehmen ersuchte. Aber unter seiner lachenden Maske, den triefenden Augen und der gefurchten Stirn ließ sich ein ränkevolles, äußerst schlaues Wesen erkennen. Unter derselben Maske, die dieser schelmische Älteste angenommen hatte, antwortete ich: »Der Häuptling von Kingaru hat mich einen reichen Sultan genannt. Wenn ich das bin, warum kommt dann der Häuptling nicht mit einem reichen Geschenk zu mir, damit er ein ebenso reiches Gegengeschenk empfangen könne?« Darauf erwiderte er abermals mit einem gezwungenen Lächeln seines runzligen Gesichts: »Kingaru ist arm, und es gibt im Dorfe kein Matama.« Worauf ich entgegnete, ich werde ihm, da kein Matama im Dorf vorhanden sei, ein halbes Schukka oder ein Meter Tuch geben, was genau seinem Geschenk entspreche, und wenn er sein kleines Körbchen für ein ordentliches Geschenk hielte, so würde ich mein Zeug gleichfalls als ein solches bezeichnen. Mit dieser Logik mußte er sich zufriedengeben.

1. April. Heute hat die Expedition einen Verlust erlitten durch den Tod des grauen arabischen Pferdes, das mir Seyyid Barghasch, der Sultan von Sansibar, geschenkt hatte. Gestern abend bemerkte ich, daß das Pferd leidend war. Da ich mich dessen erinnerte, was mir Dr. Kirk, der britische Konsul in Sansibar, so häufig versichert hatte, nämlich daß Pferde im Innern von Afrika wegen der Tsetsefliege nicht leben könnten, ließ ich es öffnen, um den Magen, von dem ich meinte, daß er krank sei, zu untersuchen. Außer vielem unverdauten Matama und

Gras fanden sich 25 kurze, dicke weiße Würmer vor, welche wie Blutegel in der Wandung des Magens steckten, während die Därme von zahlreichen langen weißen Würmern wimmelten. Ich bin überzeugt, daß weder Mensch noch Vieh mit einer solchen Masse schädlicher lebender Wesen im Innern lange existieren kann.

Damit der tote Kadaver das Tal nicht verpeste, ließ ich das Pferd ungefähr 20 Meter von der Lagerstätte tief in die Erde vergraben. Aus dieser kleinen Veranlassung machte der Dorfhäuptling Kingaru ungeheuren Lärm. Er hatte sich nämlich mit seinen Kollegen, den Häuptlingen der benachbarten Dörfer, die ungefähr zwei Dutzend aus Zweigen geflochtene Hütten repräsentierten, über die beste Methode beratschlagt, wie er den Musungu um ein oder zwei ganze Doti Merikani strafen könne, und war dabei schließlich zu der Überzeugung gelangt, daß die Beerdigung eines toten Pferdes in ihrem Grund und Boden, ohne vorgängige Erlaubnis, ein schreckliches und strafwürdiges Vergehen sei. Indem er sich also über die unverzeihliche Unterlassung sehr entrüstet stellte, beschloß Kingaru, vier junge Leute an den Musungu zu schicken und ihm sagen zu lassen: »Da Ihr Euer Pferd in meinem Boden begraben habt, so mag es gut sein; es kann da bleiben, aber Ihr müßt mir zwei Doti Merikani dafür bezahlen.« Als Antwort wurde den Boten aufgetragen, ihrem Häuptling zu sagen, ich zöge es vor, die Sache mit ihm selbst von Angesicht zu Angesicht zu besprechen, wenn er so gut sein wolle, mich noch einmal in meinem Zelte zu besuchen. Da das Dorf nur einen Steinwurf von unserem Feldlager entfernt war, kam der runzlige Älteste in ein paar Minuten wieder an die Tür meines Zeltes, und etwa die Hälfte der Einwohnerschaft folgte ihm.

Das nun folgende Zwiegespräch, welches so stattfand, wie es hier aufgezeichnet, wird dazu beitragen, den Charakter der Leute zu kennzeichnen, mit denen ich ungefähr ein Jahr lang im Verkehr stehen sollte.

Weißer: »Seid Ihr der große Häuptling von Kingaru?«
Kingaru: »Huh-uh. Ja.«
Weißer: »Der große, große Häuptling?«

Kingaru: »Huh-uh. Ja.«

Weißer: »Wie viele Soldaten habt Ihr?«

Kingaru: »Wieso?«

Weißer: »Wie viele Kriegsleute habt Ihr?«

Kingaru: »Gar keine.«

Weißer: »Nun, ich dachte, Ihr würdet tausend Mann bei Euch haben, da Ihr einem so starken Weißen, der viele Gewehre und Soldaten hat, eine Strafe von zwei Doti für das Begraben eines toten Pferdes auferlegt.«

Kingaru (etwas verwirrt): »Nein, ich habe keine Soldaten. Ich habe bloß ein paar junge Leute.«

Weißer: »Warum kommt Ihr denn und macht uns diese Unruhe?«

Kingaru: »Ich habe es nicht getan, sondern meine Brüder, die mir sagten: ›Komm her, komm her, Kingaru, sieh, was der weiße Mann getan hat. Hat er nicht von deinem Grund und Boden Besitz ergriffen dadurch, daß er sein Pferd ohne deine Erlaubnis in deinem Erdreich begraben hat? Komm, geh hin und sieh, mit welchem Recht er das getan.‹ Daher bin ich hergekommen, um Euch zu fragen, wer Euch die Erlaubnis gegeben hat, meinen Boden als Begräbnisplatz zu benutzen.«

Weißer: »Ich bedarf keines Menschen Erlaubnis, um das zu tun, was recht ist. Mein Pferd ist krepiert. Hätte ich es in Euerm Tal liegen lassen, daß es dortselbst verfaule und die Luft verpeste, so hätte Krankheit Euer Dorf heimgesucht, Euer Wasser wäre ungesund geworden, und die Karawanen würden hier nicht anhalten, um Handel zu treiben, denn sie würden sagen: ›Dies ist ein unglücklicher Ort, laßt uns fortziehen.‹ Aber genug davon; ich höre, Ihr wollt nicht, daß das Pferd in Eurem Boden beerdigt sei. Der Fehler, den ich begangen, läßt sich leicht wieder gutmachen. Im Augenblick sollen meine Soldaten es wieder ausgraben und den Boden so zudecken, wie er früher war, und das Pferd soll da liegen bleiben, wo es gestorben ist.« (Bombay laut zurufend): »Heda, Bombay, nimm Soldaten mit Hacken, um mein Pferd aus der Erde herauszugraben. Schleppt es dahin, wo es gestorben ist, und macht alles bereit für unseren morgen früh stattfindenden Marsch.«

Kingaru schreit nun mit bedeutend erhobener Stimme und vor Erregung wackelndem Kopf: »Akuna, akuna, Bana! Nein, nein, Herr! Möge der weiße Mann nicht zornig werden. Das Pferd ist tot und liegt jetzt begraben. Mag es da liegen bleiben, weil es schon da ist, und laßt uns wieder gute Freunde sein.«

Nachdem der Scheikh von Kingaru auf diese Weise zur Vernunft gebracht war, boten wir einander ein freundschaftliches Quahary, und ich blieb allein, um über meinen Verlust nachzudenken. Kaum war eine halbe Stunde verstrichen – es war neun Uhr abends geworden und das Lager schon halb im Schlummer, als ich ein tiefes, von einem der Tiere herrührendes Gestöhne vernahm. Als ich mich danach erkundigte, welches Tier leidend war, war ich erstaunt zu erfahren, daß es mein Brauner sei. Mit einer Stallglaslaterne besuchte ich dasselbe und bemerkte, daß der Schmerz im Magen saß, aber ob er von irgendeiner giftigen Pflanze, die es auf der Weide gefressen, oder von einer sonstigen Krankheit herrühre, konnte ich nicht ermitteln. Das Pferd gab reichliche Mengen einer dünnflüssigen Substanz von sich, die aber in ihrer Farbe nichts Eigentümliches hatte. Seine Schmerzen waren offenbar sehr groß, denn es stöhnte wahrhaft kläglich und sträubte sich heftig. Ich blieb die ganze Nacht auf in der Hoffnung, daß es nur die vorübergehende Wirkung einer unbekannten schädlichen Pflanze sei, aber nach einem kurzen, schweren Todeskampfe krepierte auch dieses Pferd am nächsten Morgen um sechs Uhr, genau fünfzehn Stunden nach dem anderen. Als wir den Magen öffneten, stellte sich heraus, daß der Tod durch das nach innen erfolgte Aufplatzen eines Krebsgeschwürs bedingt war, das den größten Teil der Magenwand ergriffen und sich 1–2 Zoll nach dem Mageneingang hinauf erstreckt hatte. Der Inhalt des Magens und der Gedärme war von dem gelben schleimigen Ausfluß des Geschwürs geradezu überschwemmt. So hatte ich meine beiden Pferde verloren, und zwar innerhalb des kurzen Zeitraums von fünfzehn Stunden.

Der 1., 2. und 3. April gingen vorüber, und wir hörten und sahen nichts von der stets zurückbleibenden vierten Karawane. Mittlerweile vermehrte sich die Zahl unserer Unfälle. Außer dem Verlust der kostbaren Zeit infolge der Verkehrtheit des

Führers der anderen Karawane und dem Verlust meiner beiden Pferde, benutzte ein mit Bootgerätschaften beladener Pagazi die Gelegenheit und desertierte. Ferner wurde mein Dolmetscher Selim von einem heftigen Anfall von Wechselfieber befallen. Ihm folgte alsbald der Koch, dann der Hilfskoch und Schneider Abdul Kader, schließlich, ehe der dritte Tag vorbei war, hatte Bombay Rheumatismus, Uledi (der frühere Diener Grants) Halsentzündung, Zaidi den Fluß, Kingaru das Mukunguru, Khamisi, ein Pagazi, litt an Schwäche der Lenden, Fardschallah bekam ein Gallenfieber, und ehe die Nacht einbrach, hatte Makoviga Durchfall. So schien mein beabsichtigter Sturmlauf nach Unyanyembé und rasches Durchschreiten der furchtbaren Seegegend dazu bestimmt, ziemlich ähnlich wie der rasche Lauf auf Magdala zu endigen, den Dr. Austin, von der Londoner »Times«, dem Sir Robert Napier in Abessinien so dringend anriet. Von einer Truppe von fünfundzwanzig Mann war einer desertiert, zehn befanden sich auf der Krankenliste, und es wurde somit die Vorahnung, daß die übel aussehende Umgegend von Kingaru uns Unglück bringen werde, zur vollen Wahrheit.

Am 4. April erschienen Maganga und seine Leute, nachdem sie sich uns durch Musketenschüsse und Hornsignale, den in diesem Lande gewöhnlichen Zeichen der Annäherung einer Karawane, angemeldet hatten. Seine Kranken waren bedeutend besser, aber sie brauchten noch einen Tag Ruhe in Kingaru. Nachmittags kam er, um Angriffe auf meine Freigebigkeit zu machen, indem er mir Einzelheiten über die herzlosen Betrügereien erzählte, welche Sur Hadschi Pallu gegen ihn verübt hätte; aber ich sagte ihm, ich könne, seit ich Bagamoyo verlassen, nicht mehr freigebig sein. Wir wären jetzt in einem Lande, wo das Tuch viel mehr wert sei; auch hätte ich nicht mehr Zeug, als ich für meinen und meiner Leute Unterhalt brauchte, und er und seine Karawane hätten mich mehr Geld und Mühe gekostet als die drei übrigen – was auch der Fall war. Mit dieser Entgegnung mußte er sich zufriedengeben, aber ich löste wieder seine Zweifel über die Geldangelegenheit, indem ich ihm versprach, daß er, wenn er rasch mit seiner Karawane nach Unyanyembé weiterzöge, keine Ursache haben solle, sich zu beklagen.

Am 5. April hatten wir die Genugtuung, die vierte Karawane vor uns her verschwinden zu sehen mit dem erwünschten Versprechen, daß wir sie diesseits von Simbamwenni gewiß nicht wieder erblicken sollten, wenn wir auch noch so rasch folgten.

Am folgenden Morgen schlug ich, um meine Leute aus ihrer krankhaften Stumpfheit aufzurütteln, einen ermunternden Alarm mit einem eisernen Kochlöffel auf einer Zinnpfanne, wodurch ich anzeigte, daß wir im Begriff standen, eine Sofari zu unternehmen. Nach der außerordentlichen Heiterkeit zu urteilen, mit der meinem Aufruf entsprochen wurde, hatte dies eine sehr gute Wirkung. Schon vor Sonnenaufgang waren wir in der Lage, aufbrechen zu können. Nach unserem Abzug stürzten die Dorfbewohner von Kingaru mit der Schnelligkeit von Habichten heraus, um sich Lumpen oder Abfälle, die wir zurückgelassen hatten, zu sammeln.

Der lange Marsch von 15 Meilen nach Imbiki bewies, daß unser verlängerter Aufenthalt in Kingaru meine Soldaten und Pagazis völlig demoralisiert hatte. Nur wenige von ihnen hatten Kraft genug, um Imbiki vor der Nacht zu erreichen. Die andern, welche bei den beladenen Eseln waren, erschienen erst am nächsten Morgen in einem bejammernswerten Zustande des Geistes und Körpers. Khamisi – der Pagazi mit den schwachen Lenden – war weggelaufen und hatte zwei Ziegen, das Zelt für die Waren und die ganze persönliche Habe von Uledi, welche aus seinem Besuchs-Dischdasch, einem langen Hemde nach arabischem Schnitt, 10 Pfund Perlen und einigen feinen Zeugen bestand, mitgenommen. Uledi hatte ihm dies in einem Anfall von Großmut anvertraut, während er des Pagazis Last, nämlich 70 Pfund Bubuperlen, getragen hatte. Diese Veruntreuung durfte nicht unbeachtet bleiben, auch konnte man Khamisi nicht heimkehren lassen, ohne daß ein Versuch gemacht wurde, ihn zu fassen. Daher wurden Uledi und Feradschi ausgeschickt, um ihn zu verfolgen, während wir in Imbiki blieben, um den heruntergekommenen Soldaten und Tieren Zeit zur Erholung zu geben.

Am 8. setzten wir unsere Reise fort und kamen in Msuwa an. Dieser Marsch wird als der angreifendste von allen in der Erinnerung unserer Karawane lebendig bleiben, obwohl die Entfernung nur 10 Meilen betrug. Er führte fortwährend durch Dschungeldickicht, nur unterbrochen von drei dazwischen liegenden Waldwiesen von beschränkten Dimensionen, die uns drei Atempausen in der gräßlichen Reisearbeit durch das Dickicht gewährten. Der Geruch, der den wilden Pflanzen desselben entströmte, war so durchdringend, so stechend scharf und das aus den verwesten Pflanzenstoffen entstehende Miasma so dicht, daß ich jeden Augenblick erwartete, ich und meine Leute würden in akuten Fieberanfällen hinstürzen. Glücklicherweise jedoch gesellte sich dieses Unglück nicht noch zu dem Übelstande, daß wir die häufig fallenden Pakete auf- und abzuladen hatten.

In Msuwa wurde haltgemacht, damit unsere Tiere sich erholen konnten. Der Häuptling des Dorfes, außer in der Farbe ein Weißer in jeglicher Beziehung, schickte mir und meinen Leuten das fetteste breitschwänzige Schaf seiner Herde und fünf Maß Matamakorn. Das Hammelfleisch war ausgezeichnet, unvergleichlich schön. Für sein rechtzeitiges, uns so notwendiges Geschenk gab ich ihm zwei Doti und amüsierte ihn damit, daß ich ihm den wundervollen Mechanismus des gezogenen Winchestergewehrs und meiner Hinterlader-Revolver auseinandersetzte.

Er und seine Leute waren intelligent genug, um die Nützlichkeit dieser Waffen in der Not zu begreifen, und deuteten mit ausdrucksvollen Pantomimen die mächtige Wirkung derselben gegen bloß mit Speer und Bogen bewaffnete Massen an, indem sie ihre Arme so ausstreckten, als ob sie eine Flinte hielten, und mit derselben einen großen Kreis umschrieben. »Wahrlich«, sagten sie, »die Wasungu sind viel klüger als die Waschensi. Was für Köpfe haben sie! Was für wunderbare Dinge machen sie! Man sehe nur ihre Zelte, ihre Gewehre, ihre Uhren, ihre Kleider und das kleine rollende Ding (den Karren) an, das mehr als fünf Menschen transportieren kann – que!«

Am 10. marschierte meine Karawane von Msuwa ab, nachdem sie sich von der furchtbaren Anstrengung des letzten Tages erholt hatte. Von den gastfreien Dorfbewohnern wurden wir, soweit ihre Verteidigungspfähle reichten, begleitet und dort mit einstimmigen »Quaharys« verabschiedet. Außerhalb des Dorfes versprach der Marsch weniger schwierig zu sein als zwischen Imbiki und Msuwa. Nachdem die Straße durch eine hübsche kleine Ebene gegangen war, welche ein trockener Graben oder Mtoni durchschnitt, führte sie an ein paar bebauten Feldern vorüber, wo uns die Ackerbauer wie bezaubert, nur durch starres Anglotzen begrüßten.

Bald darauf stießen wir auf ein Schauspiel, das in diesem Teil der Welt gewöhnlich ist, nämlich auf eine gefesselte Sklavenbande, die nach Osten zog. Die Sklaven sahen durchaus nicht niedergeschlagen aus, sondern schienen im Gegenteil von dem philosophischen Humor erfüllt, den der muntere Diener Martin Chuzzlewits an den Tag legt. Wäre es nicht um die Ketten gewesen, so hätte man nur mit Schwierigkeit den Herrn vom Sklaven unterscheiden können; die physiognomischen Züge waren dieselben. Das milde Wohlwollen, mit dem sie uns anblickten, war auf allen Gesichtern gleichmäßig zu sehen. Die Ketten waren schwer und hätten auch Elefanten fesseln können, aber da die Sklaven außer denselben nichts zu tragen hatten, konnte ihr Gewicht nicht unerträglich sein.

Auf diesem Marsch gab es wenig Dickicht, und obgleich die Pakete an einigen Stellen Unfälle erlitten, so waren diese doch nicht so bedeutend, daß wir dadurch erheblich aufgehalten worden wären. Um zehn Uhr vormittags kampierten wir mitten in einer Gegend, die eine imposante Aussicht auf grünen Rasen und Wald darbot, über die sich ein wolkenloser Himmel wölbte. Wir hatten unser Lager wieder in der Wildnis aufgeschlagen und, wie es bei Karawanen Sitte ist, zwei Schüsse abgefeuert, um den Waschensi, die Korn verkaufen wollten, anzuzeigen, daß wir zum Handel bereit seien.

Unser nächster Halteplatz war das nur 11 Meilen von Msuwa entfernte Kisemo, ein in einem volkreichen Bezirk gelegenes Dorf, das in seiner Umgebung nicht weniger als fünf andere

Dörfer zählt, welche sämtlich mit Pfählen und Dornenverhauen befestigt sind und einen ebenso trotzigen Unabhängigkeitssinn an den Tag legen, als ob ihre kleinen Gebieter lauter Percy und Douglas wären. Jedes Dorf lag oben auf einem Bergkamm oder niedrigem Hügel und sah so herausfordernd aus wie ein Hahn auf seinem eigenen Misthaufen. Zwischen diesen unbedeutenden Anhöhen und niedrigen Höhenzügen winden sich enge Täler, in denen Matama und Mais angebaut wird. Hinter dem Dorf fließt der Ungerengeri-Fluß, welcher in der Masikazeit ein ungestümer Gebirgsstrom und imstande ist, seine steilen Ufer zu überfluten, in der trockenen Jahreszeit dagegen in seinem gewöhnlichen Zustande verharrt und als kleiner, sehr klares, süßes Wasser enthaltender Bach erscheint. Von Kisemo läuft er erst südwestlich, dann östlich, und er bildet den Hauptzufluß des Kingani.

Während des Nachmittags kehrten Uledi und Feradschi, die dem weggelaufenen Khamisi nachgeschickt worden waren, mit ihm und allen fehlenden Gegenständen zurück. Dem Khamisi waren bald, nachdem er den Weg verlassen und sich in das Dikkicht gestürzt hatte, wo er sich im Geiste über seine Beute freute, einige plündernde Waschensi begegnet, die Nachzüglern fast immer auflauern; sie hatten ihn ohne Umschweife in den Wald in ihr Dorf geschleppt und an einen Baum gebunden, um ihn zu töten. Khamisi hatte, wie er uns sagte, sie gefragt, warum sie ihn anbänden, worauf sie ihm antworteten, sie stünden im Begriff, ihn zu töten, weil er ein Mgwana sei, und diese pflegten sie sofort nach der Gefangennahme zu töten. Diesen Debatten über Khamisis Schicksal machten jedoch Uledi und Feradschi, welche bald darauf gut bewaffnet an den Ort kamen, ein Ende, indem sie ihn als einen aus dem Lager des Musungu weggelaufenen Pagazi sowie alle Gegenstände, die er zur Zeit seiner Gefangennahme bei sich hatte, für sich in Anspruch nahmen. Die Räuber machten ihnen auch das Recht auf den Pagazi, die Ziege, das Zelt und alle anderen Wertsachen, die bei jenem gefunden worden, gar nicht streitig, sondern meinten nur, sie verdienten eine Belohnung dafür, daß sie ihn gefangengenommen. Da dies Verlangen als gerechtfertigt anerkannt wurde, wurde ihnen eine Belohnung von zwei Doti und einem Fundo oder zehn Schnüren Perlen gewährt.

Es war unmöglich, Khamisi seine Desertion und den Raubversuch zu verzeihen, ohne daß er erst bestraft worden wäre. In Bagamoyo hatte er, ehe er in meinen Dienst genommen wurde, einen Vorschuß von 5 Dollars an Geld verlangt und erhalten; und die Last von Bubuperlen, die er zu tragen gehabt, war nicht schwerer als jede andere Pagazilast; es gab also gar keine Entschuldigung für seine Desertion. Um jedoch bei seiner Bestrafung keine Unklugheit zu begehen, ließ ich acht Pagazis und vier Soldaten als Richter zusammentreten und bat sie, darüber zu entscheiden, was zu geschehen habe. Ihr einmütiger Urteilsspruch lautete, daß er eines unter den wanyamwezischen Pagazis sonst unbekannten Verbrechens schuldig sei, und da dasselbe geeignet sei, den letzteren einen schlechten Ruf zu schaffen, so verurteilten sie ihn dazu, mit des »großen Herrn« Eselspeitsche geprügelt zu werden. Darauf ließ ich ihn binden, und in Erwägung, daß infolge seiner Handlungsweise die Pagazis an ihrem guten Ruf, die Soldaten an der Wertschätzung ihres Herrn als ausreichende Wachen Schaden gelitten hatten und Shaw von mir dafür getadelt worden war, daß er nicht besser nach den Nachzüglern gesehen, erteilte ich den Befehl, daß jeder Pagazi und Soldat sowie Shaw ihn mit je einem Hiebe bestrafen sollten. Dies wurde auch unter des armen Khamisi lautem Wehklagen ausgeführt.

Ehe die Nacht anbrach, kam eine kleine Karawane von Wangwana an, die mir einen langen Brief von dem liebenswürdigen amerikanischen Konsul in Sansibar sowie eine Reihe neuer Zeitungsnummern des »New York Herald«, die bis zum 4. Februar reichten, brachte.

Am 14. passierten wir den Ungerengeri, welcher hier in südlicher Richtung bis an die südliche Grenze des Tales fließt, wo er sich bis Kisemo hin nach Osten wendet. Nachdem wir hier über den Fluß gesetzt waren, der zu allen Zeiten passierbar und nur 18 Meter breit ist, hatten wir das Tal, welches einen sehr feuchten Boden und üppigen Graswuchs hat, noch eine Meile lang zu durchziehen. Dann erhob es sich und führte durch einen

Wald von Mparamusi, Tamarinden, Tamarisken, Akazien und blühenden Mimosen. So stiegen wir zwei Stunden lang aufwärts und befanden uns dann auf dem Rücken des größten Bergkammes, von wo wir freie Aussichten über die unten liegende bewaldete Ebene und die fernen Höhenzüge von Kisemo, die wir vor kurzem verlassen hatten, genossen. Nachdem wir ein paar hundert Fuß hinabgestiegen waren, kamen wir in ein tiefes, aber trockenes Mtoni mit sandigem Bett, auf dessen anderer Seite wir wieder die gleiche Höhe zu ersteigen hatten, wo sich ein ähnliches Land unseren Blicken eröffnete, bis wir eine neu errichtete Boma mit wohlgebauten Grashütten nahe an einer Wasserpfütze fanden, die wir sofort als Halteplatz für die Nacht in Beschlag nahmen. Der Karren machte uns bedeutende Mühe; selbst unser stärkster Esel, der mit Bequemlichkeit 196 Pfund auf dem Rükken tragen konnte, vermochte ihn mit einer nur aus 225 Pfund bestehenden Belastung nicht fortzuziehen.

Am 16. erreichten wir nach kurzem Marsch Ulagalla. Dies ist der Name eines Bezirks oder eines Teils eines Bezirks, der zwischen den Bergen von Uruguru, die ihn südlich begrenzen, und denen von Udoe liegt, welche nördlich und parallel mit jenen und nur zehn Meilen davon entfernt verlaufen. Der Hauptteil des so gebildeten Beckens heißt Ulagalla.

Muhalleh ist die nächste Ansiedlung, und hier befanden wir uns auf dem Gebiet der Waseguhha. In Muhalleh befand sich die vierte Karawane unter Maganga mit drei neuen Kranken, welche sich bei meiner Annäherung mit gierigen Blicken zu mir, dem Medizinspender, wandten. Kleingewehrsalven begrüßten mich, und ein Geschenk von Reis- und Maisähren zum Rösten wartete nur darauf, daß ich es annähme. Aber es wäre mir lieber gewesen, daß Maganga und seine Leute acht oder zehn Märsche weiter vorwärts wären, was ich ihm auch sagte. In diesem Lager kamen wir auch mit Salim bin Raschid zusammen, welcher eine mit 300 Elfenbeinzähnen beladene Karawane nach Osten führte. Außer der in einem Geschenk von Reis bestehenden Bewillkommnung dieses guten Arabers gab er mir noch Nachrichten von Livingstone. Er war dem alten Reisenden in Udschidschi begegnet, hatte zwei Wochen in einer Hütte neben ihm gewohnt und beschrieb ihn als sehr alt aussehend mit langem grauem Bart und Schnurrbart, eben von schwerer Krankheit genesen und noch sehr angegriffen aussehend. Livingstone hatte die Absicht, nach erfolgter völliger Genesung ein Land, das Manyema heißt, über Marungu zu besuchen.

Dem Seitental des Ungerengeri folgend, brachte uns ein Marsch von zwei Stunden am nächsten Morgen dicht an der Hauptstadt von Useguhha, Simbamwenni, vorüber. Die erste Ansicht der ummauerten, am westlichen Fuß des Uruguru-Gebirges gelegenen Stadt mit ihrem schönen üppigen Tal, das von zwei Flüssen und mehreren durchsichtigen Bächen, die von den tau- und wolkenreichen Höhen herabrieseln, bewässert wird, war derartig, wie wir sie nicht im östlichen Afrika zu finden gedacht hatten. In Mazanderan in Persien würde eine solche Landschaft unseren Erwartungen entsprochen haben, aber hier war sie ganz unerwartet. Die Stadt kann eine Bevölkerung von etwa 3 000 Menschen zählen, da sie ungefähr 1 000 Häuser hat; bei der großen Dichtigkeit der Einwohner könnte sogar die Zahl 5 000 der Wahrheit noch näher kommen. Die Häuser in der Stadt sind charakteristisch afrikanisch, aber nach dem besten Stil gebaut. Die Befestigungen sind nach arabisch-persischem Muster angelegt und vereinigen arabische Zierlichkeit mit persischer Planmäßigkeit. Bei einem 950 Meilen langen Ritt in Persien habe ich keine Stadt, außer den ganz großen, besser als Simbamwenni befestigt gesehen. In Persien bestanden die Befestigungswerke, sogar die von Kasvin, Teheran, Ispahan und Schiras aus Lehm; die von Simbamwenni sind aus Stein, der von zwei Reihen Schießscharten für Musketen durchlöchert ist. Der Flächeninhalt der Stadt beträgt ungefähr eine halbe Quadratmeile und bildet ein Viereck. Jede Ecke wird von wohlgebauten Steintürmen geschützt; vier Tore, von denen je eins einer Himmelsrichtung entspricht und sich in der Mitte zwischen zwei Türmen befindet, vermitteln die Kommunikation mit der Umgegend. Diese Tore werden von festen quadratischen Türen verschlossen, welche aus afrikanischem Teakholz bestehen und mit Schnitzwerk nach unendlich feinen komplizierten arabischen Mustern geschmückt sind, woraus ich schließe, daß sie entweder in Sansibar oder an der Küste gefertigt und Brett für Brett nach Simbamwenni gebracht worden sind. Da jedoch viel Verkehr zwischen Bagamoyo und Simbamwenni stattfindet, so ist es auch möglich, daß Eingeborene die Verfertiger dieser künstlichen Arbeiten sind, zumal ich an den größten Häusern mehrere ähnlich, obgleich nicht ganz so mühevoll geschnitzte und ziselierte Türen erblickte. Der Palast des Sultans ist nach dem Stil der an der Küste befindlichen gebaut, hat ein langes, sanft absteigendes, stark vorspringendes Dach und eine Veranda an der Front.

Die Sultanin ist die älteste Tochter des berühmten Kisabengo, eines in den Nachbarländern Udoe, Ukami, Ukwere, Kingaru, Ukwenni und Kiranga-Wanna wegen seiner Liebhaberei für den Menschenraub berüchtigten Mannes. Kisabengo, von niedriger Abkunft, zeichnete er sich auch durch seine persönliche Körperkraft aus, seine Redebegabung, seine kurzweilige und gewandte Sprache, durch die er sich einen großen Einfluß auf flüchtige Sklaven zu verschaffen wußte und infolgedessen er von ihnen zum Führer erwählt wurde. Vor gerechten Strafen, die er von dem Sultan von Sansibar zu erwarten hatte, fliehend, kam er in Ukami an, welches damals von Ukwere bis Usagara reichte, und hier begann er die Laufbahn eines Eroberers, deren Resultat darin bestand, daß die Wakami ihm einen großen Strich fruchtbaren Landes in dem Tal des Ungerengeri abtraten. An dem festen Punkte, wo der Fluß dicht unter den Mauern hinfließt, baute er seine Hauptstadt und nannte sie Simbamwenni, was »der Löwe« oder die stärkste Stadt bedeutet. Im Greisenalter gab der glückliche Räuber und Sklavenfänger seinen Namen Kisabengo auf, durch den er so berüchtigt geworden war, und nannte sich Simbamwenni, nach seiner Stadt. Auf seinem Totenbette befahl er, daß seine älteste Tochter ihm folgen solle, und gab ihr auch den Namen der Stadt, welchen die Sultanin noch heute führt.

Als wir über den reißenden Fluß setzten, welcher, wie ich schon vorher sagte, dicht unter den Mauern dahinfließt, hatten die Bewohner von Simbamwenni eine gute Gelegenheit, ihre Neugier an dem »großen Musungu« zu befriedigen, dessen verschiedene Karawanen ihm vorangezogen waren und unverzeihli-

Simbamwenni, die »Löwenstadt«

cher –, weil ungerechtfertigterweise ihm einen Ruf großen Reichtums und bedeutender Macht verschafft hatten. So wurde ich von allen Seiten angegafft. Es befanden sich plötzlich weit über tausend Eingeborene am Ufer, welche das Verbum »anstarren« in seinen verschiedenen Zeiten und Formen durchkonjugierten, das heißt also, mich hartnäckig, unverschämt, schlau, verschmitzt, bescheiden oder verstohlen ansahen. Die Krieger der Sultanin, welche in der einen Hand Speer, Bogen und Pfeilbündel oder Muskete hielten, umfaßten mit der anderen je einen Freund, dem sie vertraulich ihre verschiedenen Ansichten über meine Kleidung und Farbe mitteilten. Die Worte »Musungu Kuba« hatten für diese Leute ebensoviel Reiz wie die Musik des buntbefiederten Pfeifers für die Ratten von Hameln, da sie einen so großen Teil der Bevölkerung aus ihren Mauern über den Strom lockten, und als ich meine Reise bis an den vier Meilen entfernten Ungerengeri fortsetzte, befürchtete ich, daß die Katastrophe von Hameln sich wiederholen müsse, ehe ich die Leute loswerden könne. Aber zum Glück für meine Gemütsruhe unterlagen sie schließlich der heißen Sonne und der bedeutenden Entfernung, die wir bis an unser Lager zurückzulegen hatten.

Da wir genötigt waren, das Gepäck genau zu untersuchen, die Sättel auszubessern sowie einige der Tiere, deren Rücken sehr wund geworden waren, zu kurieren, so beschloß ich, hier zwei Tage haltzumachen. In Simbamwenni gab es hinreichende, obwohl verhältnismäßig teure Lebensmittel.

Als wir das nach Makanda bestimmte Gepäck öffneten, fanden wir dasselbe in einem weit besseren Zustande, als wir gefürchtet hatten, in Anbetracht der vielen Male, wo es gründlich durchnäßt worden, denn wir befanden uns auf der Höhe der Masikazeit. Freilich hatten einige wertvolle Dinge, zum Beispiel Munitions-, Gewehr- und Teekisten gelitten, was ich der Gedankenlosigkeit Shaws zuschrieb, der die Esel durch brusthoch mit Wasser gefüllte Gräben getrieben hatte, wo er aus Gründen der gemeinen Klugheit sie hätte abladen müssen. Als ich Shaw in mein Zelt rief, um ihm meine Verluste zu zeigen, wurde der Gute außerordentlich heftig und warf mir vor, ich verlange von ihm zuviel Arbeit, sei zu eigen, man könne mir nichts recht machen und noch manches derartige. Seine stürmische Erwiderung schloß er damit, daß er seine Absicht kundgab, meinen Dienst zu verlassen und mit der ersten uns entgegenkommenden Karawane zurückzukehren. Hierauf erwiderte ich ihm, ich würde seiner Abreise kein Hindernis entgegensetzen, da er sich als untüchtig und nachlässig erwiesen habe und seine Muße mehr als seine Arbeit liebe. Er könne sich also, wenn er wolle, augenblicklich entfernen, müsse aber sein persönliches Gepäck zurücklassen, welches ich statt des ihm in Sansibar vorgeschossenen Geldes zurückbehalten wolle. Diese angemessene Ankündigung meiner Absicht brachte Shaw in das gehörige Gleichgewicht, das er in seinem Zorn einigermaßen verloren hatte. Nach einigen Stunden war er mit großem Eifer in meinen Angelegenheiten beschäftigt und der Friede wiederhergestellt.

Am zweiten Tage bemerkte ich zum erstenmal, daß meine Akklimatisation in den Wechselfieber erzeugenden Sümpfen von Arkansas gegen das Mukunguru von Ostafrika machtlos war. Die Vorläufer des afrikanischen Typhus fühlte ich in meinem Körper um 10 Uhr morgens. Zuerst stellte sich allgemeine Mattigkeit mit einer Neigung zum Schlaf ein; dann kam ein Rückenschmerz, welcher, von den Lenden anfangend, die Wirbel hinaufzog und sich über die Rippen erstreckte, bis er die Schultern erreichte, wo er sich als lästiger Schmerz festsetzte; drittens zog ein Kältegefühl über den ganzen Körper, dem rasch Schwere im Kopfe, tränende Augen, pulsierende Schläfen und ein undeutliches Sehen, welches alle Gegenstände verzerrte und veränderte, folgte. Dies dauerte bis 10 Uhr abends, dann verließ mich das Mukunguru, hinterließ aber einen Zustand großer Kraftlosigkeit.

Am dritten Tage wurde das Lager von den Gesandten Ihrer Hoheit der Sultanin von Simbamwenni besucht, die als ihre Repräsentanten erschienen, um den Tribut, den sie erzwingen zu können geglaubt, in Empfang zu nehmen. Aber ich tat ihnen sowohl als Madame Simbamwenni zu wissen, daß es unbillig wäre, daß ich noch einmal zahlen sollte, da uns ihre Sitte bekannt wäre, den Besitzer von Karawanen nur einmal Tribut zahlen zu lassen, und dies habe, wie sie doch wisse, der Musungu

(Farquhar) schon getan. Die Gesandten antworteten mit einem »Ngema« (sehr gut) und versprachen, meine Antwort ihrer Herrin zu überbringen.

Wir fanden, daß die Entfernung von Bagamoyo nach Simbamwenni 119 Meilen betrug, welche wir in 14 Märschen abmachten. Doch erstreckten sich diese Märsche infolge der Schwierigkeiten, die uns die Masikazeit bereitete, und besonders wegen der Nachlässigkeit der vierten unter Magangas Führung befindlichen Karawane über 29 Tage, wodurch unser Reisetempo allerdings sehr langsam wurde und wenig mehr als 4 Meilen den Tag betrug. Ich schließe nach dem, was ich vom Reisen gesehen, daß ich, wenn ich nicht durch die kranken Wanyamwezi-Lastträger gehindert worden wäre, die Entfernung in 18 Tagen hätte abmachen können. Die Esel hatten mein Vertrauen keineswegs getäuscht; diese armen Tiere kamen mit je einer Last von 150 Pfund in allerbester Ordnung in Simbamwenni an; nur der aus Gier und Faulheit zusammengesetzte Maganga mit seinen körperlich schwachen, syphilitischen Stammesgenossen, welche alle Augenblicke krank wurden, war daran schuld. Bei trockenem Wetter hätte die Zahl der Märsche sehr verringert werden können. Von dem halben Dutzend Araber, die meiner Expedition auf dieser Straße vorangezogen, legten zwei die ganze Entfernung in acht Tagen zurück.

Meiner Erwartung entgegen war die Expedition nicht imstande, am Ende der beiden Tage aufzubrechen, sondern noch zwei mußten in recht elendem Zustande im traurigen Tale des Ungerengeri zugebracht werden. Dieser Fluß, der in der trockenen Jahreszeit so klein ist, gewinnt während der Masikazeit bedeutend an Umfang und Gewalt, wie wir zu unserem Leidwesen erfuhren. In ihn ergießt sich alles Wasser, das von einer Anzahl Bergkuppen und zwei langen Gebirgsketten herabströmt; während er sich am Fuß derselben dahinschlängelt, nimmt er die Wasserfälle, die man in den kurzen Intervallen, wo die Sonne scheint, in der Ferne glitzern sieht, und alle Nullahs und Waldströme auf, die der ausgedehnten Wand der Gebirgsabhänge ein so schroffes, unregelmäßiges Aussehen verleihen, bis er in das Tal von Simbamwenni als ein furchtbarer Wasserkörper hinabgleitet, der den Karawanen, die nicht die Mittel haben, Brücken zu bauen, ein ernstes Hindernis bereitet. Hierzu kam noch ein beständig strömender Regen, und zwar ein solcher, wie er die Menschen ans Haus fesselt, sie elend und unliebenswürdig macht, ein wirklicher Londoner Regen, ein beständiger, von dichtem Nebel begleiteter Sprühregen. Wenn die Sonne schien, erschien sie nur als ein blasses Abbild ihrer selbst, und alte Pagazis, die es in der Wetterkunde mit erfahrenen Walfischfängern hätten aufnehmen können, schüttelten bedenklich ihre Köpfe über dieses betrübende Phänomen und erklärten es für zweifelhaft, ob der Regen vor drei Wochen aufhören werde. Die Lokalität des Karawanenlagers auf dieser Seite des Ungerengeri war ein unangenehm anzuschauendes Treibbeet für Malaria und selbst in der Erinnerung abscheulich. Der Schmutz von ganzen Generationen von Pagazis hatte unzähliges Ungeziefer angesammelt. Armeen von schwarzen, weißen und roten Ameisen suchen den unglücklichen Boden heim; wurmartige Tausendfüßler von jeder Farbe klettern über die Gesträuche und Pflanzen; an dem Unterholz hängen die Nester gelbköpfiger Wespen mit Stacheln, die so böse wie die der Skorpione sind; ungeheure Käfer von der Größe ausgewachsener Mäuse wälzen Misthaufen über den Boden; das tausendfältige Ungeziefer, von dem der Boden wimmelt, ist von allen Arten, Formen, Gestalten und Farben; kurz die reichste entomologische Sammlung könnte es an Zahl und Mannigfaltigkeit mit den Arten nicht aufnehmen, welche die vier Wände meines Zeltes vom Morgen bis zur Nacht beherbergten.

Am fünften Morgen oder dem 23. April ließ der Regen auf ein paar Stunden nach, während welcher Zeit wir es fertigbekamen, durch den stygischen pestilenzialischen Kot an das überschwemmte Flußufer zu waten. Die Soldaten fingen um 5 Uhr morgens an, die Bagage von einem Ufer zum andern über eine Brücke zu tragen, welche das Nonplusultra von Einfachheit war. Nur ein unwissender Afrikaner hätte mit ihr zufrieden sein können; so wenig brauchbar war sie, um ein tiefes, reißendes Wasser zu passieren. Selbst für leichtfüßige Pagazis war es durchaus nicht angenehm hinüberzugehen, und nur ein Seiltänzer von Profession hätte eine Last bequem hinübertragen können. Um über eine afrikanische Brücke zu gehen, dazu gehört erst ein großer Sprung vom Lande auf einen Baumast (der sich über oder unter Wasser befinden kann), und dann wieder ein zweiter Sprung aufs Land. Mit 70 Pfund auf dem Rücken fällt dies dem Lastträger schwer genug. Bisweilen hilft er sich mit Stricken, die aus den langen Convolvulusarten extemporiert werden, welche von fast jedem Baume herabhängen; aber nicht immer, da die Waschensi dies für überflüssig halten.

Glücklicherweise wurde die Bagage ohne einen einzigen Unfall hinübergebracht, und obgleich die Strömung sehr stark war, wurden die Esel mit bedeutenden Anstrengungen und unter vielem Fluchen ohne Gefahr durch die Flut gezogen. Dieses schwierige Überschreiten des Ungerengeri nahm volle fünf Stunden in Anspruch, obgleich Energie und wütende Schimpfreden, die für eine ganze Armee ausgereicht hätten, daran gewandt wurden.

Nachdem wir die Tiere wieder belastet und unsere Kleider getrocknet hatten, begaben wir uns aus der schrecklichen Umgegend des Flusses mit seinem Dunst und Schmutz in nördlicher Richtung auf einen Weg, der auf bequemen, ebenen Boden führte. Zwei vorspringende Berge wurden auf diese Weise links vermieden, und nachdem wir an ihnen vorbeigegangen waren, sahen wir das verhaßte Tal nicht mehr.

Die lange weite Ebene, die von den Höhen zwischen dem Ungerengeri und Simbo sichtbar war, lag jetzt vor uns und prägte sich unserem Gedächtnis in trauriger Weise als das Makata-Tal ein. Der erste Marsch von Simbo mit dem Endziel Rehenneko am Fuß der Usagara-Berge war sechs Meilen lang.

Der schlammige Kot der Savanne machte das Marschieren zu einer schweren Arbeit, und er klebte so zäh an den Füßen, daß Menschen und Tiere sehr darunter litten. Ein Marsch von 10 Meilen nahm 10 Stunden in Anspruch, daher waren wir genötigt, unser Lager mitten in der Wildnis aufzuschlagen und ein neues Khambi zu bauen, eine Maßregel, die später von einem halben Dutzend anderer Karawanen nachgemacht wurde.

Der Karren kam erst kurz vor Mitternacht an und mit demselben außer drei bis vier kreuzlahmen Pagazis Bombay mit der

schmerzlichen Kunde, er habe seine Last, die aus dem für die
Güter bestimmten Zelt, einer großen amerikanischen Axt, seinen zwei Uniformröcken, Hemden, Perlen, Tuch, Pulver, einer
Pistole und einem Handbeil bestand, auf die Erde gelegt, um
den Karren aus einer Kotlache ziehen zu helfen; als er dann an
den Ort zurückgekehrt wäre, wo er es liegengelassen, habe er es
aber nicht wiederfinden können. Er glaubte, daß irgendwelche
diebischen Waschensi, die immer hinter den Karawanen herlau-
ern, um Nachzügler abzufangen, damit das Weite gesucht hätten. Diese traurige Geschichte, die er mir in der finsteren Mitternacht erzählte, nahm ich durchaus nicht gnädig, sondern mit
vielen Zornesworten auf, welche der reuige Führer als seine verdiente Strafe hinnahm. In Wut geratend, zählte ich ihm alle seine Sünden auf: in Muhalleh habe er eine Ziege verloren, in Imbiki Tschamisi mit wertvollen Sachen desertieren lassen; häufig
sich einer großen Nachlässigkeit bei der Beaufsichtigung der
Esel schuldig gemacht, indem er sie nachts anbinden lasse, ohne
darauf zu sehen, daß sie Wasser bekämen, und morgens, wenn
wir im Begriff stünden zu marschieren, schliefe er lieber bis
7 Uhr, anstatt früh aufzustehen und die Esel zu satteln, damit
wir um 6 Uhr fortziehen könnten. In letzter Zeit habe er eine
große Vorliebe für das Feuer an den Tag gelegt, indem er sich
wie ein blutarmer Mensch regungslos und schläfrig vor dasselbe
hinkauere; jetzt habe er sogar mitten in der Masikazeit das Wa-
renzelt verloren, wodurch die Zeugballen verderben und wertlos
werden würden; auch die Axt habe er abhanden kommen lassen, derer ich in Udschidschi zu meinem Bootbauen so sehr bedürfen würde, sowie eine Pistole, ein Handbeil und eine Flasche
besten Pulvers, und schließlich sei er ohne den Koch ins Lager
gekommen, obwohl er doch wissen müsse, daß ich nicht beabsichtigt habe, den armen Kerl allein hinauszutreiben, damit er
ermordet werde. In Anbetracht áller dieser Dinge und da er zum
Hauptmann absolut nicht zu brauchen sei, würde ich ihn degra-
dieren und Mabruki-Burton an seine Stelle setzen. Ebenso solle
Uledi (Grants Diener), wie Bombay, statt zweiter Führer zu sein,
in Zukunft den Soldaten keine Befehle mehr erteilen, sondern
den von Mabruki erteilten selbst zu gehorchen haben, da dieser

Mabruki soviel wie ein Dutzend Bombays und zwei Dutzend Uledis wert sei. Auf diese Weise entließ ich ihn und befahl ihm, bei Anbruch des Tages umzukehren und Zelt, Axt, Pistolen, Pulver und Beil aufzusuchen.

Am nächsten Morgen war die von den Anstrengungen des letzten Tages vollständig ermattete Karawane genötigt haltzumachen. Bombay wurde nach den verlorenen Sachen ausgeschickt.

Wir verließen unser Lager, ohne des wütenden Regens zu achten, der, nachdem er uns die ganze Nacht über durchnäßt, unter anderen Umständen unseren Eifer für den Marsch einigermaßen gedämpft haben würde. Der Weg führte die erste Meile lang über ein rötliches Erdreich und wurde durch sanfte Abhänge nach Osten und Westen trockengelegt; als wir aber den Schutz lieblicher Wälder, an deren östlichem Rande wir so lange aufgehalten worden waren, verlassen hatten, kamen wir auf eine der Savannen, deren Boden zur Regenzeit so weich wie Kot und klebrig wie dicker Mörtel ist. Hier drohte uns das Schicksal des berühmten Reisenden in Arkansas, der so tief in einen der zahlreichen Sümpfe jenes Landes hineingesunken war, daß man von ihm nichts mehr als seinen hohen, schmalen Zylinderhut erblikken konnte.

Shaw war krank, und daher fiel die Pflicht, die vor Ermüdung strauchelnde Karawane weiterzuführen, ganz und gar mir zu. Die Wanyamwezi-Esel blieben wie festgewurzelt in dem Sumpf stecken. Sobald ich einen derselben durch Prügel aus seiner eigensinnig behaupteten Stellung herausgepeitscht hatte, fiel ein anderer sofort nieder und verursachte mir eine Sisyphusarbeit, die unter dem tobenden Regen zum Verrücktwerden war, da ich nur die Hilfe von Leuten wie Bombay und Uledi hatte, welche selbst um ihrer heilen Haut willen dem Sturm und Schmutz nicht Trotz bieten wollten. Zwei Stunden solcher schweren Arbeit gehörten dazu, um meine Karawane über eine 1 ½ Meilen breite Savanne fortzubringen, und kaum war ich damit fertig und hatte mir zur Beendigung derselben Glück gewünscht, als ich von einem tiefen Graben aufgehalten wurde, der, mit Regenwasser von den überschwemmten Savannen angefüllt, zu einem bedeutenden brusttiefen Bach geworden war, der rasch dem Makata zufloß. Da mußten dann die Esel abgeladen, durch ein reißendes Wasser geführt und auf der anderen Seite wieder beladen werden, eine Operation, welche eine ganze Stunde in Anspruch nahm.

Gleich nachdem wir durch ein Gehölz gezogen waren, hemmte ein anderes Gewässer, welches zu einem Fluß angeschwollen war, unsere Weiterreise. Da die Brücke fortgeschwemmt worden, waren wir genötigt zu schwimmen und unsere Bagage überzuflößen, was uns abermals zwei Stunden aufhielt. Als wir das zweite Flußufer hinter uns hatten, wateten wir bespritzt und bisweilen halb schwimmend durch Kot, vom Wasser triefendes Gras und Matamahalme wankend längs des linken Ufers des eigentlichen Makata, bis ein Weitergehen für den Tag durch eine tiefe Krümmung des Flusses verhindert wurde, über die wir erst am nächsten Tag setzen konnten.

Obwohl an diesem fatalen Tage nur 6 englische Meilen zurückgelegt worden waren, hatte der Marsch zehn Stunden gedauert.

Halb tot vor Strapazen, war ich doch glücklich, daß dieselben kein Fieber hervorgerufen hatten, dem man fast nur durch ein Wunder entgehen zu können schien. Denn unter allen mit Wechselfieber heimgesuchten Gegenden nimmt die Makata-Wildnis den ersten Rang ein. Der bloße Anblick der triefenden, in dichte Nebel gehüllten Wälder, des überschwemmten Landes, der langen Schwaden von Tigergras, die durch die trüben Fluten zu Boden gestreckt waren, der Hügel von faulenden Bäumen und Rohrmassen, des angeschwollenen Flusses und des weinenden Himmels waren genug, um das Mukunguru zu erzeugen. Die viel gebrauchten Khambis mit den darum lagernden Schmutzhaufen hätten genügt, um die Cholera hervorzurufen.

Der Makata, ein Fluß, der in der trockenen Jahreszeit nur 40 Fuß breit ist, bekommt in der Masikazeit die Breite, Tiefe und Gewalt eines bedeutenden Stromes.

So rasch floß der Makata-Fluß und so sehr gefährdete die unsichere darüber führende Brücke, die halb im Wasser vergraben war, unser Eigentum, daß der Transport desselben von einem Ufer zum andern volle fünf Stunden in Anspruch nahm. Kaum hatten wir alles auf der andern Seite, vom Wasser unbeschädigt, abgeladen, als der Regen in Strömen herunterfloß und alles so durchnäßte, als ob es durch das Wasser geschleppt worden wäre. Durch den Sumpf, den ein einstündiger Regen gebildet hatte, weiterzuziehen, war absolut unmöglich. Daher waren wir gezwungen, an einem Ort zu kampieren, wo jede Stunde uns neue Plagen bereitete. Einer der Wangwana-Soldaten, die ich in Bagamoyo in Dienst genommen hatte, namens Kingaru, benutzte die Gelegenheit, um mit den Habseligkeiten eines andern Mgwana wegzulaufen. Meine beiden Polizisten Uledi (Grants Diener) und Sarmean wurden, mit amerikanischen Hinterladern bewaffnet, sofort ausgeschickt, um ihn zu verfolgen. Sie gingen mit einer großen Geschicklichkeit und Raschheit dabei zu Werke, die guten Erfolg versprach. Nach einer Stunde schon kamen sie mit dem Deserteur heim, den sie im Hause eines Mseguhha-Häuptlings namens Kigondo gefunden hatten, der etwa eine Meile vom östlichen Ufer des Flusses entfernt wohnte und der Uledi und Sarmean zurückbegleitete, um seinen Lohn zu erhalten und über den Vorfall Bericht zu erstatten.

Da Kigondo versprochen hatte, den Kingaru auszuliefern, so blieb für Uledi und Sarmean nichts zu tun übrig, als ihren Gefangenen in Gewahrsam zu nehmen und ihn mit den Leuten, die ihn gefangengenommen hatten, in mein Lager auf das westliche Ufer des Makatá zu führen. Kingaru erhielt zwei Dutzend Peitschenhiebe und wurde in Ketten gelegt; Kigondo bekam ein Doti und fünf Khete rote Korallenperlen für seine Frau.

Der Platzregen, welcher uns an dem Tage, da wir über den Makata setzten, heimsuchte, war der letzte der Masikazeit. Da der erste Regenguß, den wir bekommen hatten, am 23. März stattfand und der letzte am 30. April, so dauerte dieselbe 39 Tage. Die Seher von Bagamoyo hatten ihre Prophezeiung in bezug auf die Masikazeit sehr feierlich dahin lautend abgegeben, daß »der Regen 40 Tage lang ohne Aufhören fallen werde«, während wir nur 18 Regentage gehabt hatten. Trotzdem waren wir froh, daß die Regenzeit vorüber war, denn wir hatten es satt, jeden Tag haltzumachen, um die Waren zu trocknen, die Werk-

Im Makata-Sumpf

zeuge und Eisenwaren mit Fett zu schmieren und alle Tuch-
und Lederartikel sichtlich vor unseren Augen verfaulen zu sehen.

Der 1. Mai fand uns, wie wir uns durch Schlamm und Wasser des Makata mit einer Karawane durchschlugen, welche körperlich von den Anstrengungen krank war, die das Übersetzen
über so viele Flüsse und das Waten durch Sümpfe verursacht
hatten. Shaw litt noch immer an seinem ersten Mukunguru, das
ihn uns in einer neuen und nicht gerade der angenehmsten Weise zeigte. Außer dem, daß er sich gewisser Bedürfnisse, die für
die Expedition durchaus nicht angenehm waren, innerhalb des
Bereichs unserer Gehörorgane entledigte, nahm er allmählich
den Charakter eines chronischen Hypochonders an, der zu allen
Zeiten unliebsam, dem Mtongi einer afrikanischen Expedition,
die mit Morästen, Regen und einer erkrankten Karawane zu
kämpfen hat, geradezu hassenswert erscheint. Zaidi, ein Soldat,
war bedenklich an den Pocken erkrankt; die Kitschuma-tschuma,
»kleinen« Eisen, hatten Bombay quer über die Brust gefaßt und
machten ihn zum unbrauchbarsten der Dienstunfähigen. Mabruk Salim, ein kräftig gebauter Jüngling, folgte dem Beispiel
des Bombay und legte sich auf den Moorboden, simulierte Erbrechen und beteuerte, daß er vollständig unfähig sei, dem Ma-
kata-Moor Trotz zu bieten, aber kräftige Hiebe mit einer geflochte-
nen Lederpeitsche über seine nackten Schultern vertrieben die
scheinbare Übelkeit aus seinem Magen. Abdul Kader, der Hin-
duschneider und Abenteurer, der schwächste aller Sterblichen,
litt immer an Mangel an Force, wie er sich auf französisch aus-
drückte, war stets abgeneigt zu arbeiten, hilflos, stellte sich
krank, hatte aber fortwährend Hunger. »O Gott!« war der Schrei
meiner ermatteten Seele, »wenn alle Männer meiner Expedition
wie dieser wären, so wäre ich genötigt zurückzukehren, würde
das aber nicht tun, ohne vorher summarische Rache an allen zu
nehmen.« An diesem Tage erprobte ich die vorzüglichen Eigenschaften einer guten Peitsche, und Abdul Kader (möchte er die
Geschichte nur seiner ganzen Sippschaft erzählen) wird bestimmt nie wieder einen Weißen nach Afrika begleiten. Salomo
war wohl teils durch göttliche Eingebung, teils durch Beobach-

tung weise, ich wurde es durch Erfahrung und bin gezwungen zu bemerken, daß, wenn Schlamm und Nässe die physische Energie der Träger untergraben hatten, eine Hundepeitsche ihrem Rücken sehr gut bekam und sie zu einer gesunden, bisweilen sogar übermäßigen Tätigkeit wieder befähigte.

Dreißig Meilen lang zog sich von unserem Lager aus die Makata-Ebene, ein ausgedehnter Sumpf, dahin. Das Wasser stand daselbst durchschnittlich einen Fuß hoch; an manchen Orten gerieten wir in Löcher von 3, 4 und selbst 5 Fuß Tiefe hinein. Pitsch-Patsch, Pitsch-Patsch waren die einzigen Töne, welche wir vom Anfang unseres Marsches an hörten, bis wir die Bomas fanden, welche die einzigen trockenen Flecken längs der Marschlinie einnahmen. Diese Art Arbeit dauerte zwei Tage, bis wir des Rudewa-Flusses ansichtig wurden, eines zweiten mächtigen Stromes, dessen Ufer von rauschendem Regenwasser überfloß. Als wir über einen Arm des Rudewa gesetzt und aus dem feuchten Schilfgras, das dicht an seinem westlichen Ufer wuchs, herausgekommen waren, zeigte sich uns eine enorme Wasserfläche, aus welcher Gruppen von Grasbüscheln und das Laub einzelner verstreuter Bäume hervorschauten und die in einer Entfernung von 10 oder 12 Meilen von dem östlichen Rande des Usagara-Gebirges begrenzt wurde. Auf dem fünf Meilen langen Marsche von dem Arm des Rudewa erreichten wir den Höhepunkt aller Unannehmlichkeiten und Plackereien. Als ich und die Wangwana mit den beladenen Eseln erschienen, sahen wir die Pagazis auf einem Hügel zusammenkauern. Als wir sie fragten, ob dieser Hügel das Lager wäre, sagten sie: »Nein.« – »Warum macht ihr denn hier halt?« – »Ach, viel Wasser.« Der eine zog eine Linie quer über seine Lende, um die Tiefe des Wassers anzugeben, der andere eine quer über die Brust, der dritte quer über den Hals, der vierte hielt gar die Hand weit über seinen Kopf, wodurch er sagen wollte, daß wir würden schwimmen müssen. Neun Meilen durch ein Schilfmoor schwimmen, das war unmöglich. Es war übrigens auch unmöglich, daß so verschiedene Berichte alle richtig sein sollten. Daher gebot ich den Wangwana, ohne Zögern mit ihren Tieren weiterzugehen. Nachdem wir drei Stunden lang durch 4 Fuß tiefes Wasser gespritzt

Junge Wasagara

waren, erreichten wir das trockene Land und hatten den Makata-Sumpf hinter uns, aber nicht ohne daß der Morast mit seinen Schrecken einen dauernden Eindruck auf unsere Gemüter hinterlassen hätte.

Am 4. Mai schritten wir eine sanfte Anhöhe hinauf, dem bedeutenden Orte Rehenneko zu, dem ersten Dorfe in Usagara, in dessen Nähe wir lagerten. Es lag am Fuß des Berges, und sein Reichtum sowie seine Bergluft versprachen uns Gesundheit und Lebensgenuß. Es war ein viereckiges, dichtgebautes Dorf, um das sich ein dicker Lehmwall herumzog, der kegelförmig zugespitzte Hütten umschloß, welche mit Bambus und Holcushalmen gedeckt waren. Die Bevölkerung belief sich auf ungefähr 1 000 Seelen. Es hat mehrere reiche und bevölkerte Nachbardörfer, deren Einwohner in ihren Manieren hinreichend, aber nicht in unangenehmer Weise unabhängig sind.

Vier Tage hielten wir an diesem Ort, um uns zu stärken und den Kranken und Schwachen Zeit zu geben, sich etwas zu erholen, ehe sie ihre Kräfte an dem Besteigen der Usagara-Gebirge prüften.

Der 8. Mai sah uns mit unseren furchtbar heruntergekommenen Menschen und Tieren die steilen Abhänge der ersten Hügelreihe hinaufziehen. Wir erreichten den Gipfel, von dem wir einen bemerkenswert großartigen Anblick genossen, der uns in einem meisterhaften Bilde das breite Makata-Tal mit seinen raschen Bächen zeigte, die wie Silberschnüre aussahen, als die Sonne auf die unbeschatteten Wasserläufe schien.

Für die Leute war dieser erste Marschtag durch die Gebirgsgegend von Usagara ein angenehmes Zwischenspiel nach der langen Reise über die Ebenen und mühsamen Wellenformationen der Seegegend, aber für die beladenen und geschwächten Tiere war es zuviel. Wir hatten zwei davon verloren, als wir in unserem nur 7 Meilen von Rehenneko gelegenen Lager angekommen waren, was also die erste Abzahlung unserer Schuld an den Makata bildete. Süßes klares Wasser war reichlich in den tiefen Schluchten der Berge vorhanden, bisweilen floß es über Flußbetten von festem Granit, bisweilen über einen reichen roten Sandstein, dessen weiche Masse, vom Wasser bald durchdrungen, in fein zerteiltem Zustande beständig fortgeschwemmt wurde und das unten befruchten half. In andern Schluchten brauste und donnerte es, wie es über die Granitblöcke und Quarzfelsen dahinstürzte.

Am 9. Mai kamen wir, nachdem wir noch einmal einen derartigen Weg zurückgelegt, der uns die Berge hinauf und in die dämmernden Tiefen der Täler hinabführte, plötzlich an den Mukondokwa und sein eng geschlossenes Tal, an dessen Ufer üppiges Schilfgras, Rohr und Dorngebüsch dichtgedrängt standen. Hier kämpften knorrige Tamarisken mit ungeheuren Convolvuli, die sich um deren Stämme mit solcher Hartnäckigkeit und Macht wanden, daß jene nur als Stütze für diese gewachsen zu sein schienen.

Das Tal war an einigen Stellen kaum $^1/_4$ Meile breit, an andern erweiterte es sich bis auf eine Meile; die Hügel auf beiden Seiten schossen in jähen Abhängen hinauf, welche, von Mimosen, Akazien und Tamarisken bekleidet, ein Flußtal einschlossen, dessen mannigfache Krümmungen sich schlangenartig dahinzogen.

Nachdem wir dem linken Ufer des Mukondokwa gefolgt, wo unsere Route etwa eine Stunde lang nach allen Richtungen von Südosten nach Westen, Norden und Nordosten verlief, kamen wir an die Furt. Am anderen Ufer desselben erreichten wir nach einem Marsch von einer kurzen halben Stunde Kiora.

In diesem schmutzigen Dorfe, dessen Boden reichlich mit Ziegenmist bedeckt und das für einen Weiler, der noch nicht zwanzig Familien enthielt, von einer erstaunlichen Anzahl Kinder bewohnt war, wo die Sonne auf den beschränkten freien Platz mit einer Glut von mehr als 43° Réaumur herunterschoß, wo Fliegen und bekannte wie unbekannte Insektenarten massenhaft schwärmten, fand ich, wie man mir schon früher mitgeteilt hatte, die dritte Karawane, welche aus Bagamoyo so gut ausgerüstet und mit Vorräten versehen abgereist war. Ihr Führer nämlich, Farquhar, lag hier krank im Bett mit geschwollenen Beinen (Brightsche Krankheit infolge von häufigen Ausschweifungen) und war außerstande und vielleicht auch nicht willens, sich zu bewegen, da er die Lage kannte, in welche er seine Karawane gebracht hatte. Als ich in Rehenneko an der Ruhr litt, hatte ich Shaw gebeten, Farquhar zu schreiben, um genaue Auskunft über den Zustand der Karawane zu erhalten, der nach Berichten vorüberziehender Karawanen ein erbärmlicher sein sollte. Daher ermannte sich Shaw zur Abfassung folgenden Briefs:

»Lieber Farquhar!
Auf die Bitte des Herrn Stanley schreibe ich Ihnen, um mir zu vergewissern über alle Ihre Unglücksfälle und was vor eine Quantertät Tuch Sie ausgegeben haben und wie viel Sie ibrig haben, wie viel Esel toht sein und überhaupt alle Einzelheiten. Wie viel Pagazis haben Sie entlassen und wie viel haben Sie bei sich. Was haben Sie mit alle die Bagage gemacht, was die Esel hatten und wer ist Ihr Parangozery. Was fehlt Ihnen. Was fehlt Dschacko und was fehlte die Esel, welche starben. Was vor Bagage haben Sie in Ihrem Lager gelassen. Schicken Sie Sarmean morgen zurick mit Willimingo und Barickca und ausreichende

Im Tal des Mukondokwa

Antwort auf die ibrigen Fragen. In zwei Tagen werden wir bei Sie sein.«

Wie ungrammatikalisch und unorthographisch auch der obige Brief sein mag, so war er mir doch verständlicher und wird es wohl auch dem Leser sein als die Antwort, welche von dem Führer der dritten Karawane erfolgte und also lautete:

»Lieber Herr Stanley!

Alles ist in Ordnung, aber ich habe ein gut Teil Tuch zur Bezahlung der Pagazis verbraucht. Ein Ballen ist vollständig zu Ende, der Kirangozi war ein verdammter Schuft. Ich habe ihm sein Tuch abgenommen und ihn aus dem Lager gejagt. Er sagte, er würde zu Ihnen gehen. Ich habe Kiranga zum Kirangozi gemacht und ihm 10 Doti gegeben. Die Lebensmittel sind hier sehr teuer; man erhält nur 2 Küchlein für ein Schukka, und eine Ziege kostet 5 Doti, und ich kann von hier nicht fort.

Ich habe gestern 6 Pagazis gemietet und sie mit Uledi weitergeschickt. Dschuma sagte, er sterbe vor Hunger, daher gab ich ihm 2 Ballen Merikani. Er sagt, er wird auf Sie in Ugogo warten. Dschacko ist krank gewesen, ich weiß nicht woran, und er kann nichts für mich tun. Wellymingoe ist jetzt mein Koch. Können Sie mir etwas Zucker schicken? Wenn Sie irgendwelcher Hilfe bedürfen, so werde ich Ihnen meine Pagazis schicken, denn zwischen der Stelle, wo Sie sich befinden, und diesem Ort starben mir 9 Esel, und ich habe nur noch einen übrig. Das Kaniki ist vollständig zu Ende, aber ich habe noch etwas Merikani. Empfehlen Sie mich Herrn Shaw und Selim.
Ihr treuer
W. L. Farquhar.«

Dies war die köstliche Antwort, welche ich auf eine besorgte Anfrage in bezug auf seinen und seiner Karawane Zustand erhielt. Wenn der Mensch vollständig verrückt gewesen wäre, so hätte er kaum etwas Verwirrteres hervorbringen können.

In der ersten Zeile sagt er, daß alles in Ordnung sei, während doch nach den unmittelbar darauffolgenden Worten alles in übelstem Zustande zu sein scheint. Er schickt den Kirangozi wegen einer persönlichen Beleidigung weg und gibt einem meiner Mgwana-Soldaten, der abgesandt war, um die fünfte Karawane zu begleiten, namens Dschumah, auf seine bloßen Bitten hin zwei Ballen Merikani, die 150 Dollars in Gold wert sind und 150 Doti enthalten, welche ausreichen, um eine Karawane von 50 Mann von Bagamoyo nach Unyanyembé zu unterhalten. Auch ist all sein Kaniki verbraucht, was für eine große Nachlässigkeit spricht. Kurz, dieser Brief ist mir vollständig unbegreiflich, wenn Farquhar nicht toll geworden, was festzustellen ich mich eiligst bemühte, als ich in die Umhegung von Kiora trat und sein Zelt auf einem Haufen Ziegenmist erblickte.

Als er meine Stimme hörte, wankte Farquhar aus dem Zelt. Er hatte sich seit der Zeit, wo er als mein schmucker Gefährte aus Bagamoyo abreiste, so verändert, als ob er express von den Wabembe des Tanganika gemästet worden wäre, wie wir es mit Gänsen und Truthühnern zum Weihnachtsfeste zu tun pflegen, und er war so aufgeschwemmt wie Barnums feistes Weib. Mit nicht geringem Erstaunen betrachtete ich die aufgedunsenen Wangen und den angeschwollenen Hals meines Dieners Farquhar. Seine Beine waren auch wuchtig und elefantenartig, denn seine Krankheit war entweder Elephantiasis oder Wassersucht. Das Gesicht war totenbleich, was sich leicht erklärte, da die Leute mir mitteilten, daß er zwei Wochen lang nicht aus seinem Zelt herausgekommen sei. Er hatte sich ungeniert der Soldaten und Pagazis bedient, da er ihre Dienste für alle Bedürfnisse, bis zum geringsten herab, brauchte. Dafür bezahlte er sie mit einer Ziege pro Tag, wo doch eine Ziege 5 Doti kostete, oder schenkte ihnen an deren Stelle Hühner.

Ich wählte einen luftigen Hügel, der das Dorf Kiora überblickte, als Lagerplatz und ließ, sobald die Zelte aufgestellt, die Tiere besorgt und ein Boma aus Dornbüschen gemacht war, Farquhar durch vier Leute in mein Zelt tragen. Als ich ihn fragte, was die Ursache seiner Krankheit sei, sagte er, er kenne sie nicht, und meinte, er habe nirgends Schmerzen.

Nachdem ich herausgefunden, daß Farquhars Krankheit nicht augenblicklich und vorherrschend meine Aufmerksamkeit in Anspruch zu nehmen habe, machte ich mich daran, mir über den Inhalt jenes dunklen Zettels, den er mir nach Rehenneko geschickt und der mich seitdem so sehr beunruhigt hatte, klar zu werden. War aber schon sein Zettel unverständlich, so war Farquhars mündliche Mitteilung in bezug auf den Zustand der ihm anvertrauten Güter noch zehnmal verwickelter und rätselhafter. Seine Erzählung war so verworren, daß sich durchaus gar keine Ordnung hineinbringen ließ. Was er getan oder nicht getan, was er an Tuch oder Perlen ausgegeben oder nicht, war so unentwirrbar zusammengeworfen, daß ich bei dem Versuch, Ordnung in diesen chaotischen Wortschwall zu bringen, bemerkte, daß ich zu absolutem Blödsinn kam. Die einzige Art, diese Schwierigkeit zu überwinden, bestand darin, persönlich jeden Zeugballen und jede Last Perlen zu untersuchen und durch Vergleichung meiner auf die dritte Karawane bezüglichen Liste festzustellen, was fehlte.

Ich konnte Farquhar unmöglich in Kiora lassen, wo ihn der Tod bald ereilt hätte, aber wie lange ich einen in solchem Zustande befindlichen Menschen durch ein Land, wo der Transport so schwierig ist, mit mir schleppen könnte, war eine Frage, deren Beantwortung von den Umständen abhing.

Am 11. Mai zogen die dritte und fünfte Karawane, jetzt vereinigt, das rechte Ufer des Mukondokwa durch Holcusfelder hinauf. Je weiter wir auf unserem Marsch nach Westen kamen, desto höher wurden die großen Mukondokwa-Gebirgszüge, und sie umgaben uns ringsum in einem engen Flußtal. Wir ließen Muniyi Usagara zur Rechten und stießen alsbald auf quer über unseren Weg ziehende Ausläufer der Berge, über die wir hinauf- und dann wieder hinabsteigen mußten.

Ein Marsch von 8 Meilen von der Furt von Misonghi brachte uns zu einer andern Furt des Mukondokwa, wo wir dem von Burton benutzten Wege, der den Goma-Paß und die tiefen Abhänge von Rubeho hinaufführte, auf lange Zeit Lebewohl sagten. Unser Weg verließ das rechte Ufer und folgte dem linken durch ein Land, welches das direkte Gegenteil des zwischen Gebirgszügen eingeschlossenen Mukondokwa-Tales ist. Wir hatten einen fruchtbaren Boden und eine üppige Vegetation, die von Miasmen dampfte und durch ihre Gerüche überwältigte, mit einer dürren Wildnis voll Aloe und Kaktuspflanzen vertauscht, wo vor allem auch der Kolquall und verschiedene Dornbüsche gediehen.

Statt auf baumbewachsene Höhenabhänge und Täler, statt auf bebaute Felder blickten wir jetzt auf das Gebiet einer unbewohnten Wildnis. Die Bergkuppen waren ihrer Laubkronen beraubt und offenbarten ihre von Regen und Sonne gebleichte Felsennatur. Uns gerade zur Rechten stand der Pic Nguru, der höchste der Usagara-Kegel, als wir den langen Abhang über dunkelgrauem Boden hinaufstiegen, welcher sich jenseits des braunen Mukondokwa zur Linken erhob.

Zwei Meilen von der letzten Furt entfernt fanden wir ein nettes Khambi dicht am Fluß, wo derselbe zuerst eine tosende Stromschnelle bildet.

Als die Karawane sich am nächsten Morgen auf den Marsch vorbereitete, teilte man mir mit, der Bana Mdogo (kleine Herr) Shaw sei noch nicht mit seinem Karren und den Leuten angekommen. Spät am Abend vorher hatte ich an Shaw, der mir hatte sagen lassen, er sei zu krank, um zu Fuß gehen zu können, einen Esel abgeschickt sowie einen zweiten für die auf dem Karren befindliche Last, und in der Überzeugung, daß er bald ankommen werde, mich zur Ruhe gelegt. Als ich am Morgen hörte, daß die Leute noch nicht da seien, schloß ich, daß Shaw nicht wisse, daß wir fünf Tage lang durch eine vollständig unbewohnte Wildnis zu marschieren haben würden. Deshalb schickte ich Tschaupereh, einen Mgwana-Soldaten, mit folgendem Zettel an ihn: »Nach Empfang dieses Befehls werfen Sie den Karren und alle überflüssigen Packsättel in die nächste Schlucht und kommen Sie um Gottes Willen sofort, denn wir müssen hier verhungern!«

Mit äußerster Ungeduld wartete ich 1, 2, 3, 4 Stunden auf Shaw, aber umsonst. Da ich noch einen langen Marsch vor mir hatte, so konnte ich nicht länger warten, sondern ging der Gesellschaft entgegen. Ungefähr eine halbe Stunde von der Furt begegnete ich dem Vortrab der Saumseligen, dem starken, kräftigen Tschaupereh, und – hört es, ihr Karrenmacher! – er trug den ganzen Karren samt Rädern, Gabel und Achse auf dem

Kopfe, da er herausgefunden hatte, daß er viel leichter zu tragen als zu ziehen sei. Der Anblick benahm mir so sehr die Lust, weitere Versuche mit demselben anzustellen, daß ich ihn sofort in die Tiefen des hohen Schilfrohrs schleudern und dort liegen ließ. Die Hauptfigur der Gruppe bildete Shaw selbst, der in einer Haltung daherritt, die es mir zweifelhaft erscheinen ließ, ob er oder sein Tier schläfriger sei. Als ich ihn darüber zur Rede stellte, daß er die Karawane so lange habe warten lassen, wo uns doch ein Marsch bevorstünde, erwiderte er mir in sehr eigentümlichem Tone, den er, wenn er schlecht gelaunt war, stets annahm, er habe sein Möglichstes geleistet. Dies mußte ich jedoch bezweifeln, da ich den langsamen Schritt, in dem er geritten, gesehen hatte. Ich bat ihn daher, wenn er sein Tempo nicht beschleunigen könne, abzusteigen und den Esel ins Lager vorausgehen zu lassen, damit derselbe für den Marsch beladen werden könne. Natürlich gab es eine kleine Szene; der junge europäische Mtongi einer ostafrikanischen Expedition muß aber natürlich mit den Leuten, die er sich ausgesucht hat, vorliebnehmen.

Um 4 Uhr nachmittags kamen wir in Madete an, um zwei Esel ärmer, welche ihre müden Glieder im Todesschlaf ausgestreckt hatten. Wir hatten etwa 3 Uhr nachmittags den Mukondokwa überschritten, und ich überzeugte mich, nachdem ich Richtung und Verlauf desselben aufgenommen, daß er in der Nähe einer Berggruppe entspringt, die sich ungefähr 40 Meilen nordwestlich vom Pic Nguru befindet. Unser Weg führte uns westnordwestlich und entfernte sich schließlich an dieser Stelle von dem Flusse.

Nach einem Marsch von 7 Meilen über Berge, deren Sandstein- und Granitformation an verschiedenen Stellen zutage trat und deren steiniges, dürres Äußere sich an jedem Busch und jeder Pflanze widerzuspiegeln schien, und nachdem wir eine Höhe von ungefähr 800 Fuß über dem Spiegel des Mukondokwa erreicht hatten, erblickten wir, am 14., den See Ugombo, eine graue Wasserfläche, die direkt am Fuß des Berges lag, von dessen Gipfel wir auf die Landschaft schauten.

Da wir zwei Tage haltmachen mußten, weil der indische Küfer Dschako mit einem meiner besten Karabiner desertiert war,

Shaw auf dem Marsch

so benutzte ich die Gelegenheit, die nördlichen und südlichen Ufer des Sees zu untersuchen. Am felsigen Fuße eines niedrigen, auf der Nordseite gelegenen Bergbuckels, der ungefähr 15 Fuß über dem gegenwärtigen Wasserspiegel liegt, entdeckte ich in deutlichen, sehr bestimmten Linien die Wirkung der Wellen. Von seiner Basis nämlich konnte man bis an den Rand des Morastes feine Linien zermalmter Schalen so deutlich hervortreten sehen wie die kleinen Teilchen, welche reihenweise nach dem Rücktritt der Flut am Meeresufer liegenbleiben. Es unterliegt keinem Zweifel, daß die Wellenspuren sich von einem gewandten Geologen auf dem Sandstein noch viel höher hinauf hätten verfolgen lassen; mir jedoch offenbarten sie sich nur in ihren gröbsten Umrissen. Auch bezweifle ich durchaus nicht, nach einer zweitägigen Erforschung der Umgegend und namentlich der niedrigen Ebene am westlichen Ende, daß dieser See Ugombo nur das Schwanzstück eines großen Wasserkörpers ist, der früher ebenso groß wie der Tanganika war.

Gegen Ende des ersten Tages unseres Aufenthalts kam unser Hindu Dschako im Lager an und entschuldigte sich damit, daß er vor Müdigkeit in einem wenige Schritte vom Wege entfernten Gebüsch eingeschlafen sei. Da er die Ursache unseres Aufenthalts in der armseligen Wüste von Ugombo war, so befand ich mich nicht in einer Gemütsstimmung, ihm zu verzeihen. Um ihn also daran zu hindern, uns in Zukunft wieder derartige Streiche durch Weglaufen zu spielen, sah ich mich gezwungen, ihn in die gefesselte Bande der Deserteure einzuschließen.

Es fielen noch zwei von unseren Eseln; der eine davon war von Farquhar durch seine Körperlast und schaukelnde Reitmethode zu Tode geritten. Um es zu verhindern, daß das wertvolle Gepäck zurückbleibe, sah ich mich genötigt, Farquhar auf meinem eigenen Reitesel in das 30 Meilen entfernte Dorf Mpwapwa unter Aufsicht von Mabruki-Burton zu schicken. Farquhar war durch seine vollständige Unfähigkeit, etwas für sich selbst zu tun, zum Spott der Karawane geworden. Er schrie beständig wie ein krankes Kind nach einem halben Dutzend Menschen, die ihm aufwarten sollten, und wenn sie die englische Sprache, in der er sie anredete, nicht verstanden, so erging er sich in einem

Strom der gemeinsten Schimpfworte, wie sie nur je das Ohr eines anständigen Christenmenschen beleidigt haben. Dschako, den ich ihm als Koch beigegeben, als er mit der dritten Karawane abgegangen war, hatte er so furchtbar geprügelt, daß er fast blödsinnig geworden war, und die Wangwana-Soldaten fürchteten seine unsinnige Heftigkeit so, daß sie ihm nicht nahe kommen wollten. Infolgedessen hörte man Farquhars Stimme, die zu keiner Zeit sehr harmonisch war, Tag und Nacht in den schrillsten Tönen zanken.

Sechs Tage lang ertrug ich diese Plage, und wenn meine Esel am Leben geblieben wären, hätte ich sie vielleicht noch länger ausgehalten; da sie aber alle sehr schwach waren und ein Reiter wie Farquhar sie der Reihe nach ruiniert haben würde, war ich wider Willen gezwungen, um die Expedition vom Untergange zu retten, den Schluß zu ziehen, daß es für mich, für ihn und alle Teile besser sei, ihn bei einem freundlichen Dorfhäuptling mit Vorräten an Tuch und Perlen auf sechs Monate zu lassen, bis er wieder wohler würde, als daß er mich zugrunde richte und seine eigene Wiederherstellung unmöglich mache.

Am 15., um die Frühstücksstunde, wurden Farquhar und Shaw wie gewöhnlich zum Frühstück eingeladen. Aus ihrer mürrischen Begrüßung ging es mir deutlich hervor, daß irgend etwas nicht in Ordnung sei oder daß etwas passieren würde. Auf den Gesichtern beider Männer lag ein düsterer Ausdruck, welcher mich nichts Gutes ahnen ließ. Sie erwiderten mir mein »Guten Morgen« nicht, sondern wandten, als ich sie genau ansah, ihre Gesichter ab. Es fiel mir auch ein, daß ihre lebhafte Unterhaltung, von der ich einzelne Laute gehört hatte, sich um mich gedreht haben müsse.

Ich bat sie darauf, Platz zu nehmen.

»Selim«, sagte ich, »bringe das Frühstück.«

Das Frühstück, das aus einem gebratenen Ziegenviertel, geschmorter Leber, einem halben Dutzend guter Kartoffeln, einigen heißen Pfannkuchen und Kaffee bestand, wurde aufgetragen.

»Shaw«, sagte ich, »seien Sie so gut, schneiden Sie das Fleisch und reichen Sie es Farquhar.«

»Was für ein Hundefraß ist das?« fragte Shaw in der unverschämtesten Art, die man sich vorstellen kann.

»Was meinen Sie?« fragte ich.

»Ich meine, daß die Art, wie Sie uns behandeln, eine Schande ist«, sagte er unverschämt, das Gesicht zu mir gewandt. »Ich meine, was mich betrifft, daß Sie mich viel zu viel zu Fuß gehen lassen. Ich dachte, wir würden alle Tage Esel zum Reiten und Leute zu unserer Bedienung haben. Statt dessen muß ich jetzt jeden Tag in der heißen Sonne zu Fuß gehen, bis ich fühle, daß ich lieber in der Hölle sein möchte als in dieser verfluchten Expedition. Ich wünsche, daß jede Seele dieser verdammten Gesellschaft sofort zum Teufel gehen möge! Das wünsche ich wahrhaftig!«

»Hören Sie mich an, Shaw und Farquhar. Vom Augenblick an, wo Sie die Küste verlassen, haben Sie stets Esel zum Reiten und Leute zu Ihren Diensten gehabt. Man hat Ihnen Ihre Zelte aufgestellt, Ihre Mahlzeiten gekocht. Sie haben dasselbe Essen, diesselbe Behandlung wie ich gehabt, aber jetzt sind sämtliche Farquharsche Esel und sieben meiner eigenen tot, und ich habe einige Sachen fortwerfen müssen, um nur den Transport der wichtigsten Waren zu ermöglichen. Farquhar ist zu krank, um zu gehen, und muß daher einen Esel zum Reiten haben. Nach Verlauf einiger weniger Tage werden sie aber sämtlich tot sein; dann muß ich entweder mehr als zwanzig neue Pagazis für die Waren haben oder wochenlang auf den Transport warten. Und angesichts einer solchen Lage können Sie noch murren und an meinem eigenen Tische Verwünschungen gegen mich ausstoßen? Haben Sie Ihre Stellung wohl überlegt? Wissen Sie, wo Sie sind? Wissen Sie, daß Sie mein Diener und nicht mein Kamerad sind?«

»Verflucht sei so ein Diener«, sagte er.

Aber ehe noch Herr Shaw seinen Satz zu Ende bringen konnte, lag er lang auf den Boden hingestreckt.

»Ist es nötig, daß ich noch weiter gehen muß, um Sie zu lehren?« fragte ich.

»Ich will Ihnen sagen, wie die Sache steht«, erwiderte er aufstehend. »Ich denke, ich täte besser daran umzukehren. Ich

habe genug gehabt und beabsichtige, Sie nicht weiter zu begleiten. Ich bitte Sie also um meine Entlassung aus Ihrem
Dienst.«

»Gewiß. Heda, wer ist da? Bombay, komm her!«

Bombay erschien in der Zelttür, und ich sagte ihm: »Brecht
das Zelt dieses Menschen ab (auf Shaw weisend). Er will umkehren. Bringt seine Flinte und Pistole in mein Zelt und begleitet ihn und sein Gepäck 500 Schritt zum Lager hinaus und laßt
ihn dort.«

In wenigen Augenblicken war sein Zelt auseinandergenom-
men, seine Flinte und Pistolen waren in meinem Zelt, und
Bombay kehrte mit vier Bewaffneten zurück, um mir Bericht
abzustatten. »Nun gehen Sie, Sie haben volle Freiheit. Diese
Leute werden Sie zum Lager hinausbegleiten und Sie und Ihr
Gepäck dort allein lassen.«

Er ging also ab in Begleitung der Leute, die ihm sein Gepäck
trugen.

Nach dem Frühstück fing ich an, Farquhar auseinanderzu-
setzen, wie notwendig es für mich sei weiterzugehen; wie viele
Sorgen ich ohnedies habe, ohne noch an Leute denken zu müssen, die ich angenommen, damit sie an mich und ihre Pflicht
dächten; da er krank sei und eine Zeitlang wohl nicht imstande
sein werde zu marschieren, wäre es besser, wenn ich ihn an einem ruhigen Ort unter der Sorgfalt eines guten Häuptlings ließe,
der für ihn gegen Entgelt bis zu seiner Wiederherstellung sorgen
könne. Auf alles dies ging Farquhar ein.

Kaum hatte ich aufgehört zu sprechen, als Bombay an die
Zelttür kam und sagte: »Herr Shaw möchte Sie gern sprechen.«

Ich ging ans Lagertor und traf daselbst Shaw, der sehr reuig
und beschämt aussah und mich um Verzeihung und die Erlaubnis bat, zurückkehren zu dürfen, wobei er versprach, daß ich an
ihm nie wieder etwas auszusetzen haben solle.

Ich streckte ihm die Hand entgegen und sagte: »Sprechen wir
nicht mehr davon, mein lieber Junge. Streit kommt in den besten Familien vor. Da Sie um Entschuldigung bitten, so hat es
damit sein Ende.«

Am 16. Mai zogen wir über die Ebene, die zwischen Ugombo und Mpwapwa liegt und sich hin und wieder dicht an einer niedrigen Trappfelsenkette hinzieht, aus der durch irgendwelche heftige Gewalt verschiedene große Felsblöcke herausgerissen wurden. Auf ihren Abhängen erreicht der Kolquall eine Größe, wie ich sie nie in Abessinien gesehen habe. Auf der Ebene wachsen Baobab, ungeheure Tamarinden und verschiedenartige Dornensträucher.

Fünf Stunden von Ugombo wand sich der Bergzug nach Nordosten. Wir hingegen verfolgten eine nordwestliche Richtung weiter und gingen auf den erhabenen Gebirgszug von Mpwapwa zu.

Nach einem Marsch von 15 Meilen lagerten wir in einem trockenen Mtoni, der Matamombo heißt und wegen seiner Pfützen ockerfarbenen Bitterwassers berühmt ist. Affen und Rhinozerosse, Kudus, Steinböcke und Antilopen fanden sich zahlreich in seiner Umgegend vor. In diesem Lager starb mein Hündchen Omar an Unterleibsentzündung, fast an der Schwelle des Landes Ugogo, wo seine Treue und Wachsamkeit mir unschätzbar gewesen wären.

Der Marsch des nächsten Tages war gleichfalls 15 Meilen lang. Er ging durch ein unendliches Gewirr von Dornbüschen. Innerhalb 2 Meilen vom Lager führte der Weg über ein kleines Flußbett von der Breite einer Allee direkt ins Khambi von Mpwapwa, das dicht bei einigen Bächen reinsten Wassers lag.

Der nächste Morgen fand uns sehr ermüdet nach dem langen Marsch von Ugombo und im allgemeinen geneigt, von den herrlichen Genüssen, die Mpwapwa den direkt aus den fliegengeplagten Ländern der Waseguhha und Wadoe kommenden Karawanen bietet, Gebrauch zu machen. Scheikh Thani, der gescheite, arglos redende alte Araber, kampierte hier unter dem angenehmen Schatten einer Mtamba-Sycamore und hatte sich seit seiner vor zwei Tagen erfolgten Ankunft an frischer Milch, prächtigem Hammelfleisch und kräftigem Rinderrücken delektiert. Wie er mir mitteilte, hegte er nicht die Absicht, dieses glückliche, reiche Land sobald mit dem salzigen, salpeterhaltigen

Wasser von Marenga Mkali, mit seinen verschiedenen Terekezas und vielfachen Unannehmlichkeiten zu vertauschen.

»Nein«, sagte er mir mit Nachdruck, »bleiben Sie lieber zwei oder drei Tage hier; gönnen Sie ihren ermatteten Tieren Ruhe; sammeln Sie so viele Pagazis, wie Sie können. Füllen Sie sich voll mit frischer Milch, süßen Kartoffeln, Rindfleisch, Hammelfleisch, geklärter Butter, Honig, Bohnen, Matama, Maweri und Nüssen – dann, Inschallah! wollen wir zusammen ohne Aufenthalt nach Ugogo gehen!« Da der Rat vollständig mit meinen eigenen Wünschen und meinem großen Appetit nach den guten Dingen, die er nannte, übereinstimmte, so hatte er nicht lange auf meine Zustimmung zu warten.

In einem der vielen kleinen Dörfer, die auf den Abhängen des Mpwapwa liegen, fand ich einen Zufluchtsort für Farquhar, wo er eine Heimat finden konnte, bis er imstande sein würde, nach Wiederherstellung seiner Gesundheit uns nach Unyanyembé nachzukommen.

Nahrungsmittel gab es hier in Hülle und Fülle und von ausreichender Mannigfaltigkeit, um den Wählerischsten zu befriedigen. Auch waren sie billig, viel billiger, als wir sie an manchem Tag gehabt hatten. Leucole, der Häuptling des Dorfes, mit dem ich Anordnungen zugunsten von Farquhars Pflege und Bequemlichkeit traf, war ein kleiner alter Mann mit mildem Auge und sehr angenehmem Gesicht, und als ich ihm die Mitteilung machte, daß ich die Absicht habe, den Musungu ganz unter seiner Obhut zu lassen, schlug er mir vor, ich möge einen meiner Leute dazu anstellen, ihn zu bedienen und seine Wünsche den Leuten Leucoles zu verdolmetschen.

Da der kranke Mann absolut eines Pflegers bedurfte und da Dschako der einzige außer Bombay und meinem arabischen Dolmetscher Selim war, der englisch sprechen konnte, so wurde jener dazu bestimmt und der Häuptling Leucole dadurch zufriedengestellt. Vorräte an weißen Perlen, Merikani- und Kanikituchen auf sechs Monate und zwei Doti schönen Tuchs als Geschenk für Leucole nach Farquhars Wiederherstellung wurden dem letzteren von Bombay gebracht und dazu noch ein Karabiner, 300 Patronen, ein Satz Kochgeschirr und 3 Pfund Tee.

An diesem Ort findet man gewöhnlich zehn bis dreißig Pagazis, die auf ins Innere ziehende Karawanen warten. Ich war glücklich genug, mir zwölf gute Leute zu verschaffen, die nach meiner Ankunft in Unyanyembé ohne Ausnahme freiwillig sich erboten, als Lastträger auch nach Udschidschi mitzugehen. Da ich die furchtbaren Märsche von Marenga Mkali vor mir hatte, so war ich für diesen glücklichen Zufall sehr dankbar, welcher die Schwierigkeiten, die ich vermutet hatte, löste, denn ich hatte nur zehn Esel übrig, von denen vier so geschwächt waren, daß man sie als Lasttiere nicht mehr gebrauchen konnte.

Der Reisende wird Mpwapwa, obgleich er, von der Küste kommend, für die Milch, die es ihm bietet und die er so lange entbehrt hat, dankbar ist, doch stets als einen durch seine Ohrwürmer sehr merkwürdigen Ort im Gedächtnis behalten. In meinem Zelt konnte ich sie zu Tausenden zählen, in meiner Hängematte zu Hunderten, auf meinen Kleidern zu Fünfzigen, auf meinem Hals und Kopf zu Zwanzigen. Die sonstigen Plagen, als da sind Heuschrecken, Flöhe und anderes Ungeziefer, verlieren jede Bedeutung, wenn man sie mit diesen entsetzlichen Ohrwürmern vergleicht. Freilich beißen sie weder noch reizen sie die Haut, ihre bloße Anwesenheit und Zahl riefen jedoch so schreckliche Vorstellungen hervor, daß man dadurch fast toll werden konnte.

Nach den Ohrwürmern kommen, was Bedeutung und Zahl betrifft, die weißen Ameisen, deren Zerstörungsvermögen geradezu schrecklich ist. Matten, Tuch, Koffer, Kleider, kurz alles, was ich besaß, schien sich am Abgrunde des Verderbens zu befinden, und wenn ich ihre Gefräßigkeit beobachtete, so ängstigte ich mich, daß sie mein Zelt, während ich schlief, auffressen könnten. Dies war, seitdem ich die Küste verlassen, das erste Khambi, wo ihre Anwesenheit mir Angst verursachte. An allen anderen Lagerstätten hatten bisher die roten und schwarzen Ameisen unsere Aufmerksamkeit auf sich gezogen; in Mpwapwa aber ließ sich die rote Gattung gar nicht blicken, und die schwarze war auch sehr selten.

Nachdem wir drei Tage in Mpwapwa gehalten, entschloß ich mich, ohne Aufenthalt nach Marenga Mkali zu marschieren, bis wir Mvumi in Ugogo erreichten, wo ich die Kunst, Tribut an die Wagogo-Häuptlinge zu bezahlen, erlernen sollte. Der erste Marsch nach Kisokweh wurde absichtlich kurz gemacht, da er nur 4 Meilen betrug, um es Scheikh Thani, Scheikh Hamed und fünf bis sechs Wasawahili-Karawanen zu ermöglichen, mich in Tschunyo, an der Grenze von Marenga Mkali, zu treffen.

DRITTES KAPITEL

Der 22. Mai sah Thanis und Hameds Karawanen mit der meinigen in Tschunyo, dreieinhalb Stunden von Mpwapwa, vereinigt.
Der Weg von letzterem Ort läuft längs des Saumes des Mpwapwa-
Höhenzuges. An drei oder vier Stellen geht er über vorspringende Ausläufer, welche sich von dem Hauptstock des Gebirges
abtrennen. Der letzte dieser Bergausläufer, der sich durch einen
erhabenen Querfirst mit dem Mpwapwa verbindet, schützt das
Dorf Tschunyo, das an der westlichen Seite liegt, vor den Stür-
men, welche von den tiefen Abhängen herabbrausen.

Wir bildeten eine ganz imposante Karawane, als wir aus dem
ungastlichen Tschunyo ungefähr 400 Seelen stark fortzogen.
Dazu hatten wir viele Flinten, Flaggen, Hörner, Trommeln und
machten viel Lärm. Durch Scheikh Thanis Erlaubnis wurde
Scheikh Hamed und mir die Aufgabe zuteil, diese große Karawane durch das gefürchtete Ugogo zu führen. Dies war, wie
man später sehen wird, eine sehr unglückliche Wahl.

Endlich lag Marenga Mkali in einer Breite von mehr als 30
Meilen vor uns. Diese Entfernung mußte innerhalb 36 Stunden
zurückgelegt werden, so daß die Strapazen eines gewöhnlichen
Marsches dadurch mehr als verdoppelt wurden. Von Tschunyo
nach Ugogo findet man nicht einen Tropfen Wasser. Da eine
große Karawane von zum Beispiel 200 Seelen selten mehr als
1 $^3/_4$ Meilen in der Stunde zurücklegt, so beansprucht ein
Marsch von 30 Meilen eine siebzigstündige Entbehrung von
Wasser und gestattet nur wenig Ruhe. Da Ost-Afrika meist un-
beschränkte Wassermengen besitzt, sind Karawanen nicht gezwungen, aus Mangel an diesem Element zum Muschok Indiens
oder dem Khirbeh Ägyptens ihre Zuflucht zu nehmen. Weil sie
imstande sind, die wasserlosen Distrikte in einigen langen Märschen zu passieren, lassen sie sich für diese Zeit an kleinen Kürbisflaschen voll Wasser genügen und weiden ihre Phantasie an
den großen Mengen, welche sie nach ihrer Ankunft an einem
wasserreichen Ort trinken werden.

Das Lager in Tschunyo

Der Marsch durch diesen wasserlosen Distrikt war sehr eintönig, und mich packte ein gefährliches Fieber, welches mir die Eingeweide geradezu zu verzehren schien. Die Wunder von Afrika, welche sich hier in Gestalt von Zebras, Giraffen, Elen und Antilopen zeigten, die über die strauchlose Ebene galoppierten, hatten für mich keinen Reiz und vermochten es nicht, meine Aufmerksamkeit von der schweren Erkrankung, die mich befallen hatte, abzulenken. Gegen das Ende des ersten Marsches war ich nicht imstande, auf dem Esel zu sitzen. Auch ging es nicht an, da wir erst den dritten Teil des Weges durch die Wüste hinter uns hatten, vor dem nächsten Tage haltzumachen. Es wurden daher Soldaten kommandiert, mich in einer Hängematte zu tragen, und als die Terekeza am Abend zu Ende war, lag ich in einem lethargischen, völlig bewußtlosen Zustande da. In der Nacht ging das Fieber vorüber, und um 3 Uhr morgens, als der Marsch wieder aufgenommen wurde, war ich gestiefelt und gespornt und wieder als Mtongi meiner Karawane anerkannt. Um

8 Uhr morgens hatten wir die 32 Meilen zurückgelegt. Die Wildnis von Marenga Mkali war passiert, und wir waren nach Ugogo gekommen, das für meine Karawane ein gefürchtetes, für mich ein gelobtes Land war.

Der Übergang von der Wildnis in dasselbe war sehr allmählich und leicht. Nur nach und nach wurde das Dickicht dünner; es dauerte lange, bis wir an abgeholztes Land kamen, und als es schließlich da war, sah man nicht eher Zeichen der Kultur, als bis wir Kräuter und Pflanzen an einigen zur rechten Hand parallel mit unserer Route verlaufenden Bergabhängen erkennen konnten. Dann erst erblickten wir Nutzholz auf den Bergen und weite bebaute Felder, und siehe da, als wir über eine rötliche Erdwelle schritten, die von hohem Unkraut und Rohr bedeckt war, lagen nur wenige Schritt von uns entfernt, gerade quer über unserem Weg, die Matama- und Kornfelder, nach denen wir ausgeschaut; wir waren schon seit einer Stunde in Ugogo.

Die ersten Worte, die ich in Ugogo hörte, kamen von einem starkgebauten Wagogo-Ältesten, der seine Herde träge hütete, aber ein sichtliches Interesse an dem Fremdling bekundete, der in weißen Flanellkleidern, den in Ugogo höchst ungewöhnlichen Hawkesschen Patent-Kork-Sommerhut auf dem Kopfe, vorbeizog.

»Yambo, Musungu! Yambo Bana, Bana!« ertönte seine Stimme so laut, daß man sie eine ganze Meile weit hören konnte. Kaum hatte die Begrüßung stattgefunden, als das Wort »Musungu« sein ganzes Dorf zu elektrisieren schien, und die Bewohner anderer Dörfer, die hier und da nicht weit vom Wege lagen, nahmen, als sie die erste herrschende Aufregung bemerkten, an dem allgemeinen tollen Durcheinander teil, das alle plötzlich zu beherrschen schien. Meinen Weg vom ersten Dorf bis Mvumi betrachte ich als einen Triumphzug, denn ich wurde von einem wütenden, aus Männern, Weibern und Kindern bestehenden Pöbelhaufen begleitet, die fast alle nackt wie Mutter Eva waren, als sie die Welt zuerst im Garten von Eden erblickte. Sie zankten, stritten und stießen sich, um den weißen Mann am besten sehen zu können, dergleichen man in diesem Teil von Ugogo noch nie zu Gesicht bekommen hatte.

Um 9 Uhr morgens waren wir in unserem Boma in der Nähe des Dorfes Mvumi, aber auch hierher kamen Mengen von Wagogo, um sich den Musungu etwas anzusehen, dessen Anwesenheit alsbald im ganzen Distrikt von Mvumi bekannt wurde. Zwei Stunden später hatte ich ihre Bemühungen, mich zu sehen, ganz und gar vergessen; denn trotz wiederholter Dosen von Chinin hatte mich das Mukunguru fest gepackt. Am nächsten Tage fand ein Marsch von 8 Meilen von Ost- nach West-Mvumi statt, wo der Sultan des Bezirks wohnt. Die Menge und Mannigfaltigkeit der in unser Boma gebrachten Lebensmittel straften die Berichte über die Erzeugnisse von Ugogo nicht Lügen. Saure und süße Milch, Honig, Bohnen, Matama, Maweri, Mais, Ghee, Erbsennüsse und eine Sorte von Bohnennüssen, die großen Pistazien oder Mandeln sehr ähneln, Wassermelonen, Kürbisse, Mus-Melonen und Gurken wurden uns gebracht und bereitwillig gegen Merikani, Kaniki, weiße Merikaniperlen und Sami-Sami oder Sam-Sam umgetauscht. Das Handel- und Tauschgeschäft, das vom Morgen bis zur Nacht vor sich ging, erinnerte mich an die unter den Gallas und Abessiniern vorkommenden Gebräuche. Im Osten mußten Karawanen ihre Leute mit Tuch aussenden, um bei den Dorfbewohnern Einkäufe zu machen. Dies war in Ugogo nicht nötig, wo die Leute jeden Verkaufsartikel, den sie besaßen, aus freien Stücken ins Lager brachten. Das kleinste Stückchen weißen oder blauen Tuchs, ja sogar ein abgetragenes, fadenscheiniges Lendentuch ließ sich verkaufen und nützlich beim Einkauf von Nahrungsmitteln verwerten.

Am Tage nach unserem Marsch war Rasttag. Wir hatten ihn dazu bestimmt, dem großen Sultan von Mvumi den Tribut zu überbringen. Der kluge und vorsichtige Scheikh Thani übernahm die Erledigung dieser wichtigen Pflicht, deren Unterlassung ein Zeichen zum Kriege gewesen wäre. Hamed und Thani schickten zwei treue, mit den Eigentümlichkeiten des Wagogo-Sultans genau vertraute, redegewandte Sklaven, die eine große Zungenfertigkeit und wirklichen Instinkt für den unter den Orientalen üblichen Handel besaßen, zu ihm. Sie trugen 6 Doti Tuch, nämlich 1 Doti Dabwani Ulyah und 1 Doti Barsati von mir, 2 Doti Merikani Satins von Scheikh Thani und 2 Doti Kani-

Mann und Frau aus Ugogo

ki von Scheikh Hamed als erste Abzahlung des Tributs hin. Sie
blieben eine ganze Stunde fort, kehrten aber, nachdem sie ihre
Überredungskunst umsonst angewandt hatten, mit dem Verlangen nach mehr zurück, was Scheikh Thani mir in folgender
Weise mitteilte:

»Ach, dieser Sultan ist ein sehr, sehr böser Mann. Er sagt,
der Musungu ist ein großer Mann, ich nenne ihn sogar einen
Sultan. Der Musungu ist sehr reich, denn mehrere seiner Karawanen sind schon vorbeigezogen. Der Musungu muß 40 Doti
bezahlen und die Araber jeder 12 Doti, denn sie haben reiche
Karawanen. Es ist unnütz, daß ihr mir sagt, ihr bildet alle eine
Karawane, denn wozu habt ihr dann so viele Flaggen und Zelte?
Geht und bringt mir 60 Doti, mit weniger bin ich nicht zufrieden.«

Nachdem ich dieses unverschämte Verlangen erfahren, gab
ich Scheikh Thani zu verstehen, daß ich 20 mit Winchester-Re-

petier-Gewehren bewaffnete Wasungu habe und den Sultan zwingen könne, mir Tribut zu zahlen. Thani aber bat mich dringend, vorsichtig zu sein, damit nicht böse Worte den Sultan reizen und dazu veranlassen könnten, einen doppelten Tribut zu fordern, wozu er wohl imstande sei: »Und wenn Sie den Krieg vorzögen, so würden alle Ihre Pagazis desertieren und Sie samt Ihrem Tuch den Wagogo auf Gnade und Ungnade überlassen.« Ich beeilte mich aber, seine Befürchtungen zu beschwichtigen, indem ich Bombay in seiner Gegenwart sagte, ich habe dieses Verlangen seitens der Wagogo vorhergesehen, daher 120 Doti Tributtuche beiseite gelegt und werde mich nicht für sehr beeinträchtigt halten, wenn der Sultan mir 40 Doti Tuch abfordere und ich sie wirklich bezahle. Deshalb solle er den Hongaballen aufmachen und von Scheikh Thani die vom Sultan gewünschten Tuche herausnehmen lassen.

Nachdem Scheikh Thani sich die Mütze der Überlegung aufgesetzt und mit Hamed und seinen treuen Bedienten zu Rate gegangen war, meinte er, wenn ich 12 Doti bezahlen wolle, von denen 3 von Ulyah-Qualität wären, werde der Sultan wohl geruhen, unseren Tribut annehmbar zu finden, in der Voraussetzung, daß er durch die beredten Worte der Getreuen sich überreden lassen werde, der Musungu habe nichts weiter bei sich als das Maschiwa (Boot), das jenem von keinerlei Nutzen sein werde, es komme, was da wolle. Auf diesen klugen Rat, von dessen Weisheit er überzeugt war, ging der Musungu ein.

Die Sklaven entfernten sich, diesmal mit 30 Doti und unseren besten Glückwünschen, aus unserem Boma. Nach einer Stunde kehrten sie zurück mit leeren Händen, aber ohne Erfolg. Der Sultan verlangte von dem Musungu noch 6 Doti Merikani und 1 Fundo Bubu, von den Arabern und anderen Karawanen dagegen noch 12 Doti. Zum drittenmal gingen die Sklaven ins Tembé des Sultans ab, mit 6 Doti Merikani und 1 Fundo Bubu von mir und 10 Doti von den Arabern. Doch wiederum kehrten sie mit den Worten des Sultans zurück: »Die Doti des Musungu hätten zu kurzes Maß und das Tuch der Araber wäre von elender Beschaffenheit, daher müsse der Musungu ihm noch 3 gut gemessene Doti und die Araber 5 Doti Kaniki senden.«

Meine 3 Doti wurden sofort mit dem längsten Vorderarm, dem Kigogo-Maß, ausgemessen und durch Bombay abgesandt, aber die Araber erklärten fast verzweifelt, sie wären ruiniert, wenn sie sich solchen Anforderungen fügten, und schickten nur 2 von den 5 Doti mit der inständigen Bitte an den Sultan, er möge das Bezahlte als gerechtes und billiges Muhongo ansehen und nicht noch mehr verlangen. Der Sultan von Mvumi war jedoch keineswegs geneigt, diesen Vorschlag in Erwägung zu ziehen, sondern erklärte, er müsse noch 3 Doti bekommen, und zwar 2 von Ulyah-Tuch und 1 von Kitambi Barsati, die ihm denn auch, da er durchaus darauf bestand, unter den heftigsten Verwünschungen Scheikh Hameds und den verzweifeltsten Seufzern Scheikh Thanis übersandt wurden.

Am 27. Mai schüttelten wir mit Freuden den Staub von Mvumi von den Füßen und setzten unseren Weg nach Westen fort. In der letzten Nacht waren fünf meiner Esel an den Wirkungen des Wassers von Marenga Mkali gefallen. Ehe ich das Boma von Mvumi verließ, ging ich mir ihre Kadaver ansehen, fand aber, daß ihr Fleisch von den Hyänen vollständig aufgefressen und die Knochen sich im Besitz einer großen Schar weißhalsiger Krähen befanden.

Als wir die zahlreichen Dörfer durchzogen und wahrnahmen, daß das ganze Land wie ein ungeheures Kornfeld aussah, und ferner die am Wege stehenden Leute zählten, die ihre gierigen Blicke am Musungu weiden wollten, wunderte ich mich nicht mehr über die Erpressungen der Wagogo. Denn offenbar durften sie bloß ihre Hände ausstrecken, um sich den ganzen Reichtum meiner Karawane anzueignen, und ich fing an, besser von dem Volk zu denken, das, seiner Kraft sich wohl bewußt, doch keinen Gebrauch von ihr macht, sondern intelligent genug ist zu begreifen, daß es in seinem Interesse liegt, Karawanen vorbeiziehen zu lassen, ohne eine Rechtsverletzung an ihnen zu versuchen.

Als wir schließlich in unserem Boma in Matamburu ankamen, erwarteten uns dieselben Gruppen neugieriger Leute, dieselben verwunderten Blicke, dieselben Ausrufe des Erstaunens, dasselbe Gelächter über Dinge, die sie an der Kleidung und Manier des Musungu lächerlich fanden, wie in Mvumi. Da die Araber »Wakonongo«-Reisende waren, die sie alle Tage sahen, waren diese vollständig befreit von den Belästigungen, die wir auszustehen hatten.

Der Sultan von Matamburu, ein Mann von herkulischer Gestalt und einem Kopf, der gut zu seinen Schultern paßte, erwies sich als ein sehr verständiger Mann. Nicht ganz so mächtig wie der von Mvumi, besaß er doch einen schönen Teil von Ugogo, etwa 40 Dörfer, und er hätte, wenn er dazu Lust gehabt, die feilen Seelen meiner arabischen Begleiter in derselben Weise, wie der von Mvumi, drücken können. 4 Doti Tuch wurden ihm als erster seiner Größe dargebrachter Tribut hingesandt, die er anzunehmen versprach, wenn die Araber und der Musungu ihm noch 4 schicken würden. Bei so billigem Verlangen wurde diese Angelegenheit bald zu jedermanns Zufriedenheit beendet, und nicht lange darauf ließ Scheikh Hameds Kirangozi das Signal zum morgigen Marsch ertönen.

Der Marsch nach Bihawana, unserem nächsten Lager, war beschwerlich, führte uns durch ein ununterbrochenes Dickicht von Gummi- und Dorngebüschen, steile Berge hinauf und schließlich über eine glühende Ebene, auf der die Sonne heißer und heißer wurde, wie sie sich dem Meridian näherte, bis sie schließlich alles Leben aus der toten Natur herauszusengen schien und die ganze Landschaft in einer solchen weißen Glut dalag, daß sie den umsonst vor dem grellen Licht Schutz suchenden schmerzenden Augen unerträglich wurde. Mehrere versandete Wasserläufe, auf denen manche Spur von Elefanten eingedrückt war, passierten wir auch auf diesem Marsche. Diese Strombetten neigten sich abwärts nach Südost und Süden.

In der Mitte dieser brennenden Ebene standen die Dörfer von Bihawana, die wegen der ungewöhnlichen Niedrigkeit ihrer Hütten fast gar nicht zu sehen waren. Sie erreichten nämlich nicht die Höhe des hohen ausgebleichten Grases, das in der übermäßigen Hitze rauchend dastand.

Der Sultan von Bihawana begnügte sich mit 3 Doti Tuch als Honga. Von diesem Häuptling erhielt ich Nachrichten über meine vierte Karawane, die sich in einem Kampf mit einigen seiner geächteten Untertanen ausgezeichnet. Meine Soldaten hatten zwei derselben getötet, die, nachdem sie einigen Pagazis aufgelauert, einen Ballen Tuch und einen Beutel Perlen zu rauben versucht hatten. Da die Soldaten zur rechten Zeit herankamen, vereitelten sie diesen Versuch vollständig. Der Sultan meinte, es würden weniger Diebstähle unterwegs an den Karawanen verübt werden, wenn sie alle ebenso gut wie die meinigen bewacht würden. Mit dieser Ansicht stimmte ich von Herzen überein.

Das Tembé des nächsten Sultans, durch dessen Gebiet wir am 30. Mai marschierten, befand sich in Kididimo und 4 Meilen von Bihawana entfernt. Der Weg führte uns durch eine flache, längliche, zwischen zwei langen Bergkämmen befindliche Ebene, auf der sich zahlreiche, riesig gestaltete Baobab fanden. Kididimo sieht sehr traurig aus, und selbst die Gesichter der Wagogo scheinen ein trauriges Gepräge von der allgemeinen, sie umgebenden Freudlosigkeit angenommen zu haben. Das Wasser der Gruben in der Umgegend schmeckte nach warmem Pferdeurin, und zwei Esel erkrankten und fielen in weniger als zwei Stunden an den Wirkungen desselben. Der Mensch bekam davon Leibschmerzen, Übelkeit und eine allgemeine Reizbarkeit des Organismus und rächte sich infolgedessen durch kräftige Verwünschungen gegen das Land und seinen albernen Herrscher. Ihren Höhepunkt erreichte indessen unsere Stimmung erst, als Bombay uns berichtete, daß der Kopf des Häuptlings, nachdem man über das Muhongo sich zu einigen versucht, sehr groß geworden sei, als er gehört habe, der Musungu sei angekommen, und daß sich seine »Größe« nur verkleinern lasse, wenn er 10 Doti als Tribut bekäme. Obgleich die Forderung groß war, befand ich mich doch nicht in der Stimmung – schwach und fast ohne Energie, wie ich es von den wiederholten Anfällen des Mukunguru war –, wegen dieser Summe Streit anzufangen. Daher wurde sie ohne viele Worte bezahlt. Die Araber hingegen brachten den ganzen Nachmittag mit Unterhandlungen zu und hatten schließlich jeder 8 Doti zu bezahlen.

Zwischen Kididimo und Nyambwa, dem Distrikt des Sultans Pembera Pereh, befindet sich ein weiter, langer Wald und Dschungel, der von Elefanten und Rhinozerossen, Zebras, Hirschen, Antilopen und Giraffen bewohnt wird. Mit dem Morgengrauen des 31. aufbrechend, kamen wir in die Dschungel, deren dunkle, von Büschen bewachsene Konturen ganz deutlich von unserer Laube in Kididimo sichtbar gewesen waren, und hielten nach zweistündigem Marsch Rast zum Frühstück an Pfützen süßen Wassers, die, umrahmt von frischen grünen Streifen, einen Hauptzufluchtsort für die wilden Tiere der Dschungel abgaben, deren frische Spuren sich zahlreich daselbst vorfanden. Ein enges, vom Laube dicht beschattetes Nullah bot einen vorzüglichen Schutz vor dem grellen Sonnenschein dar. Zur Mittagsstunde, nachdem unser Durst gelöscht, unser Hunger gestillt und die Kürbisflaschen wieder gefüllt waren, begaben wir uns aus dem Schatten in die furchtbare Glut des heißen Mittags hinaus. Der Pfad schlängelte sich durch Dschungel und dünnen Wald hinein und wieder heraus in offene Striche von Gras, das wie Stoppeln weißgedörrt war, und zog sich dann durch Dickicht von Gummi- und Dornbüschen, die einen penetranten Geruch, gleich einem Viehstall, von sich gaben. Dann ging es durch Gruppen ausgebreiteter Mimosen, Kolonien von Baobab und einem an edlem Wild reichen Landstrich weiter, welches letztere zwar häufig von uns erblickt, doch vor unseren Gewehren ebenso sicher war, als ob wir uns auf dem Indischen Ozean befunden hätten, denn eine Terekeza, wie wir sie jetzt machten, läßt keinen Aufenthalt zu. Das letzte Wasser hatten wir zur Mittagszeit verlassen; bis zum Mittag des nächsten Tages konnten wir keinen Tropfen bekommen, und wenn wir nicht rasch und lange an diesem Tage marschierten, so würde der wütende Durst alle Bande der Zucht entfesseln. So mühten wir uns tapfer sechs lange ermüdende Stunden hindurch ab und lagerten bei Sonnenuntergang; es blieb dabei noch ein Marsch von zwei Stunden vor uns, den wir eine Stunde nach Sonnenaufgang machen mußten, ehe wir an unser Lager Nyambwa kommen konnten. An diesem Abend biwakierten unsere Leute unter den Bäumen, von einem meilenweiten dichten Walde umgeben, und genossen die kühle Nacht, ohne von Kopfbedeckungen oder Zelten beschützt zu sein, während ich mich die Nacht hindurch in einem Fieberanfall wälzte und stöhnte.

Der Morgen kam, und die lange Karawane oder vielmehr die Kette von Karawanen war schon in erster Frühe unterwegs. Es war ein schmaler Waldpfad, den wir betraten und auf dem nur ein Mann Platz hatte.

Um 7 Uhr morgens schlugen wir in Nyambwa unser Lager auf und tranken das vorzügliche Wasser, das wir dort vorfanden, mit der Gier durstiger Kamele. Ausgedehnte Kornfelder hatten uns die Nähe von Dörfern verkündet, bei deren Anblick wir uns bewußt wurden, daß die Karawane ihren Schritt beschleunigte, weil sie sich dem Halteplatz näherte. Als die Wasungu in die bevölkerte Gegend zogen, beeilten sich Massen von Wagogo, sie anzusehen, ehe sie vorbei waren. Jung und Alt beiderlei Geschlechts drängte sich um uns, ein heulender Pöbelhaufen. Dieses übermäßig demonstrative Wesen entlockte meinem Aufseher, dem früheren Seemann, die charakteristische Bemerkung: »Nun wahrhaftig, das müssen echte Ugogier sein, denn sie gaffen einen in einer Weise an – mein Gott, sie hören gar nicht mit Gaffen auf! Ich hätte große Lust, ihnen ins Gesicht zu schlagen!« Wirklich trieben es die Wagogo von Nyambwa noch toller als die übrigen Wagogo. Diejenigen, die wir bisher angetroffen, hatten sich damit begnügt, uns anzugaffen und zu schreien; diese aber überschritten alle Grenzen, und mein wachsender Zorn über ihre furchtbare Unverschämtheit machte sich darin Luft, daß ich den lärmendsten von ihnen am Nacken packte und ihm, ehe er sich von seinem Erstaunen erholen konnte, eine tüchtige Tracht Prügel mit meiner Hundepeitsche verabfolgte, was ihm nicht sonderlich behagte. Dies Verfahren rief aus der Masse der Gaffer eine ganze Flut von bösesten Schimpfworten hervor, wobei sie sich sehr eigentümlich gebärdeten; sie näherten sich nämlich wie wütende Katzen und stießen ihre Worte mit einem Geräusch, das halb Zischen, halb Bellen war, hervor. Ihr Ausruf lautete, um ihn phonetisch so gut wie möglich wiederzugeben, »Hahcht« und wurde in einem grellen Crescendoton hervorgestoßen. Sie traten vor und dann wieder zurück, mit der Frage: »Sollen die Wagogo wie Sklaven von diesem Musungu gepeitscht werden? Ein Mgogo ist ein Mgwana (freier Mann) und nicht daran gewöhnt, geschlagen zu werden. – Hahcht!« Sooft ich mich jedoch anschickte, meine Peitsche gegen sie zu schwenken, fand dieses renommistische Volk es geraten, sich von dem zornigen Musungu in eine respektvolle Entfernung zurückzuziehen.

Da ich bemerkte, daß etwas männliche Machtentfaltung den Wagogo gegenüber nottat und mich diesmal von Quälereien befreite, so nahm ich, sooft sie das Maß überschritten, Zuflucht zu meiner Peitsche, deren lange Schnur wie eine Pistole knallte. Solange sie sich darauf beschränkten, ihre Zudringlichkeit bloß durch Gaffen und gegenseitige Mitteilung ihrer Ansichten über meine Farbe und sonstiges Äußere auszudrücken, schwieg ich philosophisch resigniert, um ihr Vergnügen nicht zu stören; wenn sie aber auf mich zudrängten und mir kaum gestatteten, mich fortzubewegen, dann bahnten alsbald ein paar tüchtige, rasche, rechts und links ausgeteilte Peitschenhiebe mir in zweckmäßigster Weise den Weg.

Pembera Pereh ist ein komischer alter Mann von sehr kleinem Wuchs; er würde gar nichts zu bedeuten haben, wenn er nicht der größte Sultan von Ugogo wäre und teilweise Macht über viele andere Stämme besäße. Obgleich ein so bedeutender Häuptling, ist er von allen seinen Untertanen am schlechtesten gekleidet, stets schmutzig, stets mit Fett beschmiert, beständig unsauber um den Mund. Das sind aber bloße Sonderbarkeiten. Als kluger Richter steht er ohnegleichen da und hat immer irgendeinen Kniff in Bereitschaft, um den mutlosen arabischen Kaufleuten, die alljährlich mit Unyanyembé Handel treiben, Tuch abzuzwacken, und entscheidet mit größter Leichtigkeit Rechtsfälle, die über den Horizont eines gewöhnlichen Menschen gehen würden.

Scheikh Hamed, der erwählte Führer der vereinigten Karawanen, die jetzt durch Ugogo zogen, war von so kleiner, gebrechlicher Gestalt, daß er für eine Kopie seines berühmten Prototyps »Dapper« gelten konnte; was ihm an Größe und Gewicht abging, machte er jedoch durch Tätigkeit wieder gut. Kaum waren wir in einem Lager angekommen, als man seine niedliche, lebhafte Gestalt von einer Seite des großen Boma zur andern hin- und herhüpfen sah, unruhig Anordnungen treffend und alles und alle störend. Er ließ keinen Ballen oder Packen unter seine Sachen oder nur in zu große Nähe derselben bringen, hatte eine Lieblingsmethode, seine Waren aufzustellen, die regelmäßig durchgeführt werden mußte, und ein spezielles Auge für den für sein Zelt am besten passenden Ort, den er von keinem andern beeinträchtigen ließ. Man hätte denken können, daß er nach einem Tagesmarsch von 10–15 Meilen derartige Kleinigkeiten seinen Dienern überlassen würde; aber nein, nichts konnte in Ordnung sein, wenn er nicht selbst die Oberaufsicht darüber geführt hatte. Bei dieser Arbeit war er unermüdlich und scheute keine Anstrengung.

Nachdem wir durch die Kornfelder Pembera Perehs gezogen, kamen wir auf eine weite, flache Ebene, welche horizontal wie ein Wasserspiegel ist und die Wagogo mit Salz versieht. Von Kanyenyi erstreckt sich dieses Salzfeld auf der südlichen Straße bis jenseits der Grenze von Uhumba Ubanarama und enthält viele große Teiche von salzigem Bitterwasser, deren niedrige Ufer von einem salpeterhaltigen Schaum bedeckt sind. Zwei Tage später, als ich die Höhenkette, die Ugogo von Uyanzi trennt, bestiegen hatte, bekam ich einen Umblick über die ungeheure, mehr als 100 englische Quadratmeilen umfassende Salzebene. Möglicherweise war es eine Täuschung, doch glaubte ich, große Flächen graublauen Wassers zu sehen, und dies läßt mich annehmen, daß diese Saline nur eine Ecke eines großen Salzsees ist. Die Wahumba, deren es von Nyambwa bis zur Grenze von Uyanzi viele gibt, teilten meinen Soldaten mit, es existiere ein »Madschi Kuba« in nördlicher Richtung.

Mizanza, unser auf Nyambwa folgender Lagerplatz, liegt in einem Palmenhain, ungefähr 13 Meilen von dem letztgenannten Ort. Bald nach meiner Ankunft mußte ich mich unter wollene Decken begraben wegen eines neuen Anfalls von Wechselfieber, wie ich solches zum erstenmal während unserer Reise durch Marenga Mkali gehabt hatte. Überzeugt, daß mich eine Tagesrast, die mich in den Stand setzte, regelmäßige Dosen des unschätzbaren Chinins zu nehmen, wiederherstellen werde, bat ich Scheikh Thani, Hamed einen Halt für den morgigen Tag vorzuschlagen, da ich völlig unfähig sei, die wiederholten Anfälle der bösartigen Krankheit, die mich rasch in ein bloßes Skelett von Haut und Knochen verwandelte, ferner zu ertragen. Hamed, der sehr nach Unyanyembé eilte, um sein Tuch dort loszuwerden, ehe andere Karawanen auf dem Markt erschienen, erwiderte zuerst, er könne und wolle wegen des Musungu nicht halten lassen. Nachdem mir Thani diese Antwort mitgeteilt, ersuchte ich ihn, Hamed zu sagen, der Musungu wünsche weder ihn noch eine andere Karawane aufzuhalten, sondern es sei seine ausdrückliche Bitte, Hamed möge ohne Rücksicht auf ihn weitermarschieren, da er hinreichend mit Gewehren versehen sei, um allein durch Ugogo marschieren zu können. Aus welchem Grund nun der Scheikh seinen Entschluß abgeändert und den dringenden Wunsch weiterzureisen aufgegeben haben mag, jedenfalls erschallte an dem Abend sein Marschsignal nicht, sondern er war am nächsten Morgen noch da.

Früh am Morgen fing ich meine Chinindosen an, um 6 Uhr nahm ich schon die zweite, und bis 12 Uhr mittags hatte ich noch vier weitere genommen, im ganzen gegen 50 gut gemessene Gran, deren Wirkung sich in reichlichem, all mein Flanell- und Leinenzeug sowie die wollenen Decken durchnässendem Schweiße kundtat. Nachmittags erhob ich mich, wahrhaft dankbar, daß die Krankheit, die mich volle vierzehn Tage heimgesucht hatte, schließlich dem Chinin gewichen war.

Am 4. Juni brachen wir unser Lager ab und schlugen, nachdem wir etwa 3 Meilen nach Westen gezogen und an mehreren Salzwasserteichen vorbeigekommen waren, die Richtung nach Nordwesten ein, am Saum der Kette niedriger Hügel vorüber, die Ugogo von Uyanzi trennen.

Nach einem Marsch von drei Stunden hielten wir eine kurze Zeit in Klein-Mukondoku, um dem Bruder des Beherrschers des eigentlichen Mukondoku Tribut zu zahlen. Drei Doti genügten dem Sultan, dessen Distrikt nur zwei Dörfer enthält, die meist von Wahumba-Hirten und Überläufern von den Wahehe bewohnt sind. Die Wahumba leben in kegelförmigen Hütten, die mit Kuhmist beworfen und wie die Tatarenzelte in Turkestan geformt sind.

Die Wahumba sind, soweit ich sie gesehen, ein schöner, wohlgestalteter Menschenschlag. Die Männer sind geradezu stattlich, hochgewachsen und haben kleine Köpfe mit bedeutend vorspringendem Hinterhaupt. Man sieht sich umsonst nach einer dicken Lippe oder platten Nase unter ihnen um, im Gegenteil, der Mund ist besonders zart, klein und schön geschnitten. Sie haben eine griechische Nase, und zwar ist dieser Zug so allgemein, daß ich sie sofort die Griechen Afrikas nannte. Ihre unteren Extremitäten haben nicht die Schwere wie bei den Wagogo und andern Stämmen, sondern sind lang, wohlgestaltet und rein, wie die der Antilopen. Ihr Hals ist lang und dünn, und der kleine Kopf ruht anmutig auf demselben. Von Jugend auf Athleten, als Hirten aufgezogen und unter sich heiratend, halten sie ihre Rasse rein. Jeder von ihnen könnte daher ein gutes Modell für den Bildhauer abgeben, der einen Antinoos, Hylas, Daphnis oder Apollo in Marmor darstellen wollte. Die Frauen sind in ihrer Art ebenso schön wie die Männer. Sie haben eine reine Ebenholzhaut, die nicht kohlschwarz, sondern von tintenfarbigem Ton ist. Ihre Zierate bestehen aus spiralförmigen Messingringen, die von den Ohren herabhängen, aus Halsbändern von demselben Material und einem spiralförmigen Messinggürtel um die Lenden, der dazu dient, ihre Kalb- und Ziegenfelle festzuhalten, die, um den Körper gefaltet, von der Schulter herabhängen, eine Hälfte der Brust bedecken und bis an die Knie reichen.

Die Wahehe können die Römer Afrikas genannt werden.

Nachdem wir eine Stunde gehalten, nahmen wir unseren Marsch wieder auf und kamen nach vier Stunden im eigentlichen Mukondoku an. Dieser äußerste Teil von Ugogo ist sehr bevölkert; die Dörfer, welche die Mitteltembé umgeben, wo der Sultan Swaruru lebt, zählen nicht weniger als 36. Die Leute kamen massenhaft heraus, um sich die wunderbaren Männer anzuschauen, deren Gesichter weiß, deren Körper so eigentümlich bekleidet und deren Waffen so merkwürdig waren. Namentlich erregten die Flinten ihr Erstaunen, die so rasch knallten, daß man kaum an den Fingern abzählen konnte, und sie sammelten sich zu solchen Haufen und heulten so wild, daß ich einen

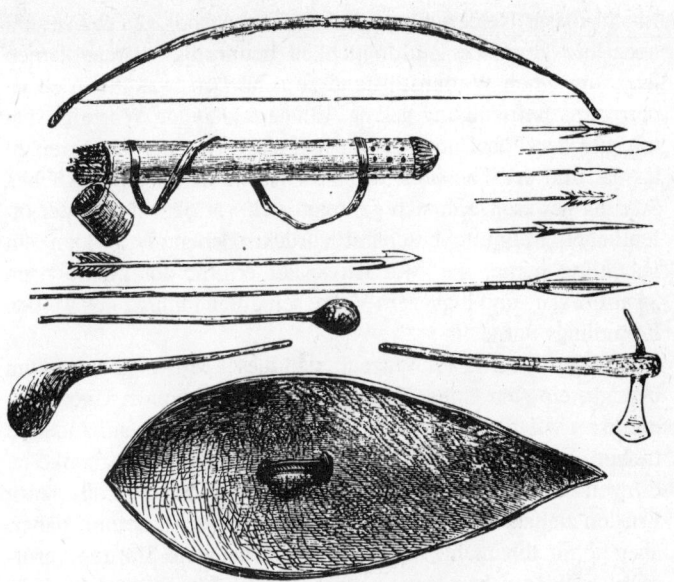

Kriegswaffen der Eingeborenen

Augenblick glaubte, es stecke noch etwas anderes als bloße Neugier hinter dieser Bewegung, die solche Massen an die Straßen lockte. Ich hielt und fragte, was los sei, was sie wünschten und warum sie solchen Lärm machten? Ein stämmiger Kerl, der meine Worte für eine Erklärung von Feindseligkeiten hielt, spannte sofort seinen Bogen; so rasch aber, wie er seinen Pfeil aufgelegt, war auch mein treues, mit 13 Schüssen geladenes Winchestergewehr gerichtet und wartete nur darauf, den Pfeil fliegen zu sehen, um die bleiernen Boten des Todes in die Menge zu entsenden. Diese jedoch verzog sich so rasch, wie sie gekommen war, und ließ den stämmigen Thersites mit zwei oder drei unentschlossenen Stammesgenossen in Pistolenschußweite von meiner angelegten Flinte stehen. Ein solch plötzliches Auseinanderlaufen des Pöbels, der noch einen Augenblick vorher überwältigend an Zahl war, veranlaßte mich, mein Gewehr zu senken und in ein herzliches Gelächter über die schmähliche

Flucht dieser Helden auszubrechen. Die Araber, die ebensosehr über ihre lärmende Zudringlichkeit beunruhigt waren, kamen jetzt, um einen Waffenstillstand zu schließen, was ihnen zu jedermanns Befriedigung gelang. Einige erklärende Worte genügten, um den Pöbel noch zahlreicher als vorher zurückkehren zu lassen; und der Thersites, der die Ursache der augenblicklichen Störung gewesen, sah sich genötigt, sich vor dem Druck der öffentlichen Meinung beschämt zurückzuziehen. Nun kam ein Häuptling heran, der, wie ich später erfuhr, der zweite nach Swaruru·war, und hielt dem Volke seine Behandlung des weißen Fremdlings vor.

»Wißt ihr nicht, ihr Wagogo, daß dieser Musungu ein Sultan (Mtemi, ein sehr hoher Titel) ist? Er ist nicht nach Ugogo gekommen wie die Wakonongo (Araber), um Elfenbeinhandel zu treiben, sondern nur um uns zu sehen und uns Geschenke zu bringen. Warum belästigt ihr ihn und seine Leute? Laßt sie in Frieden ziehen! Wenn ihr ihn zu sehen wünscht, kommt näher, aber höhnt ihn nicht. Möge der erste, der eine Störung verursacht, sich in acht nehmen; unser großer Mtemi wird es dann erfahren, wie ihr seine Freunde behandelt.« Dieses Stückchen rhetorischer Kraftanstrengung seitens des Häuptlings wurde mir an Ort und Stelle von dem alten Scheikh Thani übersetzt. Nachdem ich dies vernommen, bat ich den Scheikh, den Häuptling wissen zu lassen, daß ich, nachdem ich geruht, mich freuen würde, ihn in meinem Zelt zu empfangen.

Jenseits Mukondoku blieb nur noch ein Sultan übrig, dem Muhongo zu zahlen war, und dies war der Sultan von Kiwyeh, dessen Ruf so übel ist, daß Karawanenführer, welche Macht über ihre Pagazis haben, selten durch Kiwyeh ziehen, sondern die Strapazen großer Märsche durch die Wildnis der Roheit und den unverschämten Forderungen des Häuptlings von Kiwyeh vorziehen. Die Pagazis hingegen, die außer den zu tragenden Lasten keine Verantwortlichkeit oder sonstige Beschwerlichkeit davon haben, sondern im Fall eines feindlichen Angriffs ihre Beine brauchen und davonlaufen können, marschieren lieber durch Kiwyeh, als daß sie Durst und Strapazen einer Terekeza aushalten. Und oft obsiegte die Vorliebe der Pagazis, wenn ihre Herren furchtsame, unentschlossene Leute, wie etwa Scheikh Hamed, waren.

Der 7. Juni war der Tag, der für unsere Abreise von Mukondoku bestimmt war; daher kamen die Araber am Tage zuvor in mein Zelt, um mit mir über den einzuschlagenden Weg zu beratschlagen. Nachdem wir die Kirangozi der verschiedenen Karawanen und die älteren Wanyamwezi-Pagazis zusammengerufen hatten, erfuhren wir, daß es drei Wege von Mukondoku nach Uyanzi gebe. Erstens einen südlichen, der aus den oben angeführten Gründen gewöhnlich gewählt wurde und über Kiwyeh führte. Gegen diesen erhob Hamed Einwendungen. »Der Sultan ist schlecht«, sagte er, »er verlangt bisweilen 20 Doti von einer Karawane; unsere Karawane würde etwa 60 Doti zu bezahlen haben. Der Weg über Kiwyeh geht also durchaus nicht an. Außerdem«, meinte er, »müssen wir eine Terekeza machen, um nach Kiwyeh zu gelangen, und dann werden wir es nicht vor übermorgen erreichen.« Zweitens gab es einen Mittelweg. Auf diesem sollten wir am nächsten Tage in Munieka ankommen; am darauffolgenden Tage würde eine Terekeza von Mabunguru Nullah bis zu einem Lager in der Nähe von Unyambogi stattfinden müssen, und nach zwei Stunden würden wir am darauffolgenden Tage in Kiti sein, wo es viel Wasser und Nahrungsmittel geben sollte. Da aber keiner der Kirangozi oder Araber diesen Weg kannte und er nur von einem meiner alten Pagazis beschrieben wurde, meinte Hamed, er vertraue die Führung einer so großen Karawane nicht gern einem alten Mnyamwezi an und möchte deshalb lieber etwas Genaueres über den dritten Weg hören, ehe er sich entscheide. Dieser ging nördlich und führte die ersten beiden Stunden lang an zahlreichen Wagogo-Dörfern vorüber, dann würden wir durch Dschungel und nach einem Marsch von drei Stunden nach Simbo kommen, wo zwar Wasser, aber kein Dorf sei. Wenn wir am darauffolgenden Morgen früh aufbrächen, so hätten wir sechs Stunden zu reisen, um an eine Wasserpfütze zu kommen. Nach kurzer Rast an diesem Ort würde uns ein Nachmittagsmarsch von fünf Stunden an einen Ort bringen, der nur drei Stunden von einem Dorfe entfernt sei. Da dieser letztere Weg vielen bekannt war, sagte Hamed:

»Scheikh Thani, sagt dem Sahib, daß ich diesen für den besten halte.« Nachdem mich Scheikh Thani davon benachrichtigt, sagte ich ihm, meine Karawane werde, da ich mit ihnen durch Ugogo marschiert sei, sie auch ferner begleiten, wenn sie sich entschlössen, über Simbo zu gehen.

Unmittelbar nach dieser unter den Häuptern stattgehabten Diskussion in bezug auf die Vorteile der verschiedenen Wege erhob sich eine unter den Pagazis, welche auf ein hartnäckiges Geschrei gegen den Weg über Simbo hinauslief, da er eine lange Terekeza bedinge und wenig Aussicht auf Wasser darbiete. Die Abneigung gegen den Weg über Simbo teilte sich alsbald allen Karawanen mit und wurde durch Berichte über eine Wildnis, die sich von Simbo nach Kusuri hinziehe, vergrößert, in der man weder Nahrungsmittel noch Wasser bekommen könne. Hameds Pagazis und die der arabischen Diener erhoben sich wie *ein* Mann und erklärten, sie könnten den Marsch nicht einschlagen, und wenn Hamed darauf bestünde, so würden sie ihre Pakken niederlegen, und er möge dann dieselben allein tragen.

Hamed Kimiani, wie er von den Arabern genannt wurde, stürzte nun zu Scheikh Thani und erklärte ihm, er müsse den Weg über Kiwyeh wählen, da sonst seine sämtlichen Pagazis weglaufen würden. Dieser erwiderte darauf, ihm seien alle Wege gleich, und er werde Hamed überallhin folgen, wohin es ihm zu gehen beliebe. Dann kamen sie in mein Zelt und benachrichtigten mich von dem Entschluß, zu dem die Wanyamwezi gekommen seien. Sofort rief ich meinen alten Mnyamwezi, der mir den günstigen Bericht abgestattet hatte, noch einmal in mein Zelt und befahl ihm, mir eine genaue Schilderung des Weges über Kiti zu geben. Dieser lautete so günstig, daß ich Hamed erwiderte, ich sei der Herr meiner Karawane. Sie habe dorthin zu gehen, wohin ich es dem Kirangozi befehle, nicht aber, wohin die Pagazis wollten. Wenn ich ihnen zu halten befehle, so müßten sie halten, und wenn ich einen Marsch anordnete, müßte ein Marsch stattfinden, und da ich ihnen gut zu essen und nicht viel zu arbeiten gäbe, so möchte ich wohl den Pagazi oder Soldaten sehen, der mir nicht gehorche. »Sie hatten sich eben entschlossen, über Simbo zu reisen, und wir hatten das abgemacht. Nun sagen Ihre Pagazis, sie wollen über Kiwyeh gehen oder weglaufen. Gehen Sie über Kiwyeh und zahlen Sie Ihre 20 Doti Muhongo. Ich und meine Karawane werden morgen den Weg über Kiti einschlagen, und wenn Sie finden, daß ich einen Tag früher in Unyanyembé bin als Sie, so wird es Ihnen schon leid tun, daß Sie nicht denselben Weg genommen haben.«

Diese Erklärung von mir hatte die Wirkung, abermals Hameds Ansichten umzustoßen, denn er sagte sofort: »Das wird denn doch wohl der beste Weg sein, und da der Sahib entschlossen ist, ihn einzuschlagen, und wir alle zusammen durch das schlechte Land der Wagogo gereist sind, Inschallah, so wollen wir auch jetzt alle denselben Weg ziehen!« Da der gute alte Thani keine Einwendungen dagegen erhob und Hamed sich entschlossen hatte, so gingen sie beide wohlgemut aus dem Zelt, um diese Nachricht ihren Leuten mitzuteilen.

Am 7. Juni wurden die Karawanen, die dem Anschein nach einstimmig darüber waren, daß man über Kiti reise, wie gewöhnlich von Hameds Kirangozi geführt. Kaum waren wir jedoch eine Meile gegangen, als ich bemerkte, daß wir den Weg über Simbo verlassen, die Richtung nach Kiti eingeschlagen, aber durch einen schlau gewählten Umweg uns jetzt rasch dem vor uns liegenden Bergpaß näherten, der den Zutritt zu dem höher gelegenen Plateau von Kiwyeh gestattete. Sofort ließ ich meine Karawane halten, den alten Pagazi, der über Kiti gereist war, kommen und fragte ihn, ob wir jetzt nicht nach Kiwyeh gingen. Er bejahte die Frage. Nun rief ich meine Pagazis zusammen und ließ ihnen durch Bombay sagen, der Musungu ändere nie seine Entschlüsse ab; da ich beschlossen, meine Karawane solle über Kiti marschieren, so müsse sie dies auch tun, ob die Araber mitkämen oder nicht. Darauf hieß ich den Alten seine Last aufnehmen und dem Kirangozi den richtigen Weg nach Kiti zeigen. Da legten denn die wanyamwezischen Pagazis ihre Ballen nieder, und es gab Anzeichen einer Empörung. Den Wangwana-Soldaten wurde hierauf der Befehl erteilt, ihre Flinten zu laden, sich zur Seite der Karawane aufzustellen und den ersten Pagazi, der einen Desertions-Versuch machen würde, niederzuschießen. Ich selbst stieg ab, ergriff meine Peitsche, ging auf den ersten Pagazi, der seine Last niedergelegt, zu und befahl ihm, dieselbe wieder aufzunehmen und zu marschieren. Weiter brauchte ich nicht zu gehen; ohne Ausnahme marschierten sie alle dem Kirangozi nach. Ich stand im Begriff, Thani und Hamed Lebewohl zu sagen, als Thani mir sagte: »Warten Sie ein wenig, Sahib, ich habe genug von diesem Kinderspiel, ich werde mit Ihnen gehen«, und er ließ auch seine Karawane der meinigen folgen. Hameds Karawane war inzwischen dicht an den Engpaß gelangt; er selbst befand sich eine ganze Meile hinter derselben und weinte wie ein Kind über unsere Desertion, wie er es zu nennen beliebte. Da ich Mitleid mit seiner üblen Lage empfand – denn er war fast von Sinnen, wenn er an den erpressungssüchtigen, rohen Sultan von Kiwyeh dachte –, riet ich ihm, seiner Karawane nachzueilen und dieselbe an eben diesen Sultan zu erinnern mit Hinweis auf den Umstand, daß die übrigen den andern Weg eingeschlagen hätten. Bevor ich den Paß von Kiti erreicht hatte, sah ich auch, daß uns Hameds Karawane nachfolgte.

Der Weg den Berg hinauf war uneben und steil; außerordentlich spitze Dornen peinigten uns schwer. Die Acacia horrida war hier schrecklicher denn je, die Schotendornen streckten ihre Zweige aus und hielten die Lasten auf, und die Mimosa mit ihrem regenschirmartigen Dach beschattete uns zwar vor der Sonne, verhinderte aber ein rasches Fortkommen. Steile, durch vieles Klettern glatt gewordene Vorsprünge von Syenit und Granit mußten wir hinaufsteigen; ferne Schüsse, die durch den Wald ertönten, vermehrten die Unruhe und allgemeine Unzufriedenheit, und wäre ich nicht unmittelbar hinter meiner Karawane gewesen und hätte jede ihrer Bewegungen beobachtet, so wären meine Wanyamwezi bis auf den letzten Mann desertiert.

Obwohl die Höhe, die wir erstiegen, kaum 800 Fuß über der Salzebene, die wir eben verlassen, lag, so brauchten wir doch zwei Stunden, um hinaufzukommen.

Nachdem wir das Plateau erreicht und die größten Schwierigkeiten überwunden, hatten wir einen verhältnismäßig guten Weg, der durch Dschungel, Wald und kleine offene Striche führte, die uns nach weiteren drei Stunden nach Munieka brachten, einem kleinen Dorf, das, inmitten einer fruchtbaren bebauten Lichtung, von einer Kolonie von Untertanen Swarurus von Mukondoku bewohnt wird.

Jetzt befanden wir uns an der Grenze von Uyanzi oder »Magunda Mkali«, dem heißen Grunde oder heißen Felde, unter welchem Namen es besser bekannt ist. Wir waren bei dem von Wagogo bewohnten Dorfe vorübergezogen und im Begriffe, den Staub von Ugogo von unseren Füßen zu schütteln. In dieses Land waren wir voll Hoffnung eingetreten, indem wir es für ein liebliches Land, in welchem Milch und Honig fließen, gehalten hatten, waren aber schwer enttäuscht worden; denn es war uns ein Land voll Galle und Bitternissen, voll Sorgen und Plagen geworden, wo uns auf Schritt und Tritt Gefahren drohten und wir den Launen betrunkener Sultane ausgesetzt gewesen. Kann es dann wundernehmen, daß wir uns alle in diesem Augenblicke sehr glücklich fühlten? Trotz der vor uns liegenden Aussicht auf ein Land, das wir für eine wirkliche Wildnis hielten, wurde unsere gute Stimmung nicht vermindert, sondern gestärkt, denn die Wildnis in Afrika ist in vielen Fällen freundlicher als das bevölkerte Land.

Der Kirangozi blies sein Kuduhorn viel fröhlicher an diesem Morgen, als er in Ugogo zu tun pflegte. Wir standen im Begriff, in Magunda Mkali einzutreten. Um 9 Uhr morgens, drei Stunden, nachdem wir Munieka verlassen, und zwei Stunden, seitdem wir die äußersten Grenzen von Ugogo hinter uns hatten, hielten wir in Mabunguru Nullah. Das Nullah läuft südwestlich, nachdem es seinen Ursprung in den Bergketten, die Ugogo von Magunda Mkali trennen, verlassen hat. Während der Regenzeit muß es wegen der außerordentlichen Steilheit seines Bettes kaum passierbar sein. An den Syenit- und Basaltblöcken, welche seinen Lauf hemmen, sieht man Spuren der Gewalt des Stromes. Ihre unebenen Ecken sind geglättet, und es befinden sich tief ausgehöhlte Becken im Felsenbett, die in der trockenen Jahreszeit als Wasserbehälter dienen. Obgleich das in ihnen enthaltene Wasser schleimig und grünlich aussieht und von Fröschen stark bevölkert wird, ist es doch durchaus schmackhaft.

Zu Mittag nahmen wir unseren Marsch wieder auf, die Wanyamwezi jubelten und sangen, die Wangwana-Soldaten, Diener und Pagazis wetteiferten mit ihnen, was Lärm und Geschrei betraf, und ließen den dunklen Wald, den wir passierten, von ihren Stimmen widerhallen.

Die Landschaft war viel malerischer, als wir sie seit Bagamoyo gesehen hatten. Der Boden erhob sich in größeren Wellen, hier und da traten Hügel hervor und große Berge von Syenit, welche dem Wald ein sonderbares, zauberhaftes Aussehen verliehen. Aus der Ferne schien es fast, als ob wir uns einem Stückchen England, wie es während der Feudalzeit ausgesehen haben mag, näherten, so sonderbare, phantastische Gestalten nahmen die Felsen an. Hier erhob sich abgerundetes Geröll übereinander, das scheinbar keinem Windstoß hätte widerstehen können; dort türmte es sich wie stumpfe Obelisken, welche die höchsten Bäume überragten; hier wiederum nahm es die Gestalt mächtiger in Glas verwandelter Wogen an; dort bildete es ein kleines Häufchen zerrissener, zerklüfteter Felsmassen, während es anderwärts zu großartigen Bergen anschwoll.

Am 10. Juni erreichten wir nach einer Reise von viereinhalb Stunden Kiti, wo wir den vorausgeeilten Hamed in schweren Sorgen antrafen. Er hatte den Tod einer Lieblingssklavin, den Verlust von fünf Dischdasch (arabischen Hemden) und von goldgestickten Jacken mit silbernen Ärmeln zu beklagen, mit denen er in Unyanyembé in vollem Staat, wie es einem Kaufmann seines Standes geziemte, einzuziehen gedachte. Alles das war mit drei fortgelaufenen Dienern verschwunden, und außerdem noch kupferne Präsentierteller, Reis- und Pilauschüsseln sowie zwei Ballen Tuch, welche desertierende Wangwana-Pagazis mitgenommen. Mein arabischer Dolmetscher Selim fragte ihn: »Was machen Sie hier, Scheikh Hamed? Ich dachte, Sie wären schon ein gut Stück weiter auf dem Wege nach Unyanyembé.« Darauf antwortete er: »Konnte ich wohl meinen Freund Thani zurücklassen?«

Unser nächster Bestimmungsort war das 15 Meilen von Kiti entfernte Msalalo. Hamed folgte uns, nachdem er vergeblich nach seinen Deserteuren und wertvollem Eigentum geforscht, und versuchte noch einmal, als er uns im Lager von Msalalo fand, vorbeizuziehen; seine Pagazis jedoch versagten ihm den Dienst, da ihr Marsch so lang gewesen war.

Welled Ngaraiso erreichten wir am 15. nach einem Marsch von dreieinhalb Stunden. Es ist ein blühender kleiner Ort, wo man Lebensmittel fast zweimal so billig haben kann wie in Unyambogi. Zwei Stunden südlich liegt Dschiweh la Mkoa an dem alten Wege, auf welchem die Straße, die wir eingeschlagen, seitdem wir Bagamoyo verlassen, uns jetzt rasch dahinführt.

Da Unyanyembé nahe war und die Pagazis und Soldaten sich während der langen Märsche, die wir in letzter Zeit gemacht, vorzüglich aufgeführt hatten, kaufte ich für drei Doti ein Bullenkalb und ließ es speziell für sie schlachten. Auch gab ich einem jeden ein Khete roter Perlen, damit er seine Lust nach irgendeinem kleinen Genuß, den das Land bietet, stillen könne. Milch und Honig gab es in Menge, und 3 Frasileh süßer Kartoffeln waren für ein Schukka zu haben, das heißt für ungefähr 1 M. 60 Pf.

Der 13. Juni brachte uns nach einem kurzen Marsche von 8 ³/₄ Meilen in das letzte Dorf von Magunda Mkali, im Distrikt von Dschiweh la Singa. Kusuri, wie es die Araber nennen, heißt bei den Wakimbu, die es bewohnen, Konsuli, was nur ein Beispiel unter vielen ist, wie die Araber die Landesnamen der Dörfer und Distrikte umgetauft oder korrumpiert haben.

Ich hielt einen Tag in Kusuri, um meiner Karawane nach ihrer langen Reihe von Märschen Ruhe zu gönnen, ehe ich mich auf den zweitägigen Marsch durch die unbewohnte Wildnis begab, die den Distrikt von Dschiweh la Singa in Uyanzi von dem von Tura in Unyanyembé trennt. Hamed zog voran und versprach mir, Sayd bin Salim von meiner Ankunft zu benachrichtigen und ihn darum zu bitten, mir ein Tembé zu besorgen.

Am 15., nachdem ich festgestellt, daß Scheikh Thani mehrere Tage in Kusuri werde aufgehalten werden, weil sehr viele seiner Leute an der schrecklichen Plage Ost-Afrikas, den Pocken, krank daniederlagen, verabschiedete ich mich von ihm und verließ mit meiner Karawane Kusuri, um wieder einmal in die Wildnis und die Dschungel zu ziehen. Kurz vor Mittag hielten wir im Khambi von Mgongo Tembo oder Elefantenrücken, das seinen Namen von einer Felsenwelle führt, deren von der Atmosphäre dunkelbraun gefärbter Grat nach dem Urteil der Eingeborenen dem blaubraunen Rücken jenes Waldungetüms ähnlich sehen soll. Meine Karawane hatte hier geradezu einen Disput mit mir, ob wir unsere Terekeza an diesem Tage oder am nächsten abmachen sollten. Die Mehrheit war der Ansicht, daß der folgende Tag sich besser dazu eigne; ich aber als Bana handelte nach meinem Interesse und bestand darauf, nicht ohne einigemal meine Peitsche schwingen zu müssen, daß dieselbe am heutigen Tage stattfinden solle.

Am 16. kamen wir in Madedita an, einem Orte, der seinen Namen von einem früheren, jetzt nicht mehr existierenden Dorfe führt. Madedita ist 12 $^1/_2$ Meilen von dem Nghwhalah Mtoni entfernt. Eine Pfütze guten Wassers, die einige hundert Schritt vom Wege ab liegt, ist das einzige, was Karawanen hier bekommen können, ehe sie nach Tura in Unyamwezi gelangen. Die Tsetse- oder Tschufwafliege, wie sie die Wasawahili nennen, stach uns furchtbar, was ein Zeichen ist, daß großes Wild bisweilen die Pfützen besucht, aber nicht als Beweis dafür zu nehmen ist, daß sich dergleichen in der unmittelbaren Nähe des Wassers gerade befindet. Eine einzelne so häufig von vorüberziehenden Karawanen besuchte Pfütze, an der diese zu halten gezwungen sind, kann nicht oft von Tieren des Waldes besucht werden, die in diesem Teil von Afrika die Aufenthaltsorte des Menschen scheu fliehen.

Mit der Morgendämmerung des nächsten Tages waren wir auf dem Wege, und zwar in rascherem Tempo als an den meisten früheren Tagen, da wir im Begriff standen, Magunda Mkali mit dem bevölkerteren, besseren Lande von Unyamwezi zu vertauschen. Der Wald behielt seinen Charakter eine ermüdend lange Zeit hindurch, aber nach zwei Stunden wurde er dünner, verwandelte sich dann in ein niedriges Gestrüpp und verschwand schließlich ganz. So hatten wir den Boden von Unyamwezi erreicht, wo sich eine weite Ebene in langen großen Wellen bis an den fernen purpurnen Horizont vor uns ausdehnte. Soweit die Ebene reicht, erblickten wir Felder von reifem Korn, die munter im kühlen, von Usagara her wehenden Morgenwinde rauschten.

Um 8 Uhr morgens kamen wir bei dem Grenzdorf von Unyamwezi, Ost-Tura, an, in das wir einzogen ohne weitere Rücksicht auf die Stimmung seiner spärlichen Einwohner. Hier fanden wir Nondo, einen Spekeschen Deserteur, der zu denen gehörte, die für Baraka gegen Bombay Partei genommen hatten. Da er bei mir in Dienst zu treten wünschte, war er so liebenswürdig, seine früheren Kameraden und schließlich auch die Pagazis mit Honig und Scherbet zu versehen. Wir machten hier nur eine kurze Erholungspause, da wir bloß noch eine Stunde zu marschieren hatten, um Zentral-Tura zu erreichen.

In Zentral-Tura, wo wir unser Lager aufschlugen, bekamen wir ausreichende Beweise für die Schurkenhaftigkeit der Wakimbu von Tura. Hamed nämlich, welcher trotz seiner Bemühungen, Unyanyembé zeitig zu erreichen, um seine Tuche daselbst zu verkaufen, ehe andere Araber mit Tuchvorräten hinkämen, außerstande war, seine Pagazis dazu zu zwingen, ihre Tagemärsche zu verdoppeln, lagerte zugleich mit den arabischen Dienern, die Hameds törichte Hast dem vorsichtigen Vorgehen Thanis vorgezogen, gleichfalls in Zentral-Tura. Unsere erste Nacht in Unyamwezi war nun sehr aufregend; denn das Lager des Musungu wurde von zwei schleichenden Dieben aufgesucht, die jedoch bald durch das unheilverkündende Geräusch eines Gewehrdrückers davon in Kenntnis gesetzt wurden, daß das Lager des weißen Mannes gut bewacht sei.

Sie zogen nun nach Hameds Lager; doch auch hier vereitelte die Ruhelosigkeit des Besitzers ihre Versuche, denn er schritt mit einer geladenen Flinte in der Hand in demselben auf und ab, und die Diebe sahen sich gezwungen, die Aussicht, etwas von seinen Ballen stehlen zu können, aufzugeben. Von Hameds Lager begaben sie sich in das Hassans (eines der arabischen Diener), wo es ihnen glückte, einige Ballen in die Hände zu bekommen; zu ihrem Unglück aber machten sie ein Geräusch, so daß der wachsame und scharfhörende Sklave aufwachte, seine geladene Muskete ergriff und im Nu einen von ihnen durchs Herz geschossen hatte. Das waren unsere Erlebnisse bei den Wakimbu von Tura.

Am nächsten Morgen erfuhren die umliegenden Dörfer den traurigen Vorfall, der einen der Ihrigen betroffen hatte. Obgleich aber die Bewohner zur Nacht kecke Diebe waren, so erwiesen sie sich doch bei Tage als feige Memmen und ahndeten die Tat weder durch Worte noch selbst durch Blicke. Es war ein Rasttag, und die Bewohner von Tura brachten so große Vorräte von Honig und Ghee, süßen Kartoffeln und Korn in unser Lager, daß ich imstande war, meinen Leuten für zwei Doti ein Fest zur Feier unserer Ankunft in Unyamwezi zu bereiten.

Am 18. verließen die drei Karawanen, Hameds, Hassans und meine eigene, Tura auf einem Wege, der sich nach allen Richtungen im Zickzack durch die hohen Matamafelder hinzog. In der Zeit von einer Stunde waren wir durch Tura Perro oder West-Tura gezogen und wieder in den Wald gekommen, aus dem die Wakimbu von Tura ihren Honig beziehen und wo sie tiefe Fallen für die Elefanten aushöhlen, an denen der Wald reich sein soll. Ein einstündiger Marsch von West-Tura brachte uns zu einem Ziwa oder Teich. Es gab deren zwei inmitten einer kleinen offenen Mbuga oder Ebene, die selbst in dieser späten Jahreszeit noch von dem Wasser durchweicht war, das während der Regenzeit über dieselbe hinwegfließt. Nach dreistündiger Rast begaben wir uns auf die Terekeza oder den Nachmittagsmarsch.

Von Tura nach dem Kwala Mtoni sind es 17½ Meilen, eine Entfernung, die, obgleich leicht zurückzulegen, wenn man vierzehn Tage dazu verwendet, ungeheuer erscheint, sobald man einen Tag um den andern reisen soll. So wenigstens erschien es meinen Pagazis, Soldaten und dem sonstigen Gefolge, die sehr laut zu murren anfingen, als ich das Marschsignal geben ließ. Auf diesem Marsche wäre Abdul Kader, der Schneider, der sich mir als ein zu allen Dingen geschickter Mensch angeschlossen hatte, fast erlegen. Nach seinen eigenen Angaben konnte er sowohl Hosen flicken als gutes Essen kochen und Elefanten schießen, im Innern Afrikas aber erwies er sich als Schwächster der Schwachen, der nichts als essen und trinken konnte.

138

Schon lange war der kleine Vorrat von Waren, die Abdul aus Sansibar in einem Schnupftuch mitgebracht und mit denen er die Absicht gehabt, Elfenbein und Sklaven zu kaufen sowie sein Glück in dem berühmten Lande Unyamwezi zu machen, verschwunden, und zwar zugleich mit den großen Hoffnungen, die er auf dieselben gebaut hatte, ebenso wie es Alnaschar im arabischen Märchen ergangen. Als wir uns auf den Marsch vorbereiteten, kam er zu mir mit einer kläglichen Erzählung über seinen Tod, den er in den Knochen und dem müden Rücken herannahen fühle, er könne kaum noch auf den Beinen stehen, sei ganz und gar zusammengefallen – würde ich nicht Erbarmen mit ihm haben und ihn abziehen lassen? – Die Ursache dieser außerordentlichen Bitte, die so wenig zu dem Geiste, mit dem er Sansibar verlassen, und dem Bestreben paßte, sich Elfenbein und Sklaven aus Unyamwezi zu verschaffen, bestand darin, daß ich ihm befohlen hatte, zwei Sättel von den auf dem letzten Marsche gefallenen Eseln bis nach Unyanyembé zu tragen. Obwohl ihr Gewicht nur 16 Pfund betrug, wie die Federwaage zeigte, so wurde Abdul Kader doch lebensmüde, als er die langen Märsche zählte, die zwischen das Mtoni und Unyanyembé fielen. Der Länge nach fiel er auf den Boden, um meine Füße zu küssen und mich im Namen Gottes zu bitten, ihn abziehen zu lassen. Da ich einige Erfahrungen mit Hindus, Malabaresen und Kulis in Abessinien gemacht hatte, so wußte ich genau, wie ich diesen Fall zu behandeln hatte. Ohne Zögern gewährte ich ihm die Bitte, sobald er sie mir vorgetragen; denn ebenso wie Abdul Kader angeblich sein Leben hatte ich seine Unbrauchbarkeit satt. Der Hindu wollte jedoch nicht, wie er sagte, in den Dschungeln, sondern erst nach unserer Ankunft in Unyanyembé entlassen sein. »Nun«, sagte ich, »dann müssen wir ja erst nach Unyanyembé kommen. Mittlerweile wirst du diese Sättel für das Essen, das du erhalten mußt, tragen.« »Haben Sie kein Erbarmen?« flehte er. »Nein, keins für einen so unverbesserlich faulen Schlingel wie dich«, erwiderte ich und begleitete meine Worte mit kräftigen, sehr notwendigen Hieben meiner Eselspeitsche, die den Sterbenden wieder zu einem tätigen und nützlichen Leben auferweckten.

Da der Marsch nach Rubuga 18 $^3/_4$ Meilen beträgt, marschierten die Pagazis rasch und lange, ohne zu rasten. Der Kirangozi hatte Beine und Arme mit aller Macht angestrengt, denn er legte die ganze Entfernung bis Zentral-Rubuga zurück, ohne ein einziges Mal haltzumachen, zum großen Entsetzen seiner Pagazis, welche glaubten, er sei verrückt geworden. Bisher waren wir vom Kirangozi gezwungen worden, einen Nachmittagsmarsch zu machen, wenn die Entfernung nur 15 oder 16 Meilen betrug.

Nachdem wir einen Tag in Rubuga haltgemacht, von wo ich Soldaten an Scheikh Sayd bin Salim und Scheikh bin Nasib, die beiden Hauptwürdenträger von Unyanyembé, abschickte, um ihnen meine Ankunft anzumelden, nahmen wir am 21. Juni unseren Marsch nach dem fünf Stunden entfernten Kigwa auf. Der Weg zog sich wieder durch einen Wald, ähnlich wie der, welcher Tura von Rubuga trennt. Hier senkt sich das Land rasch nach Westen zu. Kigwa war, wie wir sahen, von derselben Rache heimgesucht worden, die Rubuga so verwüstet hatte.

Am nächsten Tage überschritten wir nach einem raschen Marsch von dreieinhalb Stunden das Mtoni, das eigentlich gar kein Mtoni war, welches Kigwa von dem Bezirk Unyanyembé trennt, und kamen, nachdem wir einen kurzen Halt gemacht, um unseren Durst zu löschen, in nochmals dreieinhalb Stunden in Schiza an. Es war zwar ein langsamer Marsch, er entzückte uns aber sowohl durch die malerischen Landschaften, die uns beständig zu Gesicht kamen, als auch durch die Beweise von dem friedlichen und fleißigen Charakter des Volkes, die wir überall wahrnahmen. Eine kurze halbe Stunde hinter Schiza erblickten wir die wellenförmige Ebene, die sich die Araber ausgesucht haben, um darauf das Zentraldepot, das ein so großes, ausgedehntes Handelsgebiet beherrscht, anzulegen. Überall ließ sich das Brüllen der Rinder, das Blöken von Ziegen und Schafen hören, und alles verlieh dem Lande ein glückliches idyllisches Ansehen.

Der Sultan von Schiza wünschte, daß ich meine Ankunft in Unyanyembé mit einem fünf Gallonen enthaltenden Topf voll Pombé feiere, den er zu diesem Zwecke mitgebracht hatte. Da dasselbe an Geschmack schalem Bier und an Aussehen Milch und Wasser glich, so reichte ich es, nachdem ich ein kleines Glas davon getrunken hatte, den Soldaten und Pagazis.

Auf meine Bitte hin brachte der Sultan ein schönes und fettes Bullenkalb, wofür er fünfeinhalb Doti Merikani annahm. Dieses wurde sofort geschlachtet und der ganzen Karawane zum Abschiedsfest aufgetragen.

Niemand schlief viel in jener Nacht; lange vor Morgengrauen waren die Feuer angezündet, und große Fleischstücke brodelten, damit die Leute, ehe sie sich von dem Musungu trennten, dessen Freigebigkeit sie so oft genossen, sich noch einmal gütlich tun könnten. Sechs Ladungen Pulver wurden jedem Soldaten und Pagazi, der eine Flinte hatte, gegeben, um sie abzubrennen, wenn wir uns den arabischen Häusern näherten. Der gemeinste Pagazi hatte sich sein bestes Tuch um die Hüfte gegürtet, und einige von ihnen stolzierten in prächtigem Ulyah »Cumbisa Punga« und scharlachrotem »Dschawah«, schwarzglänzendem »Rehani« und nettem »Dabwani«. Die Soldaten zogen mit neuem Tarbusch und den langen weißen Hemden, wie solche an der Mrima und auf Sansibar getragen werden, auf, denn dies war ja der große, glückliche Tag, der stets in unserem Munde gewesen war, seitdem wir die Küste verlassen, für den wir in der letzten Zeit die bekannten Märsche gemacht hatten, nämlich 178 ½ englische Meilen in 16 Tagen mit Einschluß der Pausen, also etwas mehr als 11 Meilen den Tag.

Das Signal ertönte, und die Karawane zog fröhlich mit fliegenden Bannern und schallenden Trompeten und Hörnern aus. Ein kurzer Marsch von zweieinhalb Stunden brachte uns in Sicht von Kwikuru, das ungefähr 2 Meilen südlich von Tabora, der größten arabischen Stadt, liegt. Vor der Stadt erblickten wir eine lange Reihe von Männern in reinen Hemden, worauf wir unsere geladenen Batterien eröffneten und ein Kleingewehrfeuer losließen, wie es Kwikuru wohl selten gehört hat. Die Pagazis formierten sich und nahmen das renommierende Aussehen von Veteranen an, die Soldaten trompeteten ohne Unterbrechung fort, während ich, da ich die Araber mir entgegenkommen sah, die Reihen verließ und meine Hand ausstreckte, die sofort von

Scheikh Sayd bin Salim und darauf von etwa zwei Dutzend Menschen ergriffen wurde. Dies war unser Einzug in Unya-nyembé.

Viertes Kapitel

Mir wurde eine geräuschlose Ovation zuteil, als ich an der Seite
des Gouverneurs Sayd bin Salim nach seinem Tembé in Kwikuru oder der Hauptstadt ging. Die Wanyamwezi-Pagazis standen
zu Hunderten am Wege, die Krieger Mkasiwas, des Sultans,
drängten sich um ihren Häuptling, und Kinder – schwarze,
nackte Engelchen – schauten zwischen den Beinen ihrer Eltern
hindurch. Selbst Säuglinge von wenigen Monaten hingen auf
dem Rücken ihrer Mütter und entrichteten sämtlich den meiner
Farbe gebührenden Tribut, indem sie mich intensiv angafften.
Die einzigen Leute, die sich mit mir unterhielten, waren die
Araber und der alte Mkasiwa, der Herrscher von Unyanyembé.

Sayd bin Salims Haus befindet sich am nordwestlichen Win-
kel der Einhegung und ist ein mit Staketen umstelltes Boma von
Kwikuru. Tee wurde uns in einem silbernen Teekessel gemacht,
und eine reichliche Quantität dampfender Pfannkuchen befand
sich unter einem silbernen Deckel. Zu diesem Mahl wurde ich
eingeladen. Wenn man ungefähr 8 Meilen ohne Frühstück marschiert und drei bis vier Stunden lang der heißen Tropensonne
ausgesetzt gewesen, so ist man geneigt, einem Mahle Gerechtig-
keit widerfahren zu lassen, namentlich wenn man einen gesunden Appetit hat. Ich glaube, ich setzte den Gouverneur in Erstaunen durch die geschickte Art, mit der ich es fertigbrachte,
elf Tassen von seinem aromatischen Decoct eines Assamkrautes
zu vertilgen und aufs ungezwungenste seinen hohen Turm von
Pfannkuchen zu vernichten, die noch einen Augenblick vorher
heiß unter ihrem silbernen Deckel gedampft hatten.

Ich dankte dem Scheikh für das Mahl, wie es nur ein wirklich sehr hungriger Mann, der sich gesättigt hat, tun kann. Selbst
wenn ich nicht gesprochen hätte, so würden meine dankbaren
Blicke ihn davon in Kenntnis gesetzt haben, wie sehr ich mich
ihm verpflichtet fühlte.

»Ich danke Euch, Scheikh. Jetzt möchte ich gehen und nach
meinen Leuten sehen. Sie werden wohl alle essen wollen.«

»Ich werde Sie begleiten, um Ihnen Ihr Haus zu zeigen. Das
Tembé ist in Kwihara, nur eine Stunde Weges von Tabora.«

Als wir Kwikuru verlassen, gingen wir über einen niedrigen Bergrücken und sahen alsbald Kwihara zwischen zwei kleinen Hügelketten liegen, von denen die nördlichste westlich in dem runden festungsartigen Berge Zimbili auslief. Auf dem Tale schienen die glühendsten Sonnenstrahlen, alles ertötend, zu ruhen, welcher Eindruck wohl durch die allgemeine Ausbleichung und herbstliche Reife des Grases hervorgebracht wurde, dem durchaus alle Farbentöne fehlten, die etwas Abwechslung in dieses Einerlei hätten bringen können. Unter jener blendenden Sonne, in der klaren Atmosphäre erschienen die Berge wie ausgedörrt. Das Korn war seit langem geschnitten, und Stoppelfelder bildeten eine weißbraune Fläche. Die aus Lehm bestehenden Häuser mit ihren flachen Lehmdächern sahen gleichfalls weißbraun aus. Auch die mit Stroh gedeckten Hütten und die sie umgebenden Staketen aus abgeschältem Bauholz waren weißbraun. Obwohl ein kalter, heftiger, ungesunder Wind aus den Bergen von Usagara uns sozusagen bis ins Mark schnitt, so hörte der intensive Sonnenglanz doch nicht auf. Selbst wenn das Auge für einen Augenblick auf ein paar schwarze Kühe oder einen hohen Baum fiel, so konnte man doch nie vergessen, daß der erste Eindruck von Kwihara der eines Bildes ohne Farbe, eines Nahrungsmittels ohne Geschmack gewesen; und wenn man hinaufblickte, sah man einen blaßblauen, fleckenlosen Himmel, der durch seine Heiterkeit geradezu entsetzte.

Als ich mich dem Tembé von Sayd bin Salim näherte, kam Scheikh bin Nasib mit anderen arabischen Großen zu uns. Vor der großen Tür des Tembé hatten die Leute die Ballen und Kisten aufgetürmt und erzählten den Hauptleuten und Soldaten der ersten, zweiten und vierten Karawane mit unglaublicher Zungenfertigkeit und Geschwindigkeit die vielen Ereignisse, die uns zugestoßen waren und ihnen als das einzig Mitteilenswerte erschienen. Über ihren eigenen beschränkten Gesichtskreis hinaus kümmerten sie sich offenbar um nichts. Dann hatten die verschiedenen Hauptleute der übrigen Karawanen ihrerseits ihre Reiseerlebnisse zu berichten, wodurch eine lärmende, erregte Unterhaltung entstand. Als wir uns näherten, hörte dieselbe aber sofort auf, und meine Karawanenführer stürzten auf mich zu,

Ein Tembé aus der Vogelschau

um mich als Herrn und Freund zu begrüßen. Ein Bursche, der treue Baruki, warf sich mir zu Füßen, die andern feuerten ihre Flinten ab und betrugen sich wie Verrückte in einem Anfall von Tobsucht. Auf allen Seiten hörte man den Ruf: »Willkommen!«

»Spazieren Sie hinein, Herr, dies ist jetzt Ihr Haus; hier sind die Quartiere für Ihre Leute. Hier können Sie die arabischen Großen empfangen, hier ist das Kochhaus, hier das Vorratshaus, dort das Gefängnis für die Widerspenstigen; da die Zimmer Ihres Weißen und hier Ihre eigenen. Sehen Sie, hier ist das Schlafzimmer, dort das Gewehr-, Badezimmer usw.« So sprach Scheikh Sayd, als er mir die verschiedenen Örtlichkeiten zeigte.

Auf Ehre, für Zentral-Afrika war dies ein sehr gemütlicher Ort. Man hätte fast poetisch werden können, doch wollen wir derartige überschwengliche Ideen auf die Zukunft verschieben. Gerade jetzt müssen die Waren ins Lager geschafft, die kleine Armee von Lastträgern muß bezahlt und entlassen werden.

Bombay erhielt Befehl, die feste Vorratskammer zu öffnen, die Ballen daselbst in regelmäßigen Reihen aufzustapeln, die Perlen aufeinanderzuschichten und dem Draht einen besonderen Ort anzuweisen. Boote, Segeltuch usw. sollten an einem so hohen Ort untergebracht werden, daß die weißen Ameisen sie nicht erreichen konnten, und den Munitionskisten und Pulverfässern war im Gewehrzimmer außer aller Gefahr eine Stätte zu schaffen. Dann wurde ein Ballen Zeug aufgemacht und jeder Lastträger nach seinem Verdienst belohnt, damit er seinen Freunden und Nachbarn zu Hause erzählen könne, wie viel besser der Weiße sie behandele als der Araber.

Hierauf wurden die Berichte der Führer der ersten, zweiten und vierten Karawane entgegengenommen, ihre Vorräte inspiziert und die einzelnen Erlebnisse auf ihren Märschen angehört. Die erste Karawane war in Kirurumo in Krieg verwickelt gewesen, hatte den Kampf mit Glück bestanden und Unyanyembé ohne irgendwelchen Verlust erreicht. Die zweite hatte einen Dieb im Walde zwischen Pembera Pereh und Kididimo erschossen. Die vierte hatte einen Ballen im Dickicht von Marenga Mkali verloren und der Lastträger dabei eine starke Kopfverletzung von einem Knotenstock erhalten, den einer der Diebe, die in den Dschungeln nahe der Grenze von Ugogo herumschleichen, gegen ihn geschwungen. Ich freute mich zu hören, daß sie nicht mehr Unglück gehabt, und belohnte jeden Führer sofort mit einem schönen Stück Tuch und fünf Doti Merikani.

Gerade als ich wieder hungrig wurde, kamen von den Arabern mehrere Sklaven hintereinander mit Präsentiertellern voll vortrefflicher Speisen. Zuerst wurden aufgetragen eine große Schüssel Reis und ein Napf voll mit Curry gewürzter Hühner, dann ein Dutzend großer Weizenkuchen, ferner dampfendheiße Schmalzkuchen, Papaws, Granaten und Limonen. Hierauf kamen Menschen, die fünf fette Höcker-Ochsen, acht Schafe und zehn Ziegen trieben, und noch ein Mann mit einem Dutzend junger Hühner und einem Dutzend frischer Eier. Dieses war echte, praktische, edle Höflichkeit, eine so großartige Gastfreundschaft, daß sie meine Dankbarkeit im Sturm eroberte.

Meine Leute, deren ich jetzt nur 25 hatte, waren über diese üppige Fülle, die auf meinem Tische und Hofe sichtbar wurde, so erfreut wie ich selbst. Als ich sah, wie ihre Gesichter im Vorgefühl der zu erwartenden Genüsse erglänzten, ließ ich ein Bullenkalb schlachten und unter sie verteilen.

Am zweiten Tage nach der Ankunft der Expedition des »New York Herald« in dem Lande, das ich nun als klassischen Boden ansah, seitdem Burton, Speke und Grant ihn vor Jahren besucht und beschrieben, kamen die arabischen Magnaten von Tabora, um mich zu beglückwünschen.

Tabora ist die arabische Hauptniederlassung in Zentral-Afrika. Es besteht aus mehr als tausend Hütten und Tembés, und man kann die aus Arabern, Wangwana und Eingeborenen zusammengesetzte Bevölkerung sicher auf 5 000 Köpfe schätzen.

Die Araber, welche jetzt vor der Vordertür meines Tembé standen, waren die Geber der vortrefflichen Dinge, die ich am Tage vorher bekommen. Natürlich begrüßte ich, wie es mir die Pflicht gebot, zuerst Scheikh Sayd, dann Scheikh bin Nasib, den Konsul Seiner Hoheit des Fürsten von Sansibar in Karagwa; darauf den edelsten Trojaner unter der arabischen Bevölkerung, sowohl was Haltung als was Mut und Manneswürde betrifft, Scheikh Khamis bin Abdullah; ferner den jungen Amram bin Mussud, der jetzt Krieg gegen den König von Urori und sein aufrührerisches Volk führt, sowie den stattlichen, mutigen Soud, den Sohn von Sayd bin Madschid, hierauf den geckenhaften Thani bin Abdullah wie auch Massud bin Abdullah und seinen Vetter Abdullah bin Mussud, die Eigentümer der Häuser, in denen früher Burton und Speke gewohnt, und schließlich den bejahrten Suleiman Dowa, Sayd bin Sayf, sowie den alten Hetman von Tabora, Scheikh Sultan bin Ali.

Da der Besuch dieser Magnaten, unter deren gütigen Schutz weiße Reisende sich notwendig begeben müssen, nur ein formeller war, wie ihn die echte arabische, stets steife Etikette verlangt, so ist es unnötig, die Unterhaltung über meine Gesundheit und ihren Reichtum, meinen Dank und ihre Versicherungen loyaler Anhänglichkeit gegen mich zu erzählen. Nachdem wir unseren Vorrat an Beglückwünschungen und sonstigen Abgeschmacktheiten verbraucht, begaben sie sich fort, nachdem sie ihren Wunsch zu verstehen gegeben, ich möge sie in Tabora besuchen und an einem Fest, das sie im Begriff waren, mir zu geben, teilnehmen.

Drei Tage später begab ich mich aus meinem Tembé, von 18 stattlich gekleideten Männern als Gefolge begleitet, um in Tabora eine Visite zu machen. Nachdem wir den Sattel, über den der Weg vom Tale von Kwihara nach Tabora führt, überschritten, lag die Ebene, auf der sich die arabische Kolonie befindet, als eine Fläche dunklen Weidelandes vor uns, das sich vom Fuß des uns zur Linken befindlichen Berges bis an die Ufer des nördlichen Gombe erstreckte, die sich einige Meilen jenseits Tabora zu purpurnen Hügeln und blauen Kegeln erheben.

Eine dreiviertel Stunde saßen wir auf der Lehm-Veranda des Tembé von Sultan bin Ali, der wegen seines 'Alters, Reichtums und seiner Stellung – er ist Oberst in der nicht gerade lieblichen Armee des Seyyid Barghasch – von seinen Landsleuten, hoch und niedrig, als Ratgeber und Helfer angesehen wird. Sein Boma oder eingehegtes Grundstück enthält ein vollständiges Dorf von bienenkorbförmig gestalteten Hütten und viereckigen Tembés. Von hier, wo wir eine Tasse Mokka und etwas Scherbet genossen, lenkten wir unsere Schritte nach Khamis bin Abdullahs Haus, der, da er mich erwartet, ein Fest bereitet hatte, zu dem er einige Freunde und Nachbarn eingeladen. Die Gruppe stattlicher Araber in ihren langen weißen Kostümen und großen gewundenen, gleichfalls schneeweißen Kopfbedeckungen, welche dastanden, um mich in Tabora zu begrüßen, machte einen wirkungsvollen Eindruck auf mich. Ich kam noch zur rechten Zeit, um einem Kriegsgericht, das sie abhielten, beizuwohnen, und man bat mich dazubleiben, da Selim, mein arabischer Dolmetscher, auch mit dabei war.

Khamis bin Abdullah, ein kühner, tapferer Mann, der stets bereit ist, für die Vorrechte der Araber einzutreten und ihr Recht, in jedem Land ehrlich Handel zu treiben, zu verteidigen, ist derselbe, von dem Speke in seiner »Entdeckung der Nilquellen« uns erzählt, daß er Maula, einen alten Häuptling, der sich mit Manwa Sera während der Kriege von 1860 verbündet hatte, erschoß, und der darauf, nachdem er seinen unbarmherzigen Feind fünf Jahre lang durch Ugogo und Unyamwezi bis Ukonongo gejagt, die Befriedigung genoß, ihn zu köpfen. Dieser drang jetzt in die Araber, ihre Rechte gegen einen Häuptling, der Mirambo von Uyoweh hieß, in einer bevorstehenden Krisis zu behaupten.

Dieser Mirambo von Uyoweh war, wie es scheint, in den letzten Jahren in einem Zustand chronischer Unzufriedenheit mit der Politik der benachbarten Häuptlinge gewesen. Früher Lastträger eines Arabers, hatte er jetzt mit der gewissenlosen Schurken eigenen Gewandtheit, die sich nicht darum kümmern, wie sie zur Gewalt kommen, die Königswürde usurpiert. Als der Häuptling von Uyoweh starb, zog Mirambo, das Haupt einer die Wälder von Wilyankuru unsicher machenden Räuberbande, plötzlich in Uyoweh ein und machte sich mit Gewalt zum obersten Herrn. Einige glückliche Kriegszüge, welche er zur Bereicherung aller derer ausführte, die seine Autorität anerkannten, befestigten seine Stellung. Doch war dies nur der Anfang. Er trug den Krieg durch Ugara nach Ukonongo, durch Usagozi an die Grenze von Uvinza, und nachdem er die über drei Breitengrade zerstreute Bevölkerung vernichtet, plante er einen Ausfall gegen Mkasiwa und die Araber, weil sie ihn nicht in seinen ehrgeizigen Plänen gegen ihren Verbündeten und Freund, mit dem sie in Frieden lebten, unterstützen wollten.

Die erste Freveltat, welche sich dieser verwegene Mann gegen die Araber erlaubte, bestand darin, daß er eine nach Udschidschi bestimmte Karawane aufhielt und von derselben fünf Fässer Schießpulver, fünf Gewehre und fünf Ballen Tuch verlangte. Diese außergewöhnliche Forderung wurde, nachdem man mehr als einen Tag im wildesten Streit zugebracht, bezahlt; wenn aber die Araber schon über die ungeheure Abgabe, die ihnen abverlangt wurde, erstaunten, so waren sie noch mehr entsetzt, als sie den Befehl erhielten, sich wieder auf den Weg zurückzubegeben, auf dem sie hergekommen, und vernahmen, daß keine arabische Karawane mehr durch dieses Land nach Udschidschi ziehen solle, es sei denn über Mirambos Leiche.

Bei der Rückkehr der unglücklichen Araber nach Unyanyembé teilten sie diese Tatsachen Scheikh Sayd bin Salim, dem Gouverneur der arabischen Kolonie, mit. Dieser alte Mann, der sehr gegen den Krieg war, versuchte natürlich jedes Mittel, Mirambo dazu zu bewegen, sich wie früher mit Geschenken zufriedenzugeben; Mirambo aber war diesmal hartnäckig und fest entschlossen, Krieg zu führen, wenn ihm die Araber nicht in seinen Kriegszügen gegen den alten Mkasiwa, Sultan der Wanyamwezi von Unyanyambé, beistünden.

»So stehen die Angelegenheiten jetzt«, sagte Khamis bin Abdullah. »Mirambo sagt, jahrelang wäre er gegen die benachbarten Waschensi im Kriege gewesen und immer siegreich dabei geblieben. Das jetzige sei ein großes Jahr für ihn, er wolle die Araber und die Wanyamwezi von Unyanyembé bekämpfen und nicht eher innehalten, bis er alle Araber aus Unyanyembé vertrieben und über dieses Land anstelle von Mkasiwa herrsche. Kinder von Oman, soll das so sein? Sprich, Salim, Sohn von Sayf, sollen wir diesem Mschensi (Heiden) entgegenziehen oder auf unsere Insel zurückkehren?«

Ein Beifallsmurmeln folgte der Rede des Khamis bin Abdullah, da die Mehrheit der Anwesenden junge Leute und begierig waren, den frechen Mirambo zu züchtigen. Salim, der Sohn Sayfs, ein alter Patriarch, der langsam sprach, versuchte die Leidenschaften der jungen Leute, Sprößlinge der Aristokratie von Muscat und Muttrah und Beduinen der Wüste, zu besänftigen. Aber Khamis' kühne Worte hatten einen zu tiefen Eindruck auf ihre Gemüter gemacht.

Soud, der stattliche Araber, von dem ich schon gesprochen habe als Sohn Sayds, des Sohnes Madschids, sagte: »Mein Vater pflegte mir zu erzählen, wie er sich der Tage erinnere, da die Araber durch das Land von Bagamoyo bis Udschidschi, von Kilwa bis Lunda, von Usenga bis Uganda nur mit Stöcken bewaffnet ziehen konnten. Jene Tage sind vorüber. Wir haben die Unverschämtheit der Wagogo lange genug geduldet. Swaruru von Usui nimmt uns geradezu ab, was er will; und jetzt haben wir es gar mit Mirambo zu tun, welcher, nachdem er fünf Ballen Tuch als Tribut von einem einzigen Manne abgenommen, uns erklärt, eine arabische Karawane solle nur über seine Leiche nach Udschidschi gelangen können. Sind wir bereit, das Elfenbein von Udschi-dschi, Urundi, Karagweh oder Uganda um dieses einen Mannes willen aufzugeben? Ich sage Krieg – Krieg, bis wir seinen Bart unter unsere Füße getreten, Krieg, bis das ganze Uyoweh und Wilyankuru zerstört ist; Krieg, bis wir wieder durch jeden Teil des Landes nur mit dem Spazierstock in der Hand reisen können!«

Der allgemeine Beifall, welcher der Rede Souds folgte, bewies über allen Zweifel, daß wir im Begriff waren, Krieg zu bekommen. Ich dachte an Livingstone. Wenn dieser nun eben jetzt nach dem von Krieg überzogenen Unyanyembé zu marschieren im Begriff war?

Als ich hörte, daß die Araber die Absicht hatten, den Krieg rasch innerhalb höchstens vierzehn Tagen zu beenden, da Uyoweh nur vier Märsche weit entfernt war, so erbot ich mich freiwillig dazu, sie zu begleiten, meine belasteten Karawanen bis Mfuto mitzunehmen, sie daselbst unter Bedeckung einiger Wachen zu lassen und mit den übrigen und der arabischen Armee weiterzumarschieren. Dann, hoffte ich, würde es möglich werden, nach der Besiegung von Mirambo und seiner Waldbanditen – der Ruga-Ruga – meine Expedition auf dem jetzt versperrten Wege direkt nach Udschidschi zu führen. Die Araber waren ihres Sieges sehr sicher, und ich teilte ihre hoffnungsvolle Ansicht.

Der Kriegsrat wurde aufgehoben. Eine große Schüssel Reis und Curry, reichlich mit Mandeln, Zitronen, Rosinen und Korinthen gemischt, wurde hereingebracht, und es war wunderbar zu sehen, wie bald unsere Kriegslust vergessen war, nachdem unsere Aufmerksamkeit auf dieses vorzügliche Gericht gelenkt worden. Natürlich erhielt ich, als Nicht-Mohammedaner, eine besondere Mahlzeit ähnlicher Art, noch vermehrt durch Schüsseln voll Hühnerbraten, Kabobs, Schmalzkuchen, anderen Kuchen, Zuckerbrot, Früchte, Scherbet und Limonade, Gummi-Bonbons und Süßigkeiten aus Muskat, Rosinen, Pflaumen und Nüssen. Ohne Zweifel bewies mir Khamis bin Abdullah, daß er neben seinem Kriegermut doch auch dem gebildeten Geschmack, den er unter dem Schatten der Mangos auf seines Vaters Gütern auf Sansibar sich angeeignet hat, sein Recht widerfahren lassen konnte.

Nachdem wir uns an diesen ungewöhnlichen Leckerbissen sehr satt gegessen, begleiteten mich einige der Hauptaraber nach anderen Tembés in Tabora. Als wir Mussud bin Abdullah besuchten, zeigte er mir genau den Ort, wo Burtons und Spekes Haus gestanden hatte, das jetzt heruntergerissen und an dessen Stelle sein Büro erbaut worden war. Sny bin Amers Haus war auch abgebrochen und auf dessen Platz die jetzt in Unyanyembé moderne Tembé erbaut worden, welche schön geschnittenes Gebälk, große geschnitzte Türen mit Messingklopfern und hohe schöne Zimmer hatte, ein Haus, das sowohl zur Verteidigung als zur Bequemlichkeit dienen konnte.

Gegen Abend gingen wir nach unserem schön gelegenen Tembé in Kwihara zurück, sehr befriedigt durch das, was wir in Tabora gesehen. Meine Leute trieben ein paar Ochsen vor sich her und brachten drei Säcke voll von dortigem ausgezeichnetem Reis als Gastgeschenk des freigebigen Khamis bin Abdullah heim.

In Unyanyembé fand ich die Livingstone-Karawane, von der meine Leser sich erinnern müssen, daß sie auf das bloße Gerücht hin, der englische »Balyuz« Kirk käme nach Bagamoyo, erschreckt aufgebrochen war. Da alle Karawanen wegen des in Aussicht stehenden Kriegs jetzt in Unyanyembé hielten, äußerte ich zu Sayd bin Salim, es sei doch wohl besser, daß die Leute von der Livingstone-Karawane mit der meinigen in meiner Tembé wohnten, damit ich die Güter des weißen Mannes bewachen könne. Da Dr. Kirk mir niemals dazu Vollmacht erteilt, die für Livingstone bestimmten Waren in meine Obhut zu nehmen, so konnte ich natürlich dem Leiter der Karawane keine Befehle geben. Zum Glück war Sayd bin Salim meiner Ansicht, und die Leute und Güter wurden sofort in mein Tembé gebracht.

Eines Tages brachte mir Asmani, der jetzt Führer der Livingstone-Karawane war, da der frühere kurz vorher an den Pocken gestorben, ein Briefpaket auf die Veranda heraus, auf der ich schrieb, das zu meinem Erstaunen die Adresse trug: »An Dr.

Livingstone in Udschidschi. 1. November 1870. Rekommandierte Briefe.«

Dies war der beste Beweis dafür, daß die Briefe an dem auf dem Beutel angegebenen Datum eingesiegelt worden waren. Vom 1. November 1870 bis zum 10. Februar 1871, gerade 100 Tage, hatten sie in Bagamoyo gelegen! – Eine elende, kleine Karawane von 33 Menschen hatte sich 100 Tage in Bagamoyo, das nur 25 Meilen zu Wasser von Sansibar entfernt ist, aufgehalten. Armer Livingstone! Wer weiß, ob er nicht gerade wegen des Mangels dieser Vorräte, die so lange in der bequemen Nähe des britischen Konsulats gelegen und jetzt auch in Unyanyembé, Gott weiß wie lange, aufgehalten werden, leidet! Die Karawane kam in Unyanyembé etwas vor Mitte Mai an. Ungefähr in der letzten Hälfte des Mai fand die erste Ruhestörung statt. Wäre diese Karawane bis Mitte März oder selbst April angelangt, so hätte sie ohne Mühe nach Udschidschi weiterreisen können.

Am 7. Juli um zwei Uhr nachmittags saß ich auf dem Burzani, wie gewöhnlich. Ich war in apathischer, niedergeschlagener Stimmung; Schläfrigkeit überfiel mich. Zwar schlief ich nicht ein, doch schien mir alle Kraft aus den Gliedern geschwunden zu sein. Dennoch war das Gehirn beschäftigt; mein ganzes Leben zog im Geiste an mir vorüber. Waren diese Szenen aus meiner Vergangenheit ernst, so sah ich auch ernst aus; waren sie traurig, so weinte ich hysterisch; waren sie freudig, so lachte ich laut auf. In rascher Folge drängten sich Erinnerungen an die schweren Kämpfe und Drangsale eines noch jungen Lebens in meinem Geiste; Ereignisse der Knabenzeit, der Jugend und des Mannesalters; Gefahren, Reiseszenen, Freuden und Bekümmernisse, Liebe und Haß, Freundschaften und gleichgültige Verhältnisse gingen wirr durcheinander. Meine Seele folgte den verschiedenen raschen Wechselfällen meines Lebenslaufs. Sie stellte sich die langen Irrfahrten, die krummen Pfade, die ich geführt worden, vor. Wenn ich ihre Konturen auf dem sandigen Boden hingezeichnet hätte, welche Rätsel hätten sich meiner Umgebung geboten und wie einfach und klar waren sie mir!

Halt! – Mein Gott, ist das der 21. Juli? – Ja. Shaw teilte mir mit, es sei der 21. Juli, als ich von meinem schrecklichen Fieberanfall genesen. Das wirkliche Datum war der 14.; aber erst als ich mit Dr. Livingstone zusammenkam, entdeckte ich, daß eine Woche übersprungen war. Da erst prüften wir beide das Nautische Jahrbuch, das ich besaß, und es stellte sich heraus, daß der Doktor sich um drei Wochen verrechnet und ich gleichfalls zu meinem großen Erstaunen mich um eine Woche geirrt hatte, und zwar um acht Tage dem wirklichen Datum vorangeeilt war. Der Irrtum entstand dadurch, daß man mir gesagt, ich sei zwei Wochen krank gewesen. Da nun der Tag, wo ich wieder zu mir kam, ein Freitag war und Shaw sowie die übrigen Leute bestimmt glaubten, ich sei zwei Wochen im Bette gewesen, so datierte ich mein Tagebuch vom 21. Juli. Daß auch Shaw sich verrechnet, läßt sich leicht erklären, denn das Fieber war im Begriff, ihm nicht nur das Gedächtnis, sondern sogar den Verstand rasch zu zerstören. Selim hatte mich nach klaren, schriftlich aufgesetzten Vorschriften, die ich ihm für einen solchen Fall gegeben, gepflegt. Vorher hatte ich ihn fleißig in der Kenntnis und dem Gebrauch jedes in meinem Kasten befindlichen Arzneimittels unterwiesen. Er teilte mir mit, er habe mich mit Tee und etwas Branntwein ernährt, auch habe mir Shaw drei- bis viermal etwas Sago-Abkochung gegeben. Am zehnten Tage nach dem Anfang der Krankheit war ich jedoch wieder ganz wohlauf, mußte nun aber Shaw pflegen, welcher erkrankte. Am 22. Juli war Shaw wieder gesund, dagegen legte sich Selim und stöhnte vier Tage lang im Delirium; am 28. Juli jedoch waren wir sämtlich wieder gesund und freuten uns der Aussicht auf die Abwechslung, die uns ein Marsch gegen Mirambos Veste darbieten sollte.

Am Morgen des 29. ließ ich 50 Leute mit Zeugballen, Perlen und Draht beladen, die nach Udschidschi bestimmt waren. Als ich außerhalb des Tembé Musterung über sie abhielt, fehlte bloß Bombay. Während einige Leute fortgingen, ihn aufzusuchen, begaben sich andere weg, um noch einen Blick und einen Kuß von ihren schwarzen Delilas zu erhalten. Man fand Bombay ungefähr um 2 Uhr nachmittags; sein Gesicht drückte deutlich widerstreitende Leidenschaften aus, die ihn heimsuchten – Schmerz über die Trennung von den Fleischtöpfen Unyanyembés – Bedauern darüber, daß er seine Dulcinea von Tabora verlassen und alle Genüsse aufgeben müsse – die Aussicht auf anstrengende, lange Märsche – auf Krieg und vielleicht – den Tod. Es war daher kein Wunder, daß Bombay, voll derartiger Empfindungen, sich widerspenstig zeigte, als ich ihn an seine Stelle hinwies, und ich selbst war in einer furchtbar schlechten Gemütsverfassung, da ich von acht Uhr morgens bis zwei Uhr nachmittags auf ihn zu warten gehabt hatte. Ein Wort und ein wütender Blick, und heraus fuhr mein Stock auf Bombays Schulter, als ob es jetzt mit ihm zu Ende gehen sollte. Ich glaube, daß die gewaltige Wut meines Zuschlagens seinen Eigensinn rascher brach als irgend sonst etwas, denn ehe ich ihm ein Dutzend Streiche beigebracht, flehte er um Pardon. Bei diesem Worte hörte ich auf, ihn zu bearbeiten, denn es war das erstemal, daß er es gesprochen. Bombay war also schließlich besiegt.

»Marsch!« – Den Führer voran, zogen die 49 Mann ihm in feierlicher Ordnung nach, jeder eine schwere Last afrikanischer Tauschwerte sowie Flinte, Beil, Munitionsvorrat und Ugalitopf tragend. Wir boten einen großartigen Anblick dar, wie wir in Stille und Ordnung mit fliegenden Fahnen abmarschierten und die roten wollenen Gewänder der Leute im ziemlich starken, uns gerade in die Flanke wehenden Nordost nachflatterten.

Auch schienen die Leute zu wissen, daß sie nach etwas aussahen, denn ich bemerkte, wie mehrere von ihnen eine martialischere Haltung annahmen, als sie ihr vorzügliches Dschohotuch im Nacken vor dem Winde herfliegen fühlten. Maganga, ein großer Mnyamwezi, stolzierte daher wie ein Goliath, der im Begriff ist, Mirambo und seine tausend Krieger ganz allein zu bekämpfen. Der muntere Khamisi ging einem Löwen gleich unter seiner Last einher, und der rohe Spaßmacher, der unverbesserliche Ulimengo, nahm den leisen Tritt einer Katze an. Sie konnten jedoch nicht lange still bleiben, dazu war ihre Eitelkeit zu sehr angeregt, die roten Mäntel tanzten beständig vor ihren Augen, und es wäre ein Wunder gewesen, wenn sie ein ernstes oder gar unzufriedenes Gebaren länger als eine halbe Stunde hätten beibehalten können.

Am ersten Tag kampierten wir in Bombomas Dorf, das eine Meile südwestlich von der natürlichen Bergveste Zimbili liegt. Bombay hatte sich ganz von seinen Prügeln erholt und war die grämlichen Gedanken, die meinen Zorn erregt, losgeworden. Da nun die Leute sich so gut betragen, ließ ich einen 5 Gallonen haltenden Topf mit Pombé bringen, um die Tapferkeit, von der sie alle beseelt waren, noch weiter anzuspornen.

Am zweiten Tage kamen wir in Masangi an. Bald darauf besuchte mich Soud, der Sohn von Sayd bin Madschid, und teilte mir mit, die Araber warteten auf mich und wollten nicht nach Mfuto marschieren, bis ich angekommen sei.

Nach einem sechsstündigen Marsch, am dritten Tage nachdem wir Unyanyembé verlassen, wurde Ost-Mfuto erreicht. Hier erkrankte Shaw, legte sich auf die Straße und erklärte, er müsse sterben. Diese Nachricht wurde mir ungefähr um 4 Uhr nachmittags durch einen der Nachzügler überbracht. Ich mußte also Leute abschicken und ihn zu mir ins Lager bringen lassen, obgleich ein jeder nach dem langen Marsch recht ermüdet war. Eine Belohnung spornte ein halb Dutzend an, gerade zur Dämmerung sich in den Wald zu wagen, um Shaw aufzusuchen, von dem man annahm, daß er wenigstens drei Stunden vom Lager entfernt sei.

Etwa um 2 Uhr morgens kamen meine Leute mit ihm zurück, nachdem sie ihn das ganze Stück auf dem Rücken getragen hatten. Ich wurde aufgeweckt und ließ ihn in mein Zelt bringen, untersuchte ihn und überzeugte mich, daß er durchaus kein Fieber habe. Auf meine Frage, wie er sich befände, erwiderte er, er könne weder gehen noch reiten, fühle sich so ungemein schwach und matt, daß er unfähig sei, sich weiterzubewegen. Nachdem ich ihm ein Glas Portwein in einem Napf Sagogrütze gegeben hatte, schliefen wir beide ein.

Am nächsten Morgen in der Frühe kamen wir in Mfuto, dem Stelldichein der arabischen Armee, an. Für den nächsten Tag war ein Halt anbefohlen, damit wir uns an den Ochsen, deren wir viele geschlachtet, stärken könnten.

Als wir hinauszogen aus der Veste Mfuto, mit fliegenden Bannern, welche die verschiedenen Befehlshaber bezeichneten,

156

mit schallenden Hörnern und fünfzig lärmenden Baßtrommeln oder Gomas, unter reichlichen Segnungen der Mollahs und glücklichen Prophezeiungen der Wahrsager und Korandeuter – wer hätte da vorhersagen können, daß diese große Macht, noch ehe eine Woche verflossen, in dieselbe Veste Mfuto vollständig entmutigt und demoralisiert so rasch wie möglich zurückkehren würde?

Das Datum, an dem wir Mfuto verließen, um in den Krieg mit Mirambo zu ziehen, war der 3. August. Alle meine Güter waren in Mfuto aufgespeichert und fertig, um nach Udschidschi transportiert zu werden, sobald wir über den afrikanischen Häuptling gesiegt hätten oder wenigstens für alle Fälle gesichert sein würden.

Lange ehe wir Umanda erreichten, befand ich mich in meiner Hängematte, von wütenden Wechselfieberanfällen heimgesucht, die erst spät in der Nacht aufhörten.

In dem sechs Stunden von Mfuto entfernt liegenden Umanda beschmierten sich die Krieger mit der Medizin, welche die Weisen für sie fabriziert hatten und die aus einer Mischung von Matama-Mehl und dem Saft des Krautes bestand, dessen Eigenschaften nur den Waganga der Wanyamwezi bekannt sind.

Am 4. August um 6 Uhr morgens waren wir wiederum marschfertig; vorher wurde jedoch das »Manneno« oder die Rede von dem Redner der Wanyamwezi gehalten:

»Worte, Worte, Worte! Hört, ihr Söhne von Mkasiwa, ihr Kinder von Unyamwezi! Der Marsch liegt vor euch, die Diebe des Waldes erwarten euch. Ja, sie sind Diebe, denn sie plündern eure Karawanen, sie stehlen euer Elfenbein, sie morden eure Frauen. Sieh da, die Araber sind bei euch, die El Wali des arabischen Sultans und der weiße Mann sind bei euch. Geht hin, der Sohn von Mkasiwa ist bei euch! Kämpft, tötet, macht Sklaven, nehmt Tuch, nehmt Vieh, tötet es und macht euch satt. Geht!«

Lautes, wildes Geschrei folgte dieser kühnen Anrede. Die Tore des Dorfes wurden geöffnet, und blau-, rot- und weißgekleidete Soldaten stürzten hinaus wie Gymnasiasten und feuerten ihre Flinten beständig ab, um sich durch den Lärm zu ermutigen oder Schrecken in das Herz derer zu jagen, die uns in dem stark umhegten Zimbizo, der Ortschaft des Sultans Kolongo, erwarteten.

Da Zimbizo nur fünf Stunden von Umanda entfernt ist, kamen wir um 11 Uhr in Sicht desselben. Wir hielten am Rande des bebauten Landes, welches dasselbe samt seinen Nachbardörfern umgibt, im Schatten des Waldes. Strenger Befehl war von den verschiedenen Häuptlingen erteilt worden, nicht eher zu feuern, als bis sie in Schußweite von der Boma entfernt seien.

Khamis bin Abdullah schlich durch den Wald nach dem Westen des Dorfes. Die Wanyamwezi nahmen ihre Stellung vor dem Haupttor und wurden von den Truppen von Soud, dem Sohn Sayds, auf der Rechten und dem Sohn von Habib auf der Linken unterstützt. Abdullah, Mussud, ich selbst und andere trafen Vorbereitungen, die Ostpforte anzugreifen, wodurch das ganze Dorf, mit einziger Ausnahme der Nordseite, wirksam eingeschlossen war.

Plötzlich wurde ein Gewehrfeuer auf uns eröffnet, während wir aus dem längs des Weges nach Unyanyembé sich hinziehenden Walde herauskamen, in der Richtung, wo man den Anblick des Feindes erwartet hatte, und sofort begannen die Angriffstruppen in prächtigster Weise darauf loszufeuern. Es kamen zwar einige lächerliche Szenen vor, wo Leute sich anstellten, als ob sie feuerten, dann aber mit der Behendigkeit hüpfender Frösche auf die Seite, vor- oder rückwärts sprangen. Die Schlacht wurde jedoch darum nicht weniger im Ernst geliefert. Die Hinterlader meiner Leute verschlangen meine Metallpatronen viel schneller, als ich es gern sah; zum Glück jedoch ließ das Feuern nach, und lustig stürzten wir vom Westen, Süden, Norden ins Dorf, durch Tore und über hohe Umzäunungen, die es umgaben. Die armen Bewohner flohen aus dem Gehege durch die nördliche Pforte ins Gebirge, von den raschesten Läufern unserer Truppe verfolgt und von hinten mit Kugeln aus den Hinterladern und Jagdflinten beschossen.

Das Dorf war stark verteidigt, und es fanden sich nicht mehr als 20 Leichname darin, da die feste, dicke Holzumzäunung eine vortreffliche Schutzwehr gegen unsere Kugeln gebildet hatte.

Der Angriff auf Mirambo

Am 5. durchstreifte eine Abteilung Araber und Sklaven, in Stärke von 700 Mann, die Umgegend und trug Feuer und Verwüstung bis in das Boma von Wilyankuru hin.

Am 6. führten Soud bin Sayd und etwa 20 junge Araber eine Truppe von 500 Mann gegen Wilyankuru selbst, wo man annahm, daß Mirambo sich aufhalte. Eine andere Abteilung zog in die niedrigen, von Wald bestandenen Berge, die etwas nördlich von Zimbizo liegen, wo sie einen jungen Walddieb im Schlaf überraschten, dem sie den Kopf vollständig umdrehten und darauf abschnitten. Eine dritte Abteilung machte sich nach Süden auf und brachte einem Teil von Mirambos Buschräubern eine Niederlage bei, wie wir gegen Mittag erfuhren.

Am Morgen war ich nach Sayd bin Salims Tembé gegangen, um ihm vorzustellen, wie nötig es sei, das lange Gras im Walde von Zimbizo niederzubrennen, da es doch vielleicht Feinde verbergen könne. Bald darauf jedoch bekam ich einen Anfall von Wechselfieber, der mich niederwarf und nötigte, mich in mein Lager zu begeben und in wollene Decken zu hüllen, um zu schwitzen, was ich aber nicht eher tat, als bis ich Shaw und Bombay verboten, irgendeinen meiner Leute aus dem Lager zu lassen. Ich hörte jedoch bald darauf von Selim, daß mehr als die Hälfte derselben ausgezogen war, um mit Soud bin Sayd Wilyankuru anzugreifen.

Etwa um 6 Uhr abends wurde das ganze Lager von Zimbizo von der Nachricht erschreckt, daß alle Araber, die Soud bin Sayd begleitet, getötet und mehr als die Hälfte seiner Mannschaft erschlagen worden seien. Einige meiner Leute kehrten zurück, und von ihnen erfuhr ich, daß Uledi, der frühere Diener Grants, Mabruki Khatálabu (der Vatermörder), Mabruki (der Kleine), Baruti von Useguhha und Ferahan gefallen seien. Auch erzählten sie mir, es sei ihnen gelungen, Wilyankuru in kurzer Zeit zu nehmen; Mirambo und sein Sohn seien dagewesen; ersterer habe aber, nachdem sie eingezogen, seine Leute versammelt und das Dorf verlassen. Hierauf habe er sich in das Gras zu beiden Seiten des Weges zwischen Wilyankuru und Zimbizo in den Hinterhalt gelegt und die Angreifer, als sie mit mehr denn 100 Elfenbeinzähnen, 60 Ballen Zeug und 200 bis 300 Sklaven

auf dem Heimwege gewesen, plötzlich auf beiden Seiten angegriffen und mit den Speeren niedergemacht. Der tapfere Soud
habe seine doppelläufige Flinte abgeschossen und damit zwei
Leute getötet; wie er aber eben im Begriff gewesen, abermals zu
laden, habe ihn ein Speer getroffen und durchbohrt. Alle übrigen
Araber hätten dasselbe Schicksal erlitten. Dieser plötzliche Angriff eines Feindes, den man für besiegt gehalten, hatte die
Mannschaft so demoralisiert, daß sie ihre Beute im Stich ließ
und insgesamt davonlief. Erst nachdem die Leute einen weiten
Umweg durch die Wälder gemacht, kehrten sie nach Zimbizo
zurück, um ihre traurige Geschichte zu erzählen.

Die Wirkung dieser Niederlage ist gar nicht zu beschreiben.
Es war unmöglich, bei dem Geschrei der Weiber, deren Männer
gefallen waren, zu schlafen. Die ganze Nacht heulten und weh-
klagten sie, und dazwischen hörte man das Stöhnen der Verwundeten, denen es gelungen war, vom Feinde unbemerkt
durch das Gras davonzuschleichen. Neue Flüchtlinge kamen
während der ganzen Nacht beständig an; von keinem meiner
Leute aber, die totgesagt waren, wurde je wieder etwas gehört.

Am 7. zogen wir uns traurig und mißtrauisch zurück; die
Araber beschuldigten sich gegenseitig, daß sie den Krieg ange-
fangen, ohne vorher alle friedlichen Mittel erschöpft zu haben.
Stürmische Kriegsversammlungen fanden statt, worin einige den
Vorschlag machten, sofort nach Unyanyembé zurückzukehren
und in den Häusern zu bleiben. Khamis bin Abdullah tobte als
beschimpfter Fürst gegen die elende Feigheit seiner Landsleute
los. Diese stürmischen Versammlungen und Vorschläge zum
Rückzug wurden alsbald im ganzen Lager bekannt und trugen
mehr als irgend etwas anderes dazu bei, die verbündeten Truppen der Wanyamwezi und Sklaven vollständig zu demoralisie-
ren. Ich sandte Bombay zu Sayd bin Salim mit dem Rat, nicht
an einen Rückzug zu denken, da dies nur Mirambo ermutigen
würde, den Kriegsschauplatz nach Unyanyembé zu verlegen.

Nachdem ich Bombay mit dieser Botschaft abgeschickt,
schlief ich ein, wurde aber ungefähr um halb zwei Uhr nachmittags von Selim mit den Worten geweckt: »Herr, stehen Sie auf;

alles läuft fort, und Khamis bin Abdullah zieht selbst auch davon.«

Mit Hilfe von Selim kleidete ich mich an und wankte zur Tür. Mein erster Anblick war der, wie Thani bin Abdullah fortgeschleppt wurde. Als er mich erblickte, rief er: »Bana, rasch, Mirambo kommt!« Dann machte er sich ans Laufen und zog sich seine Jacke an, während ihm die Augen vor Schrecken fast aus den Augenhöhlen zu treten schienen. Khamis bin Abdullah war auch im Begriff, als letzter Araber abzuziehen. Zwei meiner Leute wollten ihm eben folgen; doch gab ich Selim den Befehl, diese mit einem Revolver zum Bleiben zu zwingen. Shaw sattelte seinen Esel mit meinem Sattel in der Absicht, mich zu verlassen und der Barmherzigkeit Mirambos anheimzugeben. Es blieben mir nur Bombay, Mabruki-Speke und Dschanda, welcher sein Mittagessen mit Gemütsruhe verzehrte. Mabruk Unyanyembé, Mtamani, Dschuma und Sarmean, also nur sieben von fünfzig. Alle andern waren weggelaufen und jetzt schon über alle Berge, außer Uledi (Manwa Sera) und Zaidi, welche Selim mit dem geladenen Revolver zurückgebracht hatte. Selim erhielt nun den Befehl, meinen Esel zu satteln, und Bombay mußte Shaw beim Satteln des seinigen behilflich sein. In wenigen Augenblicken befanden wir uns auf dem Wege, wobei die Leute sich immer nach dem verfolgenden Feinde umsahen und die Esel mit Erfolg tüchtig antrieben, denn diese gingen im scharfen Trabe, was mir große Schmerzen verursachte. Gern hätte ich mich hingelegt, um zu sterben, das Leben hatte aber doch noch Reiz für mich, und ich hatte noch nicht alle Hoffnung aufgegeben, meine Mission glücklich zu Ende führen zu können.

Es fiel den arabischen Größen nicht ein, daß ich Ursache habe, mich über sie zu beklagen, daß ich ein Recht habe, mich durch ihre schnöde Desertion verletzt zu fühlen; ich, der ich aus Freundschaftspflicht zu ihren Gunsten zu den Waffen gegriffen. Am nächsten Morgen nach dem Rückzuge ließen sie mir ihre Salaams zuteil werden, als ob gar nichts passiert sei, das die guten Beziehungen zwischen uns gestört haben könnte.

Kaum hatten sie aber Platz genommen, als ich ihnen erklärte, sie möchten, da der Krieg nur zwischen ihnen und Mirambo ausgebrochen sei und wohl bedeutend mehr Zeit in Anspruch nehmen werde, als ich daranwenden könne, namentlich wenn sie nach jedem kleinen Unfall weglaufen wollten, mich, nachdem sie ihre Verwundeten und Kranken auf dem Felde sich selbst überlassen, nicht mehr als Verbündeten ansehen.

Die Araber versicherten einer nach dem anderen, sie hätten nicht die Absicht gehabt, mich zu verlassen; die Wanyamwezi von Mkasiwa aber hätten geschrien, der Musungu sei fort, und dieses Geschrei hätte einen panischen Schrecken unter ihren Leuten hervorgerufen, der sich nicht habe aufhalten lassen.

Später an demselben Tage setzten die Araber ihren Rückzug bis Tabora fort, welches 22 Meilen von Mfuto entfernt ist. Ich beschloß, langsamer zu reisen, und am zweiten Tage nach der Flucht von Zimbizo marschierte meine Expedition mit allen Vorräten zurück nach Masangi und erst am dritten nach Kwihara.

Die hier folgenden Auszüge aus meinem Tagebuch werden am besten die Gefühle und Gedanken an den Tag legen, die mich um diese Zeit, nach unserer schmachvollen Flucht, bewegten.

Kwihara, Freitag, 11. August 1871. Heute aus Zimbili, dem Dorfe Bombomas, angekommen. Ich bin ganz enttäuscht und fast entmutigt, habe aber einen Trost: ich habe den Arabern gegenüber meine Pflicht getan, und zwar weil ich glaubte, daß ich es ihnen wegen der Güte, mit der sie mich empfangen, schuldig sei. Jetzt jedoch habe ich meine Schuld abgetragen und fühle mich wieder frei, kann wieder meinen eigenen Weg gehen. Ich freue mich aus mehrfachen Gründen, daß ich meine Schuld mit so geringen Opfern losgeworden. Hätte ich mein Leben bei diesem Unternehmen eingebüßt, so wäre das nur eine gerechte Strafe gewesen. Aber außer meiner Verpflichtung gegen die Araber lag die Notwendigkeit vor, alles zu versuchen, um Livingstone rasch zu erreichen. Dieser Weg, den der Krieg mit Mirambo versperrt, führt von hier in einem Monat nach Udschidschi, und wenn er durch meine Beihilfe rascher als ohne dieselbe wieder frei werden konnte, warum sollte ich sie verweigern? Zum zweitenmal ist der Versuch gemacht worden, nach Udschidschi zu kommen, und – beide sind fehlgeschlagen. Jetzt werde ich einen andern Weg versuchen, denn durch den Norden hinzuziehen, würde Torheit sein. Mirambos Mutter und Volk und die Wasui liegen zwischen mir und Udschidschi, ganz abgesehen von den Watuta, die seine Verbündeten und Räuber sind. Die südliche Route scheint mir die praktischere zu sein. Zwar wissen nur wenige Menschen etwas von dem Lande im Süden, und die, welche ich darum befragt habe, sprechen von Wassermangel und räuberischen Wazavira als ernstlichen Hindernissen sowie daß es dort nur wenige Ansiedlungen gibt und diese weit auseinanderliegen.

Ehe ich es aber wagen kann, diese neue Route einzuschlagen, muß ich mir neue Leute mieten, da die, welche ich nach Mfuto mitgenommen, ihre Verpflichtung als erloschen ansehen und der Tod von fünf Kameraden ihre Reiselust etwas gedämpft hat. Es ist unnütz zu hoffen, daß ich Wanyamwezi bekommen werde, denn es ist gegen ihre Gewohnheit, Karawanen während Kriegszeiten als Lastträger zu begleiten. Daher ist meine Lage eine sehr ernste, und ich hätte Entschuldigung genug, nach der Küste zurückzukehren, aber mein Gewissen gestattet mir dies nicht, nachdem ich so viel Geld ausgegeben und man so großes Vertrauen auf mich gesetzt hat. Fürwahr, ich fühle es, daß ich eher sterbe als zurückkehre.

Sonnabend, 12. August. Meine Leute sind, wie ich vorausgesehen, fortgelaufen. Sie behaupteten, ich hätte sie gemietet, um über Mirambos Weg nach Udschidschi zu gehen. Jetzt habe ich nur 13 übrig. Wohin kann ich mit diesem kleinen Trupp gehen? Mehr als 100 Lasten habe ich in meiner Vorratskammer. Livingstones Karawane ist auch hier; seine Güter bestehen aus 17 Ballen Tuch, 12 Kisten und 6 Beuteln Perlen. Seine Leute schwelgen hier im Besten, was das Land nur bietet.

Wenn Livingstone in Udschidschi ist, so ist er jetzt wegen Mangel an Subsistenzmitteln außerstande fortzuziehen. Auch ich kann mich als in Unyanyembé eingeschlossen ansehen und werde wohl kaum nach Udschidschi gehen können, bis der Krieg mit Mirambo vorüber ist. Livingstone kann seine Waren nicht bekommen, denn sie sind hier bei mir. Nach Sansibar kann er auch nicht zurückkehren, und der Weg nach dem Nil ist ihm ebenfalls versperrt. Zwar könnte er vielleicht, wenn er Leute und Vorräte hat, Baker erreichen, indem er nach Norden durch Urundi, Ruanda, Karagwah, Uganda, Unyoro und Ubari nach Gondokoro zieht. Pagazis kann er aber nicht bekommen, denn die Quellen, aus denen man sie bezieht, sind verstopft. Es ist durchaus falsch anzunehmen, Livingstone könne, trotz aller Energie, ohne Begleitung und einen ausreichenden Vorrat von marktüblichem Zeug und Perlen durch Afrika reisen.

Heute erzählte mir ein Mann, Livingstone sei, als er vom See Nyassa nach dem Tanganika reiste (gerade zur Zeit, wo man ihn für ermordet hielt), mit Sayd bin Omars Karawane zusammengetroffen, die nach Ulamba zog. Damals reiste er mit Mohammed bin Gharib. Dieser Araber, der von Urungu kam, sah Livingstone in Tschi-cumbis- oder Kwa-tschi-kumbis Lande und reiste mit ihm später, wie ich höre, nach Manyuema oder Manyema. Manyema liegt 40 Märsche nördlich von Nyassa. Livingstone ging damals zu Fuß und war in amerikanische Leinwand gekleidet. Er hatte all sein Tuch im See Liemba verloren, als er in einem Boot über denselben setzte. Damals hatte er drei Nachen bei sich. In dem einen befand sich sein Tuch, im andern seine Kisten und einige Mannschaft, ins dritte war er selbst mit zwei Dienern und zwei Fischern gestiegen. Das Boot mit dem Tuch schlug um. Von Nyassa ging Livingstone nach Ubissa, von dort nach Uemba und von da nach Urungu. Er trug eine Mütze, hatte einen doppelläufigen gezogenen Hinterlader bei sich, für Sprengkugeln eingerichtet. Auch war er mit zwei Revolvern bewaffnet. Die Wahiyau, welche bei Livingstone waren, hatten diesem Manne erzählt, ihr Herr habe viele Leute bei sich gehabt, mehrere davon seien ihm aber desertiert.

13. August. Heute kam eine Karawane von der Seeküste an. Sie berichtete, daß William Lawrence Farquhar, den ich in Mpwapwa in Usagara krank zurückgelassen hatte, und sein Koch gestorben seien. Farquhar sei einige Tage, nachdem ich in Ugogo eingezogen, gestorben, sein Koch ein paar Wochen später. Mein erster Impuls war der Gedanke an Rache. Ich glaubte nämlich, daß Leukole falsch gegen mich gehandelt und ihn ver-

giftet habe oder daß er sonst irgendwie ermordet worden sei. Eine persönliche Unterredung mit dem Mswahili jedoch, der mir die Nachricht überbrachte und erzählte, Farquhar sei seiner schrecklichen Krankheit erlegen, befreite mich von diesem Verdacht. Soweit ich ihn verstehen konnte, hätte Farquhar an dem Morgen des Tages sich für wohl genug gehalten weiterzuziehen, war aber beim Versuche aufzustehen zurückgefallen und gestorben. Auch erfuhr ich, daß die Wasagara, da sie manche abergläubische Ansichten in bezug auf die Toten haben, Dschako beauftragt hätten, den Körper zur Beerdigung hinauszuschaffen, und daß dieser, außerstande, ihn zu tragen, ihn in ein Dickicht geschleppt und daselbst, ohne ihn mit Erde oder sonstwie zuzudecken, nackt hätte liegen lassen.

»Da ist also einer von uns dahin, mein lieber Shaw! Wer wird wohl der nächste sein?« sagte ich an dem Abend zu meinem Gefährten.

14. August. Einige Briefe nach Sansibar geschrieben. Shaw wurde gestern abend sehr krank. Ob es Fieber ist oder was sonst, weiß ich nicht. Ich glaube nicht, daß es Fieber ist. Ich fürchte, es ist eine durch Ansteckung zugezogene Krankheit. Ich habe keine Arzneien dafür; daher habe ich drei Soldaten nach Sansibar geschickt, nachdem ich ihnen je 50 Dollars versprochen, damit sie sich recht beeilten.

Sonnabend, 19. August. Meine Soldaten sind damit beschäftigt, Perlen aufzureihen. Shaw liegt noch zu Bett. Wir hören, daß Mirambo im Begriff ist, gegen Unyanyembé zu ziehen.

22. August. Als wir heute morgen Perlen aufreihten, hörten wir ein beständiges Feuern aus der Gegend von Tabora. Als ich auf das Dach meines Tembé stieg, sah ich mit meinem Fernglas den Rauch von Flinten.

Es war ein sehr trauriger Anblick, fast ganz Tabora in Flammen zu erblicken und Hunderte von Leuten zu uns strömen zu sehen.

Da ich die Bereitschaft meiner Leute, zu mir zu halten, wahrnahm, so machte ich Vorbereitungen zur Verteidigung, indem ich Schießscharten für die Musketen in die starken Lehmmauern meines Tembé bohrte. Wir machten sie so rasch, und sie schienen so vortrefflich für eine wirksame Verteidigung des Tembé geeignet zu sein, daß meine Leute ganz kampflustig wurden und mit Flinten bewaffnete, aus Tabora vertriebene Wangwana-Flüchtlinge darum baten, in unser Tembé eingelassen zu werden, um bei seiner Verteidigung mitzuwirken. Auch Livingstones Leute wurden versammelt und aufgefordert, ihres Herrn Güter gegen Mirambos vermeintlichen Angriff zu verteidigen. Zur Nacht hatte ich 150 Bewaffnete in meinem Hofraum, welche an jedem Punkt aufgestellt waren, an dem ein Angriff zu erwarten war. Mirambo hat gedroht, er werde morgen nach Kwihara kommen. Ich hoffe zu Gott, er wird kommen, und wenn er in den Bereich eines amerikanischen gezogenen Gewehrs sich verläuft, so will ich doch sehen, welche Kraft in amerikanischem Blei liegt.

23. August. Wir haben im Tale von Kwihara einen sehr angstvollen Tag verlebt. Unsere Augen waren beständig auf das unglückliche Tabora gerichtet. Man hat uns gesagt, daß nur drei Tembés die Hitze des Angriffs ausgehalten haben. Abid bin Sulimans Haus ist zerstört, und mehr als 200 Elfenbeinzähne, die ihm gehörten, sind das Eigentum dieses afrikanischen Bonaparte geworden. Mein Tembé ist so gut ausgerüstet, als seine Bauart und Verteidigungsmittel es gestatten. Schießgruben umgeben das Haus von außen, und alle Hütten der Eingeborenen, welche die Aussicht behinderten, sind niedergerissen, alle Bäume und Sträucher, die als Schutz für einen Feind hätten dienen können, sind abgehauen. Wasser und Vorräte für sechs Tage sind hereingebracht. Ich habe Munition genug auf zwei Wochen und, ohne zu prahlen, glaube ich nicht, daß 10 000 Afrikaner das Haus nehmen könnten, obwohl 400 bis 500 Europäer es leicht ohne Kanonen zu tun vermöchten. Mit Kanonen wären 50 Europäer imstande, es zu bewältigen. Die Mauern sind 3 Fuß dick und die Gemächer liegen so ineinander, daß eine verzweifelte Männerschar lange kämpfen könnte, bis der letzte Raum genommen wäre.

Meine Nachbarn, die Araber, bemühen sich, tapfer zu erscheinen; es ist jedoch offenbar, daß sie in Verzweiflung sind. Gerüchtweise verlautet, daß die Araber von Kwihara, wenn Tabora genommen ist, in Masse zur Küste eilen und das Land Mirambo überlassen wollen. Wenn dies ihre Absichten sind und sie dieselben wirklich ausführen, so werde ich mich in einer schönen Situation befinden. Wenn sie mich jedoch wirklich verlassen, so wird Mirambo keinen Vorteil von meinen und Livingstones Vorräten haben, denn ich werde das ganze Haus und alles, was sich darin befindet, verbrennen. Das ist mein Entschluß. Aber was in aller Welt wird aus Shaw werden? In einer solch kritischen Lage würde ihn niemand tragen.

24. August. Die amerikanische Flagge weht noch über meinem Hause, und die Araber sind noch in Unyanyembé.

Ungefähr um 10 Uhr morgens kam ein Bote von Tabora mit der Frage, ob wir sie nicht gegen Mirambo unterstützen wollten. Anfangs fühlte ich mich sehr geneigt, ihnen zu helfen; nachdem ich aber die Sache gründlich erwogen und mir die Fragen vorgelegt hatte: Ob es klug sei? Ob ich verpflichtet sei zu gehen? Was aus meinen Leuten werden würde, wenn ich getötet sei? Ob sie mich wieder im Stich lassen würden?, und an das Schicksal des Khamis bin Abdullah dachte, der im Kampf um Tabora umgekommen war, ließ ich ihnen sagen, daß ich nicht kommen würde; sie müßten sich ja in ihren Tembés gegen die Truppenmacht Mirambos völlig sicher fühlen; ich würde mich sehr freuen, wenn sie ihn dazu bringen könnten, nach Kwihara zu kommen, in welchem Falle ich es versuchen würde, ihn totzuschießen.

Mirambo und seine Hauptoffiziere sollen Schirme über den Köpfen tragen und er selbst langes Haar wie ein Mnyamwezi-Pagazi und einen Bart haben. Sollte er kommen, so werden alle mit Schirmen versehenen Leute von einem Regen von Kugeln überschüttet werden in der Hoffnung, daß eine so glücklich sei, ihn zu treffen. Nach den Vorstellungen des Volkes sollte ich mir eine Kugel aus Silber gießen; ich habe aber kein Silber bei mir. Allenfalls könnte ich mir eine aus Gold anfertigen.

27. August. Mirambo hat sich während der Nacht zurückgezogen, und als die Araber sich mit einer Truppenmacht auf den Weg machten, um das Dorf Kazima anzugreifen, fanden sie es leer.

Da ich die Unmöglichkeit einsehe, mir Wanyamwezi-Pagazis zu verschaffen, miete ich mittlerweile zu meiner Reise nach Udschidschi Wangwana-Überläufer, die in Unyanyembé wohnen, zu dreifachen Preisen; habe aber nicht viel Erfolg dabei. Einem jeden werden 30 Doti angeboten, während der gewöhnliche Mietpreis eines Lastträgers nur 5–10 Doti bis nach Udschidschi beträgt. Ich brauche 50 Menschen und beabsichtige 60–70 Lasten hier unter der Obhut einer Wache zurückzulassen. Mit Ausnahme eines kleinen Koffers werde ich mein ganzes persönliches Gepäck hierlassen.

Shaw geht es rasch besser. Es gelingt mir noch immer nicht, Soldaten zu bekommen. Fast zweifle ich daran, je imstande zu sein, von hier fortzukommen. Es ist ein so schläfriges, träumendes, langsames Land. Die Araber, Wangwana, Wanyamwezi sind alle gleich; niemand von ihnen bekümmert sich um die Flüchtigkeit der Zeit. Ihr »Morgen!« bedeutet bisweilen einen Monat. Für mich ist das geradezu zum Tollwerden.

30. August. Shaw will nicht arbeiten. Ich kann ihn nicht dazu bewegen, sich zu rühren; habe ihn mit Bitten und Schmeicheleien bestürmt, ihm sogar kleine Leckerbissen gekocht. Während ich aber jeden Nerv anspanne, um nach Udschidschi zu kommen, begnügt sich jener damit, teilnahmslos zuzusehen. Wie hat sich doch der kühne, gewandte Mann seit Sansibar verändert!

Heute setzte ich mich mit meiner Handarbeit an seine Seite, um ihn zu ermutigen, und habe ihm zum erstenmal die eigentliche Aufgabe meiner Mission mitgeteilt. Ich erzählte ihm, daß mir die Geographie des Landes nicht halb so sehr am Herzen liege als das Auffinden Livingstones. Zum erstenmal sagte ich ihm: »Nun, mein lieber Shaw, Sie glauben wohl, daß ich hergeschickt bin, um die Tiefe des Tanganika zu messen? Durchaus nicht, mein Freund; man hat mir befohlen, Livingstone aufzusuchen. Um Livingstones willen bin ich hier, nur seinetwegen habe ich mich auf die Reise begeben. Sehen Sie nicht, alter Freund, die Wichtigkeit dieser Mission ein? Begreifen Sie nicht, daß Sie einen großen Lohn von Herrn Bennett bekommen werden, wenn Sie mir helfen? Ich bin fest überzeugt, daß, wenn Sie je nach New York kommen, Sie nie um eine Fünfzigdollarnote verlegen sein werden. Also werden Sie munter, tummeln Sie sich und sehen Sie heiter aus! Sagen Sie sich, Sie wollen nicht sterben, das ist schon der halbe Kampf. Lachen Sie über das Fieber, dann will ich Ihnen garantieren, daß das Fieber Sie nicht tötet. Ich habe Medizin genug für ein Regiment bei mir.«

Umsonst – ich sprach wie zu einer leblosen Mumie. Zwar wurden seine Augen etwas heller, aber das Licht derselben wurde bald schwächer und schwand. Ich wurde ganz entmutigt, machte etwas starken Punsch, um ihm Feuer in die Adern zu gießen, auf daß ich wieder Leben in ihm sähe. Ich bereitete den Punsch mit Zucker und Eiern und machte ihn mit Limonen und Gewürz schmackhaft. »Trinken Sie doch, Shaw«, sagte ich, »und vergessen Sie Ihre elenden Leiden. Atmen Sie mir doch nicht so ins Gesicht, als ob Sie im Begriff wären zu sterben. Lassen Sie diese Grimassen. Sie sind nicht krank, teurer Freund; es ist bloße Langeweile, die Sie fühlen. Sehen Sie sich den Selim an. Ich will um sonst etwas wetten, daß er nicht stirbt und daß ich ihn sicher zu seinen Freunden nach Jerusalem zurückbringe. Sie werde ich auch wieder in die Heimat führen, wenn Sie es mir gestatten wollen.«

Er rauchte seine widerliche Pfeife weiter. Wenn man seinen Atem hörte, so meinte man, er sei im Sterben, aber er ist nicht einmal krank. Erst neulich sagte er mir, er kenne alle die Manöver alter Seeleute, die sie anwenden, um sich auf dem Meere von der Arbeit zu drücken. Ich bin überzeugt, daß er auch mir solch einen Streich spielt. Dieses Wechselfieber! – Ich kenne ja jedes Stadium desselben und bin überzeugt, daß er es nicht hat.

Bestimmt glaube ich, daß, wenn ich einen Stock nehme, ich ihm diesen Unsinn ausprügeln könnte.

3. September. Ein Paket Briefe und Zeitungen von Kapitän Webb in Sansibar erhalten. Wie schön ist es, daß Freunde selbst im fernen Amerika des Abwesenden gedenken! Man sagt mir, daß niemand eine Ahnung davon hat, daß ich schon in Afrika bin.

Ich habe mich heute an Scheikh bin Nasib gewandt, damit er Livingstones Karawane unter meiner Führung nach Udschidschi gehen lasse; er wollte aber gar nichts davon hören und ist überzeugt, ich gehe meinem Tode entgegen.

4. September. Heute ist Shaw ganz wohl, wie er sagt, aber Selim liegt am Fieber danieder. Die Zahl meiner Leute mehrt sich allmählich, obgleich einige meiner alten Soldaten fortfallen. Umgareza ist blind, Baruti hat die Pocken in sehr hohem Grade, Bilali eine merkwürdige Krankheit, ein Geschwür oder so etwas am Rücken, und Sadala hat das Mukunguru (Wechselfieber).

5. September. Heute morgen ist Baruti gestorben. Er war einer von meinen besten Soldaten und gehörte zu den Begleitern Spekes in Ägypten. Dies ist der siebte Tote, den ich seit Sansibar habe.

Heute haben mir die Berichte der Araber über den Zustand des Landes, durch das ich zu reisen beabsichtige, das Leben schwer gemacht. »Die Wege sind schlecht und sämtlich versperrt; die Ruga-Ruga schwärmen in den Wäldern; die Wakonongo kommen vom Süden, um Mirambo zu helfen; die Waschensi befinden sich untereinander im Kriege.« Meine Leute werden entmutigt, sie sind von den Befürchtungen der Araber und Wanyamwezi angesteckt. Bombay fängt an zu meinen, daß ich besser daran täte, jetzt zur Küste zurückzukehren und später einen neuen Versuch zu machen.

Wir haben Baruti unter dem Schatten des Bananenbaumes, einige Schritt westlich von meinem Tembé, begraben. Das Grab wurde 4½ Fuß tief und 3 Fuß breit gemacht. Am Grunde desselben wurde auf einer Seite ein schmaler Graben ausgehöhlt, in den der Leichnam auf die Seite gerollt wurde, das Gesicht nach Mekka gewandt. Die Leiche war in 1½ Doti neue amerikanische Leinwand gekleidet. Nachdem sie richtig in ihr enges Bett gebracht worden, wurde ein herabhängendes Dach aus Stöcken gebaut, das mit Matten und altem Segeltuch bedeckt wurde, um zu verhindern, daß Erde auf den Körper falle. Dann wurde das Grab unter dem lustigen Gelächter der Soldaten zugeschüttet, darauf ein kleiner Busch auf dasselbe gepflanzt und in ein kleines mit der Hand gemachtes Loch Wasser gegossen für den

171

Fall, daß er, wie sie sagten, auf seinem Wege ins Paradies durstig würde. Schließlich wurde das ganze Grab mit Wasser bespritzt und der Kürbis gebrochen. Nachdem diese Zeremonie beendet, sagten die Leute das arabische Fat-hah her, worauf sie das Grab ihres toten Kameraden verließen, um nicht weiter an ihn zu denken.

7. September. Ein Araber namens Mohammed hat mich heute mit einem kleinen Sklaven beschenkt, der Ndungu M'hali (meines Bruders Reichtum) heißt. Da ich den Namen nicht liebte, rief ich die Hauptleute meiner Karawane zusammen und er suchte sie, ihm einen besseren zu geben. Der eine meinte, Simba (ein Löwe), der andere sagte, Ngombe (eine Kuh) würde geeignet für den kleinen Jungen sein. Wieder ein anderer meinte, er sollte Mirambo heißen, was ein lautes Gelächter hervorrief. Bombay meinte, Bombay Mdogo würde für meinen kleinen Schwarzen sehr passend sein. Ulimengo aber bezeichnete, nachdem er sich die raschen Augen und flinken Bewegungen des Kleinen angesehen, den Namen Kalulu als den geeignetsten. »Denn«, sagte er, »sehen Sie sich nur seine hellen Augen, seine schlanke Gestalt, seine raschen Bewegungen an; ja, Kalulu ist sein Name.« – »Ja, Bana«, sagten die anderen, »lassen Sie ihn Kalulu heißen.« Kalulu ist nämlich ein Kiswahili-Ausdruck für das Junge der blauen Antilope (Perpusilla).

»Gut«, sagte ich, nachdem Wasser in einer großen Zinnpfanne gebracht worden und Selim, der bereit war, sein Pate zu sein, ihn über dasselbe gehalten, »möge sein Name von jetzt an Kalulu heißen und niemand ihm denselben rauben!« So kam Mohammeds kleiner Schwarzer zu dem Namen Kalulu.

Die Expedition nimmt an Zahl zu, sie besteht jetzt aus zwei Weißen, einem arabischen Knaben, einem Hindu, 29 Wangwana, einem Jungen von Londa (Cazembés), einem von Nganda und einem von Liemba oder Uwemba.

Ehe es dunkelte, wurden wir stark alarmiert. Wir hörten nämlich viel Feuer in Tabora, was uns einen Angriff auf Kwihara fürchten ließ. Es erwies sich aber, daß es nur Salutschüsse zu Ehren der Ankunft von Sultan Kitambi waren, der dem Sultan von Unyanyembé, Mkasiwa, einen Besuch abstatten wollte.

14. September. Selim, der junge Araber, deliriert vor anhaltendem Fieber. Shaw ist wieder krank oder simuliert, es zu sein. Diese beiden nehmen meine Zeit hauptsächlich in Anspruch. Ich bin geradezu Krankenwärter geworden, denn ich habe niemand, der mich bei der Pflege unterstützt. Wenn ich es versuche, Abdul Kader in der Kunst, sich nützlich zu machen, zu unterrichten, so ist sein Kopf von den schrecklichen Dünsten des unyamwezischen Tabaks so benebelt, daß er ganz verwirrt herumläuft, Schüsseln zerbricht und gekochte Leckerbissen umwirft, bis ich so ärgerlich werde, daß ich auf eine ganze Stunde meine Gemütsruhe verliere. Wenn ich Feradschi, der jetzt förmlich als mein Koch installiert ist, darum bitte, mir beizustehen, so gelingt es seinem dicken Holzkopf nicht, einen Gedanken zu fassen, und ich bin daher genötigt, selbst die Rolle des Küchenmeisters zu übernehmen.

15. September. Der dritte Monat meines Aufenthalts in Unyanyembé ist fast zu Ende, und ich bin noch hier, hoffe aber doch, binnen acht Tagen endlich abziehen zu können.

Die ganze Nacht hindurch bis morgens 9 Uhr haben meine Soldaten getanzt und gesungen zu Ehren ihrer toten Kameraden, deren Gebeine jetzt in den Wäldern von Wilyankuru bleichen. Zwei oder drei große Töpfe voll Pombé genügten nicht, um den wütenden Durst, welchen diese lebhafte Bewegung erzeugt hatte, zu stillen. Daher wurde ich heute morgen zeitig darum gebeten, ein Schukka für einen weiteren Topf dieses kräftigen Getränks herzugeben.

Heute war ich damit beschäftigt, die Last für jeden Soldaten und Gepäckträger auszusuchen. Um ihnen ihre Mühe so viel wie möglich zu erleichtern, habe ich jede Last statt 70 bloß 50 Pfund schwer gemacht, wodurch ich hoffe, lange Märsche machen zu können. Ich bin imstande gewesen, während der letzten Tage zehn Pagazis zu mieten.

Einige meiner Leute sind noch sehr krank, und es ist fast unnütz zu erwarten, daß sie imstande sein werden, irgend etwas zu tragen; ich hoffe aber, andere Leute an ihrer Stelle zu bekommen, ehe der Tag der Abreise da ist, der sich jetzt rasch zu nähern scheint.

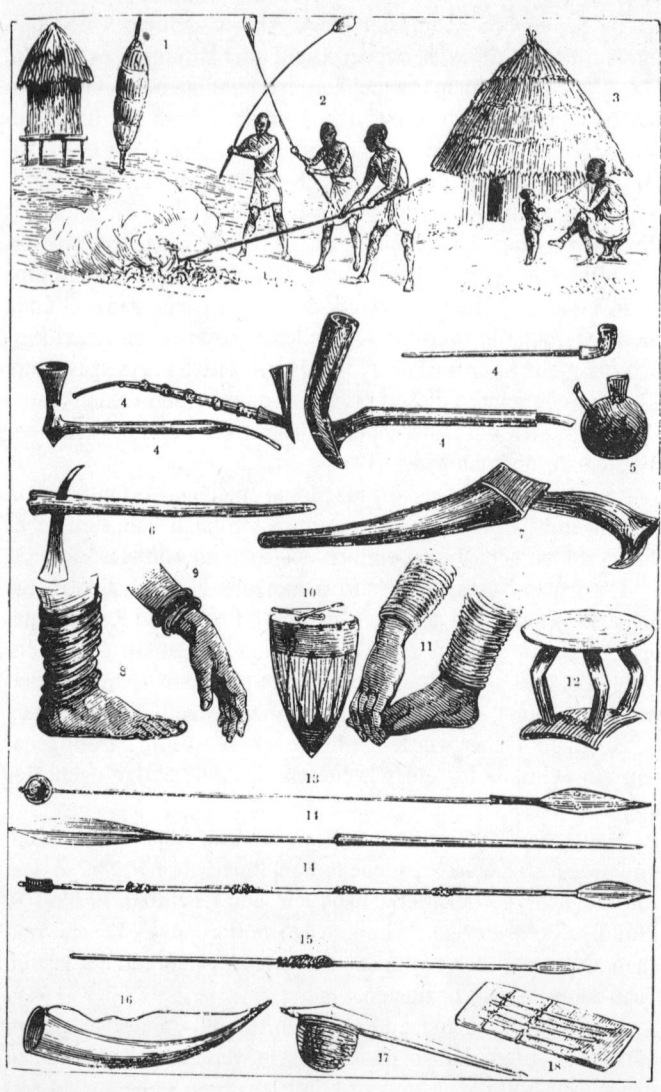

1 Kornspeicher
2 Dreschen
3 Kleine Hütte
4 Pfeifen
5 Pfeifenkopf
6 Kriegsbeil

7 Schnittmesser
8 Beinringe
9 Handgelenkringe
10 Trommel
11 Messingdrahtschmuck
12 Sessel

13 Manyuema-Speer
14 Udschidschi-Speer
15 Assegai
16 Signalhorn
17 Gitarre
18 Musikinstrument

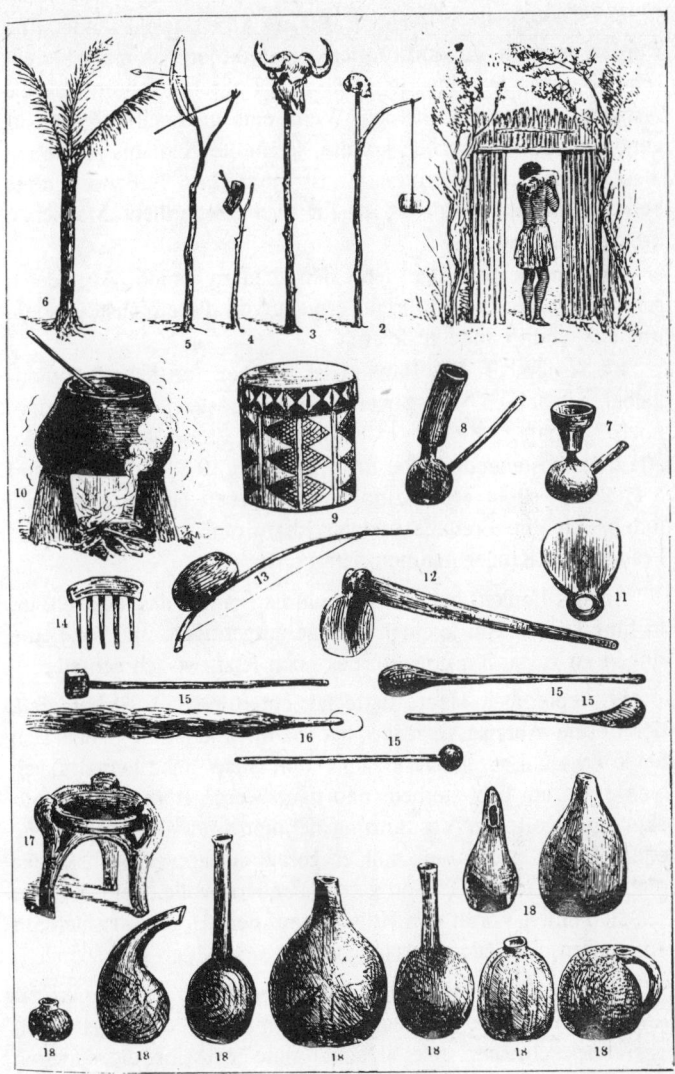

1–6 Zeichen am Wege   11–12 Hacken   16 Fliegenwedel
7–8 Pfeifenköpfe   13 Gitarre   17 Sessel
  9 Büchse aus Baumrinde   14 Kamm   18 Kürbisgefäße
10 Feuerplatz mit   15 Knotenstöcke
     irdenem Gefäß

16. September. Wir haben unsere Arbeit fast beendet und werden, so Gott will, am fünften Tage von jetzt ab marschieren. Ich habe noch zwei Pagazis sowie zwei Führer angenommen, die Asmani und Mabruki heißen. Wenn eine ungeheure Gestalt irgend jemand erschrecken könnte, so müßte Asmanis Aussehen diese Wirkung hervorrufen. Er ist mehr als 6 Fuß hoch ohne Schuhe und hat Schultern, die für zwei gewöhnliche Menschen breit genug sind.

Morgen beabsichtige ich, den Leuten einen Abschiedsschmaus zu geben, um ihren Fortgang von diesem abstoßenden, unglücklichen Lande zu feiern.

17. September. Das Bankett ist vorüber. Ich habe 2 Bullenkälber schlachten, ein ganzes Schwein rösten und außerdem noch 3 Schafe, 2 Ziegen, 15 Hühner, 120 Pfund Reis, 20 große, aus Mais bestehende Laibe Brot, 100 Eier, 10 Pfund Butter und 5 Gallonen süßer Milch zum Bankett geben lassen. Die Leute luden sich ihre Freunde und Nachbarn ein, und etwa hundert Frauen und Kinder nahmen daran teil.

Als das Bankett beendet war, wurde Pombé, das hiesige Bier, in fünf Töpfen von je einer Gallone aufgetragen, und die Leute fingen an zu tanzen und tun das noch jetzt, wo ich schreibe.

19. September. Heute hatte ich einen leichten Fieberanfall, der unsere Abreise verzögert hat. Selim und Shaw haben sich beide erholt. Der erstere erzählte mir, Shaw habe gemeint, ich werde wie ein Esel sterben, und dann werde er meine Tagebücher und Koffer in Verwahrung nehmen und sofort zur Küste eilen. Heute nachmittag soll er gesagt haben, er beabsichtige nicht, nach Udschidschi zu gehen, sondern wolle, wenn ich fort sei, sich einen Vorrat von Hühnern auf dem Hofe und eine Kuh anschaffen, um jeden Tag frische Eier und Milch zu haben.

Abends kam Shaw, als mein Fieber seinen Höhepunkt erreicht hatte, zu mir, um mich zu fragen, an wen er im Falle meines Todes schreiben solle. »Denn«, sagte er, »selbst die stärksten Leute können sterben.« Ich befahl ihm, sich zu entfernen, um seine eigenen Sachen zu kümmern und nicht stets um mich herumzukrächzen.

Etwa um 8 Uhr abends kam Scheikh bin Nasib zu mir und bat mich, morgen nicht fortzuziehen, da ich so krank sei. Thani Sakhburi meinte sogar, ich könne noch einen Monat dableiben, worauf ich ihm sagte, die Weißen seien nicht gewohnt, ihr Wort zu brechen. Ich habe gesagt, ich werde gehen, und daher würde ich es auch tun.

Scheikh bin Nasib gab alle Hoffnung auf, mich dazu zu bewegen, noch einen Tag zu bleiben, und ist mit dem Versprechen fortgegangen, Seyyid Barghasch zu schreiben und ihm zu berichten, wie eigensinnig ich sei und daß ich entschlossen sei, mich töten zu lassen. Dies bot eine kleine Abschiedsszene.

Um 10 Uhr abends war das Fieber vorüber. Außer mir schlief alles im Tembé, und ein Gefühl unaussprechlicher Einsamkeit überkam mich, wie ich an meine Lage und Absichten dachte und den vollständigen Mangel an Sympathie bei allen, die mich umgaben, wahrnahm. Selbst mein weißer Gehilfe, mit dem ich mir so viel Mühe gegeben, empfand noch weniger Sympathie für mich als mein kleiner schwarzer Knabe Kalulu. Es gehört mehr Kraft, als ich besitze, dazu, alle dunklen Vorahnungen des Gemüts zu zerstreuen. Doch ist das, was ich Vorahnung nenne, wohl einfach die Folge der Warnungen, welche diese treulosen Araber mir so häufig ausgesprochen haben. Diese Melancholie, dieses Gefühl der Verlassenheit, rühren wohl auch davon her. Auch ist das einzelne Licht, das die Dunkelheit meiner Stubenecken kaum erhellt, gerade kein Mittel, mich heiterer zu stimmen. Es ist mir zumute, als sei ich in Steinmauern gefangen. Warum soll ich mich aber durch Warnungen und Gekrächze dieser dummen Araber quälen lassen? Ein Verdacht steigt in mir auf, während ich dies schreibe, daß noch irgendein anderes Motiv dahinterstecke. Ich möchte wohl wissen, ob diese Araber mich in der Hoffnung hierbehalten wollen, daß ich dazu gebracht werden könnte, ihnen noch einmal in ihrem Kriege mit Mirambo beizustehen! Wenn sie das glauben, so irren sie sich sehr, denn ich habe einen feierlichen Eid geschworen, den ich halten will, so lange mir noch eine Lebenshoffnung bleibt, mich von dem gefaßten Entschluß nicht abbringen zu lassen, so lange zu suchen, bis ich Livingstone lebendig oder tot aufgefunden habe, und nicht ohne die stärksten Beweise für dessen Leben oder Tod nach Hause zu kehren. Kein Lebender soll mich daran hindern, nur der Tod kann es. Doch nein! Selbst der nicht, denn ich werde, will und kann nicht sterben! Ein gewisses, unbekanntes Etwas, sei es nun die mir eigene stets rege Hoffnungsseligkeit oder eine aus einer großen Lebenskraft entspringende natürliche Kühnheit oder das Produkt eines überschwenglichen Selbstvertrauens – gleichviel –, ein Etwas sagt mir heute abend: *Ich werde ihn ganz bestimmt finden.* Schon diese bloßen Worte inspirieren mich. Ich fühle mich glücklicher. Habe ich gebetet? Heute nacht werde ich ruhig schlafen.

FÜNFTES KAPITEL

Der 20. September war da. An diesem Tage hatte ich beschlossen, mich von den Leuten, die mich mit ihren Zweifeln, Befürchtungen und Meinungen quälten, zu trennen und den Marsch nach Udschidschi auf einem südlichen Wege anzutreten. Ich war sehr schwach vom Fieber, das mich am Tage vorher gepackt hatte, und es war höchst töricht, unter solchen Umständen einen Marsch anzufangen. Ich hatte aber gegen Scheikh bin Nasib damit renommiert, daß ein weißer Mann sein Wort nie bricht, und mein Ruf als Weißer wäre ruiniert gewesen, wenn ich zurückgeblieben wäre oder den Marsch infolge von Schwäche verschoben hätte.

Ich musterte die ganze Karawane außerhalb meines Tembé; unsere Fahnen und Flaggen wurden entfaltet, die Leute hatten ihre Lasten auf den Mauern abgelegt und lachten und schrien ihre Neger-Prahlereien gehörig hinaus. Alle Araber, mit Ausnahme von Scheikh bin Nasib, den ich durch meine eigensinnige Opposition gegen seine Wünsche verletzt, hatten sich aus Neugierde versammelt, um Zeugen unserer Abreise zu sein. Der alte Scheikh dagegen legte sich zu Bette, schickte aber seinen Sohn, um mir noch ein Stückchen philosophischer Sentimentalität zu überbringen, die ich als die letzten Worte des patriarchalischen Scheikh, des Sohnes von Nasib, des Sohnes von Ali, des Sohnes von Sayf aufbewahren solle. Armer Scheikh! Hättest du gewußt, was diesem Eigensinn, dieser eselhaften Störrigkeit, den falschen Weg einzuschlagen, zugrunde lag, was würdest du erst dann gesagt haben? Der Scheikh aber tröstete sich mit dem Gedanken, daß ich wohl besser wisse als er, was ich vorhabe. Auch ist das sehr wahrscheinlich; doch wird weder er noch irgendein Araber ganz genau das Motiv erfahren, das mich überhaupt zum Marsch nach Westen trieb, wo doch der Weg nach Osten soviel leichter war.

Die Leute waren alle am Platz außer Bombay. Dieser war fort und nicht zu finden. Ich schickte also einen Mann aus, um ihn aufzutreiben. Man fand ihn weinend in den Armen seiner Delila.

»Warum bist du fortgegangen, Bombay, da du doch wußtest, daß ich abreisen wollte und wartete?«

»O Herr, ich sagte meiner Geliebten Lebewohl.«

»Wirklich?«

»Ja, Herr. Tun Sie das nicht, wenn Sie weggehen?«

»Still!«

»Zu Befehl.«

»Was fehlt dir denn, Bombay?«

»Nichts.«

Da ich sah, daß er wohl in der Laune war, sich mit mir vor den außerhalb meines Tembé als Zuschauer versammelten Arabern zu zanken, und ich durch nichts in meinen Absichten gestört werden wollte, so war ich veranlaßt, Bombay mit meiner Peitsche einige Streiche zu versetzen, was seinen heißen Zorn alsbald abkühlte, auf mein Haupt jedoch laute einstimmige Einwendungen seitens meiner angeblichen arabischen Freunde herabzog. »Aber, Herr, tun Sie das doch nicht, halten Sie doch ein. Der arme Mensch weiß besser als Sie, was Ihnen und ihm auf dem Wege, den Sie einschlagen wollen, bevorsteht.«

Wenn irgend etwas geeignet war, mich noch mehr in Wut zu versetzen als Bombays Unverschämtheit vor dieser Menge, so war es diese ungebetene Einmischung in meine eigenen Angelegenheiten. Ich hielt aber an mich und sagte ihnen nur mit lauter Stimme, ich wünschte nicht, daß sie sich in meine Sachen mischten, wenn sie sich nicht mit mir zanken wollten.

»Nein, nein, Bana«, riefen sie alle, »wir wünschen nicht mit Ihnen zu streiten. Im Namen Gottes! Schlagen Sie Ihren Weg in Frieden ein.«

»Leben Sie wohl«, sagte ich und drückte ihnen die Hand.

»Adieu, leben Sie wohl, Herr! Wir wünschen Ihnen alle gut Glück. Gott sei mit Ihnen und führe Sie!«

»Marsch!« Eine Abschiedssalve wurde abgefeuert, die Flaggen wurden von den Führern in die Höhe gehoben, jeder Pagazi stürzte auf seine Last zu, und in kurzer Zeit war der vordere Teil der Expedition mit Gesang und Geschrei um das westliche Ende meines Tembé die Straße nach Ugunda entlang abgezogen.

»Nun, Herr Shaw, ich warte auf Sie. Steigen Sie auf Ihren Esel, wenn Sie nicht zu Fuß gehen können.«

»Bitte, Herr Stanley, ich fürchte, ich kann nicht mitgehen.«

»Wieso?«

»Ich weiß es nicht; ich fühle mich aber sehr schwach!«

»Das bin ich auch. Wie Sie wissen, hat mich das Fieber erst spät gestern abend verlassen. Ziehen Sie sich doch nicht vor diesen Arabern zurück. Bedenken Sie, daß Sie ein Weißer sind. Hier, Selim, Mabruki, Bombay, helft Herrn Shaw auf seinen Esel und geht neben ihm.«

»O Bana, Bana, nehmen Sie ihn nicht mit! Sehen Sie denn nicht, daß er krank ist?« sagten die Araber.

»Ihr bleibt mir davon! Nichts kann mich daran hindern, ihn mitzunehmen. Er soll mit. Bombay! Vorwärts!« –

So war der Rest meiner Gesellschaft auf den Weg gebracht. Das bis vor kurzem noch so geschäftige Tembé hatte ein ödes, verlassenes Aussehen gewonnen. Ich wandte mich gegen die Araber, lüftete meinen Hut und sagte noch einmal Lebewohl. Dann kehrte auch ich mich in Begleitung meiner vier jungen Flintenträger Selim, Kalulu, Madschwara und Bilali gen Süden.

Ehe wir 5 Kilometer gegangen, erhob der wilde Unyamwezi-Esel, der von hinten vom schlauen Mabruki gekitzelt wurde, die Hinterbeine, und John Shaw, der nie ein guter Reiter gewesen, lag der Länge lang in der Nähe eines Dornbusches auf dem Boden. Er schrie auf, und wir liefen alle hin, um ihm zu helfen.

»Was gibt's, mein lieber Freund?« fragte ich, »haben Sie Schaden genommen?«

»O mein Gott, mein Gott! Lassen Sie mich doch umkehren, Herr Stanley!«

»Etwa weil Sie von einem Esel heruntergefallen sind? Fassen Sie nur Mut. Es würde mir sehr leid tun, wenn ich sagen müßte, daß Sie zurückgeblieben. In vier bis fünf Tagen werden Sie selbst über dies kleine Mißgeschick lachen. Fast alle Menschen fühlen sich etwas weichherzig, wenn sie einen angenehmen Ort verlassen. Steigen Sie nur wieder auf Ihren Esel, alter Freund! Entschließen Sie sich doch mitzugehen! Dann geht's auch.«

Noch einmal halfen wir ihm hinauf; trotzdem überlegte ich mir aber die ganze Zeit, ob es nicht viel besser sei, den Menschen zurückzuschicken als ihn wider seinen Willen, fast mit Gewalt, mehrere hundert Meilen, die zwischen mir und Udschidschi liegen mußten, mitzuschleppen. Wenn er nun unterwegs stürbe? Vielleicht war er wirklich krank? Nein, das ist er nicht, er stellt sich bloß so. Ich gestehe aber, ich hätte ihn an Ort und Stelle zurückgeschickt, wenn ich nicht der Überzeugung gewesen wäre, dafür von den Arabern ausgelacht zu werden.

In anderthalb Stunden kamen wir in unserem Lager in dem Kinyamwezi-Dorfe Mkwenkwe an, dem Geburtsort unseres berühmten Sängers Maganga.

Mein Zelt wurde aufgeschlagen und die Güter in einem der Tembés zusammengelegt; die Hälfte der Leute war aber nach Kwihara zurückgegangen, um sich noch einmal von ihren Frauen und Freundinnen zu verabschieden.

Gegen Abend wurde ich wieder einmal vom Wechselfieber befallen. Vor dem Morgen war es zwar wieder fort, hatte mich aber schrecklich schwach und matt gemacht. Ich hatte die Unterhaltung der Leute untereinander bei ihren Lagerfeuern über die wahrscheinlichen Aussichten für den nächsten Tag mit angehört. Unter ihnen war die Frage aufgeworfen worden, ob ich den Marsch weiter fortsetzen würde. Fast alle waren der Ansicht, daß, da der Herr krank sei, ein Marsch nicht stattfinden werde. Mich trieb dagegen ein höchster Grad von Eigensinn an, ihrer Lässigkeit Trotz zu bieten. Als ich aber zu meinem Zelt hinaustrat, um ihnen zu befehlen, sich fertigzumachen, fand ich, daß wenigstens zwanzig von ihnen fehlten. Auch war Livingstones Briefträger Kaif-Halek (»Wie befinden Sie sich?«) noch nicht mit dem Briefbeutel desselben angekommen.

Ich suchte zwanzig der stärksten und treuesten Leute aus und schickte sie nach Unyanyembé zurück, um die fehlenden Leute aufzusuchen, und Selim sollte zugleich von Scheikh bin Nasib eine lange Sklavenkette borgen oder kaufen.

Zur Nacht kehrten meine Polizisten mit neun der fehlenden Leute zurück. Die Wadschidschi aber waren alle zusammen desertiert und ließen sich nicht auffinden. Selim kam auch heim mit einer starken Kette, mit der man wenigstens zehn Leute in die daran befindlichen Halsbänder schließen konnte. Auch Kaif-Halek erschien mit seinem Briefbeutel, den er unter meinem Geleit Livingstone bringen sollte. Darauf hielt ich eine Anrede an die Leute und zeigte ihnen die Sklavenkette vor. Ich sagte ihnen, ich sei der erste Weiße, der eine Sklavenkette auf die Reise mitgenommen habe; da sie sich aber alle so sehr fürchteten, mich zu begleiten, sei ich gezwungen, davon Gebrauch zu machen, da es das einzige Mittel sei, sie zusammenzuhalten. Die Guten brauchten keine Furcht vor der Kette zu haben, nur die Deserteure, die Diebe, die ihren Lohn nebst Geschenken, Flinten und Munition erhielten und dann doch wegliefen, hätten sie zu fürchten. Diesmal würde ich noch keinen in Ketten legen, wenn aber für die Folge wieder jemand desertierte, so würde ich halten lassen, den Marsch nicht eher aufnehmen, bis ich ihn gefunden, und dann solle er mit der Sklavenkette um den Hals nach Udschidschi marschieren. »Hört ihr?« »Ja«, lautete die Antwort. »Versteht ihr?« »Ja.«

Um 6 Uhr abends brachen wir auf und schlugen den Weg nach Inesuka ein, wo wir um 8 Uhr abends ankamen.

Als wir am nächsten Morgen im Begriff waren, den Marsch anzutreten, entdeckten wir, daß wiederum zwei weggelaufen waren. Sofort wurden Baraka und Bombay nach Unyanyembé geschickt, um die beiden fehlenden Leute Asmani und Kingaru zurückzubringen, mit dem bestimmten Befehl, nicht ohne sie heimzukehren. Kingaru war, wie der Leser sich erinnern wird, jetzt schon zum drittenmal davongelaufen. Während diese Verfolgung vor sich ging, hielten wir im Dorfe Inesuka, hauptsächlich um Shaws willen.

Am Abend wurden die unverbesserlichen Deserteure zurückgebracht und, wie ich gedroht hatte, tüchtig geprügelt und in Ketten gelegt, um sie vor einer nochmaligen Versuchung zu sichern. Bombay und Baraka hatten eine romantische Geschichte über ihre Gefangennahme zu erzählen, und da ich bei sehr guter Stimmung war, so wurden ihre Dienste mit je einem schönen Tuch belohnt.

Am folgenden Morgen verschwand wieder ein Lastträger, welcher seinen Mietslohn von 15 neuen Tuchen sowie auch noch eine Flinte mitnahm. Aber noch irgendwo in der Nähe von Unyanyembé haltzumachen, war eine Gefahr, die nur dadurch vermieden werden konnte, daß wir ohne Aufenthalt durch die südlichen Dschungelländer weiterreisten. Man wird sich erinnern, daß ich den gefürchteten Schneider Abdul Kader in meinem Gefolge hatte, welcher von Bagamoyo mit glänzenden Hoffnungen auf die Elfenbeinschätze auszog, die er sich im Innern von Afrika erwerben könne. An diesem Morgen flehte Abdul Kader aus Furcht vor den angeblich drohenden Gefahren um seine Entlassung. Er schwor mir zu, er sei krank und außerstande weiterzugehen. Da ich seiner ohnehin ziemlich überdrüssig war, zahlte ich ihn in Tuch aus und ließ ihn laufen.

Ungefähr auf dem halben Wege nach Kasegera erkrankte Mabruk Salim plötzlich an Erbrechen, Diarrhöe und einem beständigen Abgang von Würmern. Ich behandelte ihn mit einem Gran Kalomel und einigen Unzen Branntwein. Da er außerstande war zu gehen, so versah ich ihn mit einem Esel. Ein anderer Mann, namens Zaidi, wurde vom Rheumatismus befallen. Shaw stürzte auch zweimal von dem Tiere, das er ritt, und es bedurfte sehr vieler guter Worte, um ihn wieder zum Aufsteigen zu bewegen. Wahrhaftig, meine Expedition wurde vom Mißgeschick verfolgt, und es schien, als ob die Schicksalsgöttinnen unsere Rückkehr beschlossen hätten. Es sah wirklich so aus, als ob alles zugrunde ginge. Wenn ich nur 14 Tage weit von Unyanyembé wäre, so wäre ich, meiner Ansicht nach, gerettet.

Kasegera bot am Nachmittag und Abend unserer Ankunft eine Freudenszene dar. Es waren eben Leute, die an der Küste gewesen, heimgekehrt, und die junge Welt hatte sich in neuen Barsatis, Soharis und langen Kleidern von glänzendem neuem Kaniki aufgeputzt, welche sie hinter einem Busch angezogen, ehe sie in vollem Staat erschienen. Die Frauen schrien »Hihi«, wie Mänaden, und »Lutulu« ertönte es häufig und laut den ganzen Nachmittag. Sylphidenartige Mädchen blickten voll Bewunderung auf die jugendlichen Helden; alte Frauen liebkosten sie ungemein, und vom Alter gebeugte Patriarchen an Stöcken segneten sie. So gebärdet sich der Ruhm in Unyamwezi. Alle die glücklichen Jünglinge mußten ihrer Zunge bis zu den Frühstunden des nächsten Morgens freien Lauf lassen, um die Wunder zu erzählen, die sie in der Nähe des großen Meeres und auf »Ungudscha«, der Insel Sansibar, gesehen hatten. Sie mußten berichten, wie sie die Schiffe der weißen Männer und eine große Anzahl Weiße gesehen, welche Gefahren und Prüfungen sie auf ihrer Reise durch das Land der wilden Wagogo bestanden und was sie sonst noch erlebt hatten, kurz Dinge, die dem Leser und mir jetzt schon genau bekannt sind.

Am 24. hoben wir unser Lager auf, marschierten durch einen Wald von Imbiti-Holz in südsüdwestlicher Richtung und kamen nach ungefähr drei Stunden nach Kigandu.

Als wir bei diesem Dorf anlangten, das von einer Tochter Mkasiwas beherrscht wird, teilte man uns mit, wir dürften dasselbe nicht betreten, ohne Zoll zu zahlen. Da wir dies nicht tun wollten, waren wir genötigt, in einem verfallenen, von Ratten heimgesuchten Boma zu kampieren, das eine Meile links von Kigandu liegt, nachdem wir von den feigen Eingeborenen dafür tüchtig beschimpft worden, daß wir Mkasiwa in der Stunde der Not verlassen hätten. Man beschuldigte uns, des Krieges wegen ausgerissen zu sein.

Fast unmittelbar vor unserem Lager verlor Shaw bei seinem Versuch, vom Esel zu steigen, die Steigbügel und fiel aufs Gesicht zur Erde. Dieses kleine Nebenspiel des Herrn Shaw kam mir jetzt zu häufig vor. Daher befahl ich den Leuten, als sie hinstürzten, ihm aufzuhelfen, ihn liegen zu lassen. Der dumme Mensch blieb faktisch in der heißen Sonne eine ganze Stunde lang auf dem Boden liegen, und als ich ihn gelassen fragte, ob er sich da nicht etwas ungemütlich fühle, setzte er sich auf und weinte wie ein Kind.

»Wünschen Sie umzukehren, Herr Shaw?«

»Ich bitte darum. Ich glaube nicht, daß ich weiter mit kann; und wenn Sie so gut sein wollen, so wünsche ich sehr umzukehren.«

»Gut, Herr Shaw, ich bin zu dem Schluß gelangt, daß es das beste für Sie ist zurückzukehren. Meine Geduld ist zu Ende. Ich habe es treulich versucht, Ihnen über das kleinliche Elend, dem Sie sich so ganz hingeben, hinwegzuhelfen. Sie leiden einfach an Hypochondrie und bilden sich nur ein, krank zu sein, und offenbar kann Sie nichts von dieser Überzeugung abbringen. Hören Sie auf meine Worte: Nach Unyanyembé zurückkehren heißt sterben. Sollten Sie in Kwihara krank werden, wer versteht es wohl, Sie dort mit Arznei zu behandeln? Nehmen wir an, daß Sie delirieren, wie kann einer meiner Soldaten wissen, was Ihnen fehlt oder was Ihnen gut sein würde. Noch einmal wiederhole ich es, wenn Sie zurückkehren, so sterben Sie.«

»Ach, mein Gott! Ich wünschte, ich hätte es nie gewagt herzukommen. Ich dachte mir das Leben in Afrika so ganz anders, als es ist. Ich will doch lieber heimkehren, wenn Sie es mir gestatten.«

Am nächsten Tage hielten wir und trafen Einrichtungen, um Shaw nach Kwihara zurückzutransportieren. Ich ließ eine starke Tragbahre anfertigen und mietete vier kräftige Pagazis in Kigandu für seinen Transport, ließ Brot backen, eine Kanne mit kaltem Tee füllen und für seinen Lebensunterhalt unterwegs ein Ziegenviertel braten.

Den Abend vor unserer Trennung verbrachten wir gemeinschaftlich. Shaw spielte einige Melodien auf einem Akkordeon, das ich für ihn in Sansibar gekauft. Zwar war es nur ein elendes Ding für 10 Dollars, doch kamen mir die heimatlichen Klänge, die er dem Instrumente entlockte, an jenem Abend wie himmlische Melodien vor. Das letzte Lied, das er spielte, ehe wir uns zurückzogen, war: »Home, sweet home!«, und es schien mir, daß wir, ehe es zu Ende war, weicher gegeneinander gestimmt waren.

Am Morgen des 27. standen wir alle früh auf. Es lag eine bedeutende Energie in unseren Bewegungen. Ein langer, langer Marsch stand uns an jenem Tage bevor; ich mußte ja aber alle Kranken und Schwächlichen zurücklassen. Nur die Gesunden, die rasch und lange marschieren konnten, sollten mich begleiten. Mabruk Salim ließ ich in der Obhut eines eingeborenen

Doktors, der ihn für ein Tuch, das ich ihm im voraus gab, behandeln sollte.

Das Horn erklang zum Aufbruch. Shaw wurde auf die Tragbahre gelegt, welche die Träger auf die Schultern nahmen. Meine Leute stellten sich mit erhobenen Fahnen in zwei Reihen auf, und mitten durch diese und die glänzenden Fahnen, die über den Wassern des Tanganika flattern sollten, ehe Shaw sie wieder zu Gesicht bekam, wurde dieser nach Norden zu fortgetragen. Wir zogen nach Süden mit rascheren und elastischeren Schritten, als ob uns ein Alp abgenommen sei.

Wir marschierten drei Stunden und hielten dann, um uns zu erfrischen. Ich bemerkte, daß die Leute sehr ermüdet, nach unserer langen Ruhe in Kwihara noch nicht an eine Reihe langer Märsche gewöhnt oder für ernste, angestrengte Arbeit gehörig eingeschult waren. Als wir unseren Marsch wieder aufnahmen, zeigten sich wiederholt Unmut und Abgespanntheit, ein paar launige Bemerkungen über ihre Faulheit brachten die Leute jedoch wieder in gute Stimmung, und wir erreichten Ugunda um zwei Uhr nachmittags, nach einem weiteren Marsch von vier Stunden.

Ugunda ist ein sehr großes Dorf im gleichnamigen Distrikte, der an die südliche Grenze von Unyanyembé stößt. Das Dorf besitzt wohl 400 Familien oder 2 000 Seelen. Es wird durch eine hohe und starke Palisadenreihe von dreizölligem Bauholz geschützt. Über den Palisaden hat man Gerüste mit kleinen Schießscharten errichtet, die für die Musketen der Scharfschützen bestimmt sind, welche in diesem kastenartigen Gerüst ihre Zuflucht nehmen, um die Häupter einer angreifenden Truppe niederschießen zu können. Innerhalb dient ein Graben, dessen Sandboden drei bis vier Fuß hoch gegen die Stakete aufgeworfen ist, als Schutz für die Hauptmasse der Verteidiger, die in demselben niederknien und so imstande sind, einer großen Truppenmacht Widerstand zu leisten. Einige Meilen um das Dorf herum sind alle Hindernisse hinweggeräumt, und die Belagerten werden von scharfäugigen Wächtern gewarnt, sich für die Verteidigung bereitzuhalten, ehe sich der Feind auf Musketenschußweite nähert. Mirambo hat seine Räubertruppen von diesem stark befestigten Dorfe nach zwei bis drei erfolglosen Versuchen, es zu erstürmen, zurückgezogen, und die Wagunda frohlocken seitdem darüber, daß sie diesen kühnsten Räuber, den Unyamwezi seit Generationen gesehen, zurückgeschlagen haben.

Am 28. kamen wir in einem kleinen netten Dorfe an, das in dem Benta genannten Walde liegt, dreieinviertel Stunden von Ugunda. Die Straße führt durch die Kornfelder der Wagunda und tritt dann in die um die Dörfer des Kisari liegenden Lichtungen ein, wo wir den Besitzer einer Karawane antrafen, der Lastträger nach Ufipa zusammentrommelte. Er war gezwungen gewesen, hier zwei Monate haltzumachen, und bemühte sich eifrig, meine Leute dazu zu bewegen, sich seiner Karawane anzuschließen, was eben nicht dazu beitrug, Harmonie zwischen uns herzustellen. Einige Tage später fand ich, als ich wieder zurückkehrte, daß er den Gedanken, nach Süden zu ziehen, aufgegeben hatte. Nachdem wir Kisari verlassen, marschierten wir durch ein dünnes Gebüsch von schwarzem Jackholz, über ein Erdreich, das von der Sonnenhitze geborsten war, und hin und wieder an einer ausgetrockneten Pfütze vorüber, deren Boden die deutlichen Spuren von Elefanten, Rhinozerossen, Büffeln und Zebras zeigte, was uns Hoffnung machte, daß wir bald auf Jagdtiere stoßen würden.

Benta war gut mit Mais und einem Korn versehen, das die Eingeborenen Tschoroko nennen und das ich für Wicken halte. Ich kaufte mir einen guten Vorrat davon für meinen eigenen persönlichen Bedarf, da ich fand, daß es eine sehr gesunde Nahrung sei. Das Korn wurde auf den flachen Dächern der Tembés in großen, aus der Rinde des Mtundu-Baumes angefertigten Kasten aufbewahrt. Hier habe ich den größten Kasten erblickt, den ich je in Afrika gesehen; man hätte ihn für die Hutschachtel eines Titanen halten können. Er hatte 7 Fuß im Durchmesser und 10 Fuß Höhe.

Am 29. erreichten wir, nachdem wir in süd-südwestlicher Richtung gereist waren, Kikuru. Der fünfstündige Marsch führte über Ebenen, die von der Sonne geborsten waren, auf denen schwarzes Jack- und Ebenholz sowie Zwerggebüsche wuchsen

Lager unter einem »Riesen der Wälder«

und auf denen sich zahlreiche Ameisenhügel von lichter kreide-farbener Erde wie Sanddünen erhoben.

Nach einem vierstündigen Marsche in süd-südwestlicher Richtung kamen wir am 1. Oktober bei einer großen Pfütze an, die als der Ziwani bekannt ist. Hier entdeckten wir ein altes, halb verbranntes Khambi, das von einem großartigen Mkuyu (einer Sykomore), dem Riesen der Wälder von Unyamwezi, beschattet wurde und das wir binnen einer Stunde in ein herrliches Lager verwandelten.

Wenn ich mich recht besinne, so hatte der Baum 38 Fuß im Umfang. Es ist der schönste Baum seiner Art, den ich in Afrika gesehen. Unter der ungeheuren Laubkuppel desselben hätte ein Regiment Soldaten bequem zu Mittag rasten können. Der Durchmesser des von ihm geworfenen Schattens war 120 Fuß. Die kräftige Gesundheit, der ich mich zu dieser Zeit erfreute, setzte mich in den Stand, die Umgegend mit Bewunderung zu genießen. Ein Gefühl von Wohlbehagen und vollständiger Zufriedenheit ergriff mich, wie ich es in Unyanyembé nicht gekannt, wo ich mein Leben in Untätigkeit und Ärger verbracht hatte. Ich unterhielt mich mit meinen Leuten wie mit Freunden und meinesgleichen. Wir räsonierten miteinander über unsere Aussichten in ganz kameradschaftlicher, geselliger Art und Weise.

Wenn das Tageslicht dahinschwand und die Sonne rasch über dem westlichen Horizont herabsank, den Himmel mit Gold- und Silber-, Safran- und Opalfarben schmückend, wenn dieses prächtige Farbenspiel sich auf den Spitzen des ewigen Waldes widerspiegelte, die heilige Stille des Himmels auf allem ruhte und selbst die rohen Gemüter meiner Umgebung die ganze Herrlichkeit des Naturlebens mitten im ungeheuren, von allen andern menschlichen Wesen leeren Walde tief empfanden, dann trat die Zeit ein, wo wir alle nach vollendeter Tagesarbeit und völliger Sicherstellung des Lagers unsere Pfeifen hervorholten und so recht den Lohn unserer Mühen, die einem tüchtigen Tagewerk folgende Zufriedenheit genießen konnten.

Draußen hört man nichts als das Geschrei eines umherirrenden Florikans oder Perlhuhns, das seine Genossen verloren, das heisere Quaken der Frösche in der nahegelegenen Pfütze oder das Zirpen der Heimchen, welche den Tag zur Ruhe zu lullen scheinen. In unserem Lager läßt sich das Geräusch der Kürbispfeifen vernehmen, aus denen die Leute den blauen Äther einziehen, den auch ich liebe. Ich liege glücklich und zufrieden auf meinem Teppich unter dem Dom lebendigen Laubes, rauche meine kurze Meerschaumpfeife und hänge trotz der Schönheit des stillen grauen Himmelslichts und der Heiterkeit, die mich überall umgibt, meinen Gedanken an die Heimat und die Freunde im fernen Amerika nach.

Am Montag, dem 2. Oktober, zogen wir durch den Wald und die Ebene, welche sich von dem Ziwani nach Manyara erstreckt. Das kostete sechseinhalb Stunden. Die Hitze war furchtbar drückend, doch wuchsen die Mtundu- und Miombo-Bäume hier in Zwischenräumen, die gerade ausreichten, um jedem Baum sein freies Wachstum zu gestatten, während ihr Laub sich zu einem Dache verband, das angenehmen Schatten warf. Der Pfad war frei und bequem, der zusammengestampfte, feste rote Boden bot keine Hindernisse dar. Nur litten wir sehr von den Angriffen der Tsetse- oder Panga(Schwert)-Fliege, die hier schwärmte. Wir wußten, daß wir uns einem ausgedehnten Aufenthaltsort von Wild näherten, und paßten beständig auf, was für Gattungen diese Wälder wohl bewohnten.

Als wir aus dem Wald kamen, traten wir in eine Mbuga oder Ebene, in der wir eine Menge Giraffen erblickten, deren lange Hälse man über einen Busch, an dem sie gefressen hatten, emporragen sah. Dieser Anblick wurde mit einem Freudenschrei begrüßt, denn jetzt wußten wir, daß wir in ein Land jagdbarer Tiere gekommen waren und daß wir in der Nähe des Flusses Gombé, wo wir halten wollten, viele dieser Tiere sehen würden.

Ein Marsch von drei Stunden über diese heiße Ebene brachte uns an die bebauten Felder von Manyara. Vor der Dorfpforte verbot man uns hineinzutreten, da das ganze Land sich im Kriegszustande befinde und es nötig sei, sehr vorsichtig beim Einlaß irgendeiner Truppe zu sein, damit die Dorfbewohner nicht dadurch kompromittiert würden. Man wies uns jedoch nach einem rechts vom Dorfe in der Nähe einiger klarer Wasserpfützen gelegenen Khambi, wo wir ungefähr ein halbes Dutzend zugrunde gerichteter Hütten erblickten, die für ermüdete Menschen sehr ungemütlich aussahen.

Nachdem wir unser Lager errichtet hatten, gab ich dem Kirangozi einiges Zeug, um uns Nahrungsmittel für den Durchzug der vor uns liegenden Wüste, die 135 Meilen oder neun Märsche lang sein sollte, im Dorfe zu kaufen. Man sagte ihm, daß der Mtemi seinen Leuten aufs strengste verboten hätte, Korn zu verkaufen.

Das war offenbar ein Fall, in dem nur etwas Diplomatie uns helfen konnte, denn es hätte uns mehrere Tage aufgehalten, wenn wir genötigt gewesen wären, Leute nach Kikuru zurückzuschicken, um uns Proviant zu holen. Ich öffnete also meine Ballen der besseren Warensorten, suchte zwei hübsche Tücher aus und schickte Bombay mit ihnen an den Sultan mit dem Freundschaftsgruß des weißen Mannes. Der Sultan schlug es verdrießlich aus und befahl ihm, zum Weißen zurückzukehren und ihm zu sagen, er möge ihn nicht weiter belästigen. Alles Bitten blieb umsonst, er wollte nicht einlenken, und die Leute waren genötigt, in sehr schlechter Laune und hungrig zu Bett zu gehen. Hier fielen mir die Worte Ndscharas, eines Sklavenhändlers und Schmarotzers des großen Scheikh bin Nasib, ein: »O Herr, Sie werden es erfahren, daß Sie dem Volk nicht gewachsen sein werden, und werden zurückkehren müssen. Die Wamanyara sind schlecht, die Wakonongo sind sehr schlecht, die Wazavira sind die allerschlechtesten. Sie sind zu einer schlechten Zeit in dieses Land gekommen. Überall herrscht Krieg.« Und wirklich, wenn man nach dem Inhalt der Unterhaltungen schließen durfte, die um unsere Lagerfeuer geführt wurden, so schien dies nur zu klar zu sein. Es war alle Aussicht dazu vorhanden, daß meine Leute alle zusammen ausreißen würden. Ich suchte sie jedoch zu ermutigen und sagte ihnen, ich würde ihnen morgen Nahrungsmittel verschaffen.

Am nächsten Morgen wurde der Ballen der besten Zeuge noch einmal aufgemacht und vier gute Tücher nebst zwei Doti Merikani ausgewählt und Bombay damit samt Grüßen und höflichen Redensarten abgesandt. Es war nötig, sehr höflich gegen einen so verdrießlichen Mann zu sein, der zu mächtig war, als daß man sich hätte ihn zum Feinde machen dürfen. Was wäre aus uns geworden, wenn er sich entschloß, das Beispiel des gefürchteten Mirambo, des Königs von Uyoweh, nachzuahmen! Die Wirkung meiner großartigen Freigebigkeit ließ sich jedoch bald in der Masse von Vorräten sehen, die ins Lager gebracht wurden. Ehe eine Stunde vorüber war, kamen Kisten voll Choroko, Bohnen, Reis, Matama oder Durra und Mais, die ein Dutzend Dorfbewohner auf dem Kopfe uns zutrugen, und bald darauf kam der Mtemi selbst mit einem Gefolge von etwa 30 Musketieren und 20 Speerträgern, um sich den ersten Weißen, der je hier erblickt worden, anzusehen. Hinter diesen Kriegern kam ein großartiges Geschenk, das an Wert dem, das er erhalten, gleichkam und aus mehreren großen Kürbissen voll Honig, Hühnern, Ziegen und hinreichend viel Wicken und Bohnen bestand, um meine Leute auf vier Tage zu verproviantieren.

Ich ging dem Häuptling bis an die Türe meines Lagers entgegen, verbeugte mich tief und lud ihn ein in mein Zelt, das ich für seinen Empfang eingerichtet hatte so gut, wie es die Umstände erlaubten. Mein persischer Teppich und die Bärenhaut lagen ausgebreitet, und ein großes Stück funkelnagelneues Scharlachzeug bedeckte meine Kitanda oder Bettstelle.

Ich forderte den Häuptling und seine Hauptleute auf, Platz zu nehmen. Der Blick befriedigten Erstaunens, den sie auf mich, mein Gesicht, meine Kleider und Gewehre warfen, ist kaum zu beschreiben. Sie sahen mich einige Sekunden sehr genau an, dann blickten sie auf sich selbst und brachen in ein unbezwingliches Gelächter aus, wobei sie mit ihren Fingern wiederholt Schnippchen schlugen. Sie sprachen die Kinyamwezi-Sprache, und mein Dolmetscher Maganga mußte den Häuptling von der großen Freude benachrichtigen, die ich bei seinem Anblick empfand. Nach einer kurzen Zeit, in der wir Komplimente wechselten und um die Wette über einander lachten, wünschte der Häuptling, daß ich ihm meine Flinten zeige. Der »Sechzehnschießer«, das gezogene Winchestergewehr, rief Tausende von schmeichelhaften Bemerkungen des aufgeregten Mannes hervor, und die kleinen tödlichen Revolver, deren schöne Arbeit die Leute für übermenschlich ansahen, machten sie so beredt und entzückt, daß ich gern zu etwas anderem griff. Die doppelläufigen Gewehre, die mit schweren Pulverladungen abgefeuert wurden, veranlaßten sie, scheinbar beunruhigt aufzuspringen und sich darauf in konvulsivischem Gelächter wieder zu setzen. Sowie die Begeisterung meiner Gäste zunahm, griffen sie sich gegenseitig an die Zeigefinger, schraubten und zogen an diesen herum, bis ich fürchtete, daß sie verrenkt werden würden. Nachdem ich ihnen den Unterschied zwischen Weißen und Arabern auseinandergesetzt, zog ich meinen Medizinkasten hervor, der ihnen wieder wegen der sinnreichen und hübschen Anordnung der Flaschen begeisterte Seufzer entlockte. Der Häuptling fragte, was sie zu bedeuten hätten.

»Dowa«, antwortete ich bedeutungsvoll, ein Wort, welches mit Medizin übersetzt werden kann.

»Oh, oh«, murmelten sie voll Bewunderung. Es gelang mir sehr bald, ihre unbedingte Bewunderung zu gewinnen, und es war ihnen ganz klar, daß ich den ausgezeichnetsten Arabern, die sie gesehen, bedeutend überlegen sei. »Dowa, Dowa«, sagten sie.

»Hier«, meinte ich und entkorkte eine Flasche mit medizinischem Branntwein, »ist das Kisungu Pombé (das Bier des Weißen). Nehmt einmal einen Löffel davon und versucht es!« Mit diesen Worten überreichte ich es ihnen.

»Hacht, hacht, oh hacht. Was? Ach, was für starkes Bier haben die Weißen. Oh, wie mein Hals brennt!«

»Ja, es ist aber gut«, sagte ich, »schon ein klein wenig davon bewirkt es, daß die Leute sich stark und gut fühlen; zuviel davon macht sie dagegen schlecht und läßt sie sterben.«

»Geben Sie mir etwas davon«, sagte einer der Häuptlinge, dem die andern der Reihe nach folgten.

Darauf holte ich eine Flasche konzentriertes Ammoniak, von dem ich ihnen erklärte, daß es gut gegen Schlangenbisse und Kopfschmerzen sei. Sofort klagte der Sultan über Kopfschmerzen und wünschte etwas davon zu haben. Indem ich ihm befahl, seine Augen zu schließen, entkorkte ich plötzlich die Flasche und hielt sie Seiner Majestät unter die Nase. Der Effekt war magisch, denn er fiel rückwärts um, als ob er angeschossen sei, und die Verzerrungen seiner Gesichtszüge lassen sich nicht beschreiben. Seine Häuptlinge brüllten vor Lachen, klatschten die Hände zusammen, kniffen einander, schlugen Schnippchen mit ihren Fingern und betrugen sich sonst noch höchst lächerlich. Ich glaube bestimmt, daß, wenn eine solche Szene auf irgendeiner Bühne aufgeführt würde, die Wirkung auf das Publikum sofort wahrzunehmen wäre, daß dasselbe sich an meiner Stelle fast toll gelacht haben würde. Schließlich erholte sich der Sultan; große Tränen rollten ihm die Wangen herab, seine Gesichtszüge bebten vor Lachen, und er sprach langsam das Wort »Kali«, das heißt heiße, starke, rasche, brennende Medizin. Er wünschte nichts mehr davon; die anderen Häuptlinge aber drängten sich danach, ein wenig daran zu riechen, und verfielen, sobald sie das getan, in unbezwingliches Gelächter. Der ganze Morgen verging

Der Sultan nimmt Medizin

mit dieser Staatsvisite, von der alle Beteiligten außerordentlich befriedigt waren.

»Ach«, sagte der Sultan beim Weggehen, »diese Weißen wissen alles, mit ihnen verglichen sind die Araber gar nichts!«

In dieser Nacht desertierte einer der Führer, Hamdallah, mit seinem aus 27 Doti bestehenden Lohn und einem Gewehr. Es wäre unnütz gewesen, ihm am Morgen zu folgen, da es mich viel länger, als ich konnte, aufgehalten haben würde; doch gelobte ich mir innerlich, daß Herr Hamdallah diese 27 Doti abarbeiten solle, ehe ich die Küste erreichte.

Der 4. Oktober, Mittwoch, sah uns nach dem Gombéfluß reisen, der viereinviertel Stunden von Manyara entfernt ist.

Kaum hatten wir die wogenden Kornfelder meines Freundes Mamanyara verlassen, als wir eine Herde schöner Zebras erblickten. Zwei Stunden später waren wir in ein prächtiges weites Parkland getreten, das mit seiner weiten, großartigen Aussicht, dem sich ausbreitenden grünen Teppich, der hier und dort mit kleinen Gruppen von dichtem Gebüsch und schattigen Bäumen besetzt war, ohne Zweifel eine der schönsten Landschaften Afrikas ist. Hierzu kommt noch, daß, als ich einen der zahlreichen kleinen Hügel bestieg, ich eine Menge Herden Büffel, Zebras, Giraffen und Antilopen erblickte, was mir ebenso wie bei meiner ersten Landung auf dem Boden Afrikas einiges Herzklopfen vor Erregung machte. Wir krochen geräuschlos die Ebene hinauf bis zu dem Lager, das wir uns an den Ufern des trägen Gombé aufschlagen wollten.

Hier war denn endlich das Paradies des Jägers! Wie klein und unbedeutend erschienen meine Jagden nach kleinen Antilopen und wilden Ebern; welche törichte Kraftverschwendung lag in den langen Spaziergängen durch feuchte Gräser und dornige Dickichte! Wie lebhaft erinnerte ich mich meiner ersten bitteren Erfahrung in den afrikanischen Dschungeln der Seegegend! Aber hier, welchen Edelmanns Park hätte sich mit diesem Schauspiel vergleichen können? Hier hat man eine weiche, samtartige Rasenfläche vor sich, dort angenehmen Schatten unter jenen ausgedehnten Baumgruppen, und in bequemer Schußweite weiden Herden verschiedener großer Wildarten. Jetzt, wo sich eine solche Aussicht meinen Blicken eröffnet, fühle ich mich vollständig für meinen langen Umweg nach Süden entschädigt. Hier gibt es keine dornigen Dickichte und durchdringend riechende Moore, die den Jäger erschrecken und seine Sehnsucht nach echtem Sport abschwächen. Kein Jäger könnte sich ein schöneres Feld für seine Tätigkeit ersehnen.

In drei Tagen erlegten wir dann auch zwei Büffel, zwei wilde Eber, drei Hartebeests, ein Zebra und ein Pallah. Außerdem wurden acht Perlhühner, drei Florikans, zwei Fischadler, ein Pelikan geschossen, und einer meiner Leute fing ein paar große Welse. Mittlerweile hatten die Leute diese reichlichen Vorräte in Stücke geschnitten und getrocknet, damit sie uns bei unserem Durchzug durch die vor uns befindliche lange Wüstenei dienten.

Am Sonnabend, dem 7. Oktober, brachen wir unser Lager zum großen Bedauern der fleischliebenden und gefräßigen Wangwana ab. Sie schickten Bombay früh am Morgen zu mir, um mich zu bitten, noch einen Tag länger da zu verweilen. Das war immer der Fall, sie hatten stets eine unüberwindliche Abneigung gegen die Arbeit, wenn sie Fleisch zu sehen bekamen. Ich schalt Bombay gründlich aus, daß er mir eine solche Bitte vortrug, nachdem wir eine Rast von zwei Tagen gehabt, während welcher Zeit sie sich mit Fleisch vollgestopft hätten. Bombay war daher keineswegs in bester Laune; denn gefüllte Fleischtöpfe waren mehr nach seinem Geschmack als beständiges Marschieren und die damit verbundenen Strapazen. Ich sah, wie sich sein Gesicht in häßliche, verdrießliche Falten zog und seine großen Unterlippen herabhingen, was so viel bedeutete wie: »Bringen Sie die Leute selbst in Bewegung, sie böser, grausamer Mann! Ich werde Ihnen dabei nicht behilflich sein.«

Eine unheilverkündende Stille folgte meinem dem Kirangozi erteilten Befehl, das Horn ertönen zu lassen, und der gewöhnliche Singsang ließ sich nicht vernehmen. Die Leute kehrten sich verdrießlich ihren Ballen zu, und ich hörte, wie Asmani, der gigantische Führer, unser Fundi, murrend sagte, er bedaure es, sich als Führer nach dem Tanganika vermietet zu haben. Dennoch brachen sie, wenn auch widerwillig, auf. Ich blieb mit meinen Flintenträgern zurück, um die Nachzügler anzutreiben. Nach einer halben Stunde etwa sah ich aber, wie die Karawane vollständig stillhielt, die Ballen auf den Boden warf, wie die Leute in Gruppen herumstanden und sich ärgerlich und aufgeregt unterhielten.

Indem ich meine doppelläufige Flinte von Selims Schultern nahm, suchte ich mir ein Dutzend Ladungen Rehposten aus und ging, nachdem ich zwei davon in die Läufe getan und meine Revolver bereitgemacht hatte, auf sie zu. Ich bemerkte, wie die Leute zu ihren Flinten griffen, als ich näher kam. Als ich dreißig Schritt von den Gruppen entfernt war, sah ich die Köpfe von zwei Leuten über einem Ameisenhaufen zu meiner Linken erscheinen, ihre Flintenläufe nachlässig auf den Weg gerichtet.

Ich hielt an, warf den Lauf meiner Flinte in die Höhlung der linken Hand, zielte kaltblütig auf sie und drohte ihnen die Köpfe zu zerschmettern, falls sie nicht vorträten, um mit mir zu sprechen. Diese beiden waren der riesenhafte Asmani und sein getreuer Freund Mabruki, die Führer Scheikh bin Nasibs. Da es gefährlich war, einem solchen Befehl nicht nachzukommen, so kamen sie sogleich; ich sah aber, als ich Asmani im Auge behielt, daß er seine Finger am Drücker seiner Flinte bewegte und dieselbe in Bereitschaft hielt. Wiederum erhob ich meine Flinte und drohte, ihn sofort zu erschießen, wenn er nicht seine Flinte fortwerfe.

Asmani kam seitwärts mit grinsendem Gesicht heran, aus seinen schurkischen Augen jedoch blickte die unheimliche Absicht zum Mord so klar wie möglich hervor. Mabruki schlich sich hinter mich und legte bedächtig Pulver auf die Pfanne seiner Muskete; ich fuhr aber mit der Flinte scharf in die Runde, hielt die Mündung derselben ihm ungefähr zwei Fuß vor das boshafte Gesicht und befahl ihm, sein Gewehr sofort wegzuwerfen. Rasch ließ er es aus der Hand fallen, und ich gab ihm mit meiner Flinte einen kräftigen Stoß vor die Brust, der ihn taumelnd einige Fuß von mir niederstreckte. Hierauf wandte ich mich zu Asmani und befahl ihm, sein Gewehr niederzulegen, wobei ich eine kräftige Bewegung mit meiner Flinte machte und deren Stecher gleichzeitig leise andrückte. Nie war ein Mensch

Meuterei!

dem Tode näher als Asmani während dieser kurzen Augenblik-
ke. Doch wollte ich nicht gern Blut vergießen, sondern alle
möglichen Mittel versuchen, es zu vermeiden; gelang es mir
aber nicht, diesen Schurken einzuschüchtern, so war meine
Autorität zu Ende. In Wahrheit fürchteten sich alle weiterzuziehen, und die einzige Möglichkeit, sie dazu zu bewegen, war
durch Gewalt und die Ausübung meiner ganzen Willenskraft in
diesem Falle, selbst wenn ein einzelner seinen Ungehorsam mit
dem Tode zu büßen hätte. Als ich mir eben klarmachte, daß Asmani seinen letzten Augenblick auf Erden verlebt habe, da er
seine Flinte an die Schulter hob, trat eine Gestalt hinter ihm
hervor, fegte sein Gewehr mit einer ungeduldigen kräftigen Bewegung zur Seite, und ich hörte, wie Mabruki-Speke in er-
schrecktem Tone sagte:

»Mensch, wie wagst du es, deine Flinte gegen den Herrn zu
richten?« Darauf warf sich Mabruki mir zu Füßen, versuchte sie
zu küssen und bat mich, ihn nicht zu bestrafen. »Jetzt ist alles
vorüber«, sagte er, »es wird keine Zänkerei mehr vorkommen,
sie werden alle ohne irgendwelchen Streit mit nach dem Tanganika gehen, und – Inschallah! – wir werden den alten Musungu
in Udschidschi finden. Sprecht, Männer, freie Männer, wird das
nicht geschehen? Werden wir nicht an den Tanganika gehen,
ohne irgend weitere Unruhe? Sagt das dem Herrn einstimmig.«

Alle riefen laut: »Ay Wallah! Ay Wallah! Bana yango! Ha-
muna manneno mgini!« Buchstäblich übersetzt: »Ja, bei Gott!
Ja, bei Gott, mein Herr! Es gibt keine anderen Worte!«

»Bitte den Herrn um Verzeihung oder mach, daß du fort-
kommst!« sagte Mabruki gebieterisch zu Asmani, und dieser tat
es zu unserer aller Freude.

Es blieb mir nur noch übrig, einen allgemeinen Pardon an
alle zu erteilen, mit Ausnahme von Bombay und Ambari, welche die jetzt glücklich unterdrückte Meuterei angestiftet hatten.
Denn Bombay als Hauptmann hätte, wenn er gewollt, durch ein
Wort jede Äußerung übler Laune im Keime ersticken können.
Bombay war aber dem Marschieren noch abgeneigter als der
feigste seiner Kameraden, nicht weil er feige, sondern weil er
faul war und seinen Bauch zu seinem Gott machte. Ich ergriff

also einen Speer und schlug ihn damit tüchtig auf die Schultern, sprang darauf auf Ambari, dessen höhnisches Gesicht bald eine merkliche Verwandlung erlitt. Darauf ließ ich sie alle beide in Ketten legen und drohte ihnen, daß sie geschlossen bleiben sollten, bis sie wüßten, wie sie um Verzeihung zu bitten hätten. Asmani und Mabruki wurden verwarnt, ihren bösen Stimmungen nicht mehr nachzugeben, wenn sie nicht den Tod, dem sie jetzt glücklich entronnen, schmecken wollten.

Wiederum wurde der Befehl zum Marsch erteilt, und alle nahmen ihre Lasten mit erstaunlicher Munterkeit auf und entschwanden alsbald den Blicken, Bombay und Ambari in Ketten, zusammen mit den Deserteuren Kingaru und Asmani, mit den schwersten Lasten beladen, hinter uns her.

Kaum waren wir eine Stunde von dem Gombé entfernt, als Bombay und Ambari mit zitternder Stimme mich um Verzeihung baten; ich ließ sie noch eine halbe Stunde bitten, dann gab ich schließlich nach, befreite sie von ihren Ketten und setzte den ersteren wieder vollständig in seine Würde als Hauptmann ein.

In ungefähr viereinhalb Stunden, nachdem wir den Ort verlassen, der beinahe zum Schauplatz eines blutigen Konflikts geworden wäre, kamen wir an dem Ziwani an. Der Ziwani oder der Pfuhl enthielt nicht einen Tropfen Wasser, so daß meine Leute, deren Zungen ganz vertrocknet waren, weitergehen mußten, um danach zu graben. Diese Ausgrabung wurde mittels starker, harter, scharf zugespitzter Stöcke in dem trockenen, hart zusammengebackenen Boden bewirkt; nachdem sie sechs Fuß tief gegraben hatten, wurden ihre Mühen durch den Anblick von einigen Tropfen schlammiger Flüssigkeit belohnt, welche an den Seiten des Loches durchsickerte. Diese verschluckten sie gierig, um ihren wütenden Durst zu löschen. Freiwillig gingen einige mit Eimern, Kürbisflaschen und Kannen südlich nach einer verlassenen Lichtung, welche in Ukamba der »Tongoni« genannt wird, und kehrten nach drei Stunden mit einem für den unmittelbaren Gebrauch gehörigen Vorrat guten klaren Wassers zurück.

Nach anderthalb Stunden kamen wir bei diesem Tongoni oder der verlassenen Lichtung der Wakamba an. Hier waren drei oder vier Dörfer niedergebrannt, und ein großer offener Platz lag infolge der Zerstörung der Wa-Ruga-Ruga Mirambos verwüstet da. Die übrigbleibenden Einwohner waren nach der Plünderung und völligen Zerstörung ihrer blühenden Ansiedlung gen Westen nach Ugara ausgewandert. Eine große Herde Büffel löscht jetzt ihren Durst an der Pfütze, welche die Ukambadörfer mit Wasser versehen hat.

Große Massen von Eisenblutstein kamen an der Oberfläche in diesen Wäldern zum Vorschein. Wildes Obst war reichlich vorhanden; der Holzapfel, die Tamarinde und eine kleine pflaumenartige Frucht versahen uns mit einem angenehmen Mahl.

Der Honigvogel ist in diesen Wäldern von Ukonongo sehr häufig. Sein Geschrei ist ein lautes rasches Zirpen. Die Wakonongo verstehen sich seiner Leitung zu bedienen, um zu dem süßen Honigschatz zu kommen, den die wilden Bienen in dem Spalt irgendeines großen Baumes aufgehäuft haben. Täglich brachten mir die Wakonongo, die sich unserer Karawane angeschlossen hatten, ungeheure Stücke Honigwaben, die schönen weißen und roten Honig enthielten. Gewöhnlich enthalten die roten Honigwaben eine große Anzahl toter Bienen, doch kümmerten sich unsere ungemein gefräßigen Leute wenig darum, sondern aßen nicht nur die Honigbienen, sondern auch eine gute Portion Wachs.

Büffelmücken und Tsetses waren auf diesem Marsch sehr beschwerlich infolge der zahlreichen in der Nähe sich aufhaltenden Herden von Jagdtieren.

Am 9. Oktober machten wir einen langen Marsch nach Süden und schlugen unser Lager in der Mitte eines prächtigen Haines auf. Wasser war auf dem Wege sehr selten. Die Wamrima und Wanyamwezi sind nicht imstande, lange den Durst auszuhalten; wenn viel Wasser da ist, so löschen sie denselben bei jedem Bach oder jeder Pfütze; ist es nur sparsam vorhanden, wie hier und in den Wüsten von Marenga und Magunda Mkali, so werden, nachdem die Leute vorher ihre Kürbisflaschen gefüllt, lange Nachmittagsmärsche unternommen, so daß sie imstande sind, das Wasser früh am nächsten Morgen zu erreichen. Selim vermochte nie den Durst auszuhalten; es kam gar nicht darauf an, wie viel von dem köstlichen Naß er bei sich führte, gewöhnlich trank er den ganzen Vorrat aus, ehe das Lager erreicht war, und litt infolgedessen während der Nacht an Durst. Außerdem gefährdete er sein Leben, indem er aus jeder schmutzigen Lache trank, und gerade jetzt begann er auch darüber zu klagen, daß er blutigen Stuhlgang habe, was ich für ein Anfangsstadium der Ruhr hielt.

Während dieser Märsche, seitdem wir Ugunda verlassen, bildeten die Wa-Ruga-Ruga, deren Freveltaten und die Möglichkeit, daß wir mit diesen kühnen Waldräubern zusammentreffen könnten, einen beliebten Gesprächsstoff an den Lagerfeuern. Ich glaube wahrhaftig, die ganze Karawane wäre, falls ein halbes Dutzend von Mirambos Leuten uns plötzlich angefallen hätte, davongelaufen.

Wir erreichten Marefu am nächsten Tage, nach einem kurzen Marsch von drei Stunden. Dort fanden wir eine von den unyanyembischen Arabern an die südlichen Watuta abgeschickte Gesandtschaft, die mehrere Ballen an Geschenken mit sich führte und unter der Leitung des Mseguhha Hassan stand. Dieser tapfere Führer und Diplomat hatte hier wegen der Kriege und Kriegsgerüchte in dem vor ihm liegenden Lande etwas mehr als zehn Tage haltgemacht. Es hieß, daß Mbogo, der Sultan von Mbogo in Ukonongo, mit dem Bruder von Manwa Sera Krieg führe, und da Mbogo ein großer Distrikt von Ukonongo ist, der nur zwei Tagereisen von Marefu entfernt ist, so hielt die Furcht, in den Krieg verwickelt zu werden, den alten Hassan vom Weitermarsch ab. Er riet auch mir, nicht weiterzugehen, da es unmöglich sei, das zu tun, ohne in den Kampf hineingezogen zu werden. Ich sagte ihm aber, ich habe die Absicht, meinen Weg fortzusetzen und es dem Zufall anheimzugeben, und erbot mich freundlich, ihn bis an die Grenze von Ufipa zu begleiten, von wo er leicht und sicher seinen Weg zu den Watuta fortsetzen könne; er schlug dies aber aus.

Wir waren jetzt vierzehn Tage in südwestlicher Richtung gereist und hatten nur wenig mehr als einen Breitengrad zurückgelegt. Ich hatte die Absicht, etwas weiter nach Süden zu gehen, weil der Weg so gut war und wir auch in dieser Richtung nicht zu fürchten brauchten, mit Mirambo zusammenzutreffen; doch zwangen mich die Gerüchte von diesem in dem nur zwei Tagereisen vor uns liegenden Lande wütenden Kriege, im Interesse der Expedition mich seitlich, in der Richtung West zu Nord, dem Tanganika zu, durch den Wald zu schlagen und, wo es vorteilhaft war, Elefantenspuren und Fußpfaden zu folgen. Nachdem ich mich mit dem Führer Asmani beratschlagt, nahm ich diesen neuen Plan an. Jetzt befanden wir uns nach Überschreitung des Gombé in Ukonongo.

Am folgenden Tage nach unserer Ankunft in Marefu wandten wir uns nach Westen angesichts der Dorfbewohner und des arabischen Gesandten, der bis zum letzten Augenblicke uns wiederholte, wir begäben uns bestimmt in Gefahr.

Am Fuße eines anmutigen Bergkegels fanden wir ein Dorf, Utende genannt, dessen Einwohner in großer Unruhe waren, als wir plötzlich auf ihrem Bergkamme erschienen. Die Klugheit veranlaßte mich, dem Sultan ein Geschenk von einem Doti zu übersenden; er nahm dasselbe jedoch nicht an, da er gerade von Pombé betrunken und folglich zur Unverschämtheit geneigt war. Da er mir sagen ließ, daß er jedes Geschenk ausschlagen werde, wenn er nicht noch vier Stück Zeug bekäme, so ließ ich sofort eine starke Boma auf dem Gipfel eines kleinen Berges aufbauen, der sich in der Nähe eines reichlichen Wasservorrats befand, und packte das Geschenk ruhig wieder in meinen Ballen ein. So nahm ich eine strategisch gewählte Stellung ein, da ich die Front des Berges und den ganzen zwischen seinem Fuß und dem Dorf der Watende befindlichen Raum hätte bestreichen können. Die ganze Nacht über blieben Wachen ausgestellt, glücklicherweise jedoch wurden wir bis zum Morgen nicht beunruhigt. Dann erst erschien eine Deputation der wichtigsten Einwohner, um mich zu fragen, ob ich fortzuziehen beabsichtige, ohne ihrem Häuptling ein Geschenk zu machen. Ich erwiderte ihnen, daß es nicht meine Absicht sei, durch irgendein Land zu ziehen, ohne mich mit dem Häuptling zu befreunden, und wenn der ihrige ein gutes Tuch von mir annehmen wolle, würde ich es ihm gern geben. Anfangs erhoben sie zwar Einwendungen gegen die Geringfügigkeit der Gabe, schließlich aber wurde die Meinungsverschiedenheit geschlichtet durch ein Fundo roter Perlen – Sami-Sami –, die ich für die Frau des Häuptlings hinzufügte.

Von der Hügelkette von Utende zog sich ein Wald meilenweit nach Westen hinab, der in einem großen First mit glattem Gipfel sein Ende fand, der sich 500–600 Fuß über der Ebene erhob.

Ein Marsch von vier Stunden brachte uns am 12. Oktober an ein dem Gombé ähnliches Nullah, das während der nassen Jahreszeit in den Gombé und von dort in den Malagarazi fließt.

Von dem Nullah oder Mtoni zogen wir nach Mwaru, dem Hauptdorf des Distrikts Mwaru, dessen Häuptling Ka-mirambo ist. Unser Marsch führte uns über verlassene freie Plätze, die einst von Ka-mirambos Leuten besetzt gewesen, welche aber vor etwa zehn Jahren von Mkasiwa während seiner Kriegführung gegen Manwa Sera vertrieben worden waren. Niongo, der Bruder des letzteren, führte jetzt eben Krieg mit Mbogo und war durch Mwaru am Tage vor unserer Ankunft durchgezogen, nachdem er von seinem Feinde eine Niederlage erlitten hatte.

Die Hügelkette, welche sich am westlichen Horizont dahinzog und von Utende aus sichtbar gewesen war, überschritten wir an diesem Tage. Der westliche Abhang windet sich hier schräg nach Südwesten und wird vom Flusse Mrera, der sich in den Malagarazi ergießt, entwässert. Schon hier nahmen wir den Einfluß des Tanganika wahr, obwohl wir noch zwölf bis fünfzehn Märsche von dem See entfernt waren: das Gebüsch wurde dichter und das Gras ungemein hoch. Dies erinnerte mich an die Seedistrikte von Ukwere und Ukami.

An diesem Orte hörten wir von einer Karawane, die direkt von Ufipa angekommen war, daß ein Weißer, den ich für Livingstone hielt, in »Urua« sein solle.

Nachdem wir Mwaru verlassen, kamen wir in das Gebiet Mreras, eines Häuptlings, der einst viel Macht und Einfluß in dieser Gegend besaß. Kriege haben jedoch seine Besitzungen auf drei bis vier Dörfer beschränkt, die in einem Dickicht versteckt liegen, dessen äußerer Rand so dicht ist, daß er wie eine Steinmauer alle Eindringlinge fernhält. Neun gebleichte Schädel staken an Pfählen, die sich vor dem Haupteingang befanden, und erzählten von den zwischen den Wakonongo und Wazavira bestehenden Kämpfen. Dieser letztere Stamm wohnt in einem Lande, das einige Märsche westlich von uns liegt. Sein Gebiet mußten wir vermeiden, wenn wir nicht wieder eine Gelegenheit aufsuchen wollten, uns im Kriege mit den Eingeborenen auszuzeichnen. Die Wazavira sind nämlich, wie wir von den Wakonongo von Mrera erfuhren, allen Wangwana feindlich gesinnt.

Auf einem schmalen Sumpfstreifen zwischen Mwaru und Mrera sahen wir eine kleine Herde wilder Elefanten. Zum erstenmal geschah es, daß ich diese Tiere in ihrer natürlichen Wildheit erblickte, und ich werde nicht leicht den ersten Eindruck vergessen, den sie auf mich machten. Nach meinem Dafürhalten verdient eigentlich der Elefant den Titel eines Königs der Tiere; seine ungeheure Gestalt, die majestätische Art, in welcher er jemand, der in sein Gebiet eindringt, anschaut, und sein ganzes machtbewußtes Wesen geben gute Gründe für seine Ansprüche auf diesen Titel ab. Diese Herde hielt, als wir in der Entfernung einer Meile an ihr vorüberzogen, an, um sich die Karawane anzusehen, und begab sich, nach Befriedigung ihrer Neugierde, insgesamt in den nach Süden die Sumpfebene begrenzenden Wald, als ob ihnen Karawanen alltägliche Erscheinungen seien, wogegen sie, die freien und unbesieglichen Herren des Waldes und Sumpfes nichts mit den feigen Zweifüßlern gemein hätten, die nie mutig genug sind, um sich ihnen im ehrlichen Kampfe zu stellen. Die Zerstörung, die eine solche Herde in einem Walde anrichtet, ist geradezu furchtbar. Wenn die Bäume noch jung sind, so kann man sie in dichten Reihen entwurzelt auf der Erde liegen sehen; sie bezeichnen die Spur der Elefanten, die sich ihren Weg durch Wald und Dickicht mit wuchtigem Tritt gebahnt haben.

An diesem Orte wurde der junge Selim so krank, daß ich genötigt war, seinetwegen drei Tage mit der Karawane haltzumachen. Er schien an einer Krankheit in den Gelenken zu leiden; er krümmte sich vor Schmerzen und zitterte beständig. Außerdem hatte er einen Anfall von akuter Ruhr. Beständige Pflege

Selim, der Dolmetscher

und Sorgfalt stellten ihn jedoch bald wieder her, und am vierten Tage war er imstande, die Strapazen des Reitens zu ertragen.

Die Krieger von Mrera sind fast alle mit Musketen bewaffnet, die sie sehr sorgfältig behandeln. Sie verlangten dringend nach Flintensteinen, Kugeln und Pulver, was ich aber grundsätzlich stets verweigerte, damit sie nicht, falls einmal ein Zwiespalt entstände, die so erhaltene Munition zu meinem eigenen Nachteil verwenden könnten. Die Männer dieses Dorfes sind Faulenzer, sie spielen wie große Kinder und tun nichts weiter als jagen, gaffen und schwatzen.

Während der Zeit, wo ich mich in Mrera aufhielt, beschäftigte ich mich damit, meine Schuhe auszubessern und die großen

Risse in meinen Kleidern zu flicken, welche die Dornbüsche während der letzten Märsche fast gänzlich ruiniert hatten. Im Westen über Mrera hinaus lag eine Wildnis, von der man uns vorhersagte, daß wir neun Tage brauchen würden, um sie zu passieren.

Es trat daher an uns die Notwendigkeit heran, uns mit einem großen Vorrat von Korn zu versehen, welches, ehe wir die vor uns liegende große unbewohnte Wüste betraten, zu mahlen und zu sieben war; es gab demnach reichliche Arbeit.

SECHSTES KAPITEL

Am 17. Oktober sagten wir Mrera Lebewohl, um unseren Weg nach Nordwesten fortzusetzen. Ich stand jetzt mit allen meinen Leuten auf freundschaftlichem Fuße; alles Streiten hatte lange aufgehört. Bombay und ich hatten unseren Zank vergessen; vielmehr waren der Kirangozi und ich bereit, uns zu umarmen, auf so kordialem Fuße standen wir zueinander. Das Vertrauen ist in alle Herzen zurückgekehrt, denn jetzt konnten wir ja, wie Mabruk-Unyanyembé sagte, »die Fische des Tanganika riechen«. Weit hinter uns lag Unyanyembé mit aller seiner Unruhe. Wir konnten uns über den furchtbaren Mirambo und seine frevelhaften Banden lustig machen, und nach und nach werden wir wohl auch den furchtsamen Propheten Scheikh, den Sohn Nasibs, der uns stets schreckliche Ereignisse in Aussicht stellte, auslachen können. Als wir in einer Reihe wie Indianer durch das jenseits der Wiesen von Mrera liegende junge Walddickicht zogen, lachten wir fröhlich und waren stolz auf unsere Großtaten. Ja, wir waren an jenem Morgen wirklich tapfer!

Als wir aus dem Dickicht traten, kamen wir in einen offenen Wald, dessen zahlreiche Ameisenhügel wie Sanddünen aussahen. Ich denke, diese Ameisenhaufen sind während einer besonders nassen Jahreszeit aufgebaut worden, wo die waldbedeckte Ebene wohl unter Wasser stand. Ich habe die Ameisen zu Tausenden am Bau ihrer Hügel in anderen Distrikten, die von Überschwemmungen litten, beschäftigt gesehen. Welch wunderbares System von Zellen erbauen doch diese winzigen Insekten! Ein vollständiges Labyrinth, Zelle an Zelle, Kammer an Kammer, Halle an Halle! Welche Talente als Ingenieure und bedeutende Architekten legen sie an den Tag! Wie musterhaft ist die Stadt, die sinnreich zu ihrer Sicherheit und Bequemlichkeit angelegt ist!

Nach einem Marsch von kaum einer Stunde kamen wir aus dem Walde heraus und begrüßten den Anblick eines klaren, murmelnden Baches, der rasch nach Nordwesten floß, den wir mit dem Vergnügen ansahen, das nur Leute nachempfinden können, die lange Zeit an dem schlechtesten Trinkwasser, das man in Salzebenen, Pfützen und Wasserlöchern findet, gelitten haben.

An diesem Tage lagerten wir in den an einer engen Schlucht mit Moorboden liegenden Dschungeln, durch deren Schlammassen das Wasser des Rungwa langsam nach Süden, der Rikwa-Ebene zu, sickert. Dies war aber nur eine der vielen Schluchten, von denen einige mehrere hundert Fuß, andere nur wenige Schritt breit sind und deren Gründe gefährliche, von dichten hohen Binsen und Papyrus überwachsene Sümpfe bilden.

Kaum hatten wir den Bau unserer Lagerumzäunung vollendet, als einige unserer Leute eine kleine Anzahl Eingeborener anriefen, die sich auf unser Lager zu bewegten und an deren Spitze ein Mann war, den wir nach Kleidung und Kopfputz als aus Sansibar kommend erkannten. Nachdem wir die gewöhnlichen Begrüßungen ausgetauscht, sagte man mir, daß diese Leute eine Gesandtschaft von Simba (dem Löwen) sei, der über Kasera in Süd-Unyamwezi herrscht. Simba sollte der Sohn von Mkasiwa, König von Unyanyembé, sein und führte Krieg mit den Wazavira, vor denen man mich gewarnt hatte. Er hatte so viel von meiner Größe gehört, daß er es bedauerte, daß ich meinen Weg nicht nach Ukawendi nehme, damit er Gelegenheit erhalte, mich zu sehen und sich mit mir zu befreunden. Anstatt mich persönlich zu besuchen, hatte Simba mir diese Gesandtschaft nachgeschickt in der Hoffnung, daß ich ihm ein Zeichen meiner Freundschaft in Gestalt von Tuch geben werde. Obwohl ich durch dieses Verlangen etwas überrascht wurde, so war es doch gewiß politisch, diesen mächtigen Häuptling mir zum Freunde zu machen, um auf meinem Rückwege nicht etwa mit ihm aneinanderzugeraten.

Da ich also um des Friedens willen durchaus ein Geschenk machen mußte, so war es nötig, daß ich meine Friedensliebe durch etwas Vorzügliches an den Tag legte. Der Gesandte nahm daher Simba, dem Löwen von Kasera, zwei prächtige Tücher und noch zwei Doti Merikani und Kaniki von mir mit, und wenn ich dem Botschafter trauen durfte, so hatte ich mir nun Simba auf immer zum Freunde gemacht.

Am 18. Oktober brachen wir das Lager zur gewöhnlichen Zeit ab und setzten unseren Marsch nordwestlich auf einem Wege fort, welcher sich längs des Fußes der Kasera-Berge im Zickzack hinzog und uns allerhand Beschwerden brachte. Wir überschritten wenigstens ein Dutzend Sumpfschluchten, deren tiefer Kot und vieles Wasser uns große Angst verursachten. Ich sank bis an den Hals in tiefe, von Elefanten ausgetretene Löcher wahrhaft stygischen Schlammes und mußte durch die weichen, durchsickerten Betten der Rungwa-Quellen mit nassen, von Kot und Schlamm beschmutzten Kleidern hindurch. Der Anstand verbot es mir, mich zu entkleiden und nackt durch das Binsenmoor zu waten; auch hätte die heiße Sonne meinen Körper mit Blasen bedeckt. Außerdem waren diese Moräste zu häufig, um mit An- und Auskleiden Zeit zu verlieren, und da ein jeder meiner Leute mit einer gehörigen Last versehen war, so wäre es grausam gewesen, sie dazu zu zwingen, mich hinüberzutragen. Es blieb also nichts übrig, als belastet, wie ich war, mit meinen Kleidern und meiner Ausrüstung in diese verschiedenen sumpfigen Wasserläufe weiter hineinzumarschieren.

Alsbald kamen wir in das Gebiet der gefürchteten Wazavira, doch ließ sich kein Feind sehen. Simba hatte in seinem Kriege den nördlichen Teil von Uzavira rein ausgeplündert, und wir sahen dort nichts Schlimmeres als das verwüstete Land, das einst, wenn man nach der Zahl der verbrannten Hütten und Reste zerstörter Dörfer urteilen darf, sehr bevölkert gewesen sein muß.

Am 20. verließen wir unser Lager, das zwischen einem Bach und einem Bergkegel lag, und gingen über einen niedrigen Bergrücken, der von dem Fuß des Hügelkegels sich hinabzieht. Hier wurden wir von einem anderen malerischen Anblick begrüßt, von Kegeln nämlich und Bergabdachungen, welche sich nach allen Richtungen erhoben. Ein Marsch von fast fünf Stunden durch dieses malerische Land brachte uns an den Mpokwa-Fluß, einen Nebenfluß des Rungwa, und an ein vor kurzem von den Wazavira verlassenes Dorf. Die Hütten desselben waren fast alle unversehrt, genauso wie sie von ihren früheren Bewohnern verlassen worden.

Dorf in Uzavira

Nach einem Marsch von viereinhalb Stunden kamen wir am
22. an den schönen Bach Mtambu, dessen Wasser süß und klar
wie Kristall ist und der nach Norden fließt. Zum erstenmal sahen wir hier die Heimat des Löwen und Leoparden, und es fielen mir dabei Freiligraths Verse über dieselbe ein, denn wir
schlugen unser Lager wenige Schritte von einem Orte auf, der
genau der Beschreibung des Dichters entspricht. Der Viehtrei-
ber, der die Ziegen und Esel unter seiner Obhut hatte, trieb die
Tiere bald nach unserer Ankunft im Lager ans Wasser, und um
dahin zu kommen, mußten sie einen von Elefanten und Rhinozerossen in dem Farnkraut gemachten Tunnel passieren. Kaum
hatten sie den dunkeln Höhlendurchgang betreten, als ein
schwarzgefleckter Leopard hervorsprang und seine Klauen in
den Nacken eines der Esel einschlug, so daß dieser vor Schmerz
furchtbar aufschrie. Die anderen Esel stimmten in den schrecklichen Chor mit ein und schlugen mit den Hinterbeinen so sehr
gegen die Räuberkatze in die Luft, daß der Leopard durch das

212

Dickicht davonsprang, als ob er geradezu von dem lärmenden Geschrei, den sein Angriff erzeugt hatte, erschreckt worden sei. Der Hals des Esels zeigte einige starke Wunden, doch das Tier war nicht gerade gefährlich verletzt.

In der Hoffnung, daß ich vielleicht ein Abenteuer mit einem Löwen oder Leoparden in jenem dunklen Gürtel hoher Bäume haben könnte, unter deren dichtem Schatten das undurchdringliche Dickicht sich ausbreitete, das so vortreffliche Schlupfwinkel für die Fleischfresser bildet, schlenderte ich den schrecklichen Platz entlang in Begleitung des Gewehrträgers Kalulu, welcher zwei Flinten und größeren Munitionsvorrat bei sich trug. Vorsichtig krochen wir dahin und blickten scharf in die tiefen, dunklen Höhlen, deren Eingang wir auf unserem Wege erblickten. Aber leider, nachdem ich eine Stunde nach Abenteuern ausgeschaut, war mir nichts begegnet.

Wieder ins helle Sonnenlicht hinaustretend, schlenderte ich weiter und suchte nach etwas Schießbarem. Bald sah ich in dem Walde, der zur Linken an das Tal des Mtambu grenzt, einen großen, rötlichen, wilden, mit fürchterlichen Hauern bewaffneten Eber ruhig grasen. Ich ließ Kalulu sich hinter einen Baum verkriechen und warf meinen Sonnenhut dicht daneben hinter einen anderen, damit ich das Tier um so sicherer stellen könne, ging darauf bis auf eine Entfernung von etwa 40 Meter auf dasselbe zu, zielte bedächtig und feuerte auf seine vordere Schulter. Das Tier machte einen wütenden Sprung, als ob es durchaus nicht verletzt sei, und stand dann mit emporstehenden Borsten und aufwärts gebogenem buschigem Schweif da, ein furchtbarer Anblick. Während es so aufhorchte und mit den scharfen kleinen Augen die Nachbarschaft durchmusterte, jagte ich ihm noch einen Schuß in die Brust, der ihm durch den Körper drang. Anstatt jedoch zu fallen, wie ich erwartet hatte, machte es einen furchtbaren Angriff in der Richtung, aus der die Kugel gekommen war, und da es an mir vorbeischoß, feuerte ich noch eine Kugel ab, die es geradezu durchbohrte. Trotzdem lief es weiter, bis es in einer Entfernung von sechs bis sieben Schritt von den Bäumen anlangte, hinter denen Kalulu und mein Hut versteckt lagen, wo es plötzlich haltmachte und dann hinstürzte. Als ich mich ihm aber mit meinem Messer nähern wollte, um ihm den Hals zu zerschneiden, sprang es plötzlich auf; es hatte den kleinen Kalulu erblickt, und fast unmittelbar darauf wurden seine Augen durch meine weiße Kopfbedeckung angezogen. Diese sonderbaren, vor ihm liegenden Gegenstände schienen für den Eber zu viel zu sein, denn mit einem schrecklichen Grunzen stürzte er sich seitwärts in ein dichtes Gestrüpp, aus dem man ihn nicht herausziehen konnte. Da es aber jetzt zu spät wurde und das Lager fast drei Meilen entfernt war, so mußte ich, obwohl ungern, ohne diese Beute heimkehren.

Der Bezirk Rusawa ist dichtbevölkert. Das Volk ist ruhig und Fremden freundlich gesinnt, obgleich nur wenige aus der Ferne diese Gegenden besuchen. Ein paar Wasawahilihändler kommen zwar fast jedes Jahr aus Pumburu und Usowa hierher; da aber von diesem Volk sehr wenig Elfenbein zu erlangen ist, so schreckt die große Entfernung zwischen den verschiedenen Ansiedlungen den regelmäßigen Händler davon ab, sich soweit zu wagen.

Wenn Karawanen hier ankommen, so ist der Bezirk Pumburu ihr Zielpunkt, welcher einen guten Tagesmarsch oder gegen 30 englische Meilen südwestlich von Imrera liegt; oder sie ziehen nach Usowa am Tanganika, über Pumburu, Katuma, Uyombeh und Ugarawah. Usowa ist ein ganz wichtiger, bevölkerter und blühender Bezirk am Tanganika. Diesen Weg hatten wir, nachdem wir Imrera verlassen, eigentlich einzuschlagen beabsichtigt, doch verboten uns die am letzteren Ort uns zugekommenen Gerüchte ein solches Wagnis. Denn der Sultan von Usowa, Mapunda, der zwar ein großer Freund arabischer Händler ist, befand sich im Kriege mit der Kolonie der Wazavira, welche, wie wir uns erinnern, von Mpokwa und dessen Umgegend in Utanda vertrieben worden waren und sich zwischen Pumburu und Usowa niedergelassen haben sollten.

Als kluge, vorsichtige Leute, die eine große und wertvolle Expedition zu hüten hatten, mußten wir darüber entscheiden, was zu tun und welche Route einzuschlagen sei, da wir jetzt weit näher an Udschidschi als an Unyanyembé waren. Ich schlug vor, wir sollten, dem Kompaß nach, den direkten Weg an

Eberjagd

den Tanganika einschlagen und, ohne uns einem bestimmten Weg oder Führer anzuvertrauen, gerade westlich ziehen, bis wir an den Tanganika kämen, und dann dem Seeufer bis nach Udschidschi folgen. Denn in meinem Geist spukte stets die Vorstellung, daß Dr. Livingstone, wenn er von meiner Ankunft höre, was ja möglich war, falls ich einen bekannten Weg einschlug, Udschidschi verlassen und meine Expedition infolgedessen ihm stets nachziehen würde, ohne ihn zu erreichen. Doch hielten meine bewandertsten Leute es für besser, daß wir kühn nordwärts ziehen und an den Malagarazi marschieren sollten, der ein großer von Osten her in den Tanganika fließender Fluß sein sollte. Keiner meiner Leute jedoch kannte den Weg nach dem Malagarazi, auch konnten wir keinen Führer von dem Sultan Imrera mieten. Man sagte uns aber, der Malagarazi sei nur zwei Tagemärsche von Imrera entfernt. In diesem Falle hielt ich es für geraten, meine Leute mit Vorräten auf drei Tage zu versehen.

Des 25. Oktobers werde ich mich stets als eines sorgenvollen Tages erinnern; denn mit ihm trat eine Reihe von Fatalitäten ein. Um Zutritt zu dem Hochplateau, welches das Tal von Imrera westlich und nördlich begrenzt, zu erlangen, zogen wir einen nach Osten führenden Weg. Nach einem Marsch von zweieinhalb Stunden kampierten wir am Fuße desselben. Der Paß versprach einen bequemen Aufgang auf den Gipfel des Hochlands, das sich in einer Reihe von Abhängen tausend Fuß über dem Tale Imrera erhob.

Meine Leute gaben mir zu verstehen, daß sie einen Tag in diesem Lager haltmachen wollten, um sich aus Imrera weitere Erkundigungen in betreff des Charakters des zwischen uns und dem Malagarazi liegenden Landes zu verschaffen. Das war natürlich Unsinn, da ich schon einen Tag in Imrera gehalten und die Führer mich dort bewogen hatten, diesen Weg einzuschlagen, weil sie angeblich von Eingeborenen schon zuverlässige Nachrichten über das Land erhalten hatten.

Gegen Abend schoß einer meiner Leute einen Büffel, und dieser kleine Umstand wurde wieder die Veranlassung zu Streit und bösen Worten. Dem Büffel gelang es nämlich, in ein Dikkicht zu entkommen, wo man ihn sicher am nächsten Morgen als Leiche gefunden hätte. Mehrere von meinen gefräßigen und faulen Leuten baten mich, nun nur noch einen Tag zu halten, damit sie sich durch Fleisch stärken könnten. »Nicht eine Stunde nach dem morgigen Sonnenaufgang«, antwortete ich. Sofort erscholl allgemein das Geschrei: »Kein ›Poscho‹«, das heißt Essen. »Ihr habt Nahrungsmittel für drei Tage bei euch«, erwiderte ich, »aber wenn ihr mehr wünscht, so ist Tuch hier. Geht und kauft euch etwas.«

Als ich ihnen aber auftrug, sich ins Dorf zu begeben, um Einkäufe zu machen, schützten sie sämtlich zu große Ermüdung vor, bestanden jedoch darauf, daß ich verpflichtet sei, noch einen Tag haltzumachen, denn selbst wenn sie Korn kauften, so müßte dasselbe doch gemahlen werden, ehe sie es verzehren könnten. Die verwöhnten Burschen blieben lange bei diesem Räsonnement, aber ich war unerbittlich. Die ganze Nacht über debattierten sie über die Schritte, die sie zu tun hätten, um mich zum Halten zu bewegen. Ich hatte es jedoch Bombay und Mabruki schon verboten, sich mit einer derartigen Bitte an mich zu wenden, indem ich ihnen für solchen Fall eine gehörige Strafe in Aussicht stellte, und Bombay erinnerte sich der von Speke erhaltenen schrecklichen Bestrafung zu gut, um eine Wiederholung derselben zu wünschen.

Am nächsten Morgen erließ ich bei Sonnenaufgang den Marschbefehl in möglichst strengem, unnachgiebigem Tone, wodurch eine jede Anspielung auf ein ferneres Halten ausgeschlossen war. Sie waren zwar sehr verdrießlich und zur Rebellion geneigt, da ihnen aber nichts mehr übrigblieb, was sie als Grund hätten anführen können, kamen sie schließlich, wenn auch widerwillig, meinem Befehl nach, und als wir in unserem Lager am Ursprung des Rugufu-Flusses angekommen waren, hatten die Leute den fetten Büffel vergessen und waren in ausgezeichneter Stimmung.

Als wir jenen hohen Gebirgsbogen, welcher westlich und nördlich das Becken von Imrera begrenzt, bestiegen, boten sich uns ausgedehnte Aussichten nach Süden und Osten dar. Der Charakter der Landschaft von Ukawendi ist stets belebt und malerisch, aber nie erhaben. Die Einschnitte dieser Höhenkette enthalten verschiedene Ruinen von Bomas, die während der Kriegszeit erbaut zu sein schienen.

Am 29. verließen wir unser Lager und befanden uns nach wenigen Minuten vor der erhabensten, aber wildesten Landschaft, die wir bisher in Afrika gesehen hatten. Das Land war nach allen Richtungen von tiefen, wilden, engen Schluchten durchschnitten, die sich überallhin, meist aber nach Nordwesten zogen, und zu beiden Seiten erhoben sich enorme viereckige Massen nackter Felsen (Sandstein), die teils rund und hochaufgetürmt, teils pyramidal, teils in kreisförmigen Bergketten mit scharfem, rauhem, kahlem Grat in die Höhe stiegen. Nirgends war viel Vegetation sichtbar, außer wo sie ein spärliches Unterkommen in der gespaltenen Krone eines riesigen Berggipfels fand, wo sich etwas Erdreich gesammelt hatte, oder am Fuße der rötlichen Ockerabhänge, die sich überall steil vor unserem Blick erhoben.

Wir hatten eine lange Reihe von Felsrinnen hinabzusteigen, wo wir von drohenden Massen verwitternden Gesteins umgeben waren, bis wir an eine trockene, steinige Schlucht kamen, wo Berge von einigen tausend Fuß Höhe sich über uns emportürmten. Dieser Schlucht, die sich nach allen Richtungen hin wand, allmählich aber zu einer weiteren, sich nach Westen hinziehenden Ebene erweiterte, folgten wir. Der Weg, der von hier weiterführte, ging über einen niedrigen Kamm nach Norden, und wir erblickten verlassene Ansiedlungen, deren Dörfer auf dichter aussehenden, burgartigen Felsmassen erbaut waren. In der Nähe eines steil aufsteigenden Felsens von mehr als 70 Fuß Höhe und etwa 50 Meter Durchmesser, der die benachbarte riesenhafte Sykomore wie einen Zwerg erscheinen ließ, schlugen wir nach einem anhaltenden und raschen Marsch von fünfeinhalb Stunden unser Lager auf.

Die Leute waren sehr hungrig; sie hatten jedes Stückchen Fleisch und jede Spur von Korn, die sie besaßen, vor 20 Stunden aufgegessen, und eine sofortige Aussicht auf Nahrungsmittel war nicht vorhanden. Mir waren nur eineinhalb Pfund Mehl geblieben, und diese Quantität hätte nicht ausgereicht, um damit anzufangen, eine Truppe von mehr als 45 Leuten zu nähren; ich hatte aber noch ungefähr 30 Pfund Tee und 20 Pfund Zucker, und sobald wir im Lager ankamen, ließ ich jeden Kessel füllen und aufs Feuer setzen und für alle Tee bereiten, indem ich einem jeden ein Quart dieses heißen, angenehmen, gut gesüßten Getränks gab. Einige meiner Leute stahlen sich auch in die Tiefen des Dickichts, um wildes Obst zu suchen, und kehrten alsbald mit Körben voll Waldpfirsichen und Tamarinden zurück, welche ihnen, obwohl sie nicht sättigten, doch einen Genuß boten. Ehe wir uns an jenem Abend zu Bett begaben, begannen die Wangwana ein lautes, an Allah gerichtetes Gebet um Nahrungsmittel.

Zeitig am Morgen erhoben wir uns mit dem Entschluß weiterzureisen, bis wir uns Nahrungsmittel verschaffen konnten oder vor Strapazen und Schwäche umfielen. Spuren von Rhinozerossen und Büffeln waren reichlich vorhanden, doch sahen wir kein lebendes Wesen. Wir zogen über eine Menge kurzer Abhänge, kamen häufig in die Abgründe trockener, steiniger Rinnen und schließlich in ein Tal, das auf der einen Seite von einem dreieckigen Hügel mit steilen Seitenwänden und auf der anderen von einer kühnen Gruppe von drei Bergen begrenzt war. Als wir dies Tal hinabmarschierten, das bald sein trockenes, dürres Aussehen mit einem lebhaften Grün vertauschte, erblickten wir in der Ferne einen Wald und befanden uns bald in Kornfeldern. Gierig schauten wir nach einem Dorfe aus und entdeckten ein solches auf dem Gipfel des hohen dreieckigen, zu unserer Rechten befindlichen Berges. Bei dieser Entdeckung erhob sich ein lautes Freudengeschrei, die Leute warfen ihre Lasten ab und fingen an nach Nahrungsmitteln zu rufen. Ich ersuchte Freiwillige, vorzutreten, um Zeug mitzunehmen und die Höhen zu erklimmen, um Viktualien um jeden Preis aus dem Dorfe zu bekommen. Während drei oder vier danach ausgingen, ruhten wir ganz ermattet auf dem Boden aus.

In etwa einer Stunde kehrte unser Fouragekommando mit der erfreulichen Nachricht zurück, daß Nahrungsmittel reichlich vorhanden seien. Das Dorf, das wir sahen, hieß »Welled Nzogeras«, des Sohnes von Nzogera; dies ließ uns erkennen, daß wir

219

Felslandschaft in Uvinza

uns in Uvinza befanden, da Nzogera der erste Häuptling von Uvinza ist. Ferner teilten sie uns mit, der Vater Nzogera führe Krieg mit Lokanda-Mira wegen einiger im Tale des Malagarazi gelegenen Salzgruben, und es werde infolgedessen schwer sein, auf dem gewöhnlichen Wege nach Udschidschi zu ziehen; doch sei der Sohn von Nzogera gegen Entschädigung bereit, uns mit Führern zu versehen, die uns sicher auf einem nördlichen Wege nach Udschidschi bringen könnten.

Da sich unsere Aussichten gut gestalteten, lagerten wir, um die reichlichen Vorräte zu genießen, für welche unsere Mühen und Entbehrungen während des Durchschreitens der Ukawendi-Wälder und -Dickichte uns gut vorbereitet hatten.

Dann fing eine diplomatische Verhandlung an in bezug auf die Quantität und Qualität der Tuche, die der Sohn von Nzogera gewöhnlich von den Reisenden verlangte. Es gelang uns, seine Anforderungen von 10 auf 7 ¹/₂ Doti Merikani und Kaniki her-abzudrücken und uns die Führer, die wir zu haben wünschten, zu verschaffen.

Nachstehend gebe ich einen Auszug aus meinem Marschtagebuch, da ich ohne seine Hilfe es für unmöglich halte, unsere verschiedenen Erlebnisse detailliert zu erzählen, so daß man sie in ihrer Reihenfolge gehörig überblickt, und da diese Auszüge am Schlusse eines jeden Tages niedergeschrieben wurden, so besitzen sie, nach meiner Ansicht, mehr Interesse als eine kühle Erzählung von Tatsachen, die jetzt durch die Erinnerung abgeschwächt sind.

31. Oktober, Dienstag. Lager im Dickicht. Richtung des Weges Nord zu Ost. Zeit des Marsches 4 Stunden 15 Minuten.

Nachdem wir den Fuß des dreieckigen Berges verlassen hatten, auf welchem der Sohn von Nzogera seine Veste gebaut hat, führte uns eine lange Zeit unser Weg ostnordöstlich, um einen tiefen, unpassierbaren Sumpf zu vermeiden, der sich zwischen uns und dem geraden Wege nach dem Malagarazi-Flusse befand. Das Tal neigte sich rasch in diesen Sumpf hinab, welcher in seine breite Fläche das Wasser von drei ausgedehnten Bergzügen aufnahm. Alsbald kehrten wir nach Nordwesten und bereiteten uns darauf vor, über den Morast zu ziehen. Als wir an seinem rechten Ufer hielten, teilten uns die Führer eine furchtbare Katastrophe mit, welche sich wenige Schritt oberhalb der Stelle, wo wir hinüberziehen wollten, ereignet hatte. Sie erzählten nämlich von einem Araber und seiner aus 35 Sklaven bestehenden Karawane, die plötzlich versunken und nie wieder gesehen worden sei. Dieser Sumpf bot scheinbar eine Breite von einigen hundert Metern dar, und es wuchs ein dichtes, aus Gras und vielen verwesten Stoffen bestehendes Netzwerk darüber. In seiner Mitte und unter diesem Grase lief ein breiter, tiefer, reißender Fluß. Meine Leute schlichen den voranziehenden Führern mit vorsichtigen Tritten nach. Als wir uns der Mitte näherten, sahen wir die unsichere, von der Natur so sonderbar gebildete Grasbrücke sich in schweren, langsamen Wellenlinien, dem Wogen des Meeres nach einem Sturm vergleichbar, auf und ab bewegen. Wo die beiden Esel unserer Expedition gingen, erhoben sich die Graswellen einen Fuß hoch, und plötzlich stürzte einer derselben so unglücklich mit den Füßen durch, daß er außerstande war aufzustehen, und die entstandene große Vertiefung füllte sich alsbald mit Wasser. Mit Hilfe von zehn Leuten gelang es uns jedoch, ihn wieder herauszuheben und auf einen festeren Punkt zu bringen. So kam denn die ganze Karawane, indem sie die beiden Tiere rasch weiterführte, ohne Unfall hinüber.

1. November. Nachdem wir unser Lager verlassen, zogen wir nach Nordwesten und erblickten, als wir einen Bergabhang hinabstiegen, bald den ängstlich ersehnten Malagarazi, einen schmalen, aber tiefen Fluß, der durch ein von hohen Gebirgen eingeschlossenes Tal fließt. Fischfressende Vögel saßen in Reihen auf den am Ufer befindlichen Bäumen; links herum lagen Dörfer ziemlich dicht aneinander. Nahrungsmittel waren reichlich und billig.

Nachdem wir das linke Ufer des Flusses einige Meilen entlang gereist waren, kamen wir zu den Ansiedlungen, welche Kiala als ihren Beherrscher anerkennen. Ich hatte angenommen, daß wir sofort über den Fluß setzen könnten, doch erhoben sich Schwierigkeiten. Man sagte uns, wir müßten unser Lager aufschlagen, ehe man sich auf Unterhandlungen einlassen könne. Als wir dagegen protestierten, sagte man uns, wir könnten über den Fluß setzen, wenn wir wollten, doch werde uns kein Mvinza dabei helfen.

Da wir gezwungen waren, an diesem Tage haltzumachen, wurde das Lager in der Mitte eines der Dörfer aufgeschlagen und die Ballen in einer Hütte aufgespeichert, wo vier Soldaten sie bewachten. Nachdem eine Gesandtschaft an Kiala, den ältesten Sohn des großen Häuptlings Nzogera abgeschickt worden war, um ihn um Erlaubnis zu bitten, als friedliche Karawane den Fluß überschreiten zu dürfen, ließ uns Kiala wissen, der Weiße könne seinen Fluß überschreiten, nachdem er 56 Tücher bezahlt habe. 56 Tücher bedeutete fast einen ganzen Ballen! Hier gab es also eine neue Gelegenheit, diplomatisch zu verfahren. Ich bevollmächtigte daher Bombay und Asmani, mit Kiala über das Honga zu verhandeln; es sollte aber nicht mehr als 25 Doti betragen. Um 6 Uhr abends kehrten die beiden Leute, nachdem sie sieben Stunden lang unterhandelt hatten, mit dem Verlangen zurück, daß Nzogera 13 und Kiala 10 Doti erhalten müsse. Der

222

arme Bombay war heiser, Asmani jedoch lächelte noch immer, und ich gab nach und gratulierte mir, daß die unverschämte Anforderung, die sich als eigentliche Räuberei kennzeichnete, nicht schlimmer ausgefallen war.

Drei Stunden später kam noch eine Forderung. Kiala hatte Besuch von einigen Häuptlingen seines Vaters erhalten, und als diese erfuhren, daß ein Weißer sich an der Fähre befände, verlangten sie einige Flinten und ein Fäßchen Schießpulver. Hier jedoch war meine Geduld erschöpft, und ich erklärte ihnen, sie müßten es mit Gewalt nehmen, denn ich würde mich nie in dieser Weise berauben lassen.

Bis 11 Uhr abends verhandelten Bombay und Asmani über diese Extraforderung, räsonierten, zankten und tobten, bis Bombay erklärte, sie würden ihn durch ihr Schwatzen verrückt machen, wenn es noch viel länger dauerte. Ich befahl Bombay, zwei Tuche, für jeden Häuptling eins, mitzunehmen, und wenn sie das nicht für ausreichend hielten, würde ich mich mit ihnen in einen Kampf einlassen. Das Geschenk wurde angenommen, und die Unterhandlungen endigten um Mitternacht.

3. November. Welche Zankereien haben wir in diesen letzten drei Tagen erlebt! Welche Angst haben wir seit unserer Ankunft in Uvinza ausgestanden! Die Wavinza sind schlimmer als die Wagogo, und ihre Habgier ist noch unersättlicher. Wir bekamen auch den letzten Esel mit Hilfe eines Mganga oder eines Medizinmannes hinüber, welcher ihn mit einigen gekauten Blättern eines nahe am Strome über ihm wachsenden Baumes bespie. Er teilte mir mit, er könne den Fluß zu jeder Stunde des Tages oder der Nacht überschreiten, nachdem er seinen Körper mit diesen gekauten Blättern eingerieben hätte, welche er für eine sehr wirksame Medizin hielt.

Um 10 Uhr vormittags kam aus der Richtung von Udschidschi eine Karawane von 80 Waguhha, einem Stamme, der einen Landstrich auf der südwestlichen Seite des Sees Tanganika bewohnt. Wir erkundigten uns nach Neuigkeiten und erfuhren, daß ein Weißer gerade aus Manyuema in Udschidschi angekommen sei. Diese Nachricht setzte uns alle in Erstaunen.

»Ein Weißer?« fragten wir.

»Ja, ein Weißer«, lautete die Antwort.

»Wie ist er angezogen?«

»Wie der Herr«, erwiderten sie, auf mich deutend.

»Ist er jung oder alt?«

»Er ist alt, hat weißes Haar auf dem Gesicht und ist krank.«

»Von wo ist er hergekommen?«

»Aus einem weit hinter Uguhha liegenden, Manyuema genannten Lande.«

»Wirklich? Und hält er sich jetzt in Udschidschi auf?«

»Ja, wir haben ihn vor ungefähr acht Tagen gesehen.«

»Glaubt ihr, daß er dort bleiben wird, bis wir ankommen?«

»Sigue« (das wissen wir nicht).

»Ist er schon früher in Udschidschi gewesen?«

»Ja, er hat es vor langer Zeit verlassen.«

Hurra, das ist Livingstone! Das muß er sein! Es kann kein anderer sein; aber doch, vielleicht ist es doch ein anderer, irgend jemand von der Westküste, oder vielleicht Baker! Nein, Baker hat kein weißes Haar auf dem Gesicht. Aber jetzt müssen wir rasch marschieren, damit er nicht hört, daß wir im Anzuge sind, und wegläuft.

Ich hielt eine Anrede an meine Leute, fragte sie, ob sie bereit seien, ohne jeden Aufenthalt nach Udschidschi zu marschieren, und versprach einem jeden von ihnen darauf, wenn sie auf meine Wünsche eingingen, zwei Doti zu geben. Alle bejahten die Frage und waren fast ebenso erfreut wie ich selbst. Ich aber war geradezu toll vor Freude und ungemein darauf begierig, die brennende Frage zu lösen: »Ist dies Dr. David Livingstone?« Gott gebe mir Geduld, ich wünschte aber doch, es gäbe in diesem Lande eine Eisenbahn oder wenigstens Pferde; denn mit einem Pferd könnte ich Udschidschi in ungefähr zwölf Stunden erreichen.

4. November. In Kawanga hielten wir, und der Häuptling des Ortes verlor keine Zeit, uns zu verständigen, daß er der große Mutware von Kimenyi unter dem König und der Zolleinnehmer für Seine Kiha-Majestät sei. Er erklärte, er sei der einzige in Ki-

menyi, einem östlichen Distrikt von Uhha, der Tribut verlangen könne, und es sei ihm sehr lieb und uns selbst eine Ersparnis an Mühe, wenn wir seine Forderung von 12 Doti guten Tuchs sofort abmachten. Das hielten wir jedoch nicht für das beste Verfahren, da uns der Charakter der Afrikaner bekannt war. Wir fingen also sofort an, diese Forderung zu verkleinern. Nach sechsstündigem heißem Reden reduzierte der Mutware dieselbe jedoch nur um 2 Doti. Hierauf wurde sie denn in Ordnung gebracht unter der Abmachung, daß wir durch Uhha bis an den Rusugi-Fluß reisen dürften, ohne weiter etwas bezahlen zu müssen.

5. November. Nachdem wir Kawanga früh am Morgen verlassen und unseren Marsch über die weiten Ebenen, die von der heißen Äquatorsonne weißgedörrt waren, fortgesetzt hatten, zogen wir nach Westen voll angenehmer Ahnungen, daß wir uns dem Ende unserer Mühen näherten, und froh darüber, daß wir in fünf Tagen den Mann erblicken sollten, um dessentwillen ich aus so fernen zivilisierten Ländern und durch so viele Beschwerlichkeiten gekommen war. Wir waren im Begriff, eine Gruppe von Dörfern zu passieren mit dem vollen Vertrauen von Leuten, an die niemand weiter eine Forderung hat, als ich zwei Männer aus einer Schar Eingeborener, die uns beobachtete, hervorspringen und an die Spitze der Expedition heranlaufen sah, offenbar in der Absicht, unser Weiterziehen zu verhindern.

Die Karawane hielt an, und ich trat vor, um die Sache der beiden Eingeborenen zu untersuchen. Ich wurde von beiden Wahha mit den gewöhnlichen Yambos höflich begrüßt und dann gefragt:

»Warum zieht der Weiße durch das Dorf des Königs von Uhha ohne Gruß und Gabe? Weiß der Weiße etwa nicht, daß ein König in Uhha lebt, dem die Wangwana und Araber etwas für das Recht des Durchzuges bezahlen?«

»Wie? Wir haben ja gestern abend den Häuptling von Kawanga bezahlt, der uns mitgeteilt hat, er sei der Beamte, der den Zoll für den König von Uhha einzunehmen habe.«

»Wieviel habt ihr bezahlt?«

»Zehn Doti gutes Tuch.«

»Bestimmt?«

»Ganz bestimmt. Wenn ihr ihn fragt, so wird er es euch sagen.«

»Gut«, sagte einer der Wahha, ein schöner, stattlicher, intelligent aussehender Jüngling, »es ist unsere Pflicht gegen den König, euch hier aufzuhalten, bis wir die Wahrheit ermitteln. Wollt ihr in unser Dorf spazieren und euch unter dem Schatten unserer Bäume ausruhen, bis wir Boten nach Kawanga senden können?«

»Nein, die Sonne ist schon eine Stunde am Himmel, und wir haben noch weit zu reisen. Aber um euch zu beweisen, daß wir nicht durch euer Land zu ziehen suchen, ohne das zu tun, was Rechtens ist, wollen wir dableiben, wo wir jetzt sind, und euren Boten zwei oder drei Soldaten als Begleiter mitgeben, die euch den Mann zeigen sollen, dem wir das Tuch bezahlt haben.«

Die Boten zogen fort. Mittlerweile aber flüsterte der stattliche Jüngling, der sich als ein Neffe des Königs auswies, einem jüngeren Menschen einen Befehl ins Ohr. Dieser eilte sofort mit der Schnelligkeit einer Antilope in die Dörfergruppe, bei der wir eben vorbeigezogen waren. Als Folge dieses Auftrags sahen wir bald eine Truppe von ungefähr 50 Kriegern, die von einem langgewachsenen, stattlichen Manne geführt wurde, auf uns zukommen. Er war mit einem scharlachnen, Dschoho genannten Gewande bekleidet, dessen beide Enden in einem Knoten über der linken Schulter zusammengebunden waren. Ein Stück neue amerikanische Leinwand war wie ein Turban um seinen Kopf gefaltet, und ein großes gekrümmtes Stück Elfenbein hing ihm um den Hals. Er und seine Leute waren sämtlich mit Speeren, Bogen und Pfeilen bewaffnet, und ihre Annäherung zeichnete sich durch eine überlegte Ruhe aus, die unbedingtes Vertrauen auf jeden etwaigen Ausgang an den Tag legte.

Auf der Ostseite des Pombwe-Flusses in der Nähe des Dorfes Lukomo in Kimenyi in Uhha wurde uns Halt geboten.

Der prächtig gekleidete Häuptling war seinem Aussehen nach ein merkwürdiger Mensch. Sein Gesicht war oval, mit hohen Backenknochen, tief eingesunkenen Augen, einer vorragen-

226

den, kühnen Stirn, schöner Nase und wohlgeformtem Munde. Er war schlank von Gestalt und ebenmäßig gebaut.

Als er sich uns genähert, begrüßte er mich in ganz herzlichem Tone mit den Worten:

»Yambo, Bana?« Wie geht es Euch, Herr?

Ich erwiderte ihm gleichfalls herzlich: »Yambo, Mutware?« Wie geht es Euch, Häuptling?

Ich und meine Leute wechselten solche Yambos auch mit den Kriegern aus, und in unserer ersten Bekanntschaft war nichts, was einen feindlichen Charakter angedeutet hätte.

Der Häuptling setzte sich mit untergeschlagenen Beinen und legte Bogen und Pfeile an seine Seite; dasselbe taten seine Leute.

Ich setzte mich auf einen Ballen und jeder meiner Leute auf seine Last, wodurch ein Halbkreis gebildet wurde. Die Wahha waren etwas zahlreicher als wir, aber während sie nur mit Bogen und Pfeilen, Speeren und Knopfstöcken versehen waren, hatten wir Flinten, Musketen, Revolver, Pistolen und Beile.

Wir saßen alle, und tiefes Schweigen wurde von der Versammlung beobachtet. Die großen Ebenen um uns waren an diesem hellen Mittag so still, als ob sie von allen lebenden Wesen verlassen wären. Darauf sprach der Häuptling:

»Ich bin Mionvu, der große Mutware von Kimenyi, und der nächste nach dem Könige, der dort wohnt«, auf ein großes, etwa zehn Meilen nach Norden an nackten Bergen gelegenes Dorf zeigend, »und bin hierher gekommen, um mit dem Weißen zu sprechen. Es ist stets Sitte der Araber und Wangwana gewesen, dem Könige, wenn sie durch dieses Land ziehen, ein Geschenk darzubringen. Beabsichtigt der Weiße nicht, dem Könige die Gebühren zu zahlen? Warum macht der Weiße halt am Wege? Warum will er nicht das Dorf Lukomo betreten, wo Nahrungsmittel sind und Schatten ist, wo wir die Dinge ruhig besprechen können? Gedenkt der Weiße zu kämpfen? Ich weiß wohl, daß er stärker ist als wir. Seine Leute haben Flinten, und die Wahha haben nur Bogen, Pfeile und Speere; aber Uhha ist groß, und wir haben viele Dörfer. Möge er überall um sich blicken; alles ist Uhha; unser Land dehnt sich viel weiter, als er an einem Tage überblicken und durchschreiten kann. Der König von Uhha ist stark, dennoch wünscht er die Freundschaft des Weißen. Will der Weiße Krieg oder Frieden haben?«

Dumpfes Beifallsmurmeln folgte dieser Rede Mionvus von seiten seiner Leute und eine gewisse ungemütliche Mißbilligung seitens der meinigen.

»Mionvu, der große Mutware, fragt mich, ob ich zum Kriege hergekommen sei«, antwortete ich. »Wann hat Mionvu je gehört, daß weiße Leute gegen Schwarze kämpfen? Mionvu muß wissen, daß die Weißen sich von den Schwarzen unterscheiden. Die Weißen verlassen weder ihr Land, um die Schwarzen zu bekämpfen, noch kommen sie, um Elfenbein oder Sklaven zu kaufen, sondern sie kommen her, um Flüsse, Seen und Berge aufzusuchen; um zu erfahren, was für Länder, Völker, Flüsse, Seen, Wälder, Ebenen, Berge und Gebirge in eurem Lande sind; um die verschiedenen Tiere kennenzulernen, die in dem Lande der Schwarzen wohnen, damit sie, wenn sie heimziehen, den weißen Königen, Männern und Kindern sagen können, was sie in dem so fernen Lande gesehen und gehört haben. Die Weißen unterscheiden sich von den Arabern und Wangwana, denn sie wissen alles und sind sehr stark. Wenn sie kämpfen, so laufen die Araber und Wangwana davon. Wir haben große Kanonen, welche donnern, und wenn sie schießen, so erzittert die Erde. Wir haben Geschütze, welche Kugeln weiter tragen, als ihr sehen könnt. Selbst mit diesen kleinen Dingern (auf meine Revolver weisend) könnte ich zehn Leute schneller töten, als ihr zählen könnt. Wir sind stärker als die Wahha – Mionvu hat die Wahrheit gesagt –, trotzdem wünschen wir nicht zu kämpfen. Ich könnte jetzt Mionvu töten, dennoch spreche ich mit ihm als Freund. Ich wünsche, mit Mionvu und allen Schwarzen befreundet zu bleiben. Will mir nun Mionvu sagen, was ich für ihn tun kann?«

Als diese Worte ihm unvollständig, wie ich vermute, aber doch verständlich übersetzt wurden, zeigten die Gesichter der Wahha, wie sehr sie dieselben zu würdigen wußten. Ein- oder zweimal glaubte ich, daß ich etwas wie Furcht in ihnen las, aber meine Versicherungen, daß ich Frieden und Freundschaft mit ihnen haben wolle, verscheuchte alsbald alle derartigen Empfindungen.

Mionvu erwiderte:

»Der Weiße sagt mir, daß er uns freundlich gesinnt sei. Warum kommt er dann aber nicht in unser Dorf? Warum bleibt er am Wege? Die Sonne ist heiß, Mionvu will hier nicht mehr sprechen. Wenn der Weiße ein Freund ist, so wird er in unser Dorf kommen.«

»Jetzt müssen wir halten. Es ist Mittag. Ihr habt unseren Marsch unterbrochen. Wir wollen also in eurem Dorfe kampieren«, sagte ich, indem ich aufstand und meine Leute anwies, ihre Lasten aufzunehmen.

So waren wir zum Bleiben gezwungen, es half nichts; die Boten waren noch nicht von Kawanga zurückgekehrt. Als wir im Dorfe angekommen, hatte sich Mionvu der Länge nach in den spärlichen Schatten geworfen, den einige innerhalb des Boma stehende Bäume gewährten. Ungefähr um zwei Uhr nachmittags kehrten die Boten heim und sagten, es sei wahr, daß der Häuptling von Kawanga zehn Tücher genommen habe, aber nicht für den König von Uhha, sondern für sich selbst!

Mionvu, der offenbar scharfsinnig war und genau wußte, was er wollte, erhob sich jetzt und fing an, kleine Bündel aus je zehn dünnen Rohrstöckchen zu machen, und bald darauf überreichte er mir zehn dieser kleinen Bündel, die zusammen hundert Rohrstöcke enthielten, mit den Worten: Jeder Stab stelle ein Tuch vor, und das vom König von Uhha verlangte Honga betrage mithin *einhundert Tücher!* Fast zwei Ballen!

Nachdem wir uns von unserem fast unbeschreiblichen Erstaunen erholt, boten wir ihm zehn an.

»Zehn Stück für den König von Uhha! Unmöglich! Ihr werdet euch nicht eher von Lukowo fortrühren, bis ihr uns hundert bezahlt habt!« rief Mionvu in bedeutsamer Weise.

Ich antwortete ihm nicht, sondern ging in meine Hütte, die Mionvu für mich eingerichtet hatte, und lud Bombay, Asmani, Mabruki und Tschauperch ein, sich mit mir zu beraten. Als ich sie fragte, ob wir uns nicht durch Uhha kämpfend durchschlagen könnten, bekamen sie einen gewaltigen Schreck, und Bombay bat mich flehend, mir wohl zu überlegen, was ich tun wolle, da es ganz unnütz sei, sich mit den Wahha in einen Krieg einzulassen.

»Ganz Uhha ist ein flaches Land, wir können uns nirgends darin verstecken. Jedes Dorf um uns herum wird sich erheben, und wie können 45 Menschen mit Tausenden kämpfen? Sie würden uns alle in ein paar Minuten töten, und wie könnten Sie nach Udschidschi kommen, wenn Sie tot wären? Bedenken Sie das, mein lieber Herr, und werfen Sie Ihr Leben nicht für ein paar Tuchlappen fort.«

»Gut, Bombay, das ist aber Räuberei. Sollen wir uns dem unterwerfen? Sollen wir diesem Kerl alles geben, was er verlangt? Er könnte mir ebensogut alles Tuch und alle Flinten abverlangen, wenn wir ihm nicht zeigen, daß wir imstande sind, gegen ihn zu kämpfen. Ich kann Mionvu und seine bedeutendsten Leute selbst töten, und ihr könnt alle diese heulenden Kerle ohne viele Mühe erschlagen. Wenn Mionvu und seine bedeutendsten Leute tot sind, so werden wir nicht sehr beunruhigt werden, und dann könnten wir südlich an den Malagarazi und von da westlich nach Udschidschi ziehen.«

»Nein, mein lieber Herr, denken Sie keinen Augenblick daran. Wenn wir uns in die Nähe des Malagarazi begeben, so würden wir mit Lokanda Mira zusammentreffen.«

»Nun, dann wollen wir nach Norden gehen.«

»Dort hinauf zieht sich Uhha weit hin, und jenseits Uhha sind die Watuta.«

»Gut, dann sage mir, was wir tun sollen. Wir müssen etwas tun und dürfen uns nicht berauben lassen.«

»Bezahlen Sie Mionvu, was er verlangt, und lassen Sie uns von hier fortziehen. Dies ist der letzte Ort, wo wir zu zahlen haben werden, und in vier Tagen sind wir in Udschidschi.«

»Hat Mionvu dir gesagt, daß dies das letztemal ist, wo wir zu zahlen haben?«

»Jawohl, das hat er.«

»Was sagst du, Asmani, sollen wir kämpfen oder bezahlen?«

Asmanis Gesicht hatte seinen gewöhnlichen lächelnden Ausdruck, er antwortete aber: »Ich fürchte, wir müssen zahlen. Dies ist ganz bestimmt das letztemal.«

»Und du, Tschaupereh?«

»Bezahlen Sie, Herr. Es ist besser, daß wir ruhig in diesem Lande weiterkommen. Wenn wir stark genug wären, so würden sie uns bezahlen. Ach! Wenn wir nur zweihundert Flinten hätten, wie würden dann diese Wahha laufen!«

»Was sagst du, Mabruki?«

»Ach, lieber Herr, es ist sehr hart, und diese Leute sind große Räuber. Ich würde wahrlich am liebsten ihnen die Köpfe abschlagen, aber Sie tun doch besser daran zu bezahlen. Dies ist ja das letztemal, und was sind hundert Tuche für Sie?«

»Schön also; Bombay und Asmani, ihr geht zu Mionvu und bietet ihm zwanzig. Will er die nicht nehmen, so bietet ihr ihm dreißig, vierzig bis achtzig, langsam steigend. Macht also viele Redensarten und gebt nicht ein Doti mehr. Ich schwöre es euch allen, ich werde Mionvu erschießen, wenn er mehr als achtzig beansprucht. Geht hin und verhaltet euch klug!«

Um die Sache kurz zu machen, wurden Mionvu um 9 Uhr vormittags 64 Doti für den König von Uhha, 6 für ihn selbst und 5 für seinen Unterbeamten, alles in allem 75 Doti, das heißt 1 ¼ Ballen, übergeben. Kaum hatten wir diese bezahlt, als sie untereinander über die Beute zu streiten anfingen, und ich hoffte, die verschiedenen Parteien würden sich eine Schlacht liefern und ich somit einen Entschuldigungsgrund bekommen, sie zu verlassen und mich südlich in das Dickicht zu schlagen, dessen Existenz ich annahm, unter dessen freundlicher Bedeckung wir dann nach Westen ziehen könnten. Es wurde aber nur ein Wortkampf daraus, der sehr viel Lärm machte.

6. November. – Mit dem Morgengrauen zogen wir sehr still und traurig unseren Weg. Unser Tuchvorrat war arg vermindert. Wir hatten nur noch neun Ballen übrig, die bei richtiger Ökonomie zusammen mit den noch unberührten Perlen ausgereicht hätten, uns an den Atlantischen Ozean zu bringen. Wenn ich aber noch vielen Leuten von Mionvus Schlage begegnete, so hätte ich nicht genug gehabt, um nach Udschidschi zu gelangen,

und obgleich wir diesem Orte so nahe sein sollten, schien mir Livingstone doch noch so weit wie je.

Wir zogen über den Pombwé und schlugen uns dann über eine leichte wellige Ebene, die sich allmählich auf unserer Rechten zum Berge erhob und sich zu unserer Linken in das Tal des Malagarazi senkte, welcher Fluß ungefähr 20 Meilen entfernt war. Überall zeigten sich Dörfer; Nahrungsmittel waren billig, Milch reichlich und Butter gut.

Nach einem vierstündigen Marsche überschritten wir den Kanengi-Fluß und kamen in das Boma von Kahirigi, das von mehreren Watusi und Wahha bewohnt wird. Hier sollte der Bruder des Königs von Uhha wohnen. Diese Nachricht war mir durchaus nicht angenehm, und ich fing an, Verdacht zu schöpfen, daß ich wiederum in ein Hornissennest gefallen sei. Wir hatten noch keine zwei Stunden Rast gehalten, als zwei Wangwana in mein Zelt kamen, die Sklaven unseres geckenhaften Freundes in Unyanyembé, Thani bin Abdullahs, waren. Diese Leute kamen von seiten des Bruders des Königs, um Honga zu verlangen! Er verlangte 30 Doti, einen halben Ballen!

Mionvu hatte uns gesagt, das Honga von Uhha sei bezahlt, und hier kommt noch eine Forderung vom Bruder des Königs! Zum zweitenmal haben sie gelogen und sind wir betrogen worden. Das soll nicht noch einmal vorkommen.

Diese beiden Leute teilten uns mit, es existierten noch fünf Häuptlinge, die nur zwei Stunden auseinander wohnten, welche uns wie die, welche wir bereits besucht, Tribut abfordern würden. Als ich dies erfuhr, fühlte ich eine gewisse Ruhe. Es war viel besser, das Schlimmste sofort zu erfahren. Noch fünf Häuptlinge würden uns mit ihren Forderungen bestimmt ruinieren. Was sollte ich angesichts dessen tun? Wie soll ich zu Livingstone kommen, ohne völlig zum Bettler geworden zu sein?

Ich entließ die Leute, rief Bombay und befahl ihm, mit Asmani den Tribut so billig wie möglich abzumachen. Dann zündete ich mir meine Pfeife an, setzte die Kappe der Überlegung auf und begann nachzudenken. In einer halben Stunde hatte ich einen Plan entworfen, den ich noch in derselben Nacht ausführen wollte.

Ich zitierte die beiden Sklaven Thani bin Abdullahs, nachdem das Honga zu jedermanns Zufriedenheit abgemacht war – obgleich die größten Spitzfindigkeiten und diplomatischen Räsonnements außerstande waren, es auf weniger als 26 Doti herabzubringen –, und fragte sie über die Möglichkeit aus, den noch vor uns liegenden, Tribut verlangenden Wahha auszuweichen.

Dies setzte sie anfänglich in Erstaunen, und sie erklärten es für unmöglich; schließlich jedoch, nachdem ich in sie gedrungen, meinten sie, einer von ihnen könne uns um Mitternacht oder etwas später in das Dickicht, das sich an der Grenze von Uhha und Uvinza befände, führen. Hielten wir eine direkt westliche Richtung durch diese Dschungel ein, so könnten wir, wie sie sagten, durch Uhha ohne weitere Beschwerden reisen. Wenn ich dem Führer 12 Doti bezahlen und meinen Leuten, wenn sie durch das schlafende Dorf zögen, völliges Stillschweigen auferlegen wolle, so sei der Führer überzeugt, ich könne Udschidschi erreichen, ohne ein einziges Doti weiter zu bezahlen. Es ist überflüssig hinzuzufügen, daß ich die dargebotene Hilfe zu diesem Preise freudig annahm.

Doch gab es da noch viel zu tun. Wir mußten uns Vorräte für den Durchzug durch das Dickicht auf wenigstens vier Tage kaufen, und ich schickte sofort Leute aus, um Korn zu jedem Preise herbeizuschaffen. Das Glück begünstigte uns, denn vor 8 Uhr abends hatten wir Vorräte für sechs Tage.

7. November. – In der vorigen Nacht ging ich gar nicht zu Bett, denn meine Leute stahlen sich bald nach Mitternacht, als der Mond sich zu zeigen anfing, in Abteilungen von vier Mann, aus dem Dorfe heraus, und um 3 Uhr morgens befand sich die ganze Expedition außerhalb des Boma, ohne daß der geringste Lärm gemacht worden wäre. Nachdem ich dem neuen Führer zugepfiffen hatte, fing die Expedition an, in südlicher Richtung dem rechten Ufer des Kanengi-Flusses entlang sich zu bewegen. Nach einstündigem Marsch schlugen wir uns nach Westen über die Grasebene und blieben auf derselben trotz der sich uns darbietenden, für die nackten Leute sehr schlimmen Hindernisse. Hell beleuchtete der Mond unseren Pfad; doch warfen dunkle Wolken hier und da lange Schatten über die verlassenen einsa-

men Flächen, so daß die Mondstrahlen fast verdunkelt wurden. Zu solcher Zeit schien unsere Lage schlimm, bis sich der Mond wieder zeigte und über das Dunkel sein silbernes Licht leuchten ließ.

Tapfer mühten sich die Leute ab, ohne zu murren, obwohl ihre Beine von dem scharfen Grase bluteten. Endlich erschien der ambrosische Morgen mit seinen schönen, lieblichen Zügen. Der Himmel wurde uns neu geboren und brachte uns Trost und Hoffnung. Als der Tag angebrochen, eilten die Leute mit rascheren Schritten vorwärts, obwohl sie durch die ungewohnte Reise angegriffen waren, bis wir um 8 Uhr morgens den raschen Rusugi-Fluß erblickten, wo in einem nahe gelegenen Gehölz haltgemacht wurde, um zu frühstücken und zu ruhen. Beide Ufer des Flusses wimmelten von Büffeln, Elen und Antilopen; obwohl uns aber der Anblick sehr lockte, wagten wir es doch nicht zu feuern, da ein Flintenschuß das ganze Land alarmiert haben würde. Ich zog daher bloßes Zusehen und die Befriedigung, die ich über unser Glück empfand, vor.

Nachdem wir eine Stunde geruht, sahen wir einige Eingeborene, die Salz vom Malagarazi brachten, das rechte Ufer des Flusses heraufkommen. Als sie sich unserem Versteck gegenüber befanden, entdeckten sie uns, legten ihre Salzbeutel nieder und liefen sofort laut schreiend davon, um einige ungefähr vier Meilen nördlich von uns gelegene Dörfer zu alarmieren. Sofort befahl ich meinen Leuten, ihre Lasten wieder aufzunehmen, und in wenigen Augenblicken waren wir über den Rusugi und eilten direkt auf ein vor uns liegendes Bambusdickicht zu. Kaum waren wir darin, als ein albernes Weib laut zu schreien anfing. Meine Leute waren sehr erschreckt über diese lärmende Demonstration, welche die Rache der Wahha auf unser Haupt herabziehen mußte, da wir den ihnen gebührenden Tribut umgingen. In einer halben Stunde dürften uns Hunderte von heulenden Wilden in den Dschungeln umringen und eine allgemeine Metzelei entstehen. Das Weib schrie immer wieder von neuem ohne Ursache furchtbar auf. Sofort legten einige meiner Leute in dem Instinkt der Selbsterhaltung ihre Ballen und Lasten nieder und verschwanden im Dickicht, und der Führer kam mit der Bitte auf mich zugestürzt, den Lärm zum Stillstand zu bringen. Der Mann dieser Frau zog nun in äußerster Wut und Furcht sein Schwert und bat mich, ihr sofort den Kopf abzuschlagen. Hätte ich nur ein Zeichen gegeben, so hätte das Weib ihr Leben für ihre Torheit gelassen. Ich versuchte es, ihr Geschrei dadurch zu ersticken, daß ich meine Hand ihr über den Mund hielt, aber sie entzog sich ihr mit Gewalt und fuhr fort, schlimmer als je zu schreien. Mir blieb nichts übrig, als die Macht meiner Peitsche an ihren Schultern zu erproben. Nach dem ersten Schlage bat ich sie aufzuhören. »Nein, nein, nein!« Lauter und immer lauter, wie eine Unsinnige. Wiederum fiel meine Peitsche auf ihre Schultern herab. »Nein, nein, nein!« Noch ein Schlag. »Willst du wohl still sein?« »Nein, nein, nein!« Lauter und immer lauter schrie sie, und rascher und immer rascher fielen die Schläge, um diese Widerspenstige zu zähmen. Als sie aber einsah, ich sei ebenso entschlossen zuzuschlagen, wie sie zu schreien, gab sie es vor dem zehnten Schlage auf und wurde ruhig. Ein Tuch wurde ihr über den Mund und die Arme über den Rücken gebunden, und nach einigen Augenblicken, nachdem die Deserteure zu ihrer Pflicht zurückgekehrt, begab sich die Expedition mit verdoppelter Schnelligkeit vorwärts. Bis ein Uhr mittags schritten wir standhaft weiter, bis wir den kleinen See Musunya erblickten; der neunstündige Marsch hatte uns sehr ermüdet.

Der See Musunya ist eins der kleinen kreisförmigen Becken, die in diesem Teil von Uhha vorkommen. Es gibt ihrer eine ganze Gruppe. Eigentlich könnte man sie nur große Pfützen nennen. In der Masikajahreszeit muß sich der See Musunya drei bis vier Meilen in die Länge und zwei in die Breite ziehen. Zahlreiche Flußpferde hausen in ihm, und an seinen Ufern kommen viele Jagdtiere vor.

In unserem Biwak verhielten wir uns, wie man sich denken kann, sehr ruhig; wir richteten weder Zelt noch Hütte auf, noch zündeten wir Feuer an, um im Fall einer Verfolgung ohne Aufenthalt weiterziehen zu können. Ich hatte die Kammer meines gezogenen Winchestergewehrs (des in einer solchen Krisis außerordentlich wertvollen Geschenks meines Freundes Morris) voll gefüllt und zweihundert Patronen in einen über meinen Schultern hängenden Beutel gesteckt. Auch waren die Flinten aller Soldaten fertig geladen, und wir zogen uns zurück, um unsere Strapazen im Gefühl vollkommener Sicherheit zu verschlafen.

8. November. Lange vor dem Morgengrauen waren wir auf dem Marsch, und als der Tag anbrach, kamen wir aus dem Bambusdickicht heraus – an mehreren großen, am Wege gelegenen Pfützen vorbei – auf die nackte Fläche von Uhha, welche weite Aussichten auf welliges Land darbietet, in dessen Eintönigkeit hier und da charakteristische Baumgruppen Abwechslung bringen. Stundenlang mußten wir uns über das wellenförmige Land hinschleppen, während die Sonne mit afrikanischer Glut brannte, diesmal jedoch ein wenig durch angenehme Lüftchen gemäßigt, welche uns den Duft frischen Grases und fremdartiger bunter Blumen zuwehten, die auf der weiten, im übrigen blaßgrünen Fläche wuchsen.

9. November. Zwei Stunden vor dem Morgengrauen verließen wir unser Lager und schlugen uns durch den Wald in nordwestlicher Richtung, nachdem wir vorher unsere Ziegen geknebelt hatten, damit sie uns nicht durch ihr Meckern verrieten. Dies war ein Irrtum, der ein tragisches Ende hätte nehmen können, denn gerade als der östliche Himmel eine bleichgraue Färbung annahm, kamen wir aus dem Dickicht auf die Heerstraße. Der Führer glaubte nämlich, wir hätten Uhha hinter uns und hob ein Freudengeschrei an, in das alle Mitglieder der Karawane einstimmten, und alles zog mit erhöhter Energie vorwärts, als wir plötzlich auf die Ausläufer eines Dorfes kamen, dessen Bewohner im Begriff waren aufzustehen. Sofort wurde Stille geboten und die Expedition zum Halten gebracht. Ich trat vor, um mich mit dem Führer zu besprechen; er wußte aber nicht, was geschehen solle. Da keine Zeit zur Überlegung war, ließ ich die Ziegen schlachten und auf dem Wege liegen und den Führer kühn durch das Dorf ziehen. Auch die Hühner wurden abgetan, und darauf nahm die Expedition, unter Leitung des Führers, ihren Marsch rasch und schweigend wieder auf, nachdem ich den Befehl erteilt, schleunigst in das südlich vom Wege gelegene

Dickicht zu ziehen. Ich blieb, bis der letzte Mann verschwunden war, dann bildete ich, nachdem ich mein Winchestergewehr in Bereitschaft gesetzt, mit meinen Flintenträgern und ihrer Munition den Nachtrab.

Zu Mittag machten wir einen kurzen Halt, um uns auszuruhen und zu erfrischen. Man zeigte mir die Berge, von denen der Tanganika zu sehen sei und welche das Tal des Liutsché im Westen begrenzen. Bei ihrem Anblick konnte ich mich nicht länger halten, selbst dieser kurze Halt machte mich unruhig und unzufrieden. Wir nahmen den Marsch wieder auf; ich spornte meine Leute mit dem Versprechen an, daß sie morgen ihren Lohn empfangen und so viel Fisch und Bier bekommen sollten, als sie verzehren könnten.

Wir befanden uns in Sicht der Wakaranga-Dörfer. Als die Bewohner uns erblickten, zeigten sie bedeutende Erregung. Ich schickte Leute voran, um sie zu beruhigen, und sie kamen auch heraus, um uns zu begrüßen. Dies war uns so neu und willkommen, so anders als das Verfahren der unruhigen Wavinza und der Räuber von Uhha, daß wir gerührt waren. Doch hatten wir keine Zeit, uns auf dem Wege aufzuhalten und uns der Freude hinzugeben, denn ich wurde durch fast unbezwingliche Empfindungen vorwärtsgetrieben und wünschte meinen Zweifeln und Befürchtungen ein Ende zu machen. War *er* noch da? Hatte *er* von meiner Annäherung gehört? Würde *er* die Flucht ergreifen?

Wir erreichen die Ausläufer von Niamtaga und hören Trommeln schlagen. Die Leute fliehen in die Wälder und verlassen ihre Dörfer, denn sie halten uns für Ruga-Ruga, die Waldräuber Mirambos, die, nachdem sie die Araber von Unyanyembé besiegt, die von Udschidschi bekämpfen wollen. Selbst der König flieht aus seinem Dorf, und jedermann folgt ihm angsterfüllt. Wir ziehen in das Dorf, ergreifen ruhig Besitz davon, und mein Zelt wird daselbst aufgeschlagen. Schließlich verbreitet sich das Gerücht, daß wir Wangwana aus Unyanyembé seien.

»Nun, ist Mirambo denn tot?« fragen sie.

»Nein«, erwidern wir.

»Wie seid ihr denn durch Ukaranga gekommen?«

»Über Ukonongo, Ukawendi und Uhha.«

»Oh – hi-le!« Darauf lachen sie herzlich über ihre Angst und fangen an, sich zu entschuldigen. Der König wird mir vorgestellt und sagt, er sei nur in die Wälder gegangen, um uns anzugreifen, das heißt, er habe die Absicht gehabt, uns alle totzuschlagen, wenn wir Ruga-Ruga gewesen. Wir wissen ja aber, wie sehr der arme König erschrocken war und daß er bestimmt nie gewagt hätte zurückzukehren, wären wir Ruga-Ruga gewesen. Doch wir sind nicht in der Stimmung, uns mit ihm über seine eigentümliche Ausdrucksweise zu streiten, sondern schütteln ihm lieber die Hand und sagen ihm, wie wir uns freuen, ihn zu sehen. Er nimmt auch an unserer Freude teil und läßt uns sofort drei der fettesten Schafe, Töpfe mit Bier, Mehl und Honig zum Geschenk bringen, und ich beglücke ihn noch mehr mit zwei der schönsten Tücher, die ich in meinen Ballen habe. Auf diese Weise kommt ein freundschaftlicher Vertrag zwischen uns zustande.

Während ich mein Tagebuch über die Erlebnisse dieses Tages führe, lasse ich Selim meinen neuen Flanellanzug auspakken, meine Stiefel mit Öl schmieren, meine Kopfbedeckung mit Kreide reinigen und mit einem neuen Puggaree versehen, damit ich so anständig wie möglich vor dem weißen Mann mit dem grauen Bart und den Arabern von Udschidschi erscheinen könne, denn die Kleider, die ich im Dickicht und Walde getragen, sind in Fetzen. Gute Nacht! Nur noch einen Tag, und wir werden sehen, was die Zukunft bringt.

Freitag, 10. November. Der 236. Tag seit Bagamoyo und der 51. seit Unyanyembé. Allgemeine Richtung nach Udschidschi, West zu Süd. Marschzeit sechs Stunden.

Es ist ein herrlicher, beseligender Morgen. Die Luft ist frisch und kühl. Der Himmel lächelt liebevoll auf die Erde und ihre Kinder. Die dichten Wälder sind von herrlichem, grünem Laub gekrönt; das Wasser des Mkuti rauscht unter dem Smaragdschatten, den seine bewachsenen Ufer darbieten, und scheint uns durch sein beständiges Rauschen zum Wettlauf nach Udschidschi aufzufordern.

Wir befinden uns alle außerhalb des Rohrzaunes des Dorfes; ein jeder von uns sieht so nett und sauber und glücklich aus wie damals, als wir uns in den Dhauen in Sansibar einschifften, was Ewigkeiten her zu sein scheint; so viel haben wir gesehen und erfahren.

»Vorwärts!«

»Ay Wallah, ay Wallah, Bana yango!«, und die Braven schreiten leichten Herzens davon in einem Tempo, das uns bald in Sicht von Udschidschi bringen muß. Wir steigen einen mit Bambus bewachsenen Berg hinan, in eine Schlucht hinab, durch welche ein wütender kleiner Gießbach stürzt, besteigen noch einen niedrigen Hügel, gehen dann einen ebenen Fußpfad entlang, welcher in dem Abhang einer langen Bergkette verläuft, und ziehen so eifrig weiter, wie es nur Leute mit leichtem Herzen tun können.

Man hat mich darauf vorbereitet, daß ich in zwei Stunden den Tanganika erblicken soll, denn der Kirangozi sagt, man sehe ihn von der Spitze eines steilen Berges. Ich fange vor Erregung fast an zu weinen; doch Geduld, wir müssen ihn doch erst sehen. Wir stürzen vorwärts, den Berg atemlos hinauf, damit die große Szene nicht etwa davoneile. Endlich sind wir auf dem Gipfel; aber ach, noch ist er nicht zu sehen. Noch ein Endchen weiter, gerade dort; ja, dort ist er, ein Silberstreifen. Ich erblicke ihn kaum zwischen den Bäumen – hier aber ist er endlich wirklich, der Tanganika, und das sind die blauschwarzen Berge von Ugoma und Ukaramba. Eine ungeheure, weite Fläche, ein glänzendes Silberbett – darüber ein leuchtender, blauer Baldachin –, hohe Berge als Faltensaum, Palmenwälder seine Fransen! Der Tanganika! Hurra! Und die Leute erwidern das Jubelgeschrei des Angelsachsen mit Stentorstimmen, die großen Wälder und Berge scheinen sich an unserem Triumph zu beteiligen.

Wir steigen den westlichen Abhang des Berges hinab, das Tal des Liutsché vor uns. Ungefähr eine Stunde vor Mittag haben wir das dichte Mategestrüpp erreicht, welches an beiden Ufern des Flusses wächst, waten durch den klaren Strom, kommen auf der anderen Seite an, treten aus dem Dickicht hervor, und die Gärten der Wadschidschi liegen vor uns, ein Wunder von Pflanzenreichtum. Einzelheiten entziehen sich meiner raschen, oberflächlichen Beobachtung. Ich bin von meinen eigenen Gemütsbewegungen fast überwältigt, wie ich die anmutigen Palmen, die netten grünen Gemüseplätze und kleinen, von schwarzen Mateterohr-Zäunen umgebenen Dörfer erblicke.

Rasch eilen wir weiter, damit nicht die Nachricht unserer Annäherung die Leute von Bunder-Udschidschi erreiche, ehe wir in Sicht und für sie bereit sind. Wir halten an einem kleinen Bach, dann steigen wir den langen Abhang einer nackten Hügelkette hinauf, die allerletzte der unzähligen, die wir überschritten haben. Diese allein hindert uns daran, den See in seiner ganzen gewaltigen Ausdehnung zu überblicken. Wir kommen auf dem Gipfel an, überschreiten denselben bis an seinen westlichen Rand, und – halt ein, Leser! – der Hafen von Udschidschi liegt in Palmen gehüllt nur 500 Schritt von uns entfernt. In diesem großen Augenblicke denken wir nicht mehr an die unzähligen Meilen, die wir marschiert, die zahllosen Berge, die wir erklettert, die vielen Wälder, die wir durchwandert haben; die Erinnerung an die Dickichte und Dschungel, die uns belästigt, die heißen Salzebenen, die uns die Füße verbrannt, die glühende Sonne, die uns versengt hat, an alle Gefahren und Beschwerden, die jetzt glücklich hinter uns liegen, ist verschwunden! Endlich ist die große Stunde da! Unsere Träume, Hoffnungen und Ahnungen sind jetzt erfüllt! Unsere Herzen und Empfindungen liegen in den Augen, wie wir in die Palmen spähen und es versuchen zu erraten, in welcher Hütte, in welchem Hause der weiße Mann mit dem grauen Bart, von dem man uns am Malagarazi berichtet, wohl wohnen mag.

»Entfaltet die Fahne und ladet die Gewehre!«

»Ay Wallah, ay Wallah, Bana!« erwidern die Leute eifrig.

»Eins, zwei, drei, feuert!«

Ein Kleingewehrfeuer von fast fünfzig Flinten brüllt wie ein Salutschuß von einer Artilleriebatterie. Wir werden die Wirkung desselben auf das friedlich aussehende Dorf da unten sofort sehen.

»Jetzt, Kirangozi, halte die Fahne des Weißen hoch und laß die Sansibarer Flagge vor dem Nachtrab hergehen. Und ihr,

Leute, haltet euch dicht aneinander und feuert weiter, bis wir auf dem Marktplatz oder vor dem Hause des Weißen stehen. Ihr habt mir oft gesagt, daß ihr die Fische des Tanganika riechen könnt; ich kann es jetzt auch. Hier gibt es Fische und Bier und eine lange Rast für euch. Marsch!«

Ehe wir 100 Schritt weiter gegangen waren, hatten unsere wiederholten Schüsse den gewünschten Erfolg. Wir hatten U-dschidschi benachrichtigt, daß eine Karawane im Anzug sei, und man sah die Leute zu Hunderten uns entgegenströmen. Der bloße Anblick der Fahnen ließ jedermann wissen, daß wir eine Karawane seien, doch erregte die von dem riesigen Asmani, der das Gesicht heute zu einem beständigen Lächeln verzog, hochgetragene amerikanische Flagge zuerst allgemeines Erstaunen. Viele der Leute aber, die sich jetzt uns näherten, erinnerten sich der Flagge, denn sie hatten sie über dem amerikanischen Konsulat und vom Mast so manchen Schiffes im Hafen von Sansibar wehen sehen, und begrüßten sie alsbald mit den Rufen: »Bindera Kisungu!« Die Flagge eines Weißen! »Bindera Merikani!« Die amerikanische Flagge!

Dann umgaben sie uns, die Wadschidschi, Wanyamwezi, Wangwana, Warundi, Waguhha, Wamanyuema und Araber und machten uns fast taub mit ihrem Geschrei: »Yambo, yambo, Bana! Yambo, Bana! Yambo, Bana!«, da jeder einzelne meiner Leute in dieser Weise begrüßt wurde.

Noch befinden wir uns etwa 300 Schritt vom Dorfe Udschidschi, und mich umgibt eine dichte Menge. Plötzlich höre ich eine Stimme zu meiner Rechten in englischer Sprache mir zurufen:

»Guten Morgen, mein Herr.«

Erstaunt darüber, diese Begrüßung inmitten einer solchen Menge Schwarzer zu hören, kehre ich mich rasch um, um den Mann zu betrachten, und erblicke ihn an meiner Seite mit ganz schwarzem, aber belebtem, frohem Gesichte, in einem langen, weißen Hemd, einen Turban von amerikanischer Leinwand um das wollige Haupt gewunden, und frage ihn: »Ach, wer sind Sie denn?«

»Ich bin Susi, der Diener von Dr. Livingstone«, sagte er lachend und eine glänzende Reihe Zähne zeigend.

»Was? Ist Dr. Livingstone hier?«

»Jawohl!«

»In diesem Dorfe?«

»Jawohl!«

»Ganz bestimmt?«

»Ganz bestimmt. Ich habe ihn ja eben verlassen.«

»Guten Morgen, mein Herr!« ließ sich eine andere Stimme vernehmen.

»Hallo«, sagte ich, »ist das noch einer?«

»Ja, mein Herr.«

»Wie heißen Sie denn?«

»Mein Name ist Dschumah.«

»Wie, sind Sie Dschumah, der Freund von Wekotani?«

»Jawohl.«

»Und ist der Doktor gesund?«

»Nein. Er ist nicht sehr wohl.«

»Wo ist er so lange gewesen?«

»In Manyuema.«

»Nun, Susi, laufen Sie, um es dem Doktor mitzuteilen, daß ich komme.«

»Jawohl, Herr!« Und wie ein Toller schnellte er davon.

Jetzt waren wir 200 Schritt von dem Dorfe entfernt. Die Menge wurde dichter und versperrte uns fast den Weg. Fahnen und Flaggen waren aufgehißt, Araber und Wangwana drängten sich durch die Eingeborenen, um uns zu begrüßen, denn nach ihrer Ansicht gehörten wir zu ihnen. Alle waren in höchstem Grade erstaunt und fragten: »Wie kommt ihr von Unyanyembé?«

Bald kam Susi zurückgelaufen und fragte mich nach meinem Namen. Er hatte dem Doktor gesagt, daß ich im Anzuge sei, dieser aber war zu sehr erstaunt, um es zu glauben, und als er ihn um meinen Namen fragte, war Susi in Verlegenheit geraten.

Während Susis Abwesenheit war dem Doktor jedoch die Nachricht zugekommen, daß es wirklich ein Weißer sei, dessen

Flinten abgefeuert und dessen Fahnen zu sehen waren, und die großen arabischen Magnaten von Udschidschi, Mohammed bin Sali, Sayd bin Madschid, Abid bin Suliman, Mohammed bin Gharib und andere, hatten sich vor des Doktors Haus versammelt, und dieser war aus seiner Veranda getreten, um die Sache zu besprechen und meine Ankunft zu erwarten.

Mittlerweile hatte die Spitze der Expedition haltgemacht; der Kirangozi war aus den Reihen ausgetreten, hielt seine Flagge hoch, und Selim sagte mir: »Ich sehe den Doktor. Ach, was für ein alter Mann er ist! Er hat einen ganz weißen Bart.« Und ich – was hätte ich nicht darum gegeben, einen Augenblick allein in der Wildnis sein zu können, um meiner Freude ungesehen in irgendeinem tollen Streiche Luft zu machen, um nur die Erregung, deren ich kaum Herr werden konnte, zu beschwichtigen. Rasch klopft mir das Herz; doch darf ich meine Empfindungen nicht durch einen Gesichtsausdruck verraten, welcher der Würde Abbruch tun könnte, die ein Weißer unter solchen außergewöhnlichen Umständen an den Tag legen muß.

Ich tat also, was ich für das Würdigste hielt, stieß die Menge zurück und schritt, von hinten hervorkommend, durch eine lebendige Allee von Menschen, bis ich an den von Arabern gebildeten Halbkreis gelangte, an dem ganz vorn der Weiße mit dem Bart stand. Als ich langsam auf ihn zutrat, bemerkte ich, daß er blaß und ermüdet aussah und einen grauen Bart hatte, eine bläuliche Mütze mit verschossenem goldenem Bande, eine Weste mit roten Ärmeln und ein paar graue Hosen trug. Ich wäre gern auf ihn zugelaufen; nur war ich in Gegenwart eines solchen Pöbelhaufens zu feige dazu. Ich wäre ihm gern um den Hals gefallen; nur wußte ich nicht, wie er, als Engländer, mich aufnehmen würde. Ich tat also, was Feigheit und falscher Stolz mir als das Beste anrieten, schritt bedächtig auf ihn zu, nahm meinen Hut ab und sagte:

»Dr. Livingstone, wie ich vermute.«

»Ja«, sagte er mit freundlichem Lächeln, die Mütze leicht lüftend.

Ich setze meinen Hut wieder auf den Kopf, er seine Mütze, wir reichen uns herzlich die Hand, und ich sage laut:

»Ich danke Gott, Doktor, daß es mir gestattet ist, Sie zu sehen.«

Er erwiderte: »Und ich bin dankbar, daß ich Sie hier begrüßen kann.«

Hierauf wende ich mich zu den Arabern, nehme als Antwort auf ihren Begrüßungs-Chorus von Yambos meine Kopfbedeckung ab, und der Doktor stellt sie mir mit Namen vor. Dann gehen Livingstone und ich, die Menge und die Männer, die meine Gefahren mit mir geteilt haben, völlig vergessend, zu seinem Tembé. Er weist auf die Veranda oder vielmehr den Lehm-Altan unter dem breiten überhängenden Dach hin und zeigt auf seinen eigenen Sitzplatz, dessen Konstruktion ihm, wie ich sehe, sein Alter und die Kenntnis des Lebens in Afrika eingegeben haben und der aus einer Strohmatte mit einem darübergelegten Ziegenfell und noch einem anderen Fell besteht, das an die Mauer genagelt ist, um seinen Rücken vor der Berührung mit dem kalten Lehm zu bewahren. Ich protestiere dagegen, seinen Sitz einzunehmen, der ihm so sehr viel mehr ziemt als mir, der Doktor aber gibt nicht nach, und ich muß ihn annehmen.

Wir, der Doktor und ich, sitzen mit dem Rücken gegen die Wand. Die Araber setzen sich zur Linken. Mehr als tausend Eingeborene befinden sich vor uns und erfüllen dicht den ganzen Platz. Sie befriedigen ihre Neugierde und unterhalten sich über die Tatsache, daß zwei Weiße in Udschidschi zusammentreffen, der eine eben von Manyuema im Westen, der andere von Unyanyembé im Osten kommend.

Die Unterhaltung beginnt. Um was sie sich dreht, habe ich, offen gestanden, vergessen. Ach, wir richteten Fragen aneinander wie folgende:

»Wie sind Sie hierhergekommen?« und »Wo sind Sie die ganze lange Zeit über gewesen? Die Welt hat Sie für tot gehalten.« Ja, so fing die Unterhaltung an; was der Doktor mir aber erzählt und was ich ihm gesagt, kann ich nicht genau wiedergeben, denn ich war damit beschäftigt, ihn anzublicken und den wunderbaren Mann, an dessen Seite ich jetzt in Zentral-Afrika saß, zu studieren. Jedes Haar seines Hauptes und Bartes, jede Runzel seines Gesichts, seine hageren Züge und sein etwas ab-

»Dr. Livingstone, wie ich vermute.«

gespanntes Aussehen brachten mir die Kunde, nach der ich mich immerwährend gesehnt, seitdem ich die Worte gehört: »Nehmen Sie, was Sie brauchen, aber – finden Sie Livingstone.« Was ich da sah, war für mich eine Kunde von höchstem Interesse und ungeschminkte Wahrheit. Ich hörte und las zu gleicher Zeit. Was erzählten mir diese stummen Zeugen?

O Leser, wärest du an dem Tage in Udschidschi an meiner Seite gewesen! Wie beredt hätte sich dir das eigentliche Wesen der Mühen dieses Mannes offenbart! Wärest du nur da gewesen, um ihn zu sehen und zu hören! Von seinen Lippen, die nie lügen, erfuhr ich die Einzelheiten derselben. Ich kann es nicht wiederholen, was er sagte, denn ich war zu sehr eingenommen, als daß ich mein Notizbuch hätte herausziehen und seine Erzählungen stenographieren können. Er hatte so viel zu erzählen, daß er mit dem Ende anfing und scheinbar die Tatsache vergaß, daß er über fünf bis sechs Jahre Rechenschaft abzulegen hatte. Allmählich aber kam sein Bericht hervor, rasch nahm er große Verhältnisse an und wurde zu einer wunderbaren Geschichte von Taten.

Die Araber erhoben sich mit einem Zartgefühl, das ich billigte, als ob sie instinktmäßig wüßten, daß wir uns selbst überlassen bleiben mußten. Ich schickte Bombay mit ihnen fort, damit er ihnen Nachrichten über den Stand der Angelegenheiten in Unyanyembé gebe, nach denen sie sich so sehr sehnten.

Nachdem ich Bombay und Asmani Befehl gegeben hatte, die Leute der Expedition mit Essen zu versehen, rief ich Kaif-Halek und stellte ihn Dr. Livingstone als einen der Soldaten vor, der die in Unyanyembé liegenden Güter zu hüten gehabt und den ich gezwungen hatte, mich nach Udschidschi zu begleiten, damit er persönlich seinem Herrn den Briefbeutel, den ihm Dr. Kirk anvertraut, übergeben könne. Dies war der berühmte, mit dem Datum vom 1. November 1870 bezeichnete Beutel, der dem Doktor jetzt, 365 Tage, nachdem er Sansibar verlassen, übergeben wurde. Wie lange wäre er wohl noch in Unyanyembé geblieben, wenn ich nicht den großen Reisenden in Zentral-Afrika aufgesucht hätte?

246

Der Doktor behielt seinen Briefbeutel auf den Knien, dann öffnete er ihn sofort, sah sich die Briefe, die in demselben enthalten waren, an und las ein paar von seinen Kindern, wobei sich sein Gesicht aufhellte.

Darauf bat er mich, ihm Nachrichten zu geben.

»Nein, Doktor«, sagte ich, »lesen Sie erst Ihre Briefe, auf die Sie gewiß ungeduldig sind.«

»Ach«, sagte er, »ich habe jahrelang auf Briefe gewartet und habe Geduld gelernt. Da kann ich wirklich noch ein paar Stunden warten. Nein, erzählen Sie mir erst die allgemein interessanten Neuigkeiten. Was passiert in der Welt?«

»Vermutlich wissen Sie schon, daß der Suezkanal zur Tatsache geworden, daß er eröffnet ist und jetzt ein regelmäßiger Handel zwischen Europa und Indien durch denselben getrieben wird?«

»Ich habe von seiner Eröffnung nichts gehört. Das ist etwas Großartiges. Nun, was noch?«

Bald darauf befand ich mich in der Rolle einer Jahreschronik ihm gegenüber. Ich brauchte nichts zu übertreiben oder ihm Sensationsnachrichten zu geben. Die Welt hatte in den letzten Jahren viel gesehen und erfahren. Die Pazifik-Eisenbahn war vollendet worden; Grant war Präsident der Vereinigten Staaten geworden; Ägypten war von Gelehrten überflutet worden; die Revolution von Kreta war beendet; eine Revolution hatte Isabella vom spanischen Throne getrieben und einen Regenten an ihre Stelle gesetzt. General Prim war ermordet; Castelar hatte Europa mit seinen Fortschrittsideen über die Freiheit des Kultus elektrisiert; Preußen hatte Dänemark gedemütigt und Schleswig-Holstein annektiert, und seine Armeen befanden sich jetzt um Paris. Der »Schicksalsmann« war ein Gefangener in Wilhelmshöhe, die Königin der Mode und Kaiserin der Franzosen befand sich auf der Flucht, und das im Purpur geborene Kind hatte auf immer die für sein Haupt bestimmte Kaiserkrone verloren. Die napoleonische Dynastie war durch die Preußen, Bismarck und Moltke, vernichtet und das stolze Kaisertum Frankreich in den Staub getreten.

Wozu hätte man diese Tatsachen noch zu übertreiben brauchen? Welch große Menge Nachrichten war das für jemand, der aus den Tiefen der Urwälder von Manyuema herauskam! Der Widerschein des glänzenden Lichtes der Zivilisation strahlte auf Livingstone, als er sich verwundert eines der alleraufregendsten Blätter der Geschichte erzählen ließ. Wie schwanden die kleinen Taten der Barbaren vor diesen dahin. Wer konnte wissen, von welch neuen Sorgen und Unruhen Europa eben jetzt heimgesucht wurde, wo wir, seine beiden vereinsamten Kinder, die Geschichte der letzten Ruhmestaten und Leiden desselben besprachen. Würdiger hätte sie wohl ein lyrischer Demodocus erzählt, doch spielte in Ermangelung des Dichters der Zeitungskorrespondent seine Rolle so gut und wahr als möglich.

Kurz nachdem die Araber fort waren, wurde uns von Sayd bin Madschid eine Schüssel heißer Fleischpasteten, von Mohammed bin Sali ein gewürztes Huhn sowie von Muini Kheri eine Schüssel gekochtes Ziegenfleisch mit Reis zugeschickt. So kamen Geschenke von Nahrungsmitteln der Reihe nach an, und wir machten uns ebenso rasch, wie sie gebracht wurden, an dieselben. Ich hatte eine gesunde, kräftige Verdauung, und die Bewegung, die ich mir gemacht, hatte sie in guten Stand gesetzt; doch auch Livingstone, der sich darüber beklagt hatte, er habe keinen Appetit, sein Magen weise alles außer einer Tasse Tee ab, aß wie ein kräftiger, hungriger Mann, und als er die Pfannkuchen mit mir um die Wette verzehrte, wiederholte er immer: »Sie haben mir neues Leben gebracht!«

»Wahrhaftig!« sagte ich, »ich habe etwas vergessen. Rasch, Selim, bring uns die Flasche, du weißt welche, und die silbernen Becher. Diese Flasche habe ich bloß für diesen Fall mitgebracht, von dem ich hoffte, daß er eintreten werde, obgleich mir meine Hoffnung oft eitel erschienen ist.«

Selim wußte die Flasche Sillery-Champagner zu finden und kehrte bald damit zurück. Ich gab dem Doktor einen silbernen Becher, gefüllt mit dem erheiternden Weine, und sagte, indem ich etwas davon in meinen Becher goß: »Dr. Livingstone, auf Ihr Wohl!«

»Auf das Ihrige!« antwortete er, und der Champagner, den ich für dieses glückliche Zusammentreffen aufbewahrt, wurde mit herzlichsten gegenseitigen Segenswünschen getrunken.

Wir plauderten und plauderten weiter; den ganzen Nachmittag wurden uns allerlei Speisen zugetragen. Jedesmal, wenn neue kamen, aßen wir weiter, bis ich vollständig gesättigt und auch Livingstone genötigt war einzugestehen, daß er ebenfalls genügend habe.

Auch dieser für mich so glückliche Tag neigte sich schließlich, wie alle anderen, seinem Ende zu. Wir saßen, mit unseren Gesichtern gen Osten gewandt, wie Livingstone es tagelang vor meiner Ankunft getan, und beobachteten die dunklen Schatten, welche über dem Palmenhain jenseits des Dorfes und dem Wall von Bergen, den wir an jenem Tage überstiegen, daherzogen und diese jetzt rasch in der Dunkelheit verschwinden ließen. Wir lauschten mit dankbarem Herzen für den großen Geber allen Glücks und Segens dem lauten Donner der Wasser des Tanganika und dem Chor der Nachtinsekten. So vergingen die Stunden, und wir saßen, noch immer mit den merkwürdigen Ereignissen des Tages beschäftigt, als es mir einfiel, daß der Reisende seine Briefe noch nicht gelesen hatte.

»Doktor«, sagte ich, »Sie würden wohl besser daran tun, Ihre Briefe zu lesen. Ich will Sie nicht länger aufhalten.«

»Ja«, erwiderte er, »es wird spät, und ich will meine Briefe lesen. Gute Nacht! Gott segne Sie!«

»Gute Nacht, mein teurer Doktor, und lassen Sie mich hoffen, daß die Nachrichten, welche Sie bekommen, Ihnen recht erwünscht sein mögen.«

Früh am nächsten Morgen fuhr ich plötzlich aus dem Schlaf empor. Das Zimmer kam mir fremd vor. Es war ein Haus und nicht mein Zelt. Ach ja! Jetzt erinnerte ich mich, daß ich Livingstone aufgefunden und mich in seinem Haus befand. Ich horchte, damit das in mir erwachende Bewußtsein durch den Ton seiner Stimme bestätigt werde, hörte aber nichts als das dumpfe Tosen der Wasser.

Ruhig lag ich im Bett; ja, in einem wirklichen Bett, wenn es auch nur ein sehr einfaches vierbeiniges Gestell war, worauf Palmblätter anstatt Daunen ausgebreitet lagen und Pferdehaar nebst meinem Bärenfell die Stelle von Linnen vertraten. Ich fing damit an, mich einer strengen Geistesprüfung zu unterziehen und mir meine Stellung klarzumachen. Wozu wurde ich ausgeschickt? Um Livingstone zu finden. Hast du ihn gefunden? Ja, natürlich, bin ich nicht in seinem Hause? Wessen Kompaß

Livingstones Haus in Udschidschi

hängt dort an dem Holznagel, wessen Kleider, wessen Stiefel sind das? Wer liest diese Zeitungen, diese Nummern der Saturday Review und des Punch, welche hier auf der Diele liegen? Gut. Was willst du also jetzt tun? Ich werde ihm morgen mitteilen, wer mich abgesandt hat, was mich hergebracht hat. Dann werde ich ihn bitten, einen Brief an Herrn Bennett zu schreiben und ihm soviel Neues über sich mitzuteilen, als er Lust hat. Ich bin ja nicht hierhergekommen, um ihn auszuhorchen, sondern es genügt mir, daß ich ihn aufgefunden habe. Insoweit ist mein Erfolg vollständig, doch würde er noch glänzender sein, wenn Livingstone mir Briefe für Herrn Bennett und eine Anerkenntnis darüber gibt, daß er mich gesehen hat. Ob er das tun wird? Warum nicht? Ich bin hergekommen, um ihm einen Dienst zu erweisen; er hat weder Waren noch Leute mehr, wohl aber ich. Wenn ich ihm eine Freundlichkeit erweise, wird er sie mir nicht erwidern?

Ich kleidete mich rasch an mit der Absicht, den Tanganika entlang zu wandeln, ehe der Doktor aufgestanden sei, öffnete die Türe, die schrecklich in ihren Angeln knarrte, und spazierte auf die Veranda.

»Ah, Herr Doktor, Sie sind schon auf? Ich hoffe, Sie haben gut geschlafen.«

»Guten Morgen, Herr Stanley. Es freut mich, Sie zu sehen; hoffentlich haben Sie gut geschlafen. Ich war gestern noch spät mit dem Lesen meiner Briefe beschäftigt. Sie haben mir gute und schlechte Nachrichten gebracht. Nehmen Sie aber doch Platz.« Er machte mir an seiner Seite Platz. »Ja! Viele meiner Freunde sind tot. Meinen ältesten Sohn, das heißt meinen Sohn Thomas, hat ein schweres Unglück betroffen. Mein zweiter Sohn Oswald studiert auf der Universität Medizin, und es geht ihm gut, wie ich höre. Meine älteste Tochter Agnes hat sich in einer Jacht mit ›Sir Paraffine‹ Young und seiner Familie amüsiert. Sir Roderick ist auch wohl und drückt die Hoffnung aus, mich bald wiederzusehen. Sie haben mir einen ganzen Sack Briefe mitgebracht.«

Der Mann war also durchaus kein Gespenst, und die Szenen des gestrigen Tages gehörten nicht der Traumwelt an. Ich blickte ihn aufmerksam an, denn dadurch versicherte ich mich, daß er nicht fortgelaufen sei, was ich auf dem ganzen Wege nach Udschidschi beständig fürchtete.

»Nun Herr Doktor«, sagte ich, »Sie wundern sich wohl, warum ich hierhergekommen bin?«

»Freilich«, sagte er, »habe ich mich darüber gewundert. Ich glaubte zuerst, Sie seien ein Abgesandter der französischen Regierung anstelle des Lieutenants Le Saint, der einige Meilen jenseits Gondokoro verstorben ist. Ich hörte, Sie hätten Boote, viele Leute und Vorräte bei sich, und glaubte wirklich, Sie seien ein französischer Offizier, bis ich die amerikanische Flagge erblickte, und, um Ihnen die Wahrheit zu sagen, es freut mich eigentlich, daß es so ist, denn ich hätte mich mit jenem auf französisch nicht unterhalten können, und wenn er nicht Englisch verstand, so hätten wir ein schönes Paar Weißer in Udschidschi abgegeben. Gestern wollte ich Sie nicht danach fragen, weil es mich eigentlich nichts anging.«

»Ja«, sagte ich lachend, »um Ihretwillen freut es mich, daß ich ein Amerikaner und kein Franzose bin und daß wir einander vollständig ohne Dolmetscher verstehen können. Ich sehe, die Araber wundern sich, daß Sie, ein Engländer, und ich, ein Amerikaner, uns gegenseitig verstehen. Wir müssen uns hüten, ihnen mitzuteilen, daß die Engländer und Amerikaner sich bekämpft haben, daß es noch Alabama-Forderungen gibt und daß wir Leute wie die Fenier in Amerika haben, die Sie hassen. Doch im Ernst, Doktor, erschrecken Sie nicht, wenn ich Ihnen sage, daß ich gekommen bin, um Sie zu suchen.«

»Um mich zu suchen?«

»Jawohl.«

»Wieso?«

»Nun, Sie haben doch wohl vom ›New York Herald‹ gehört?«

»O gewiß. Wer hätte von dieser Zeitung nicht gehört!«

»St! Herr James Gordon Bennett, der Sohn von Herrn James Gordon Bennet, des Besitzers des ›Herald‹, hat ohne seines Vaters Wissen und Genehmigung mich beauftragt, Sie aufzusuchen, mir so viele Nachrichten, als Sie mir über Ihre Entdeckungen geben wollen, von Ihnen zu verschaffen und Sie möglichst mit Mitteln zu unterstützen.«

»Wie? Der junge Herr Bennett hat Sie beauftragt, mir nachzureisen, mich aufzusuchen und mir zu helfen! – Dann ist es freilich kein Wunder, daß Sie Herrn Bennett gestern abend so sehr gelobt haben.«

»Ja, ich kenne ihn und bin stolz darauf, sagen zu können, daß er durchaus so ist, wie ich ihn geschildert habe, nämlich ein eifriger, großmütiger, aufrichtiger Mann.«

»Nun, ich bin ihm in der Tat sehr zu Dank verpflichtet, und es macht mich stolz, wenn ich daran denke, daß ihr Amerikaner soviel auf mich haltet. Sie sind gerade zur rechten Zeit angekommen, denn ich fing schon an zu glauben, ich müsse die Araber anbetteln. Selbst diesen fehlt es an Zeug; auch gibt es nur wenig Perlen in Udschidschi. Dieser Kerl, der Scherif, hat mich vollständig ausgeplündert. Ich wünschte, ich könnte Herrn Bennett in passenden Worten meinen Dank ausdrücken; sollte mir das aber nicht gelingen, so bitte ich Sie, halten Sie mich darum nicht für weniger dankbar.«

»Und jetzt, Doktor, da wir diese kleine Angelegenheit abgemacht haben, soll uns Feradschi das Frühstück bringen, wenn Sie nichts dagegen haben.«

»Sie haben mir Appetit gebracht«, sagte er. »Halimah ist meine Köchin, aber sie kennt nicht einmal den Unterschied zwischen Tee und Kaffee.«

Der Koch Feradschi war, wie gewöhnlich, mit trefflichem Tee und einem Gericht dampfender Kuchen, welche der Doktor »Dampers« nannte, zur Hand. Ich habe mir nie viel aus dieser Art Pfannkuchen gemacht, für Livingstone waren sie aber erwünscht, da er durch die harte Kost in Lunda fast alle Zähne verloren hatte. Dort war er genötigt gewesen, von grünen Maisähren zu leben. Es gab nämlich in jenem Distrikt kein Fleisch, und die Anstrengung, an den Kornähren zu nagen, hatte ihm sämtliche Zähne gelockert. Ich meinerseits zog die harten virginischen, aus Korn gebackenen »Scones« vor, die meiner Ansicht nach das schmackhafteste Brot abgeben, das man in Zentral-Afrika haben kann.

Livingstone sagte, er habe mich schon für einen sehr üppigen reichen Mann gehalten, als er meine große Badewanne erblickte, die mir einer meiner Leute nachtrug; heute aber halte er mich für noch üppiger, als meine Gabeln, Messer, Schüsseln und Tassen, silberne Löffel und silberne Teekanne herrlich glänzend auf dem reichen persischen Teppich ausgebreitet wurden und ich, wie er sah, durch meine gelben und schwarzen Mercure gut bedient wurde.

Das war der Anfang meines Lebens in Udschidschi. Ich hatte Livingstone vor meiner Ankunft nicht persönlich gekannt; früher war er mir nur ein Gegenstand, ein großer Artikel für eine Tageszeitung, wie die meisten Dinge, an welchen das nach Neuigkeiten gierige Publikum Freude hat. Ich hatte Schlachtfelder besucht, Revolutionen, Bürgerkriege, Aufstände, Emeuten und Metzeleien mit angesehen; ich hatte nahe bei dem verurteilten Mörder gestanden, um über seine letzten Kämpfe und Seufzer Bericht zu erstatten; niemals aber war es meine Aufgabe gewesen, über irgend etwas Bericht zu erstatten, das mich so sehr bewegt hätte wie die großen Leiden, Entbehrungen und Widerwärtigkeiten dieses Mannes, die ich jetzt in ihrem ganzen Umfange erfuhr. Ich fing wahrhaftig an einzusehen, daß »die Götter oben die Angelegenheiten der Menschen mit gerechten Augen überwachen«, und die Hand einer alles beherrschenden gütigen Vorsehung zu erkennen.

Das Folgende sind Tatsachen, die wohl überlegt sein wollen. Ich hatte an einem Tage des Oktober 1869 den Auftrag bekommen, Livingstone aufzusuchen. Herr Bennett hatte das Geld bereitliegen, und ich war reisefertig. Doch möge der Leser wohl darauf achten, daß ich nicht sofort meine Expedition antrat. Ich hatte noch viele Aufgaben zu erfüllen und viele tausend Meilen zu reisen, ehe ich dazu kam. Gesetzt nun, ich wäre von Paris direkt nach Sansibar gegangen, so hätte ich mich sieben bis acht Monate nach meiner Ankunft daselbst zwar in Udschidschi befunden, Livingstone wäre aber dort nicht aufgefunden worden; denn er war damals auf dem Lualaba, und ich hätte ihm durch die Urwälder von Manyuema, auf unwegsamen Pfaden und längs des krummen Laufs des Lualaba Hunderte von Meilen folgen müssen. Die Zeit, die ich dazu brauchte, um den Nil hinauf, nach Jerusalem, Konstantinopel, Süd-Rußland, dem Kaukasus und Persien zu reisen, benutzte Livingstone zu fruchtbaren Entdeckungen im Westen des Tanganika. Man bedenke ferner, daß ich in der letzten Hälfte des Juni in Unyanyembé ankam und daselbst, drei Monate lang durch einen Krieg aufgehalten, ein unzufriedenes, ungeduldiges, ärgerliches Leben führte. Während ich mich aber so abärgerte und durch eine Reihe von Zufälligkeiten aufgehalten wurde, war Livingstone in demselben Monat gezwungen, nach Udschidschi zurückzukehren. Er brauchte die Zeit vom Juni bis zum Oktober, um nach Udschidschi zu gelangen. Und im September befreite ich mich von der Knechtschaft, in welche mich der Zufall gebannt hatte, und eilte südlich nach Ukonongo, dann westlich nach Kawendi, darauf nördlich nach Uvinza und schließlich wieder westlich nach Udschidschi, wo ich ungefähr drei Wochen nach Livingstone ankam, um ihn hier unter der Veranda seines Hauses ruhend und sehnsüchtig nach Osten blickend zu finden, nach der Weltgegend, wo ich herkam. Wäre ich direkt von Paris abgegangen, um ihn aufzusuchen, so hätte ich ihn vielleicht nicht aufgefunden, und dasselbe hätte leicht der Fall sein können, wenn ich imstande gewesen wäre, direkt von Unyanyembé nach Udschidschi zu ziehen.

Unter den Palmen von Udschidschi kamen und gingen die Tage friedlich und glücklich. Mein Gefährte nahm an Gesundheit und guter Laune zu. Ihm war das Leben wiedergegeben, die schwindende Lebenskraft wiederhergestellt worden; der Enthusiasmus für seine Aufgabe erreichte allmählich wieder die Höhe, die ihn zu dem Wunsche zwang, wieder imstande zu sein, etwas zu leisten. Was konnte er aber mit fünf Menschen und fünfzehn bis zwanzig Stück Zeug tun?

»Haben Sie das nördliche Ende des Tanganika gesehen?« fragte ich ihn eines Tages.

»Nein. Ich habe es versucht, dahin zu gehen, doch taten die Wadschidschi alles mögliche, um mich auszuziehen, wie sie es mit Burton und Speke getan, und ich hatte nicht viel Zeug. Wäre ich an das Ende des Tanganika gegangen, so hätte ich nicht nach Manyuema ziehen können, und das mittlere Wassersystem ist das wichtigste, und das ist der Lualaba. Demgegenüber ist die Frage, ob es eine Verbindung zwischen dem Tanganika und dem Albert-Nyanza gibt, höchst unbedeutend. Das große Flußsystem ist der Fluß, welcher vom elften Grad südlicher Breite abfließt, den ich sieben Grad nach Norden hin verfolgt habe. Der Chambezi, wie er an seinem südlichen Ende heißt, entwässert einen großen Landstrich, der südlich von der südlichsten Quelle des Tanganika liegt; deshalb muß er der wichtigste sein. Ich habe nicht den geringsten Zweifel, daß dieser See der obere Tanganika und der Albert-Nyanza Bakers der untere Tanganika ist, welche durch einen Fluß verbunden werden, der vom oberen in den unteren läuft. Das ist meine Meinung, welche sich auf arabische Berichte und einen Versuch gründet, den ich mit Wasserpflanzen über seinen Verlauf angestellt habe. Doch habe ich eigentlich nie viel darüber nachgedacht.«

»Nun, wenn ich an Ihrer Stelle wäre, Doktor, so würde ich, ehe ich Udschidschi verließe, das untersuchen und die Zweifel über diesen Gegenstand lösen für den Fall, daß Sie, nachdem Sie hier fortgezogen, nicht wieder auf demselben Wege zurückkehren. Die Geographische Gesellschaft legt viel Gewicht auf diese vermeintliche Verbindung und erklärt, Sie wären der einzige Mann, der die Frage lösen kann. Wenn ich Ihnen dabei von Nutzen sein kann, so haben Sie über mich zu befehlen. Obgleich ich nicht als Forscher nach Afrika gekommen, so bin ich doch in bezug hierauf ziemlich wißbegierig und würde Sie sehr gern begleiten. Ich habe ungefähr zwanzig Leute bei mir, die zu rudern verstehen; auch haben wir hinreichend viel Gewehre, Zeuge und Perlen. Wenn wir also von den Arabern ein Boot bekommen können, so läßt sich die Sache leicht machen.«

»O ja, wir können ein Canoe von Sayd bin Madschid bekommen. Dieser Mann ist sehr freundlich gegen mich gewesen, und wenn es einen arabischen Gentleman gibt, so ist er es.«

»Dann ist es also abgemacht, daß wir gehen?«

»Ja! Ich bin dazu bereit, sobald Sie es sind.«

»Ich stehe zu Ihren Diensten. Hören Sie denn nicht, daß meine Leute Sie den ›großen Herrn‹ und mich den ›kleinen‹

Herrn« nennen? Es würde doch nicht passen, daß der kleine
Herr befiehlt.«

Jetzt fing ich an, Livingstone zu kennen. Ich behaupte, daß
niemand in seiner Gesellschaft sein kann, ohne ihn vollständig
zu ergründen, denn es ist kein Falsch in ihm, und wie er äußerlich erscheint, so ist auch sein Inneres beschaffen. Ich hoffe, daß
ich in meiner Skizze seines Charakters und seiner Entdeckungen
niemanden beleidige, denn ich gebe einfach meine Meinung
über den Mann, wie ich ihn gesehen und erkannt habe, nicht,
wie er sich selbst darstellt oder wie man ihn mir geschildert
hat.

Dr. Livingstone ist ungefähr sechzig Jahre alt, erschien jedoch, nachdem er völlig wiederhergestellt war, mehr wie ein
Mann, der sein fünfzigstes Jahr noch nicht überschritten hat.
Sein Haar ist noch von bräunlicher Farbe, hier und da jedoch an
den Schläfen mit etwas Grau gemischt. Backen- und Schnurrbart sind sehr grau; die Augen nußbraun und außerordentlich
klar; er sieht so scharf wie ein Habicht. Nur die Zähne zeigen
die Schwäche des Alters an, denn die harte Kost in Lunda hat in
ihren Reihen Verheerungen angerichtet. Seine Gestalt, die bald
etwas an Korpulenz gewann, ist ein wenig mehr als mittelgroß
und etwas gekrümmt. Wenn er geht, hat er einen festen, aber
schweren Tritt, der dem eines überanstrengten oder ermüdeten
Mannes gleicht. Gewöhnlich trägt er eine Matrosenmütze mit
großem rundem Schirm, an dem man ihn in ganz Afrika wieder-
erkannt hat. Seine Kleidung zeigte, als ich ihn zuerst sah, Spuren von Flickereien und Ausbesserungen, war aber pedantisch
reinlich.

Man hatte mich zu dem Glauben verleitet, daß Livingstone
einen menschenfeindlichen, griesgrämigen Charakter habe. Einige haben behauptet, er sei geschwätzig, andere, er sei geistig gestört und ganz anders geworden als der David Livingstone, den
man als Missionar verehrt habe; er zeichne nur Notizen und Beobachtungen auf, die kein anderer als er selbst lesen könne; und
ehe ich nach Zentral-Afrika kam, hieß es, er sei mit einer afrikanischen Prinzessin verheiratet.

Alle diese Behauptungen muß ich entschieden in Abrede stellen. Ich gebe zu, daß er kein Engel ist, doch nähert er sich einem solchen Wesen so sehr, als die Natur eines lebenden Menschen es gestattet. Nie habe ich eine Spur von Menschenfeindlichkeit oder Hypochondrie an ihm bemerkt, und was die Geschwätzigkeit betrifft, so ist Dr. Livingstone gerade das Gegenteil, er ist im höchsten Grade reserviert, und demjenigen, welcher behauptet, Dr. Livingstone habe sich verändert, kann ich nur erwidern, daß er ihn nie gekannt, denn es ist notorisch, daß Livingstone einen Fonds von ruhigem Humor besitzt, den er zu jeder Zeit in Gesellschaft von Freunden an den Tag legt. Auch muß ich mir die Freiheit nehmen, den Herrn zu rektifizieren, der mir gesagt, Livingstone schreibe sich weder Notizen noch Beobachtungen auf. Das große Tagebuch, das ich seiner Tochter mitbrachte, ist voll von Bemerkungen und enthält nicht weniger als zwanzig Bogen voll Beobachtungen, die er bloß während seiner letzten Reise nach Manyuema gemacht hat. In der Mitte des Buches ist ein Bogen nach dem andern, eine Spalte nach der andern sorgfältig nur mit Zahlen beschrieben. Auch enthält ein großer Brief, den ich von ihm zur Beförderung an Sir Thomas MacLear erhalten habe, nichts als Beobachtungen. Während der vier Monate, die ich mit ihm zusammen war, habe ich es jeden Abend gesehen, wie er sorgfältig Aufzeichnungen machte. Ein großer Blechkasten, den er mit sich führt, enthält zahllose Notizbücher, deren Inhalt, wie ich glaube, noch einmal an das Tageslicht kommen wird. Auch seine Karten bekunden viel Sorgfalt und Fleiß. Was das Gerücht über seine afrikanische Heirat betrifft, so ist es überflüssig, mehr darüber zu sagen, als daß es unwahr ist, da es ganz unter der Würde eines Gentleman ist, so etwas in Verbindung mit dem Namen Livingstone auch nur anzudeuten.

Ich habe viele liebenswürdige Züge an Livingstone gefunden. Seine Sanftmut verläßt ihn niemals, ebensowenig wie sein hoffnungsvolles Wesen. Weder aufreibende Sorgen noch Beunruhigungen des Geistes, noch lange Trennung von Haus und Familie kann ihn zum Klagen bringen. Er glaubt, alles werde schließlich doch gut, denn er hat einen festen Glauben an die Güte der

Vorsehung. Er ist, als Spielball unglücklicher Verhältnisse und der elenden Menschen, die ihm von Sansibar zugeschickt worden, getäuscht und fast bis zu Tode gequält worden, dennoch will er die Aufgabe, die ihm sein Freund Sir Roderick Murchison gestellt hat, nicht im Stiche lassen. Den strengen Vorschriften der Pflicht allein hat er Heimat und Bequemlichkeit, Vergnügungen und Genüsse des zivilisierten Lebens geopfert und hat mit dem Heldenmut des Spartaners, der Unbeugsamkeit des Römers, der ausdauernden Entschlossenheit des Angelsachsen niemals seine Aufgabe hintangesetzt, wenn sich auch sein Herz nach Hause sehnt, sondern er will seinen Obliegenheiten nachkommen, bis er Finis unter sein Werk setzen kann.

Livingstone hat eine liebenswürdige Ungezwungenheit, die ich zu würdigen verstand. Sooft er zu lachen anfing, war das so ansteckend, daß ich es ihm nachtun mußte. Es war ein Lachen wie das des »Herrn Teufelsdröck«, das den ganzen Menschen vom Kopf bis zur Zehe erschütterte. Wenn er eine Geschichte erzählte, so geschah das in einer Weise, daß man von der Wahrheit derselben überzeugt wurde. Dabei war sein Gesicht von der überraschenden Komik der Geschichte so verklärt, daß ich bestimmt wußte, sie sei erzählens- und hörenswert.

Die hageren Züge, welche mich bei unserer ersten Zusammenkunft erschreckt hatten, der schwere Tritt, der von Alter und anstrengenden Reisen sprach, der graue Bart und die leichte Beugung seines Körpers gaben ein ganz falsches Bild von dem Manne. Unter diesem abstrapazierten Äußeren lag ein unendlicher Fonds von Lustigkeit und unerschöpflichem Humor; sein rauhes Äußeres schloß ein jugendliches, übersprudelndes Gemüt in sich. Jeden Tag bekam ich unzählige Scherze, reizende Anekdoten und interessante Jagdgeschichten zu hören, in denen seine Freunde Oswell, Webb, Vardon und Gordon Cumming immer die Haupthelden waren. Am Anfang wußte ich nicht bestimmt, ob nicht diese Jovialität, dieser Humor und übersprudelnde Witz das Resultat einer nervösen Aufgeregtheit seien, da ich aber fand, daß sie solange vorhielten, als ich bei ihm war, so muß ich sie für normal halten.

Die Charakteristik von Dr. Livingstone würde nicht vollständig sein, wenn wir nicht auch die religiöse Seite seines Charakters in Rücksicht ziehen. Seine Religion ist nicht theoretischer Natur, sondern eine beständige, ernste, aufrichtige Praxis; sie ist weder demonstrativ noch laut, sondern zeigt sich in ruhiger, praktischer Weise und ist beständig tätig; sie ist nie aggressiv, was bisweilen sehr lästig, wenn nicht gar ungebührlich ist. In ihm zeigt die Religion ihre lieblichsten Züge; sie beherrscht sein Betragen nicht nur gegen seine Dienstleute, sondern auch gegen die Eingeborenen, die bigotten Mohammedaner und alle, die mit ihm in Berührung kommen. Ohne dieselbe wäre Livingstone mit seinem hitzigen Temperament, seiner Begeisterung, seinem Mut und strebsamen Geist ein sehr unumgänglicher Mensch und harter Herr geworden. Die Religion hat ihn gezähmt und ihn zu einem christlichen Gentleman gemacht; alles Rohe und Eigenwillige ist dadurch veredelt und unterdrückt worden. Die Religion hat ihn zu dem umgänglichsten Menschen und nachsichtigsten Herrn gemacht, zu einem Manne, dessen Gesellschaft im höchsten Grade angenehm ist.

Ich habe oft zugehört, wie unsere Diener unsere verschiedenen Eigenschaften besprachen. »Euer Herr«, sagten meine Diener zu denen von Livingstone, »ist ein guter Mann, ein sehr guter Mann, er schlägt euch nicht, denn er hat ein gutes Herz, aber der unsrige – ach, der ist scharf und heiß wie Feuer, ›mkali sana, kana moto‹.« Während er am Anfang bei seiner Ankunft in Udschidschi von Arabern und Mischlingen gehaßt und in jeder möglichen Weise schikaniert worden ist, hat er sich durch seine stets gleichbleibende Güte und sein mildes, angenehmes Temperament aller Herzen gewonnen. Ich habe es gesehen, daß ihm allgemeine Achtung gezollt wurde. Selbst die Mohammedaner gingen nie an seinem Hause vorüber, ohne ihn anzusprechen und ihn zu begrüßen und ihm ein: »Der Segen Gottes ruhe auf Euch!« zuzurufen. Jeden Sonntagmorgen versammelte er seine kleine Gemeinde um sich und las ihnen Gebete und ein Kapitel aus der Bibel in einem natürlichen, ungezierten und aufrichtigen Tone vor. Darauf hielt er eine kurze Anrede in der Kiswahili-

Sprache über den verlesenen Gegenstand, der seine Zuhörer mit offenbarem Interesse und großer Aufmerksamkeit folgten.

Am zweiten Tage nach meiner Ankunft in Udschidschi fragte ich Livingstone, ob er sich nicht bisweilen danach sehne, seine Heimat wiederzusehen und sich nach sechsjährigen Forschungen etwas auszuruhen. Die Antwort, die er mir darauf gab, kennzeichnet den ganzen Mann. Er sagte nämlich:

»Sehr gern würde ich nach Hause gehen und meine Kinder noch einmal sehen; ich kann es aber nicht über mich bringen, die Aufgabe, die ich mir gesetzt, jetzt im Stiche zu lassen, wo sie fast vollendet ist. Es gehören nur noch sechs bis sieben Monate dazu, um die wirkliche Quelle, die ich entdeckt habe, in Zusammenhang zu bringen mit dem Petherickschen Arm des Weißen Nils oder mit Sir Samuel Bakers Albert-Nyanza, welches der See ist, den die Eingeborenen ›Tschowambe‹ nennen. Warum sollte ich nach Hause gehen, ehe meine Aufgabe beendet ist, um wieder zurückkehren zu müssen und dann erst etwas zu leisten, was ich jetzt gut zustande bringen kann?«

»Und warum«, fragte ich, »sind Sie so weit zurückgekehrt, ohne die Aufgabe, von der Sie sagen, daß sie geleistet werden müsse, zu beendigen?«

»Einfach, weil ich dazu gezwungen war. Meine Leute wollten nicht einen Schritt weitergehen. Sie empörten sich und beschlossen heimlich, wenn ich darauf bestände weiterzugehen, Unruhen im Lande zu erregen, und nachdem sie das zustande gebracht, mich im Stich zu lassen. In diesem Falle wäre ich ermordet worden. Es war gefährlich vorwärtszugehen. Ich hatte 600 Meilen der Wasserscheide erforscht und die hauptsächlichsten Flüsse, die ihr Wasser in das Zentral-Wassersystem ergießen, untersucht; als ich aber die letzten 100 Meilen untersuchen wollte, verloren meine Leute den Mut und machten sich daran, meine Absicht in jeder möglichen Weise zu vereiteln. Jetzt, wo ich 700 Meilen zurückgelegt habe, um mir neue Vorräte und eine neue Begleitung zu verschaffen, finde ich mich selbst von den Mitteln verlassen, um nur ein paar Wochen zu leben, und bin krank an Geist und Körper.«

Livingstone kam am 16. Oktober in Udschidschi fast sterbend an. Unterwegs hatte er versucht, da es unmöglich war, gegen die Hartnäckigkeit seiner Leute anzukämpfen, sich mit dem Gedanken zu trösten, es werde nicht viel Zeit, höchstens noch fünf bis sechs Monate, dazu gehören, und darauf käme es nicht an, da es sich doch nicht vermeiden ließe. In Udschidschi habe er ja seine Waren, und von dort könne er ja mit neuen Leuten wieder ausziehen. Durch solche Hoffnungen versuchte er es sich einzureden, daß alles wieder in Ordnung kommen werde; man kann sich also den Schrecken vorstellen, als es sich herausstellte, daß der Mann, dem seine Güter in Verwahrung gegeben waren, sie sämtlich gegen Elfenbein verkauft hatte.

Am Abend des Tages, als Livingstone nach Udschidschi zurückkehrte, sah er seine beiden treuen Diener Susi und Dschumah bitterlich weinen. Er fragte sie, was ihnen fehle, und erfuhr darauf zum erstenmal die üble Botschaft, die seiner wartete. Denn sie sprachen:

»All unser Eigentum ist verkauft, Herr! Scherif hat alles für Elfenbein losgeschlagen.«

Später am Abend kam Scherif selbst zu ihm und bot ihm unverschämterweise die Hand, die Livingstone jedoch mit den Worten zurückstieß, er könne einem Diebe nicht die Hand reichen. Zu seiner Entschuldigung führte Scherif an, er habe aus dem Koran gewahrsagt und daraus erfahren, der Hakim (arabisch für Doktor) sei tot.

Jetzt war Livingstone von allem entblößt und hatte gerade genug, um sich und seine Leute ungefähr einen Monat zu unterhalten; dann wäre er genötigt gewesen, die Araber anzubetteln.

Vielfach beklagte sich Livingstone darüber, daß ihm Sklaven als Hüter seiner Waren geschickt worden, nachdem er so häufig die Leute in Sansibar gebeten, ihm Freigelassene zu senden. Mit geringer Mühe hätten die Leute, welche ihm Vorräte zuzuschikken hatten, sich gute, treue Freigelassene verschaffen können; wenn sie es aber dabei bewenden ließen, sich nach Empfang eines Briefes von Dr. Livingstone wegen der Boten an Ludha Damdschi zu wenden, so sei es kein Wunder, daß unehrliche, unfähige Sklaven abgesandt wurden. Die Entdeckung Living-

Susi, der Diener Livingstones

stones, daß ein freier Neger hundertmal fähiger und vertrauens-
würdiger als ein Sklave sei, ist nicht neu. Schon vor Jahr-
tausenden sprach der Hirt Eumacus zu Ulysses: »Zeus hat gesagt: Der Tag, der dich entehrt zum Sklaven, raubt dir auch den
halben Wert.«

Dr. Livingstone behauptet, er habe wiederholt den Dr. Kirk
aufs dringendste ersucht, ihm keine Sklaven zu schicken. Niemand wußte besser, wie wenig Verlaß auf sie sei, und man kann
sich vorstellen, wie hoffnungslos ihm seine Aufgabe erscheinen
mußte, als er immer wieder von diesen unfähigen Menschen getäuscht wurde. Es wird daher stets den Freunden beider Herren
leid tun müssen, daß Dr. Livingstones hierauf gerichtete Bitten
nicht mehr berücksichtigt worden sind.

Wir verlebten mehrere glückliche Tage in Udschidschi, und
es wurde nun Zeit, unsere Fahrt auf dem Tanganika vorzuberei-
ten. Livingstone erholte sich bei der neuen Kost, mit der ihn
mein Koch versah, von Tag zu Tag. Zwar konnte ich ihm keine

263

Mahle bereiten, wie sie Jupiter und Merkur in der Hütte von Baucis und Philemon erhielten; denn wir hatten keine Beeren der keuschen Minerva, eingemachte Kirschen, Endivien, Radieschen, getrocknete Feigen, Datteln, duftende Äpfel und Weintrauben, aber wir hatten Käse und Butter, die ich selbst bereitete, frische Eier, Hühner, Hammelbraten, Fische aus dem See, herrliche saure Milch, Sahne, Palmwein, Eierpflanzen, Gurken, süße Kartoffeln, Erbsennüsse und Bohnen, weißen Honig aus Ukaranga, saftige, süße Singwe – eine pflaumenartige Frucht aus den Wäldern von Udschidschi – und Maiskuchen statt des Weizenbrotes.

Während der Mittagshitze saßen wir unter unserer Veranda und unterhielten uns über verschiedene Projekte, und am frühen Morgen und Abend suchten wir die Ufer des Sees auf und spazierten daselbst, um die kühlen Lüfte einzuatmen, welche die Oberfläche des Wassers in Bewegung setzten und die unruhige Brandung weit auf den glatten, weißen Sand hinaufrollten.

Es war die trockene Jahreszeit, und wir hatten herrliches Wetter; die Temperatur betrug nie mehr als 21° R. im Schatten.

Der Marktplatz, der die breite, silberne Wasserfläche überblickte, bot uns Belehrung und Unterhaltung. Täglich waren hier Vertreter von fast allen Stämmen, die in der Nähe des Sees wohnen, zu sehen. Da gab es die ackerbauenden, herdenzüchtenden Wadschidschi mit ihren Herden, dort die Fischer von Ukaranga und Kaole, aus der Gegend jenseits Bangwé und selbst von Urundi, mit ihren Breitlingen, die sie Dogara nennen, mit Welsen, Barschen und anderen Fischen, oder die Palmölhändler, hauptsächlich aus Udschidschi und Urundi, mit großen, fünf Gallonen enthaltenden Töpfen voll rötlichen Öls, das so fest wie Butter ist. Hier standen die Salzhändler aus den Salzebenen von Uvinza und Uhha, dort die Elfenbeinhändler aus Uvira und Usowa, die Bootmacher aus Ugoma und Urundi, die Trödler mit billigen Waren aus Sansibar, die dünne, gedruckte Zeuge verkaufen, sowie Wechsler, die blaue Mutundaperlen gegen Sami-Sami und Sungomazzi oder Sofi umtauschen. Die Sofiperlen sehen wie kleine Stückchen dicken, etwa halbzölligen

Tonpfeifenrohrs aus und sind hier sehr gesucht. Hier fand man Waguhha, Wamanyuema, Wagoma, Wavira, Wasige, Warundi, Wadschidschi, Waha, Wavinza, Wasowa, Wangwana, Wakawendi, Araber und Wasawahili in lärmendem Handel und Feilschen beschäftigt. Mit unbedecktem Haupt und fast unbekleidet tändelten die Jünglinge mit schwarzhäutigen, wollköpfigen Phyllissen, die nicht wie ihre weißen Schwestern vor dem glühenden Blick der Liebe zu erröten wissen. Alte Weiber klatschten, wie sie es überall tun, Kinder spielten und lachten und balgten sich, ebenso wie die Kinder bei uns zulande, und auf ihre Speere oder Bogen gestützte Greise waren gerade ebenso schwatzhaft auf dem Marktplatz von Udschidschi wie die alten Leute anderer Himmelsstriche.

Hätten Livingstone und ich, nachdem wir uns entschlossen, das nördliche Ende des Sees Tanganika zu besuchen, uns durch die abgeschmackten Forderungen und Befürchtungen einer Schar Wadschidschi zwingen lassen, nach Unyanyembé zurückzukehren, ohne das Problem des Rusizi-Flusses gelöst zu haben, so hätten wir es gewiß verdient, in der Heimat mit allgemeinem Hohngelächter aufgenommen zu werden. Auch hatten wir ja eine hinreichende Zahl guter Matrosen bei uns, die ganz unter unseren Befehlen standen. Konnten wir uns daher nur ein Canoe verschaffen, so ließ sich unseres Erachtens die Sache gut ausführen.

Nachdem wir uns also an Sayd bin Madschid gewandt, gestattete er uns in freigebiger Weise sofort den Gebrauch seines Bootes zu jedem beliebigen Zweck. Wir mieteten daher zwei Wadschidschiführer zu je zwei Doti und trafen unsere Vorbereitungen, etwa eine Woche nach meiner Ankunft, aus dem Hafen von Udschidschi abzureisen.

Ehe wir uns einschifften, hatte sich Livingstone noch nicht definitiv entschlossen, was er in seiner traurigen Lage tun solle. Seine Dienerschaft bestand aus Susi, Dschumah, Hamoydah, Gardner und Halimah, der Köchin, die mit Hamoydah verheiratet war. Zu diesen kam noch Kaif-Halek, der Mensch, den ich gezwungen hatte, mich mit Livingstones Briefen von Unyanyembé aus zu begleiten.

Wohin konnte sich Dr. Livingstone begeben mit diesen wenigen Leuten und dem geringen Rest von Zeugen und Perlen, der ihm noch von dem vom schwachköpfigen Scherif verschwendeten Vorrat übriggeblieben? Das war eine schwer zu lösende Frage. Wäre Dr. Livingstone bei guter Gesundheit gewesen, so hätte sie die ihm eigene Kühnheit und sein unbezwinglicher Mut kurz beantwortet. Er hätte sich einiges Zeug von Sayd bin Madschid, wenn auch zu einem enormen Preise, leihen können, das ausgereicht hätte, ihn nach Unyanyembé und der Seeküste zu bringen. Wie lange aber wäre er wohl genötigt gewesen, in Udschidschi zu bleiben und auf die Waren zu warten, die für ihn in Unyanyembé liegen sollten? Wie lange wäre er von Erwartungen gefoltert worden, hätte er in der täglichen Hoffnung auf das Ende des Krieges und die Ankunft seiner Güter dort weilen müssen? Wer weiß, wie lange seine geschwächte Gesundheit gegen die zahlreichen Enttäuschungen, die ihm bevorstanden, Widerstand hätte leisten können?

Ich war so kühn, bei aller Hochachtung, die Dr. Livingstones großen Erfahrungen als Reisender gebührte, ihm folgende Wege vorzuschlagen, von denen er den einen oder den anderen annehmen konnte:

Erstens, nach Hause zu gehen und sich die so wohl verdiente Rast, der er damals sehr zu bedürfen schien, zu gönnen.

Zweitens, nach Unyanyembé zu ziehen, dort seine Güter in Empfang zu nehmen und hinreichend viele Pagazis zu mieten, um nach Manyuema oder Rua zu reisen und das Nil-Problem, das seiner Meinung nach der Lösung so nahe sei, zu erledigen.

Drittens, nach Unyanyembé zu gehen, dort seine Karawane in Empfang zu nehmen, Leute zu mieten und sich mit Sir Samuel Baker zu vereinigen, indem er nach Muanza marschierte und durch Ukerewe oder den Victoria-Nyanza in meinen Booten bis nach Mtesas Palast in Uganda segelte. Hierdurch würde er Mirambo und Swaruru von Usui vermeiden, die ihn sonst auf dem gewöhnlichen Karawanenwege nach Uganda berauben würden. Von Mtesa könnte er sich zu Kamrasi, dem König von Unyoro, begeben, wo er jedenfalls etwas über den großen Weißen erfahren würde, der mit einer zahlreichen Mannschaft in Gondokoro sein sollte.

Viertens, nach Unyanyembé zu gehen, seine Karawane in Empfang zu nehmen, Leute zu mieten und nach Udschidschi sowie über Uguhha nach Manyuema zurückzukehren.

Fünftens, über den Rusizi durch Ruanda und weiter nach Itara und Unyoro zu Baker zu gehen.

Auf jeder dieser Touren, welche ihm auch als die zweckmäßigste erschiene, wollten ich und meine Leute ihm als Eskorte und Lastträger nach besten Kräften beistehen. Wenn er die Heimfahrt wählte, so würde ich stolz darauf sein, ihn zu begleiten und mich seinen Befehlen in bezug auf Marsch- und Rasttage vollständig zu unterwerfen.

Sechstens schlug ich ihm als letzten Ausweg vor, sich von mir bis Unyanyembé begleiten zu lassen, wo er seine Waren in Empfang nehmen, von mir große Vorräte des allerbesten Tuches, vorzüglicher Perlen, Gewehre und Munition, Kochgeräte, Kleider, Boote und Zelte erhalten und sich in einem bequemen Hause ausruhen könne, während ich an die Küste eilte, eine neue, aus 50 bis 60 treuen, gutbewaffneten Leuten bestehende Expedition organisierte und ihm durch dieselbe neue Vorräte von erwünschten Genüssen in Gestalt von Naturalien zuschickte.

Nach langer Überlegung entschloß er sich, den letzten Weg einzuschlagen, da dieser ihm der beste, am leichtesten auszuführende zu sein schien, obwohl er es nicht unterließ, sich über die unverantwortliche Apathie seines Agenten in Sansibar zu beklagen, die ihm so viele Mühe, Verlegenheit und aufreibende Märsche von Hunderten von Meilen verursacht hatte.

Unser Schiff, ein zwar nur schwankes, aus dem edlen Mvule-Baum Ugomas ausgehöhltes Canoe, war eine afrikanische Argo, die auf eine edlere Unternehmung als ihr berühmtes griechisches Vorbild ausging, denn wir zogen nicht für schnöden Lohn nach einem goldenen Vlies aus, sondern um womöglich eine Heerstraße für den Handel zu entdecken, welche die Schiffe vom Nil bis Udschidschi, Usowa und nach dem fernen Marungu führen könne. Wir konnten nicht wissen, was wir alles auf der

Reise ans Nordende des Tanganika entdecken könnten, denn wir meinten, der Rusizi sei ein Ausfluß des Tanganika, der nach dem Albert- oder Victoria-Nyanza fließe, da Eingeborene wie Araber uns sagten, der Rusizi fließe aus dem See heraus.

Sayd bin Madschid hatte behauptet, sein Nachen könne 25 Mann und 3 500 Pfd. Elfenbein tragen. Auf diese Kunde hin schifften wir 25 Leute ein, von denen mehrere sich Beutel mit Salz für den Handel mit den Eingeborenen eingepackt hatten. Als wir aber vom Ufer bei Udschidschi abstießen, entdeckten wir, daß das Boot zu schwer beladen war und bis an den Hauptbalken einsank. Wir kehrten daher ans Ufer zurück, luden sechs Leute und die Salzbeutel aus und behielten somit 16 Ruderer, den jungen Araber Selim, den Koch Feradschi und zwei Wadschidschiführer bei uns.

Nachdem wir so unser Boot in Ordnung gebracht, stießen wir ab und steuerten auf die Bangwe-Insel zu, die vier bis fünf Meilen von dem Bunder von Udschidschi entfernt ist. Als wir dieselbe passierten, teilten uns unsere Führer mit, die Araber und Wadschidschi hätten während eines vor einigen Jahren stattgehabten Einfalls der Watuta, bei welchem diese eine Menge Einwohner in Udschidschi massakrierten, auf dieser Insel Schutz gesucht. Nur diejenigen, welche hierher geflohen waren, entkamen dem Feuer und Schwert, mit dem die Watuta Udschidschi heimgesucht hatten.

Als die Insel dann hinter uns lag und wir den verschiedenen Biegungen und Einschnitten des Ufers gefolgt waren, kamen wir in Sicht der herrlichen Bai von Kigoma, die sofort als ausgezeichneter Hafen gegen die auf dem Tanganika herrschenden sehr veränderlichen Winde sich darstellt. Etwa um zehn Uhr vormittags fuhren wir ins Dorf Kigoma, da der Ostwind sich gerade erhob und uns in den See zu treiben drohte. Von Udschidschi nach Norden fahrende Reisende, die es nicht sehr eilig haben, benutzen stets Kigoma als ersten Hafen für ihre Boote.

Mit dem nächsten Morgengrauen brachen wir unser Zelt ab, legten das Gepäck im Boot zurecht, kochten, tranken Kaffee und fuhren wieder weiter nach Norden.

Am Tanganikasee

Der See war ganz ruhig, sein dunkelgrünes Wasser spiegelte den heitern blauen Himmel wider. Flußpferde kamen in beunruhigende Nähe unseres Nachens, um Luft zu schöpfen, und tauchten die Köpfe wieder unter, als ob sie mit uns Verstecken spielten. Als wir den hohen Waldhügeln von Bemba gegenüber eine Meile vom Ufer entfernt waren, hielten wir die Gelegenheit für günstig, das Wasser zu sondieren, da die Farbe desselben auf eine bedeutende Tiefe schließen ließ. Hier fanden wir, daß sie 35 Faden betrug.

An diesem Tage fuhren wir dicht am Ufer entlang, an welchem eine schön bewaldete und von grünem Gras bekleidete Bergreihe sich sehr steil, fast jählings in die Tiefe des Sees herabsenkte, sich unmittelbar über uns türmend und, als wir um die verschiedenen Vorgebirge und Vorsprünge fuhren, große Erwartungen neuer, wunderbarer Bilder erweckend, die sich unseren Blicken eröffnen würden, sobald die tiefen Einschnitte vor uns lagen. Auch wurden wir nicht enttäuscht, denn die Waldhü-

gel mit ihren reichen, schön belaubten Bäumen, von denen viele
aus ihrem Blütenschmuck unbeschreiblich süße Düfte entsand-
ten, erhoben ihre Häupter in mannigfaltigen Umrissen, hier als
Pyramiden oder abgestumpfte Kegel, dort tafelförmig oder in
kirchendachähnlichen Formen, dort wiederum als eine herrliche
Masse mit glatten Umrissen oder wilden gezackten Konturen,
und alles dies bildete einen höchst interessanten Anblick. Die
ausnehmend schönen Bilder am Ende der verschiedenen Buchten entlockten uns manchen Ausruf der Bewunderung. Bei mir
war es sehr natürlich, daß ich die höchste Bewunderung für diese Reihenfolge herrlicher Naturgemälde empfand; nicht minder
aber war dies auch bei Livingstone der Fall, obgleich man hätte
annehmen können, daß er, von viel schöneren, wunderbareren
derart gesättigt, längst seinen Sinn für Naturschönheiten abge-
stumpft haben müßte.

Als wir in die Nähe von Niasanga, unserem zweiten Lager-
ort, kamen, trat uns die Ähnlichkeit zwischen der Reihe malerischer Berge und Buchten mit ihrer Weide- und Ackerbau-Land-
schaft und den Küsten des alten Pontus lebhaft vor Augen.

Unter einem Bananenbaume schlugen wir unser Lager auf.
Unsere Umgebung bestand aus dem jetzt dunkelgrauen Wasser
des Tanganika, einem amphitheatralischen Bergzuge und dem
Dorfe Niasanga, das an der Mündung des Flüßchens Niasanga
liegt und von Palmenhainen, Platanendickichten und kleinen
Korn- und Cassavafeldern eingeschlossen ist. In der Nähe unseres Zeltes befanden sich ungefähr ein halbes Dutzend größerer
und kleinerer den Dorfbewohnern gehöriger Canoes. Unser Zelt
blickte auf die herrliche, von Lüftchen gefächelte Wasserebene
und in der Ferne auf Ugoma, Ukaramba und die Insel Muzimu,
deren Berge und Höhenzüge tiefblau aussahen. Zu unseren Füßen befanden sich reine, in kleine Reihen und Haufen ange-
schwemmte Kieselsteine.

An diesem Ort litt Dr. Livingstone an Diarrhöe, was, wie er
selbst sagte, sein einziger schwacher Punkt ist; später fand ich,
daß er sehr häufig daran zu leiden hat. Jede Gemütsbewegung
oder Unregelmäßigkeit beim Essen zeigte sich bei ihm in dieser
Weise. Bei mir fand gerade das Umgekehrte statt. Wenn ich

mich der Malaria aussetzte, in der Nähe eines schädlichen Sumpfes kampierte oder Gemütsbewegungen hatte, so bekam ich sofort sehr starke Verstopfung und bisweilen einen Wechselfieberanfall.

Der dritte Tag unserer Reise auf dem Tanganika brachte uns nach dem Fluß und Dorf Zassi, nachdem wir vier Stunden gerudert waren. Es läßt sich leicht erkennen durch eine Gruppe kegelförmiger Hügel, welche sich in der Nähe desselben erheben und Kirassi heißen. Ihnen gegenüber, in einer Entfernung von ungefähr einer Meile vom Ufer, sondierten wir und fanden eine Tiefe von 35 Faden wie am Tage vorher. Eine Meile weiter konnte ich mit meinem 115 Faden langen Senkblei keinen Grund finden. Als ich es zurückzog, riß die Leine, und ich verlor Dreiviertel derselben mit dem Blei.

Am vierten Tage kamen wir in Nyabigma an, einer sandigen Insel in Urundi. Wir hatten die Grenze zwischen Udschidschi und Urundi eine halbe Stunde vor Nyabigma passiert.

Von Nyabigma kann man eine recht schöne Aussicht genießen auf die tiefe Bogenlinie der großen Gebirgskette, die vom Kap Kazinga bis an das Kap Kasofu, 20 bis 25 Meilen weit, läuft. Diese große, teils höckrige, teils kammartige, unregelmäßige Gebirgslinie gibt eine höchst imposante Szene ab. Tiefe Schluchten und Klüfte bieten den zahlreichen, im Hintergrunde entspringenden Bächen und Flüssen Abfluß; weiße Wölkchen umhüllen fast immer den Gipfel des Gebirges. Vom Fuße desselben erstreckt sich eine weite Alluvialebene, die über alle Beschreibung reich an Palmen, Platanen und schotenreichen Bäumen ist. Überall sieht man Dörfer in Gruppen.

In Nyabigma bereiteten wir uns durch Austeilung von zehn Patronen an jeden unserer Leute auf einen Kampf mit den zwei Stationen weiter wohnenden Warundi für den Fall vor, daß sie uns durch ein zu naseweises Zurschautragen ihres Vorurteils gegen Fremde dazu veranlassen sollten.

Mit dem Morgengrauen des fünften Tages verließen wir den Hafen der Insel Nyabigma und befanden uns in nicht ganz einer Stunde auf der Höhe von Kap Kitunda. Dies ist eine ebene Platte von Konglomerat-Sandstein, die sich etwa 8 Meilen vom Fuße der großen Gebirgskurve erhebt, die dem Luaba und seinen Nachbarströmen den Ursprung gibt. Wir setzten über die tiefe Bai, an deren Ende das Delta des Luaba liegt, und gelangten an das Vorgebirge Kasofu.

In Mukungu, wo wir am fünften Tage weilten, wurde uns Honga oder Tribut abverlangt. Das Tuch und die Perlen, von denen wir während unserer Fahrt auf dem See lebten, gehörte mir; da Dr. Livingstone aber der ältere, erfahrenere und wichtigste Mann unserer Gesellschaft war, oblag es ihm, alle solche Anforderungen zu erledigen. Wie oft hatte ich mich nicht dieser langwierigen, peinvollen Aufgabe des Tributzahlens unterziehen müssen! Ich war daher sehr neugierig zu sehen, wie der große Reisende dies Geschäft abmachen würde.

Der Mateko (der Rangstufe nach weniger als ein Mutware) von Mukungu forderte uns $2^1/_2$ Doti ab. So viel betrug die an uns bald nach Eintritt der Dunkelheit gestellte Forderung. Der Doktor fragte darauf, ob für uns nichts mitgebracht worden sei, und erhielt zur Antwort: Nein, es sei jetzt zu spät, um irgend etwas zu bekommen; wenn wir aber den Tribut bezahlten, so sei der Mateko bereit, uns bei unserer Rückreise etwas zu geben. Hierüber lächelte Livingstone und sagte dem ihm gegenüberstehenden Mateko: »Wenn Ihr uns jetzt nichts geben könnt und so lange warten wollt, bis wir zurückkehren, so werden auch wir mit dem Honga bis dahin warten.« Hierüber war der Mateko überrascht und protestierte gegen diesen Vorschlag. Wir bemerkten nun, daß er verdrießlich geworden, und drangen in ihn, uns ein Schaf, ein einziges, kleines Schaf zu bringen, da unser Magen fast leer sei und wir mehr als einen halben Tag darauf gewartet hätten. Dieses Ersuchen ward auch von Erfolg gekrönt, denn der alte Mann eilte fort und brachte uns ein Lamm sowie einen Topf mit zwölf Liter süßem, aber starkem Zogga (Palmweinpunsch), und dafür zahlte ihm Livingstone $2^1/_2$ Doti Tuch. Das Lamm wurde geschlachtet, und da wir bei guter Verdauung waren, bekam uns sein Fleisch sehr gut, doch hatten wir die Wirkungen des Zogga zu bedauern. Susi nämlich, der unschätzbare Diener Dr. Livingstones, und Bombay, der Führer meiner

Karawane, waren mit der Bewachung unseres Canoes betraut; da sie aber zu viel von diesem berauschenden Punsch getrunken, schliefen sie sehr fest, und am Morgen hatten wir den Verlust mehrerer wertvoller, unentbehrlicher Gegenstände zu bedauern, unter denen ich Livingstones 900 Faden lange Senkleine, 500 Stück Nadel-, Reifen- und Hohl-Patronen für meine Gewehre und 90 mir gleichfalls gehörige Musketenkugeln nenne. Außer diesen uns gegen die feindlichen Warundi unentbehrlichen Dingen waren ein großer Sack Mehl und des Doktors ganzer Vorrat an weißem Zucker gestohlen. Dies war das drittemal, daß mein Verlaß auf Bombay mir einen bedeutenden Verlust verursachte, und zum neunundneunzigstenmal hatte ich es bitter zu bereuen, so unbedingtes Vertrauen auf das ihm von Speke und Grant gezollte große Lob gesetzt zu haben. Nur die unwissenden Dieben eigene Furcht hatte die Wilden daran gehindert, das ganze Boot mit allem Inhalt zu nehmen und Bombay sowie Susi zu Sklaven zu machen. Ich kann mir lebhaft die freudige Überraschung der Wilden vorstellen beim Anblick und vortrefflichen Geschmack des Livingstoneschen Zuckers sowie die Verwunderung, mit der sie die merkwürdige Munition der Wasungu betrachtet haben müssen.

Über unseren Verlust sehr mißgelaunt, setzten wir am sechsten Tage zur gewohnten Stunde unsere Wasserreise fort. Wir fuhren dicht an den niedrigen Landspitzen, die von den Flüssen Kigwena, Kikumu und Kisunwe gebildet werden, vorüber und steuerten, sobald eine Bucht interessant aussah, ihren Einschnitten nach. Während unserer Wasserreise brachte uns jeder Tag ähnliche Bilder. Zur Rechten erhoben sich die Gebirge von Urundi, die uns hin und wieder die Schluchten zeigten, durch welche die verschiedenen Flüsse und Bäche in den See traten. Am Fuße derselben lagen die Alluvialebenen, wo die Ölpalme und liebliche Platane blühten, unter deren Schatten Dutzende von Dörfern gruppiert waren. Hin und wieder kamen wir an langen, schmalen Streifen von kiesigem oder sandigem Uferlande vorbei, auf denen Marktplätze für den Fischverkauf und die Stapelprodukte der verschiedenen Gemeinden improvisiert waren. Dann zogen wir an breiten Morästen vorüber, die durch die zahlreichen, aus den Bergen kommenden Bäche gebildet werden und auf denen Matete und Papyrus wuchern.

Nachdem wir die niedrige Landspitze von Kisunwe, die durch den Kisunwe-Fluß gebildet wird, umfahren hatten, kamen wir in Sicht des ungefähr vier bis fünf Meilen entfernten Kap Murembwe. Das dazwischen liegende Land ist ein flaches, sandiges, kieshaltiges Ufer. In der unmittelbaren Nähe desselben befinden sich Dörfer zu Dutzenden, und das belebte Ufer zeigt die dichte Bevölkerung dieser Gegend an.

Ungefähr auf halbem Wege zwischen dem Kap Kisunwe und Murembwe befindet sich ein Haufen von Dörfern, der Bikari heißt und einen Mutware hat, der gewohnt ist, Honga zu nehmen. Da es uns unmöglich gemacht war, es auf längere Zeit mit einer feindlich gesinnten Gemeinde aufzunehmen, so vermieden wir alle Ortschaften, welche bei den Wadschidschi in bösem Rufe stehen. Doch selbst unsere Wadschidschiführer befanden sich bisweilen im Irrtum und führten uns mehr als einmal an gefährliche Orte. Offenbar hatten sie nichts dagegen, in Bikari haltzumachen, da es der zweite Lagerplatz von Mukungu ist; denn ihnen war das Halten im kühlen Schatten von Platanen dem Holzpuppen gleichen Sitzen in einem schwanken Canoe unendlich lieber. Ehe sie uns aber ihre Gründe auseinandersetzten, rief uns das Volk von Bikari mit lauter Stimme ans Ufer und bedrohte uns mit der Rache des großen Wami, wenn wir nicht haltmachten. Da diese Stimmen durchaus nicht sirenenhaft klangen, so verweigerten wir es hartnäckig, ihrer Aufforderung nachzukommen. Als jene ihre Drohungen als erfolglos erkannten, nahmen sie ihre Zuflucht zu Steinen und bewarfen uns mit denselben in eindringlichster Weise. Da ein Stein nur ein Fuß weit von meinem Arm vorbeiflog, so schlug ich vor, daß man ihnen dafür eine Kugel in die unmittelbare Nähe ihrer Füße entsenden solle; Livingstone sagte zwar nichts dagegen, zeigte jedoch deutlich, daß er dies nicht ganz billige. Da uns diese Feindseligkeiten durchaus nicht angenehm waren und wir Zeichen derselben fast bei jedem Dorfe, an dem wir vorüberkamen, erblickten, so reisten wir weiter, bis wir nach der Spitze von Murembwe kamen, welches als Delta des gleichnamigen

Flusses durch breites Dornendickicht, stachliges Rohr und dichte Buchen- und Papyrusbüsche so gut geschützt war, daß der kühnste Mrundi wohl vor einem Angriff zurückschrecken mußte, namentlich wenn er daran dachte, daß sich jenseits dieses unwirtlichen Morastes die Gewehre von Fremdlingen befanden, die seine Leute in so roher Weise herausgefordert hatten. Wir zogen unsere Canoes ans Ufer, und unser stets bereiter Koch Feradschi zündete auf einem kleinen Fleck reinen Sandes ein Feuer an und kochte uns einen prächtigen Mokkakaffee.

Von der Murembwe-Spitze setzten wir nach Beendigung unseres Kaffeegenusses unsere Reise fort und steuerten auf Kap Sentakeyi los, welches wir, obwohl es acht bis zehn Meilen entfernt ist, doch bis zur Dunkelheit zu erreichen hofften. Die Wangwana ruderten mit Macht; doch schon waren zehn Stunden verflossen, und die Nacht kam heran, und wir befanden uns noch immer sehr weit von Sentakeyi. Da es eine schöne Mondnacht war und wir uns unserer gefährlichen Lage sehr wohl bewußt waren, so gingen sie darauf ein, noch ein paar Stunden weiterzurudern. Ungefähr um 8 Uhr abends ruderten wir an einen verlassenen Fleck am Ufer, auf eine reine Sandbank, die etwa 30 Fuß lang und 10 Fuß breit war, von der sich eine Lehmwand 10–12 Fuß in die Höhe hob, während auf jeder Seite verwitterte Felsenmassen herumlagen. Hier konnten wir uns unseres Erachtens durch stilles Verhalten der Beobachtung und daraus folgenden Belästigungen auf einige Stunden entziehen und darauf, nachdem wir ausgeruht, unsere Reise fortsetzen. Unser Teewasser kochte, und die Leute hatten sich ein kleines Feuer angezündet und ihre irdenen Töpfe mit Wasser zum Grützekochen gefüllt, als unsere Späher dunkle Gestalten unserem Biwak zukriechen sahen. Nachdem wir sie angerufen, kamen sie sofort hervor und begrüßten uns mit der Formel der Eingeborenen, »Wake«. Unsere Führer erklärten ihnen, daß wir Wangwana seien, bis zum Morgen dort zu kampieren gedächten und, wenn sie etwas zu verkaufen hätten, uns freuen würden, mit ihnen am folgenden Tage in Handelsbeziehungen zu treten. Nach ihren Äußerungen waren sie hierüber hocherfreut und entfernten sich, nachdem sie noch ein paar Worte gewechselt und versprochen

275

hatten, am nächsten Morgen mit Nahrungsmitteln wiederzukehren und Freundschaft mit uns zu schließen; wir hatten wohl bemerkt, wie sie genaue Beobachtungen in bezug auf unser Lager machten. Als wir den Tee tranken, ließen uns unsere Späher wissen, daß sich wieder ein Trupp uns nähere, der in derselben Weise wie der erste uns begrüßte und aufmerksam beobachtete. Auch dieser entfernte sich in äußerst freudiger Stimmung, wie mir schien, und nach kurzer Zeit kam noch eine dritte Partie, welche es wie die früheren machte. Aus alledem schlossen wir, daß die Neuigkeit sich rasch durch das Dorf verbreite. Auch hatten wir bemerkt, wie zwei Canoes mit mehr als gewöhnlicher und nötiger Eile hin- und zurückfuhren. Wir hatten guten Grund, argwöhnisch zu sein, denn es ist nicht gewöhnlich, daß sich die Bewohner der Länder zwischen Udschidschi und Sansibar nach Eintritt der Dunkelheit unter irgendeinem Vorwand besuchen oder begrüßen. Nach Eintritt der Dunkelheit ist es niemandem gestattet, um das Lager herumzuschleichen, ohne daß man auf ihn schießt; und dieses Hin- und Hergehen, diese demonstrativen Freudenbezeigungen bei der Ankunft einiger Wangwana, einem Ereignis, das in vielen Teilen von Urundi als etwas ganz Gewöhnliches angesehen worden wäre, war sehr verdächtig. Während Livingstone und ich zu dem Schlusse kamen, daß diese Bewegungen doch wohl Feindseligkeiten bedeuteten, kam eine vierte sehr laute und lärmende Abteilung an und besuchte uns. Jetzt war unser Abendessen beendet, und wir hielten es nun für hohe Zeit zu handeln. Nachdem der vierte Besuch sich unter übermäßigen Freudenbezeigungen entfernt hatte, schickten wir unsere Leute rasch ins Boot, und nachdem wir alle, mit Einschluß der Wachen, Platz genommen, stießen wir vom Lande ab, aber auch nicht einen Augenblick zu früh. Als nämlich das Canoe in dem herrschenden Zwielicht vorwärtsglitt, machte ich den Doktor auf mehrere dunkle Gestalten aufmerksam, von denen sich einige hinter zur Rechten liegenden Felsen verbargen, andere darüber hinwegkrochen, um bessere Positionen zu gewinnen. Gleichzeitig kamen von der Linken Leute in derselben verdächtigen Weise heran, und alsbald rief uns eine Stimme von der Höhe der Lehmbank an, die über unseren eben verlassenen Ruheplatz hinüberragte. »Das war nett gemacht!« rief Livingstone, als wir durchs Wasser schossen und die getäuschten Räuber hinter uns ließen. Hier wurde ich wiederum durch die bloße Anwesenheit des Doktors daran gehindert, ein paar gutgezielte Schüsse in die Menge hineinzusenden, um sie davor zu warnen, in Zukunft Fremde zu belästigen, weil ich dachte, dieser werde, wenn es notwendig sei, nicht zögern, den Befehl dazu zu erteilen.

Nachdem wir noch sechs Stunden gerudert und in der Zeit zum Kap Sentakeyi gekommen waren, hielten wir an dem kleinen Fischerdorf Mugeyo, wo man uns unbelästigt schlafen ließ. Mit dem Morgengrauen setzten wir unsere Reise fort und kamen ungefähr 8 Uhr morgens im Dorfe des freundlichen Mutware von Magala an. Wir hatten 18 Stunden nacheinander gerudert, was im Verhältnis von $2^1/_2$ Meilen in der Stunde 45 englische Meilen ausmachte.

Die Warundi von Magala waren sehr höflich und gafften uns gründlich an. Sie sammelten sich um die Zelttür und beobachteten uns hartnäckig, als ob wir Gegenstände des höchsten Interesses seien, die jedoch leicht auf immer plötzlich verschwinden könnten. Der Mutware kam in großem Staat, spät am Nachmittag, um uns zu besuchen. Es war ein junger Mensch, der mir in der Menge der Gaffer durch sein stattliches Aussehen und seine schönen Zähne, die er, weil er das Lachen sehr liebte, beständig zeigte, aufgefallen war. Man konnte ihn nicht verkennen, obwohl er jetzt mit vielen Elfenbeinzieraten, Halsbändern und schweren Messingringen um Hand- und Fußgelenk geschmückt war. Die Wertschätzung, die wir für ihn an den Tag legten, erwiderte er und gab uns für zwei Doti Tuch und ein Fundo Samsam ein schönes fettes breitschwänziges Schaf und einen Topf Milch. Beides war in unserer Lage außerordentlich annehmbar.

In Magala hörten wir, daß ein Krieg zwischen Mukamba, nach dessen Land wir reisten, und Warumaschanya, dem Sultan eines Nachbarbezirks, wüte, und man riet uns, lieber zurückzukehren, wenn wir nicht beabsichtigten, einem dieser Häuptlinge gegen den anderen beizustehen. Da wir aber ausgezogen waren, um das Problem des Rusizi-Flusses zu lösen, so hatten derartige Rücksichten kein Gewicht für uns.

Am achten Morgen nach unserer Abfahrt von Udschidschi sagten wir dem gastfreien Volke von Magala Lebewohl und begaben uns auf die Reise nach dem Lande Mukambas, welches in Sicht war. Bald nachdem wir die Grenze zwischen dem eigentlichen Urundi und dem Teile, der als Usige bekannt ist, überschritten hatten, erhob sich ein Sturm aus Südwesten. Das furchtbare Schwanken unseres Bootes in den Wogentälern warnte uns weiterzufahren, und wir wandten den Nachen nach dem ungefähr vier Meilen weiter nördlich gelegenen Dorfe Kisuka zu, wo das in Usige gelegene Mugere anfängt. In Kusika besuchte uns ein bei Mukamba lebender Mgwana und erzählte uns Einzelheiten über den zwischen Mukamba und Warumaschanya ausgebrochenen Krieg, aus denen hervorging, daß diese beiden Häuptlinge sich beständig in den Haaren lagen. Übrigens ist es doch eigentlich eine nicht sehr blutige Art Krieg. Ein Häuptling nämlich macht einen Raubzug in das Land des anderen, wobei es ihm glückt, mit einer Herde Vieh abzuziehen und ein paar Leute, die er überrascht hat, zu töten. Wochen oder auch Monate können vergehen, ehe der andere sich rächt und einen ähnlichen Fang tut, wodurch das Gleichgewicht wieder hergestellt wird, so daß keiner etwas gewonnen hat. Nur selten greifen sie sich mit Mut und Energie an, da der Afrikaner seiner Natur nach sehr gegen eine energische Kriegführung ist.

Dieser Mgwana gab uns auch auf unser Befragen weit interessantere Nachrichten, nämlich über den Rusizi. Denn er versicherte uns mit Kennermiene, die zu bezweifeln ein Zeichen großer Dummheit sei, daß der Rusizi-Fluß aus dem See nach Sunas (Mtesas) Lande fließe. »Wo könnte er auch sonst hinfließen?« fragte er. Livingstone war geneigt, dies zu glauben, oder wollte wohl mehr diese Behauptung auf sich beruhen lassen, bis sie durch Augenschein bestätigt sei. Ich hatte, wie ich dem Doktor sagte, mehr Neigung, es zu bezweifeln. Erstens war die Nachricht zu gut, um wahr sein zu können, und zweitens erging sich der Mensch zu begeistert über diesen Gegenstand, der für ihn doch gar kein Interesse haben konnte. Seine »Barikallahs« und

Halt in Magala in Urundi

»Inschallahs« waren mir viel zu warm, und seine Antworten stimmten viel zu sehr mit unseren Wünschen überein.

Am neunten Morgen nach unserer Abfahrt von Udschidschi passierten wir etwa zwei Stunden nach Sonnenaufgang das breite Delta des Mugere, eines Flusses, welcher seinen Namen auch der am östlichen Ufer gelegenen Gegend gibt, über die Mukamba herrscht. Wir befanden uns gerade der südlichsten seiner drei Mündungen gegenüber, als wir einen großen Unterschied in der Färbung des Wassers entdeckten, welche sich durch eine fast gerade östlich und westlich von der Mündung gezogene Linie gut markieren ließ. Auf der Südseite befand sich reines, hellgrünes Wasser, auf der nördlichen war es schlammig, und man konnte den Strom gerade nach Norden fließen sehen. Bald nachdem wir die erste Mündung passiert, kamen wir an die zweite und dritte, von denen jede nur wenige Schritt breit ist, aber hinreichend viel Wasser entließ, um uns zu gestatten, die Strömungen einige Ruten nach Norden über ihre Mündungen hinaus zu verfolgen.

Über die dritte Mündung des Mugere hinaus zeigte sich eine Biegung, auf deren anderem Ufer sich eine Gruppe von Dörfern befand. Sie gehörten Mukamba, und in einem derselben lebt dieser Häuptling selbst. Die Eingeborenen hatten noch nie einen Weißen gesehen, und wir wurden natürlich bei unserer Landung von einer großen Menge umgeben, sämtlich mit langen Speeren bewaffnet. Dies sind außer Knütteln und eines hin und wieder vorkommenden Beiles die einzigen Waffen, die man bei ihnen antrifft.

Man wies uns in eine Hütte, die Dr. Livingstone und ich gemeinsam einnahmen. Von dem, was sich an jenem Tage ereignete, habe ich nur eine dunkle Erinnerung, da ich zum erstenmal, seitdem ich Unyanyembé verlassen, vom Fieber niedergeworfen wurde. Ich erinnere mich nur dunkel, daß ich den Versuch machte, Mukambas Alter zu bestimmen, und bemerkte, daß er im ganzen stattlich aussehe und uns wohl geneigt sei. Während der Pausen der Qualen und Bewußtlosigkeit glaubte ich zu sehen, wie Livingstone sich auf mich zubewegte, und zu fühlen, wie er mir den heißen Kopf und die brennenden Glieder

Rinder aus Udschidschi und Unyamwezi, Pariahund,
Fettschwanzschaf

liebevoll betastete. Ich hatte mehrere Fieberanfälle zwischen Bagamoyo und Unyanyembé erduldet, ohne daß irgend jemand
mir Erleichterung von den langwierigen, marternden Kopfschmerzen gebracht oder die trübe Aussicht, die notwendig das
Bett eines einsamen, kranken Reisenden umgibt, erhellt hätte.
Obgleich aber das Fieber, von dem ich drei Monate lang frei gewesen, diesmal stärker als gewöhnlich auftrat, so war ich doch
nicht sehr traurig darüber, da ich jetzt die liebevolle, väterliche
Güte des vortrefflichen Mannes, dessen Kamerad ich war, genoß.

Am nächsten Morgen, nachdem ich vom Fieber etwas genesen und Mukamba mit einem aus einem Ochsen, einem Schaf
und einer Ziege bestehenden Geschenk angekommen war,
konnte ich den Antworten, welche er auf die Fragen über den
Rusizi-Fluß und das Ende des Sees gab, meine Aufmerksamkeit
schenken. Der stets muntere und enthusiastische Mgwana befand sich auch da und war durchaus nicht beschämt, als uns der

281

Häuptling durch ihn sagen ließ, daß der Rusizi, der sich in einer Entfernung von zwei Tagereisen zu Wasser oder einer Tagereise zu Lande von der Spitze des Sees mit dem Ruanda oder Luanda verbinde, in den See fließe.

So wurden unsere durch die bestimmten und wiederholten Versicherungen, daß der Fluß aus dem See heraus nach Karagweh fließe, erregten Hoffnungen ebenso schnell zuschanden, wie sie erweckt worden waren.

Wir bezahlten Mukamba das aus 9 Doti und 9 Fundo Samsam, Lunghio und Muzurio N'zige bestehende Honga. Hier wären die gedruckten Taschentücher, deren ich in Unyanyembé so viele hatte, gut gegangen. Nachdem der Häuptling sein Geschenk erhalten, führte er seinen Sohn, einen hoch aufgeschossenen Jüngling von ungefähr achtzehn Jahren bei dem Doktor ein als einen Menschen, der gern von ihm adoptiert werden möchte. Dieser aber wies mit einem gutmütigen Lachen alle solche Verwandtschaft von der Hand, da sie nur dazu bestimmt war, ihm noch etwas Tuch abzunehmen. Mukamba beruhigte sich dabei und bestand nicht darauf, mehr zu bekommen.

Am zweiten Abend unseres Aufenthalts bei Mukamba hatte sich Susi, der Diener Livingstones, infolge der freigebigen, reichlichen Gaben des Häuptlings an Pombé, gründlich betrunken. Gerade beim Morgengrauen des nächsten Tages wurde ich durch ein scharfes, knallendes Geräusch geweckt. Ich horchte auf und bemerkte, daß der Lärm in unserer Hütte stattfand. Er rührte vom Doktor her, der um Mitternacht gefühlt hatte, wie sich jemand an seiner Seite niedergelegt; da er glaubte, ich sei es, hatte er in freundlicher Weise Platz gemacht und sich auf den Rand seines Bettes gelegt. Als er aber am Morgen sich ziemlich kalt fühlte, wurde er ganz wach und entdeckte, als er sich auf seinen Ellenbogen stützte, um zu sehen, wer sein Bettkamerad sei, zu seiner großen Verwunderung seinen schwarzen Diener Susi, der von seinen wollenen Decken Besitz ergriffen, sie in egoistischer Weise um sich gewickelt hatte und jetzt fast das ganze Bett einnahm. Der Doktor hatte mit der ihm eigenen Sanftmut, statt sogleich einen Stock zu nehmen, sich daran genügen lassen, Susi auf den Rücken zu klopfen und ihm zu sagen: »Susi, steh auf, du befindest dich in meinem Bett. Wie kannst du dich in dieser Weise betrinken, nachdem ich es dir schon sooft verboten? Steh doch auf! Du willst nicht? Da hast du was!« Und damit gab er ihm einige Schläge mit der Hand. Susi aber schlief und schnarchte weiter. Daher fuhr der Doktor mit seinen Schlägen fort, bis selbst Susis dickes Fell sie zu fühlen anfing und er zu dem Bewußtsein erwachte, wie wenig liebevolle Hingabe für seinen Herrn darin liege, daß er dessen Bett usurpiert habe. Am nächsten Tage sah Susi wegen dieser Mitteilung seiner Schwäche an den »kleinen Herrn«, wie ich hieß, sehr niedergeschlagen aus.

In der Dämmerung des nächsten Tages setzten wir uns in unser Boot und ruderten über den See, nachdem Mukamba uns Lebewohl gesagt und gebeten hatte, sobald wir seinen Bruder Ruhinga, dessen Gebiet am Ende des Sees liege, erreicht hätten, ihm unsere Nachen zuzuschicken und mittlerweile zwei unserer Leute mit ihren Flinten bei ihm zu lassen, um seine Verteidigung zu unterstützen, im Fall daß Warumaschanya ihn sofort nach unserer Abreise angriffe. In neun Stunden waren wir am Ende des Sees in Mugihewa, dem Land Ruhingas, des älteren Bruders Mukambas, angekommen. Als wir dahin zurückblickten, wo wir hergekommen, bemerkten wir, daß wir, anstatt einen direkten, ostwestlichen Kurs einzuhalten, in der Diagonale von Südwesten nach Nordwesten gefahren waren. Mit anderen Worten, wir waren von Mugere, welches wenigstens zehn Meilen vom nordöstlichsten Punkt der Ostküste entfernt ist, nach Mugihewa, das am nördlichsten Punkt der westlichen Küste liegt, gekommen. Wären wir längs der Ostküste um das nördliche Ufer des Sees gefahren, so wären wir bei Mukanigi, dem Lande des Warumaschanya, und Usumbura, dem des Simveh, seines Freundes und Verbündeten, vorbeigekommen. Durch unsere eben beschriebene diagonale Richtung hatten wir das äußerste Ende des Sees ohne irgendwelche Schwierigkeiten erreicht.

Ruhinga, der uns, bald nachdem wir in seinem Dorfe Quartier aufgeschlagen, besuchte, war ein sehr liebenswürdiger Mann, dem es stets gelang, irgend etwas zu sehen, das seine Lachlust reizte. Obgleich er etwa fünf bis sechs Jahre älter als

Mukamba war – er selbst sagte, er sei hundert Jahre alt –, hatte er nicht halb so viel Würde und wurde auch von seinem Volke nicht so sehr verehrt wie sein jüngerer Bruder. Ruhinga kannte jedoch das Land besser als Mukamba, hatte ein vorzügliches Gedächtnis und war imstande, uns in intelligenter Weise Auskunft über dasselbe zu geben. Nachdem er uns als Häuptling die Honneurs gemacht und mit einem Ochsen und einem Schaf nebst Milch und Honig beschenkt hatte, versuchten wir eifrig, so viel Kunde wie möglich von ihm zu bekommen.

Am zweiten Morgen nach unserer Ankunft in Mugihewa wählten wir zehn starke Ruderer aus und machten uns daran, das Ende des Sees und die Mündung des Rusizi zu erforschen. Wir fanden, daß das nördliche Ende des Sees von sieben breiten Buchten ausgezackt ist, von denen eine jede $1^1/_2$–3 Meilen breit ist. Lange und breite Sandvorsprünge, die von Matete überwachsen sind, trennten jede Bai von der anderen. Die erste, von Westen nach Osten anfangend, war im breitesten Teile, bis an den äußersten südlichen Punkt Mugihewa, ungefähr 3 Meilen breit und dient als Demarkationslinie zwischen dem Bezirk Mukambas Ruwenga und Ruhingas Mugihewa; die Länge derselben beträgt 2 Meilen. Die zweite Bucht war eine Meile von dem südlichen Ende von Mugihewa bis nach Ruhingas am Kopfe der Bucht gelegenem Dorfe und nur noch eine Meile bis zu einer anderen Sandzunge, an deren Spitze eine kleine Insel lag. Die dritte Bucht erstreckt sich fast eine Meile lang nach einer langen Düne, an deren Ende wiederum eine $1^1/_4$ Meile lange Insel lag, welche die westliche Seite der vierten Bucht bildet, an deren Spitze sich das Delta des Rusizi befindet. Diese vierte Bucht war an ihrer Basis ungefähr 3 Meilen tief und zog sich $^1/_2$ Meile weiter ins Land hinein als die übrigen. Sondierungen ergaben eine Tiefe von 6 Fuß, die sich einige hundert Schritt von der Hauptmündung des Rusizi gleichblieb. Der Strom war sehr trägfließend und lief nicht mehr als eine englische Meile in der Stunde. Obwohl wir beständig unser Glas brauchten, um den Fluß aufzufinden, konnten wir den Hauptkanal desselben nicht eher sehen, als bis wir uns ihm auf 200 Schritt genähert hatten, und ihn dann nur daran erkennen, daß wir beobachteten, aus welcher

An der Mündung des Rusizi

Mündung die Fischerboote herauskamen. Die Bucht hatte sich an diesem Punkte von 2 Meilen auf etwa 200 Meter Breite verengt. Wir forderten ein Boot auf, uns den Weg zu zeigen, und aus bloßer Neugier der Besitzer fuhr uns eine ganze Flottille von Canoes voran. Wir folgten und fuhren in einigen Minuten den Strom hinauf, der sehr rasch, aber nur ungefähr 10 Meter breit und ungemein seicht, nicht mehr als 2 Fuß tief war. Ungefähr eine halbe Meile ruderten wir hinauf, wo der Strom sehr stark war, 6–8 Meilen in der Stunde floß, und kamen weit genug, um die Natur desselben bei seiner Mündung beobachten zu können. Hier konnten wir sehen, daß er weiter wurde und sich in unzählige Kanäle spaltete, die an einzelnen Gruppen von Binsen und Matetegras vorüberströmten, und daß er wie ein Morast aussah. Wir waren den mittleren oder Hauptkanal hinaufgefahren. Der westliche Kanal war ungefähr 8 Meter breit. Nachdem wir zur Bucht zurückgekehrt waren, bemerkten wir, daß der östlichste Kanal ungefähr 6 Meter breit und 10 Fuß tief, aber sehr träge war. So hatten wir jede der drei Mündungen untersucht und unseren Zweifel über den Charakter des Rusizi als Aus- oder Zufluß erledigt. Jetzt war es nicht mehr nötig, weiter hinaufzufahren, da sich im Flusse selbst nichts Erforschenswertes befand.

Unsere Aufgabe war jetzt beendigt; es gab nichts mehr, was uns in Mugihewa zurückhalten konnte. Ruhinga war sehr freundlich gegen uns gewesen und hatte uns einen Ochsen nach dem anderen zum Schlachten und Essen geschenkt. Dasselbe hatte Mukamba getan. Ihre Frauen versahen uns reichlich mit Milch und Butter, und wir hatten jetzt bedeutende Vorräte davon.

Früh am Morgen des 7. Dezember verließen wir Mugihewa und kamen an dem südlichen Ende der Katangara-Inseln vorüber in die Nähe der Hochlande von Uaschi, dicht an die Grenzlinie zwischen dem Gebiet Mukambas und Uvira. Diese soll von einer weiten Schlucht gebildet werden, in deren Tiefen sich ein Hain schöner geradstämmiger Bäume befindet, aus denen die Eingeborenen Canoes verfertigen.

Am Kanyamabengu-Flusse vorbei, welcher dicht an dem Markt von Kirabula in den See fließt, dem äußersten Punkte, wo

Burton und Speke den Tanganika untersucht haben, steuerten wir südlich dem westlichen Ufer des Flusses entlang noch eine halbe Stunde weiter nach Kavimba, wo wir haltmachten, um unser Frühstück zu bereiten.

Das Dorf, wo Mruta, König von Uvira, lebt, war von unserem Lager aus zu sehen, und da wir Leute die Berge häufiger auf- und absteigen sahen, als für uns von guter Vorbedeutung zu sein schien, beschlossen wir, unsere Fahrt nach Süden fortzusetzen. Außerdem trafen wir eine trostlos aussehende Anzahl Wadschidschi, die einige Tage vor unserer Ankunft deshalb geplündert worden waren, weil sie, wie die Wavira glaubten, es versucht hatten, Honga-Zahlungen auszuweichen. Dergleichen Tatsachen und unsere Kenntnis von der allgemeinen, im Lande herrschenden Unsicherheit, die von vielen in den Bezirken des Tanganika wütenden Kriegen herrührten, bestimmten uns, nicht in Kavimba anzuhalten.

Ehe die Wavira sich versammelt hatten, begaben wir uns rasch in unser Boot und wandten uns nach Süden einem starken Winde entgegen, der gerade von Südwesten hertrieb. Nachdem wir etwa zwei Stunden, dem sich rasch erhebenden Sturm entgegen, anstrengend gerudert hatten, wandten wir unser Boot in eine kleine, ruhige, unter hohen Buchen fast verborgene Bucht und begaben uns für die Nacht ans Land.

Mit den uns umgebenden Gefahren vertraut und wohl wissend, daß der unversöhnliche Wilde unser schlimmster Feind sei, verwandten wir unsere ganze Kraft auf die Errichtung eines starken Zaunes von Dornbüschen, setzten uns daraufhin zum Abendessen und legten uns nieder. Vorher hatten wir jedoch Wachen für unser Boot ausgestellt, damit die kühnen Diebe von Uvira es nicht stehlen könnten, in welchem Falle wir in eine böse Lage gekommen wären.

Bei Tagesanbruch verließen wir nach unserem einfachen, aus Kaffee, Käse und Durra-Gebäck bestehenden Frühstück die Spitze Kukumba und steuerten noch einmal nach Süden. Obwohl unsere Feuer die Aufmerksamkeit der scharfsichtigen, argwöhnischen Fischer von Kukumba auf sich gezogen, hatten sich unsere Vorsichtsmaßregeln sowie die von uns ausgestellte Wache als wirksam gegen die Diebe von Uvira bewährt.

Auf unserer Weiterfahrt zeigten sich die westlichen Ufer des Sees als höher und kühner wie die Waldhöhen von Urundi und die struppigen Erhebungen von Udschidschi. Zwischen den gekerbten Spitzen der vorderen Berglinie zeigte sich ein dahinter liegender Höhenzug, der Vortrab der Berge, die sich weiter ins Land erheben, der eine Höhe von 2500–3000 Fuß über dem See erreichte.

Hinter Ngovi kamen wir an eine tiefe Bucht, welche sich im Bogen bis zu dem 10 Meilen entfernten Kap Kabogi hinzieht. Nachdem wir etwa zwei Drittel des Weges zurückgelegt, gelangten wir an eine Gruppe von drei sehr steilen Felsinselchen, von denen die größte etwa 300 Fuß Länge und 200 Fuß Breite an ihrer Basis hatte. Hier machten wir Vorbereitungen, um die Nacht zu bleiben. Die Inseln wurden von einem buntgefiederten alten Hahn, der als Sühneopfer für den Geist der Insel gehalten wurde, von einer kränklichen, gelb aussehenden Drossel, einem hammerköpfigen Storch und zwei Fischhabichten bewohnt, welche, als sie entdeckten, daß wir von dem Orte Besitz genommen, der ihnen nach frommer Sitte vorbehalten war, auf die westlichste Insel fortflogen, von wo aus sie uns feierlich von ihren Horsten weiter beobachteten.

Da wir den Namen dieser Inseln, Kavunvweh, nur mit Mühe aussprechen konnten, nannte sie Livingstone, da er glaubte, daß sie die einzige von uns zu machende Entdeckung sein würden, die »New-York-Herald-Inseln« und bekräftigte mir diesen neuen Namen durch einen Händedruck.

Mit dem Morgengrauen des 9. Dezember bereiteten wir uns auf unsere Weiterreise vor. In der Nacht waren wir einigemal von Fischern besucht worden, die jedoch durch unsere ängstliche Wachsamkeit am Raube gehindert worden waren. Es schien mir aber, daß die Bewohner des anderen Ufers, die uns besuchten, eifrig auf eine Gelegenheit warteten, über unser Boot herzufallen oder uns persönlich als Beute fortzuschleppen. Durch diesen Gedanken wurden unsere Leute bedeutend beunruhigt, wenn man nach der Energie, mit der sie von unserem letzten Lagerplatze fortruderten, urteilen darf.

Am Kap Kabogi kamen wir in das Gebiet der Wasansi. Daß wir einem andern Stamm uns gegenüberbefanden, erfuhren wir durch die Begrüßungsformel »Moholo«, die uns eine Gruppe Fischer zurief. Die Begrüßung der Wavira heißt nämlich »Wake«, ebenso wie auch in Urundi, Usige und Uhha.

Bald darauf kamen wir in Sicht von Kap Luvumba, einem absteigenden Vorsprung eines Gebirgsrückens, der weit in den See hineinragt. Da ein Sturm im Anzuge war, steuerten wir in eine gemütliche kleine Bucht, die vor einem Dorfe lag, zogen unseren Nachen aus dem Wasser, schlugen das Zelt auf und bereiteten uns für die Nacht vor.

Da die Eingeborenen ruhig und höflich zu sein schienen, hatten wir keinen Grund anzunehmen, daß sie gegen Araber und Wangwana feindselig gesinnt seien. Wir ließen also unser Frühstück kochen und legten uns darauf, wie gewöhnlich, zu einem Nachmittagsschläfchen hin. Bald schlief ich ein und träumte in meinem Zelt, ohne von dem Streit und Zank, der, seitdem ich mich gelegt, entstanden war, etwas zu ahnen, als ich eine Stimme mir zurufen hörte: »Herr, Herr! Stehen Sie rasch auf, soeben fängt ein Kampf an!« Ich sprang auf und spazierte, nachdem ich meinen Revolvergürtel rasch vom Flintenständer genommen, hinaus. Wirklich schien eine erhebliche Feindseligkeit zwischen den beiden Parteien, nämlich einer lärmenden, rachsüchtig aussehenden Anzahl Eingeborener und unseren Leuten, zu bestehen. Sieben oder acht der Unsrigen hatten sich hinter dem Boot versteckt und ihre geladenen Gewehre halb auf die leidenschaftlich erregte Masse gerichtet, die jeden Augenblick sehr an Anzahl zunahm; den Doktor aber konnte ich nirgends sehen.

»Wo ist der Doktor?« fragte ich

»Er ist mit seinem Kompaß über jenen Berg gegangen«, sagte Selim.

»Ist jemand bei ihm?«

»Susi und Dschumah.«

»Bombay, schicke sofort zwei Leute zum Doktor, damit er hierhereile.«

Doch gerade in diesem Augenblick erschienen er und seine beiden Leute auf dem Abhang eines Berges und blickten in ruhiger Weise auf die tragikomische Szene, die das kleine Becken, in welchem wir lagerten, darbot. Denn trotz des ernstlichen Aussehens derselben mischte sich wirklich manches Komische hinein, da ein nackter, vollständig betrunkener Jüngling, der sich kaum auf den Beinen halten konnte, den Boden mit seinem einzigen Lendentuche schlug und wie ein Toller schrie und wütete. In seiner eigenen vorzüglichen Sprache schwor er hoch und teuer, kein Mgwana oder Araber dürfe sich auch nur einen Augenblick auf dem geheiligten Boden von Usansi aufhalten. Auch sein Vater, der Sultan, war ebenso betrunken wie er, aber nicht ganz so heftig in seinem Betragen.

Mittlerweile kam Livingstone herab, und Selim hatte mein gezogenes Winchestergewehr gefüllt mit Patronen in meine Hand gesteckt. Ruhig erkundigte sich der Doktor, was vorläge, und erhielt von den Wadschidschiführern die Antwort, die Leute wünschten, daß wir fortzögen, da sie Feinde der Araber seien, weil der älteste Sohn des Sultans von Muzimu, der großen, fast gegenüberliegenden Insel, von einem Belutsch namens Khamis in Udschidschi zu Tode geprügelt worden sei, als der junge Mensch es gewagt, in den Harem des anderen hineinzusehen. Seit der Zeit sei der Friede zwischen den Wasansi und Arabern gebrochen.

Nach Beratschlagung mit den Führern kamen wir zu dem Schluß, daß es besser sei, den Versuch zu machen, den Sultan durch ein Geschenk zu beruhigen, als sich durch die überspannte Laune eines betrunkenen Jungen beleidigt zu fühlen. Dieser hatte in seiner unsinnigen Wut den Versuch gemacht, einen meiner Leute mit einer Sichel, die er bei sich trug, zu verletzen. Dies galt als Kriegserklärung, und die Soldaten waren zum Kampf bereit; es lag jedoch keine Notwendigkeit vor, sich mit dem betrunkenen Pöbel in einem Kampf einzulassen, der, wenn wir es gewünscht, mit unseren bloßen Revolvern von der Stelle hätte verscheucht werden können.

Der Doktor entblößte seinen Arm und sagte, er sei weder Mgwana noch Araber, sondern ein Weißer; die Araber und Wangwana unterschieden sich von uns durch die Farbe. Wir Weißen seien in jeder Beziehung andere Menschen als die, welche sie zu sehen gewohnt seien. Kein Schwarzer habe je von einem Weißen etwas zu leiden gehabt. Diese Rede schien eine große Wirkung hervorzubringen, denn es bedurfte nicht vieler Worte, um den betrunkenen Jüngling und seinen ebenso berauschten Vater zu bewegen, Platz zu nehmen und ruhig zu sprechen. In ihrer Unterhaltung mit uns bezogen sie sich häufig auf Mombo, den Sohn Kisesas, des Sultans von Muzimu, der in brutaler Weise ermordet worden sei. »Ja, brutal ermordet!« riefen sie wiederholt in ihrer eigenen Sprache aus, indem sie durch eine ausdrucksvolle Pantomime andeuteten, wie der unglückliche Jüngling gestorben sei.

Livingstone setzte seine Unterhaltung mit ihnen in milder, väterlicher Weise fort, und eben ließen ihre lauten Proteste gegen die Grausamkeit der Araber nach, als der alte Sultan plötzlich aufstand, in sehr aufgeregter Weise hin- und herlief, sein Bein auf dieser Wanderung absichtlich mit der scharfen Spitze seines Speeres verletzte und dann ausrief, die Wangwana hätten ihn verwundet!

Bei diesem Ausruf ergriff die Hälfte der versammelten Menge schleunigst die Flucht; ein altes Weib jedoch, das einen starken Stab trug, auf dessen Spitze das Bild einer Eidechse eingeschnitzt war, begann den Häuptling mit der ganzen Macht ihrer beweglichen Zunge zu beschimpfen und ihm vorzuwerfen, er wünsche, daß sie alle getötet würden. Andere Weiber kamen dazu und rieten ihm gleichfalls, ruhig zu sein und das Geschenk anzunehmen, das wir ihm gern geben wollten.

Offenbar gehörte nicht viel dazu, um alle in dem kleinen Tal anwesenden Leute zu einem blutigen Streit zu veranlassen. Das milde, geduldige Betragen Livingstones bewirkte jedoch vor allen Dingen, daß Blutvergießen verhindert wurde, solange noch die geringste Aussicht für eine freundschaftliche Beilegung des Streites bestand, und schließlich obsiegte es, und es gelang, so-

wohl den Sultan als seinen Sohn in froher Stimmung fortzu-
schicken.

Während der Doktor sich mit ihnen unterhielt und ihre wilden Leidenschaften zu beschwichtigen versuchte, ließ ich das
Zelt abbrechen, die Boote ins Wasser bringen und das Gepäck
besorgen; und als die Verhandlungen freundschaftlich geschlossen waren, bat ich den Doktor, ins Boot zu springen, da dieser
Friede anscheinend nur eine Ruhe vor dem Sturm bedeute.
»Außerdem«, sagte ich, »befinden sich etliche Feiglinge in unserem Boot, die im Fall einer abermaligen Störung sich nicht be-
sinnen würden, uns beide hierzulassen.«

Von Kap Luvumba fingen wir ungefähr um $^1/_2$5 Uhr nachmittags an, quer über den See zu rudern; um 8 Uhr befanden wir
uns gegenüber Kap Panza, dem nördlichen Ende der Insel Muzimu; um 6 Uhr morgens waren wir südlich von Bikari und ruderten auf Mukungu in Urundi los, wo wir um 10 Uhr morgens,
nach einer 17$^1/_2$stündigen Überfahrt über den See, ankamen,
der, wenn man die Stunde zu 2 Meilen rechnet, in direkter Entfernung etwa 35 englische Meilen breit sein und dessen Länge
vom Kap Luvumba bis hierher etwas mehr als 43 Meilen betragen kann.

Am 11. Dezember kamen wir nach siebenstündigem Rudern
wieder im malerischen Zassi an; am 12. in der südlichen Bucht
von Niasanga, und um 11 Uhr vormittags waren wir um Bangwe
gefahren, und Udschidschi lag vor uns.

Still, ohne wie gewöhnlich Flinten abzuschießen, da wir wenig Pulver und Kugeln hatten, fuhren wir in den Hafen. Bei unserer Landung kamen unsere Soldaten und die arabischen Großen an den Rand des Wassers, um uns zu begrüßen.

Unsere Reise auf dem Tanganika hatte 28 Tage gedauert,
während welcher Zeit wir mehr als 300 Meilen zu Wasser zurückgelegt hatten.

Achtes Kapitel

Wir fühlten uns ganz zu Hause, als wir uns auf unsere schwarze Bärenhaut, den bunten persischen Teppich und die reinen neuen Matten setzten, den Rücken an die Wand lehnten, unseren Tee behaglich schlürften und uns über die Einzelheiten des »Picknicks« unterhielten, wie Livingstone durchaus unsere Reise an den Rusizi zu nennen beliebte. Es schien, als ob alte Zeiten, die wir so gern ins Gedächtnis riefen, wieder zurückgekehrt seien, obgleich unser Haus äußerlich sehr einfach aussah und unsere Diener nur nackte Barbaren waren. In der Nähe dieses Hauses aber hatte ich Livingstone nach dem ereignisvollen Marsch aus Unyanyembé zuerst gesehen; auf dieser selben Veranda hatte ich seine wunderbare Schilderung der weiten bezaubernden Gegenden im Westen des Sees Tanganika gehört; hier hatte ich ihn zuerst kennengelernt, und von dem Augenblicke an war meine Bewunderung für ihn stets im Wachsen, und ich fühlte mich erhoben, wie er mir zum erstenmal mitteilte, er müsse unter meiner Begleitung und auf meine Kosten nach Unyanyembé gehen.

Livingstone war also entschlossen, mich nach Unyanyembé zu begleiten, um dort seine am 1. November 1870 durch den britischen Konsul von Sansibar abgesandten Vorräte in Empfang zu nehmen. Da mir die Leitung der Eskorte anvertraut worden, so war es meine Pflicht, die verschiedenen Routen von Udschidschi nach Unyanyembé zu studieren. Ich war mir der großen Verantwortlichkeit sehr wohl bewußt, die die Begleitung eines solchen Mannes mit sich bringt; auch waren meine eigenen Empfindungen bei dem Fall im Spiel. Wenn nämlich Livingstone durch meine Unvorsichtigkeit, solange er bei mir war, ein Schaden geschähe, so würde man gleich sagen: »Ja, wäre er nur nicht mit dem Stanley gereist, so wäre er jetzt noch am Leben!«

Ich nahm also meine von mir selbst angefertigte Karte vor, auf die ich volles Vertrauen setzte, und entwarf eine Route, die uns nach Unyanyembé führen sollte, ohne daß wir auch nur ein Tuch als Tribut zu zahlen hätten, und die uns schlimmstenfalls durch Dschungel führte, wodurch wir alle die Wavinza und plündernden Wahha vermeiden könnten. Dieser friedliche, sichere Weg führte zu Wasser nach Süden die Küste von Ukaranga und Ukawendi entlang bis zum Kap Tongwe. Hier würden wir uns gegenüber dem im Ukawendi-Distrikt Rusawa gelegenen Dorfe Itaga, dessen Sultan Imrera ist, befinden, und dann könnten wir den alten Weg wieder einschlagen, den ich von Unyanyembé nach Udschidschi gereist war. Dies setzte ich dem Doktor auseinander, und er erkannte sofort die Ausführbarkeit und Sicherheit dieser Route an. Wenn ich dabei wirklich, wie ich wünschte, zu Imrera käme, so würde das den besten Beweis dafür geben, daß meine Karte richtig sei.

Am 13. Dezember kehrten wir von unserer nördlichen Expedition auf dem Tanganika zurück. Von diesem Tage an begann Livingstone Briefe an seine zahlreichen Freunde zu schreiben und die wertvollen Kenntnisse, die er während seiner Reisejahre im Süden und Westen des Tanganika gesammelt, aus seinen Tagebüchern in sein umfangreiches Notizbuch einzutragen. Während er in Hemdsärmeln, das große Notizbuch auf den Knien, auf der Veranda saß, habe ich ihn gezeichnet, und die Ähnlichkeit des nebenstehenden Bildes ist vortrefflich, weil der mich unterstützende Künstler mit angeborenem Talent die Fehler meiner Skizze entdeckt hat. Dadurch bin ich imstande, Livingstone dem Leser genau so vorzuführen, wie ich ihn gesehen habe, über die Erlebnisse auf seinen langen Märschen nachdenkend.

Mittlerweile bereitete ich die Expedition auf den Rückweg nach Unyanyembé vor und verteilte Ballen und Gepäck, sowohl des Doktors große Blechkasten als auch meine eigenen, unter meine Leute; denn ich hatte den Entschluß gefaßt, Livingstones Leute als Passagiere mitmarschieren zu lassen, da sie ihre Pflicht gegen ihren Herrn so vorzüglich erfüllt hatten.

Sayd bin Madschid hatte am 12. Dezember Udschidschi verlassen, um gegen Mirambo zu ziehen und diesen schwarzen Bonaparte wegen der Ermordung seines Sohnes in den Wäldern von Wilyankuru mit Krieg zu überziehen. Er hatte 300 kräftige, mit Gewehren bewaffnete Burschen von Udschidschi mitge-

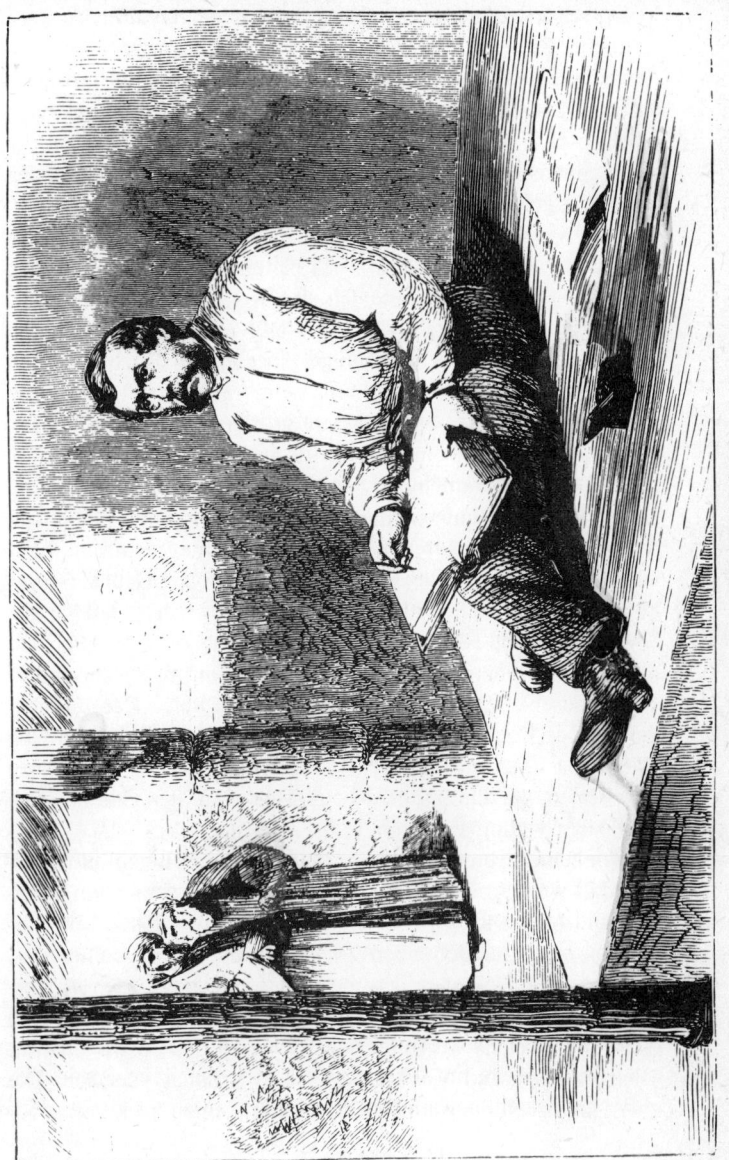

Livingstone beim Tagebuchschreiben

nommen. Der tapfere alte Häuptling brannte vor Rache und Wut und erschien mit seinem 7 Fuß langen Gewehr als ganz stattlicher Krieger. Ehe wir nach dem Rusizi gegangen, hatte ich ihm eine gute Reise gewünscht und die Hoffnung ausgedrückt, daß er Zentral-Afrika von dem Tyrannen Mirambo befreien möge.

Weihnachten kam heran, und der Doktor und ich hatten den Beschluß gefaßt, diese herrliche, von alters her gefeierte Zeit hier so wie in angelsächsischen Ländern, nämlich mit einem Festmahl, wie es Udschidschi uns bieten konnte, zu feiern. Am Weihnachtsmorgen belehrte ich den Koch Feradschi über die Wichtigkeit dieses Tages für uns Weiße und versuchte es, diesem wohlgenährten Wilden einige Finessen der Kochkunst beizubringen. Wir verschafften uns vom Markt zu Udschidschi und dem guten alten Muini Kheri fette breitschwänzige Schafe, Ziegen, Zogga und Pombé, Eier, frische Milch, Platanenfrüchte, Singwe, gutes Kornmehl, Fische, Zwiebeln und süße Kartoffeln. Leider waren die Folgen eines Fieberanfalls uns hier hinderlich; denn Feradschi verdarb den Braten, verbrannte uns unsere Eierkuchen, und das Mittagessen mißglückte total. Daß der dickköpfige Schelm nicht Prügel erhielt, kam nur daher, daß ich unfähig war, meine Hände zu seiner Bestrafung zu rühren; ich sah ihn aber mit einem so schrecklichen Blick an, daß jeder andere als Feradschi dadurch vernichtet worden wäre. Der dumme, hartköpfige Koch hingegen kicherte nur und hat wohl, wie ich glaube, nachher mit vielem Vergnügen die Pasteten, Eierspeisen und Braten, die durch seine Nachlässigkeit für den Gaumen von Europäern verdorben waren, selbst verzehrt.

Vor seiner Abreise hatte Sayd bin Madschid Befehl hinterlassen, daß wir sein Boot auf unserer Heimreise gebrauchen könnten, und freundlicherweise lieh uns auch Muini Kheri sein großes Fahrzeug für denselben Zweck. Denn die Expedition, die jetzt um den Doktor und seine fünf Leute nebst Gepäck vermehrt war, erheischte noch ein Boot. Für die Dschungel von Ukawendi, welche wir durchziehen wollten, hatten wir uns mit Milch, Ziegen und Vorräten an fetten Schafen versehen. Die gute Halimah, Livingstones Köchin, hatte einen Sack voll schö-

nem Mehl bereitet, wie sie es nur in ihrer großen Verehrung für
ihren Herrn herzustellen imstande war. Auch ihr Gatte Hamoydah hatte freiwillig aufs aufmerksamste bei der Herstellung dieses wichtigen Nahrungsmittels geholfen. Ich kaufte einen Esel
für Livingstone, und zwar den einzigen, den man in Udschidschi
erlangen konnte, für den Fall, daß er auf dem langen Marsch
von seinem alten Übel heimgesucht werde. Kurz, wir hatten
reichlich Nahrungsmittel, Schafe, Ziegen, Käse, Tuch, Esel und
Boote, womit wir eine lange Strecke weit vorwärtskommen
konnten; es fehlte uns also an nichts.

Der 27. Dezember, der Tag unserer Abreise von Udschidschi,
ist da. Ich war wohl im Begriff, dem Hafen, dessen Name meinem Angedenken stets heilig sein wird, auf immer Lebewohl zu
sagen. Die Boote, große, schwerfällige, hohle Baumstämme, sind
mit Vorräten schwer beladen; die Ruderer sind zur Stelle; die
englische Flagge weht am Spiegel von Livingstones Boot, die
amerikanische über dem meinigen, und ich kann sie nicht ansehen ohne einen gewissen Stolz, daß die beiden angelsächsischen
Nationen heute auf diesem großen Binnenmeer angesichts der
wilden Natur und der Barbaren vertreten sind.

Die großen arabischen Kaufleute, die staunenden Kinder von
Unyamwezi, Freigelassene aus Sansibar, verwunderte Waguhhu
und Wadschidschi, wilde Warundi begleiten uns an die Boote;
alle sind am heutigen Tage still, ja sogar traurig, daß die Weißen, sie wissen nicht wohin, fortziehen.

Um 8 Uhr morgens fahren wir ab, überallhin die mit den
Händen winkenden Araber und Neugierigen grüßend. Einige
derselben versuchten uns etwas Gefühlvolles beim Abschied zu
sagen.

Wir stießen von dem Lehmufer am Fuße des Marktplatzes
ab, während die Landabteilung unter der Führung des riesigen
Asmani und Bombays ohne irgendwelches Gepäck ihre Reise
nach Süden längs der Ufer des Sees antrat. Wir hatten abgemacht, mit ihnen an der Mündung eines jeden Flusses zusammenzutreffen und sie von einem Ufer ans andere überzusetzen.

Der Doktor fuhr in Sayd bin Madschids Boot, welches ungefähr ein Drittel kürzer als das unter meinem Befehl stehende

war, voran, und die britische Flagge, die an einem Bambusrohr befestigt war, flatterte hinter ihm her wie ein scharlachroter Meteor. Mein mit Wadschidschi-Matrosen bemanntes Boot, die ich gemietet hatte, um die Boote vom Kap Tongwe wieder nach Udschidschi Bunder zurückzubringen, folgte und hatte eine viel höhere Flaggenstange, auf der das immer schöne amerikanische Sternenbanner flatterte. Die bedeutende Höhe meiner Stange entlockte dem Doktor, dessen loyaler Patriotismus dadurch erregt wurde, die Bemerkung, er werde sich die höchste Palmyrapalme als Flaggenstange abschneiden, da es sich nicht zieme, daß die britische Flagge soviel niedriger als die der Vereinigten Staaten sei.

Unsere Soldaten waren über den Gedanken, nach Unyanyembé zu gehen, durchaus nicht weniger freudig erregt als wir. Sie stimmten den Freudengesang der Sansibarer Bootsleute an, welcher mit dem begeisterten Chorgesang endet: »Kinan de re re Kitunga.« So ruderten sie denn wie Tolle daher, bis sie vor reiner Erschöpfung genötigt waren auszuruhen, während der Schweiß stromweise an ihnen herabfloß. Sowie sie ausgeruht hatten, machten sie sich wieder an ihre Ruder und stimmten den Gesang der Mrima an: »O Mama, re de mi Ky«, der sie bald wieder zu großen Anstrengungen anspornte. Durch diese energischen ruckweisen Anstrengungen sowie durch Gesang und Gelächter, Gestöhne und Geschrei gaben unsere schwitzenden und keuchenden Leute ihrem freudigen Gefühl über den Gedanken Ausdruck, daß wir heimkehrten und daß auf der Route, die ich nach Unyanyembé gewählt, durchaus keine Gefahr zu fürchten sei.

> »Wir sind den Wahha entgangen! Ha, ha!
> Die Wavinza werden uns nicht mehr plagen! Oh, oh!
> Mionvu bekommt kein Tuch mehr von uns! Hy, hy!
> Und Kiala wird nimmer uns wiedersehen! He, he!«

schrien sie mit wildem Gelächter und führten dabei wuchtige Streiche mit den Rudern, welche die alten ungelenken Boote vom Vorsteven bis zum Spiegel erbeben ließen.

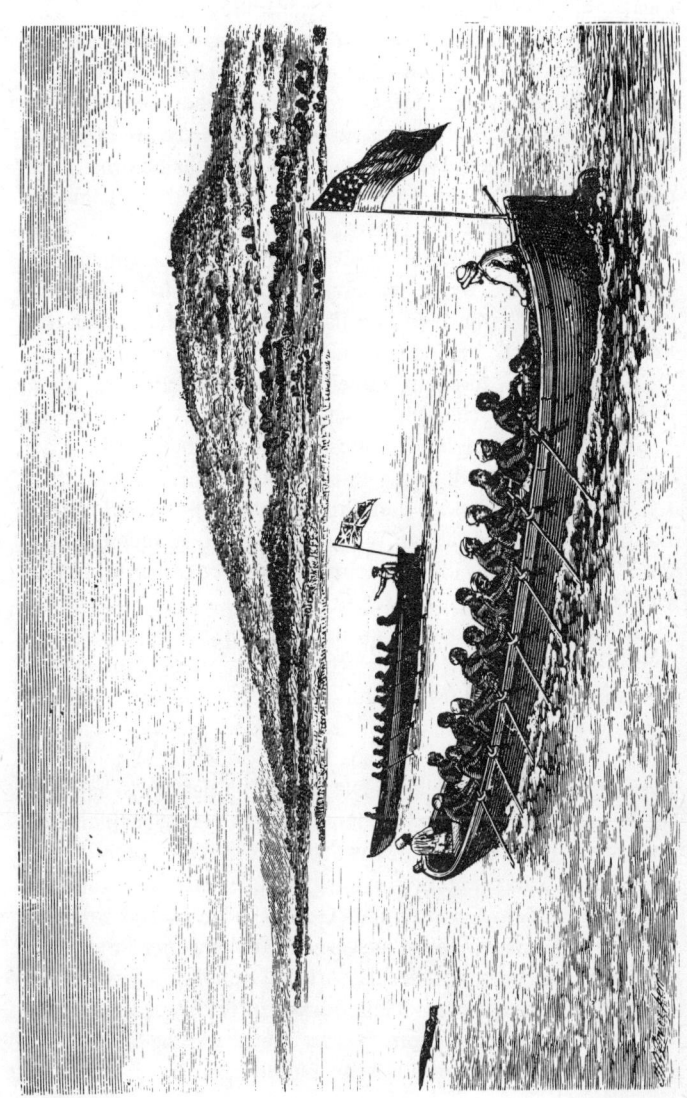

Fahrt auf dem Tanganika-See

Die Abteilung am Ufer schien an unserer Aufregung teilzunehmen und sang den wilden Refrain des tollen afrikanischen Liedes mit. Wir sahen, wie sie vorwärtseilten, um mit uns gleichen Schritt zu halten, wenn wir um die Kaps und Vorsprünge und an den Buchten vorbeifuhren, deren Ufer mit Riedgras, Schilfrohr und Binsen bedeckt waren. Wir sahen den winzigen, beweglichen Kalulu, den kleinen Bilali und Madschwara die der Karawane gehörigen Herden von Ziegen, Schafen und Eseln treiben, und auch diese Tiere schienen sich an der allgemeinen Freude zu beteiligen.

Auch die stolze, wilde Natur, der hehre, blaue, unendliche Himmelsdom, die weite, lebhaft grüne Ebene zur Linken, die ausgedehnte, glänzende Wasserfläche schien in feierlicher Heiterkeit an unserer Freude teilzunehmen und sie zu vermehren.

Um zehn Uhr morgens kamen wir an der Wohnstätte Kirindos, eines alten Häuptlings, an, der wegen seiner großen Freundlichkeit gegen Dr. Livingstone und Feindseligkeit gegen die Araber merkwürdig ist. Diese konnten sich das nicht erklären, wogegen der Doktor den Grund wohl wußte, denn er hatte nur freundliche, aufrichtige Worte mit Kirindo gewechselt, während alle Araber mit ihm verkehrten, als ob er gar kein Mensch, viel weniger ein Häuptling sei.

Kirindos Wohnsitz liegt an der Mündung des Liutsché, die sehr breit ist. Der Fluß schleicht hier langsam durch einen Wald von Aeschinomenen (Markbäumen) in den See. Diesen Ort hatten wir als Sammelplatz für die See- und Landabteilung bestimmt, damit die Boote alle ans andere, anderthalb Meilen entfernte Ufer hinüberbrächten. Die Mündung des Liutsché bildet die Bai von Ukaranga, welche ihren Namen vom gleichnamigen, am andern Ufer, einige hundert Schritt vom See entfernt liegenden Dorf Ukaranga führt, wohin wir übersetzen sollten. Aus dem größeren Boot wurde alles Gepäck entfernt und sorgfältig ins kleinere gepackt; einige ausgesucht gute Ruderer fuhren nun mit dem Doktor ab, welcher das Aufschlagen des Lagers in Ukaranga überwachen sollte, während ich zurückblieb, um die widerspenstigen, eigensinnigen Esel zu binden und sie in das große Boot zu schleppen, damit dasselbe nicht Gefahr laufe, umgeworfen und von hungrigen Krokodilen verzehrt zu werden, die ringsumher auf Beute lauerten. Dann wurde die Ziegenherde eingeschifft und daneben so viele von unseren Leuten als möglich. Etwa dreißig blieben noch mit mir zurück, und für diese sollte das Boot noch einmal zurückkehren.

Wir kamen alle gut in Ukaranga an, obwohl wir in die gefährliche Nähe einer Herde Flußpferde gerieten, und setzten über die weite Mündung des damals in Flut befindlichen Liutché in etwa vier Stunden.

Am Morgen des 31. schickten wir ein Boot mit Leuten aus, um uns Nahrungsmittel in einigen Dörfern, die man auf der anderen Seite erblickte, zu besorgen. Für 4 Doti kauften wir genug, um die aus 48 Personen bestehende Karawane vier Tage lang zu erhalten. Dann lichteten wir die Anker, teilten dem Kirangozi mit, daß wir nach Urimba wollten, und gaben ihm den Befehl, sich so nahe wie möglich am Ufer des Sees zu halten, wo es tunlich wäre, sonst aber so zu verfahren, wie es am besten ginge. Von der Mündung des Rugufu, dessen Quellen wir auf unserer pfadlosen Herreise nach Udschidschi passiert hatten, bis nach dem sechs Tagereisen zu Wasser entfernten Urimba gibt es keine Dörfer und also auch keine Nahrungsmittel. Da jedoch die Landabteilung, ehe sie Udschidschi verlassen, Rationen für acht Tage mitbekommen und an diesem Morgen für vier Tage ausgeteilt erhalten hatte, befand sie sich in keiner Gefahr zu verhungern, falls die Gebirgsspitzen, welche sich jetzt steil und abschüssig hintereinander entfalteten, sie daran verhindern sollten, mit uns im Verkehr zu bleiben. Man darf nämlich nicht vergessen, daß eine Reise wie diese bisher noch nie von einem Araber oder Mswahili versucht worden war und daher jeder Schritt, den die Leute taten, in ein Land hinein geschah, von dem sie nicht wußten, an welchem Teil des Ufers der Weg sie hinführe.

Nach einem kurzen Aufenthalt in dem schönen Sigunga stießen wir vom Lande und kamen nach drei Stunden an der Mündung des Flusses Uwelasia an. Wir amüsierten uns damit, auf die zahlreichen Flußpferde und Krokodile zu schießen, wodurch wir auch hofften, die Aufmerksamkeit unserer Landabteilung auf uns zu ziehen, deren Flinten wir seit dem Rugufu nicht mehr hatten knallen hören.

Am 3. Januar verließen wir Uwelasia und kamen am Kap Herembe vorüber in der Bai von Tongwe an. Diese Bucht ist ungefähr 25 Meilen breit und erstreckt sich vom Kap Herembe bis zum Kap Tongwe. Da wir uns so nahe an unserem Bestimmungsort befanden, Urimba ist nämlich bloß sechs Meilen von der Herembe-Spitze entfernt, machten sich die Mannschaften beider Boote eifrig an ihre Ruder und ermutigten sich mit Geschrei, Gelächter und Gesang zu den äußersten Anstrengungen. Die Flaggen der beiden großen angelsächsischen Völker spielten in den milden Lüften, näherten sich bisweilen und entfernten sich dann wieder wie zwei schüchterne Liebhaber. Das schmale, kleine Boot Livingstones blieb voran, und die rote Kreuzfahne Englands, die vor mir herflatterte, schien dem schönen nachfolgenden Boote zu sagen: »Folge mir, England führt dich.« Und gebührte hier nicht wirklich England der erste Platz? Es hat ja ein Recht dazu, indem es den Tanganika entdeckt hat; Amerika ist erst als zweites hinzugekommen.

Urimba, ein großer Bezirk von Kawendi, hat ein Dorf gleichen Namens, das von Flüchtlingen aus Yombeh bewohnt wird, welche das Delta des Loadscheri, obgleich es, wie das des Rusizi, ein äußerst ungesunder Ort ist, doch der Nachbarschaft Pumburus, des Sultans des südlichen Kawendi, sehr vorziehen. Sie scheinen von den nachhaltigen Verfolgungen ihrer Unterdrücker so eingeschüchtert und mißtrauisch gegen Fremde geworden zu sein, daß sie uns durchaus nicht in ihr Dorf lassen wollten, worüber ich, aufrichtig gesagt, sehr erfreut war, nachdem ich mir die pesthauchende Fäulnis ihrer Umgebung angesehen hatte. In ihrer unmittelbaren Nachbarschaft, ja sogar in einer Entfernung von einigen Meilen nach beiden Seiten, könnte meines Erachtens ein Weißer auch nicht eine einzige Nacht schlafen, ohne sich den Tod zu holen.

Am zweiten Tage nach unserer Ankunft in Urimba begab ich mich mit meinem Flintenträger Kalulu, der Livingstones vorzügliches doppelläufiges Gewehr (ein Reilly Nr. 12) trug, auf die Suche nach Wild. Nachdem ich ungefähr eine Meile gegangen, stieß ich auf eine Herde Zebras. Ich wußte es dadurch, daß ich auf Händen und Füßen vorwärtskroch, so einzurichten, daß ich etwa auf hundert Schritt in ihre Nähe kam; es war aber ein schlimmer Ort, denn niedrige Sträucher stachen mich; die Tsetse-Fliegen ließen sich auf das Visier meiner Flinte nieder, zerstachen mir die Nase, flogen mir in die Augen, kurz, brachten mich vollständig außer Fassung.

Erst am dritten Tage nach unserer Ankunft im Lager von Urimba langte unsere Landabteilung an. Sie hatte unsere große Flagge auf einem zwanzig Fuß hohen Bambus über dem höchsten Baum in der Nähe unseres Lagers erblickt, als sie den scharfen, hohen Bergrücken hinter dem fünfzehn Meilen entfernten Nerembe überschritten, und dieselbe zuerst für einen großen Vogel gehalten; es gab aber scharfsichtige Leute unter ihnen, und geführt von ihnen erreichten sie unser Lager, wo sie so begrüßt wurden, wie es nur Leuten widerfährt, die für verloren gehalten wurden.

In diesem Lager bekam ich einen neuen Fieberanfall, der durch die Nachbarschaft des fürchterlichen Deltas herbeigeführt wurde, dessen bloßer Anblick mich schon krank machte.

Am 7. Januar brachen wir unser Lager ab und wandten uns nach Osten, was für mich soviel wie nach Hause hieß.

Unser Weg führte uns durch das Tal des Loadscheri, welches sich, nachdem wir sein Delta verlassen, immer mehr verengte, bis es zu einer Waldschlucht wurde, die von dem laut brüllenden Strom ganz erfüllt war, dessen überwältigender Sturz selbst die Luft, die wir atmeten, in Mitleidenschaft zu ziehen schien. In dieser engen Bergschlucht wurde es drückend heiß. Der Weg führte auf eine Anhöhe, weiter auf eine Terrasse, dann auf einen Berg und zuletzt auf ein Gebirge, auf dem wir unser Lager aufschlugen. Als wir noch mit Vorbereitungen dazu beschäftigt waren, zeigte der Doktor schweigend auf etwas hin, und sofort herrschte überall totenähnliche Stille. Das Chinin, welches ich am Morgen genommen, schien jeden Teil meines Gehirns affiziert zu haben; dennoch blieb ein böses Übel nach; obgleich ich aber unter der schweren Last der Reillyflinte bebte, so kroch ich doch dahin, wo er hinwies. Ich blickte eine tiefe Felsschlucht hinab, an deren anderer Seite ich eine schöne Büffelkuh hinaufklettern sah. Sie hatte eben den Gipfel erreicht und wandte sich um, um ihren Feind zu betrachten, als es mir gelang, ihr einen Schuß gerade hinter das Schulterblatt und dicht am Rückgrat hineinzujagen, was ihr ein dumpfes Schmerzgeschrei entlockte. »Sie ist erlegt«, rief der Doktor, »das ist ein sicheres Zeichen, daß Sie dieselbe getroffen haben«; und meine Leute erhoben sogar ein Freudengeschrei bei der Aussicht auf Fleisch. Ein zweiter Schuß in den Rücken brachte das Tier auf die Knie und ein dritter endete sein Leben. So hatten wir wieder Vorrat an Lebensmitteln, die uns, zerschnitten und über einem Feuer getrocknet, wie die Wangwana es zu tun pflegen, ein gutes Stück durch die vor uns liegende, menschenleere Wildnis weiterbringen konnten. Für den Doktor und mich ließen wir die Zunge, den Höcker und einige besonders gute Stücke salzen und hatten so nach ein paar Tagen vorzügliches Pökelfleisch. Es ist nicht unangemessen, daß ich hier mitteile, daß die Wangwana das Gewehr mehr lobten als den Jäger.

Am 10. war ich, an der Spitze meiner Leute, den Kompaß in der Hand, drei Stunden lang Führer. Ein schönes Parkland lag vor uns; das Gras war aber sehr hoch, und die jetzt ernstlich eintretende Regenzeit machte mir meine Arbeit höchst unangenehm. Durch dieses hohe Gras, das mir immer bis an den Hals reichte, mußte ich mir nämlich auf meinen Kompaß bauend einen Weg bahnen, um die Expedition zu führen, da keine Spur eines Weges vorlag und wir uns jetzt in einem völlig unbereisten Lande befanden. An einem schönen, nach Norden fließenden kleinen Bach, einem der Zuflüsse des Rugufu, schlugen wir unser Lager auf.

Auch der 11. sah mich durch das Gras ziehen, welches bei jedem Schritt Regentropfen auf mich herabschauerte. Nach zwei Stunden überschritten wir wieder einen kleinen Bach, der in seinem Bett schlüpfrige, den Einfluß heftiger Gießbäche bekundende Felsen enthielt. Viele große Pilze gedeihen hier. Als wir den Bach passierten, rief ein alter Pagazi aus Unyamwezi in wehmütigem Tone: »Mein Kibuyu ist tot!«, wodurch er sagen

»Sie ist erlegt!«

wollte, er sei ausgeglitten und habe beim Falle seinen auf Kiswa-
hili »Kibuyu« genannten Kürbis zerbrochen.

Am nächsten Tage schritten wir über mehrere Bergrücken,
wo uns herrliche Landschaften von überwältigender Schönheit
überall umgaben, und erblickten einen mächtigen, rasch fließenden Strom, dessen Bett zwischen enorm hohen Sandsteinmauern
eingesenkt war und dort wie ein kleiner Niagara lärmte und to-
ste.

Nachdem wir unser Lager auf einer malerischen Anhöhe
aufgeschlagen hatten, wollte ich den Versuch machen, uns
Fleisch zu verschaffen, das in dieser interessanten Gegend doch
jedenfalls vorhanden zu sein schien. Ich ging daher mit meinem
kleinen Winchestergewehr die Ufer des Flusses entlang nach
Osten. Etwa ein bis zwei Stunden zog ich so weiter durch eine
Gegend, die immer malerischer und lieblicher wurde, und ging
dann eine vielversprechende Schlucht hinauf. Ohne Erfolg an
ihrem Rande entlang schreitend, befand ich mich alsbald zu
meinem leicht begreiflichen Erstaunen direkt einem Elefanten
gegenüber, diesem furchtbaren Kolosse, der Personifikation der
Macht in Afrika, der seine großen, breiten Ohren wie schwellen-
de Segel ausgebreitet hielt. Mich dünkte, als ich seinen gewaltigen Rüssel wie einen warnenden Finger vorwärtsgestreckt sah,
eine Stimme zu hören, die mir »Siste, Venator!« zurief. Doch
weiß ich nicht, ob dies nur in meiner Einbildung lag oder von
Kalulu herkam, der, wie ich glaube, gerade rief: »Tembo, tembo!
Bana yango!« (Ein Elefant, ein Elefant, Herr!) Denn der junge
Schelm war, sobald er den furchtbaren Koloß in solcher unmittelbaren Nähe erblickte, davongelaufen. Als ich mich von meinem Erstaunen erholt, hielt auch ich es für klüger, mich zurückzuziehen, zumal ich nur eine mit verräterischen Sägespänepatro-
nen geladene Erbsenflinte in der Hand hatte. Wie ich zurück-
blickte, sah ich, wie er seinen Rüssel bewegte, und verstand, daß
er sagen wollte: »Adieu, junger Mann! Es ist ein Glück für dich,
daß du dich zu rechter Zeit entfernst, denn sonst hätte ich dich
zu Brei zerstampft.«

Als ich mir hierzu gratulierte, flog eine Wespé direkt auf
mich zu und pflanzte mir ihren Stachel in den Nacken, so daß

306

»Ein Elefant, ein Elefant!«

für diesen Nachmittag mein in Aussicht genommenes Vergnügen vereitelt war. Bei meiner Rückkehr ins Lager fand ich meine Leute murrend; ihre Provision war zu Ende, und für die nächsten drei Tage war keine Aussicht vorhanden, ihnen welche zu verschaffen. Mit dem gefräßigen Individuen eigenen Mangel an Vorsicht hatten sie ihre Kornrationen und den ganzen Vorrat an Zebra- und Büffelfleisch möglichst rasch verzehrt und schrien jetzt, sie müßten verhungern.

Zahlreiche Spuren von Tieren waren zwar vorhanden, da aber die Regenzeit da war, hatte sich das Wild überallhin verstreut; in der trockenen Jahreszeit hätten wir in diesen Wäldern unsere Speisekammer jeden Tag mit neuen Vorräten versehen können.

Als der Doktor und ich ungefähr um 6 oder 7 Uhr morgens unseren Tee vor unserem Zelt einnahmen, ging eine aus 12 Stück bestehende Herde von Elefanten etwa 800 Schritt an uns vorüber. Unsere Fundi Asmani und Mabruki Kisesa wurden sofort abgesandt, um sie zu verfolgen. Ich wäre selbst mit einem so schweren Reillygewehr ihnen gefolgt, wäre ich nicht so furchtbar ermüdet gewesen. Alsbald hörten wir das Knallen ihrer Flinten und hofften, daß sie Glück haben möchten, da sie dann einen tüchtigen Vorrat an Fleisch gehabt und wir beide uns an einem Elefantenfuß als zartem schönem Braten hätten erlaben können. Nach einer Stunde aber kehrten sie ohne jeglichen Erfolg zurück; sie hatten den Tieren nur etwas Blut entzogen, welches sie uns auf einem Blatte zeigten.

Am 13. setzten wir unseren Marsch über verschiedene Bergrücken fort, und bei unserem Auf- und Absteigen erblickten wir nie vorher erforschte Berge und Täler. Nach Norden zu stürzten sich vom Regen angeschwollene Bäche und erstreckten sich großartige Urwälder, in deren Dämmerschatten ein Weißer früher nie gewandert war.

Am 14. sahen wir dieselben Landschaften, nämlich eine ununterbrochene Reihe sich dem Längengrade nach hinziehender Bergrücken, die miteinander und dem Tanganika-See parallel laufen. Nach Osten fallen diese Berge in steilen Abhängen und Terrassen nach tiefen Tälern zu ab, wogegen sie nach Westen zu allmählichere Abhänge bilden. Dies sind die besonderen Charakterzüge von Ukawendi, der östlichen Wasserscheide des Tanganika.

An diesem Tage trafen wir in einem der Täler mit einer Kolonie Affen mit rötlichem Barte zusammen, deren Geheul an den Felsen widerhallte, als sie die Karawane erblickten. Es war mir unmöglich, mich ihnen zu nähern, denn sie kletterten an den Bäumen empor, kreischten mir drohend entgegen und sprangen dann rasch weiter, wenn ich mich noch mehr näherte. Beinahe hätten sie mich dazu gebracht, sie zu verfolgen, wenn mir nicht plötzlich eingefallen wäre, daß meine Abwesenheit die Expedition aufhielt.

Etwa um Mittag sahen wir unseren Magdala, den großen sich türmenden Berg, dessen steile, düster aussehende Masse unsere Blicke auf sich gezogen hatte, als er sich auf unserer eiligen Reise längs des großen Kammes des Rusawa, dem Krokodilflusse zu, in seiner ganzen Großartigkeit über die Ebene erhob. Die frühere mystische Schönheit der umliegenden baumbekleideten Ebene erkannten wir wieder. Damals war sie ausgebleicht und von einem leichten Nebel lieblich bedeckt, jetzt hingegen mit lebhaftem Grün geschmückt. Alle Pflanzen, Kräuter und Bäume sprossen nach dem Regen in üppiger Lebenskraft. Flüsse, die in jenen heißen Sommertagen gar nicht vorhanden waren, stürzten sich jetzt schäumend zwischen dicken Gürteln mächtiger Bäume und tosend in die Waldtäler hinab. Wir passierten viele solcher Bäche, die alle Zuflüsse des Rugufu sind.

Am neunten Tage unseres Marsches von den Ufern des Tanganika erblickten wir wieder unseren Berg Magdala, der sich wie eine dunkle Wolke im Nordosten erhob, wodurch mir klar wurde, daß wir uns Imrera näherten und daß unser Ikarus-Vorsatz, die unbewohnten Dschungel von Ukawendi zu durchziehen, bald von Erfolg gekrönt sein werde. Gegen den Ratschlag aller Führer und die Vorschläge der ermüdeten und verhungerten Leute unserer Expedition hatte ich darauf bestanden, mich nur vom Kompaß und meiner Karte leiten zu lassen. Zwar setzten die Führer alles daran, mich zu bewegen, meine Route zu verändern und nach Südwest zu ziehen, was mich, wenn ich darauf gehört hätte, unzweifelhaft ins südwestliche Ukonongo oder nordwestliche Ufipa gebracht haben würde. Traurig fragten mich die alten erfahrenen Soldaten, ob ich sie denn durchaus verhungern lassen wolle, da der Weg, den ich hätte einschlagen sollen, nach Nordosten läge. Ich zog es aber vor, mein Vertrauen auf den Kompaß zu setzen. Zwar schien keine Sonne, als wir durch den Urwald, durch Dschungel, über Bäche und steile Bergrükken und in tiefe Täler hinabzogen, sondern ein dicker Nebel bedeckte die Waldung; häufig prasselte der Regen auf uns herab, und das Firmament bestand aus einem undurchdringlichen grauen Dunst; aber der Doktor setzte vollständiges Zutrauen in mich, und ich blieb meinem Vorsatze treu.

Sobald wir an unserem Lager angekommen waren, zerstreuten sich meine Leute im Walde, um Nahrung zu suchen. Dicht dabei fanden sie einen Hain von Singwebäumen. Auch genügten die zahlreichen in der Nähe wachsenden Pilze, den nagenden Hunger meiner Leute zu stillen. Wäre es nicht heftiges Regenwetter gewesen, so hätte ich Wildbret fürs Lager beschaffen können; doch hinderten mich die Ermattung und das schwächende Fieber ganz und gar daran, aus dem Lager zu gehen, wenn wir einmal haltgemacht hatten. Die Jäger wurden durch die in unserer Nachbarschaft befindlichen zahlreichen Löwen, deren schreckliches Gebrüll Tag und Nacht gehört wurde, so in Schrecken gesetzt, daß sie trotz der Belohnung von 5 Doti, welche ich auf jedes erlegte Tier ausgesetzt, es nicht wagten, in die finsteren Waldwiesen oder schrecklichen Holzgehege außerhalb des freundlich geschützten Lagers zu dringen.

Am Morgen des zehnten Tages versicherte ich meinen Leuten, daß wir uns ganz in der Nähe von Nahrungsmitteln befänden, ermunterte die Liebenswürdigsten unter ihnen durch dies Versprechen reichlicher Nahrung und drohte den Widerspenstigeren mit bösen Schlägen, falls sie meine Geduld zu sehr auf die Probe stellten. Dann zog ich Ost zu Nord durch den Wald, und die fast erschöpfte Expedition schleppte sich mit Mühe hinter mir her. Es war wirklich eine verzweifelte Lage, und ich bedauerte die armen Leute viel mehr, als sie selbst es taten. Obwohl ich in ihrer Gegenwart aufbrauste, wenn sie sich niederlegen und nicht weiterziehen wollten, war doch niemand als ich weiter davon entfernt, ihnen etwas zu tun. Denn ich war zu stolz auf sie; aber unter den Umständen wäre es gefährlich, ja sogar selbstmörderisch gewesen, einen Zweifel an der Richtigkeit des Weges zur Schau zu tragen. Die einfache Tatsache, daß ich meinen Weg nach des Doktors kleinem, köstlichen Ratgeber, dem Kompaß, fortsetzte, übte einen großen moralischen Einfluß auf sie aus, und obwohl sie klagend und mit hageren Gesichtern protestierten, folgten sie doch meinen Fußstapfen mit einer geradezu rührenden Vertrauensseligkeit.

Viele Meilen lang schritten wir so über glattes, etwas abwärts geneigtes Rasenland, mit einem Blick in Wald und Parkschönheiten zur Rechten und Linken und vor uns, wie man sie selten sieht. In einem Tempo, das bald den Hauptkörper der Expedition weit hinter mir ließ, ging ich voran mit einigen tapferen Burschen, die trotz ihrer schweren Last gleichen Schritt mit mir hielten. Nach einigen Stunden schritten wir den leichten, bequemen Abhang eines Bergrückens hinauf, der in wenigen Minuten die Wahrheit oder Ungenauigkeit meiner Karte feststellen sollte. Als wir an den östlichen Rand des Bergrückens kamen, erkannten wir in einer Entfernung von etwa 5 Meilen und 1000 Fuß unter dem Hochplateau, auf dem wir standen, das Tal von Imrera!

Zu Mittag befanden wir uns in unserem alten Lager. Die Eingeborenen sammelten sich um uns und brachten uns Vorräte an Nahrungsmitteln sowie ihre Glückwünsche dazu dar, daß wir gut aus Udschidschi zurückgekommen seien. Es dauerte aber lange, ehe das letzte Mitglied der Expedition ankam. Die Füße des Doktors waren nämlich sehr wund und bluteten infolge des mühsamen Marsches. Seine Schuhe waren so abgetragen, und er hatte dieselben so zerschnitten und mit einem Messer bearbeitet, um seinen mit Blasen bedeckten Füßen Erleichterung zu verschaffen, daß keiner von meinen Leuten sie als Geschenk angenommen haben würde, wenn er auch noch so sehr erpicht darauf gewesen wäre, seine Füße nach Art der Wasungu zu bekleiden.

Der Führer Asmani war sehr erstaunt, als er sah, daß der kleine Kompaß den Weg besser kenne als er, und erklärte es feierlichst als seine Überzeugung, jener könne nicht lügen. Sein Ruf litt sehr, weil das kleine Ding ihm die Palme streitig gemacht hatte, und nach diesem Vorfalle wurde seine gerühmte Kenntnis des Landes erheblich in Zweifel gezogen.

Nachdem wir einen Tag haltgemacht, um uns zu erholen, setzten wir unseren Weg am 18. Januar 1872 nach Unyanyembé fort. Einige Meilen hinter Imrera verlor Asmani wieder den Weg, und ich war genötigt, ihm denselben zu zeigen, wodurch ich mir abermals Ehre und Vertrauen als Führer erwarb. Auch meine Schuhe waren sehr schlecht geworden, und es war schwer zu entscheiden, ob die des Doktors oder die meinigen schlechter waren. Über das Äußere des Landes war eine große Veränderung gekommen, seit ich durch dasselbe gen Norden nach Udschidschi gezogen war. Der wilde Wein hing jetzt in Trauben am Wege; die Kornähren waren hinreichend vorgeschritten, um zur Nahrung gepflückt und geröstet zu werden; die verschiedenen Pflanzen ließen ihre Blüten fallen, und die dichten Wälder und Gräser des Landes waren grüner als je.

Am 19. kamen wir in Mpokwas verlassenem Dorfe an. Die Füße des Doktors waren durch den Marsch sehr wund gerieben. Er war den ganzen Weg von Urimba zu Fuß gegangen, obgleich er einen Esel besaß, während ich, zu meiner Schande sei es gesagt, hin und wieder geritten war, um mit meinen Kräften haushälterisch umzugehen, damit ich imstande sei, nach unserer Ankunft im Lager zu jagen.

Zu unserem Gebrauch wurden zwei Hütten geräumt; als wir es uns aber gerade bequem machten, entdeckten unsere scharfäugigen Burschen mehrere Herden von Jagdtieren in der westlich von Mpokwa gelegenen Ebene. Rasch verzehrte ich einen Bissen Kornbrot und Kaffee und eilte mit Bilali als Flintenträger und Livingstones berühmter Reillyflinte nebst den nötigen Kugeln davon. Ich stürzte mich durch einen tiefen Bach, wurde abermals naß, bahnte mir den Weg durch ein dichtes Farnkraut und kam schließlich an einem dünnen Waldgürtel an, durch den ich gezwungen war zu kriechen. In anderthalb Stunden befand ich mich bei einer Gruppe von Zebras, die sich 130 Meter entfernt spielend unter dem Schatten eines großen Baumes herumbissen. Als ich mich plötzlich erhob, zog ich ihre Aufmerksamkeit auf mich, aber das treue alte Gewehr war schon an meiner Schulter, und piff! paff! gingen beide Läufe los, und zwei herrliche Zebras, ein Männchen und ein Weibchen, fielen tot unter den Baum, unter dem sie gestanden hatten. Nach einigen Sekunden war ihnen der Hals durchschnitten; ich gab das Zeichen, daß ich Glück gehabt hätte, und bald war ich von einem Dutzend meiner Leute umringt, welche ihre Freude an den Tag legten durch reichliche Komplimente, die sie meiner Flinte, aber nicht mir spendeten. Als ich mit dem Fleisch ins Lager zurückkam, empfing ich die Glückwünsche des Doktors, die ich viel höher schätzte, da er von einer langen Erfahrung her wußte, was Schießen heißt.

Der alte Pagazi Ibrahim, der in Ukawendi durch das Zerbrechen seines alten Kibuyu so sehr betrübt worden war, hatte vor unserer Abreise von Udschidschi sein Tuch in einem Sklaven aus Manyuema angelegt, der den Namen »Ulimengo« trug, was »die Welt« bedeutet. Als wir uns Mpokwa näherten, lief Ulimengo davon mit der ganzen, aus einigen Tuchen und einem Beutel voll Salz bestehenden Habe seines Herrn, die dieser nach Unyanyembé zum Verhandeln mitgenommen. Ibrahim war untröstlich und jammerte in so kläglicher Weise, daß die Leute, statt Mitleid mit ihm zu fühlen, ihn auslachten. Ich fragte ihn, warum er sich so einen Sklaven gekauft und demselben, als er bei ihm gewesen, nicht ordentlich zu essen gegeben habe. Trotzig erwiderte er darauf: »War er etwa nicht mein Sklave? War etwa das Tuch, mit dem ich ihn kaufte, nicht das meinige? Wenn das Tuch mir gehörte, konnte ich nicht damit kaufen, was ich wollte? Warum sprecht Ihr so mit mir?«

An diesem Abend wurde aber Ibrahims Herz durch Ulimengos Heimkehr mit dem Salz und Tuch erfreut, und der einäugige Greis tanzte in seiner Herzensfreude und kam rasch zu mir gelaufen, um mir die frohe Botschaft zu bringen. »Sieh da, ›die Welt‹ ist zurückgekommen. Wahrhaftig! Mein Salz und mein Tuch sind auch da. Wirklich!« Ich sagte ihm, daß er gut daran tun werde, ihm zukünftig ordentlich zu essen zu geben, da die Sklaven ebensogut wie ihre Herren des Essens bedürften.

An den drei folgenden Tagen litt ich an einem schweren Fieberanfall und mußte im Bett liegen bleiben. Ich wandte meine gewöhnlichen Heilmittel dagegen an, Coloquinten und Chinin. Die Erfahrung hat mich aber gelehrt, daß ein übermäßiger Gebrauch eines und desselben starken Abführmittels die Wirkung desselben schwächt und daß es daher für Reisende gut ist, verschiedene Laxantien mitzunehmen, um gehörig auf die Leber wirken zu können, wie z. B. Coloquinten, Calomel, Jalapenharz und Bittersalz, und daß man Chinin nicht eher nehmen sollte, bis ein Abführmittel den Organismus darauf vorbereitet hat.

Am 27. gingen wir nach Misonghi ab. Ungefähr auf der Mitte des Wegs sah ich den Führer der Expedition laufen, und sein schnelles Forteilen schien sich bald allen ihm Folgenden mitzuteilen, bis auch mein Esel anfing, mit den Hacken um sich zu schlagen. Im nächsten Augenblick wurde ich die Ursache dieser Aufregung gewahr, als eine Wolke wilder Bienen mir um den Kopf schwirrte, von denen sich drei oder vier auf mein Gesicht setzten und mich schrecklich zerstachen. Wir liefen wie die Wahnsinnigen ungefähr eine halbe Meile weit, wobei wir uns ebenso aufführten wie die armen zerstochenen Tiere.

Da dies ein ungewöhnlich langer Marsch war, so hegte ich Zweifel, ob der Doktor ihn aushalten könne, da seine Füße so wund waren. Ich beschloß daher, ihm Leute mit der Kitanda entgegenzuschicken. Der tapfere alte Held wollte aber durchaus nicht getragen werden und legte den ganzen Weg bis zum Lager, einen Marsch von 18 Meilen, zu Fuß zurück. Er war am Kopf und im Gesicht furchtbar zerstochen; die Bienen hatten sich in Menge in seinem Haar festgesetzt; nachdem er aber eine Tasse warmen Tee und etwas Nahrung zu sich genommen, war er so munter, als ob er noch keine Meile gereist wäre.

In Mrera, in Zentral-Ukonongo, hielten wir einen Tag, um Korn zu mahlen und die Vorräte zu kaufen, die wir während unseres Durchzugs durch die zwischen Mrera und Manyara liegende Wildnis brauchten.

Am 31. Januar trafen wir in Mwaru, beim Sultan Kamirambo, eine von einem Sklaven des Sayd bin Habib geführte Karawane, die uns in unserem in einem dichten Gestrüpp verborgenen Lager besuchte. Nachdem der Sklave sich gesetzt und Kaffee getrunken, fragte ich ihn:

»Was für Nachrichten, mein Freund, bringst du uns aus Unyanyembé?«

»Meine Nachrichten sind gut, Herr.«

»Wie steht es mit dem Kriege?«

»Ja! Wo ist Mirambo? Er ißt jetzt sogar Felle. Er ist ausgehungert. Mein Herr, Sayd bin Habib, ist im Besitz von Kirira. Die Araber donnern an den Toren von Wilyankuru. Sayd bin Madschid, der in zwanzig Tagen von Udschidschi nach Usagozi gekommen ist, hat den König Moto (Feuer) gefangengenommen und erschlagen. Simba von Kasera hat die Waffen zur Verteidigung seines Vaters Mkasiwa von Unyanyembé ergriffen. Der Häuptling von Ugunda hat 500 Mann ins Feld geschickt. Ach, ach, wo ist jetzt Mirambo? In einem Monat wird er durch Hunger zugrunde gegangen sein.«

»Wirklich bedeutende und gute Nachrichten, mein Freund.«

»Jawohl – im Namen Gottes.«

»Und wohin ziehst du mit deiner Karawane?«

»Sayd, der Sohn Madschids, der aus Udschidschi kam, hat uns von dem Wege erzählt, den der Weiße eingeschlagen hat, und gesagt, er sei glücklich in Udschidschi angekommen und befände sich jetzt auf dem Rückwege nach Unyanyembé. Da haben wir denn geglaubt, daß, wenn der Weiße den Weg gehen könne, wir es auch könnten. Und siehe da, die Araber ziehen jetzt zu Hunderten auf dem Wege des Weißen, um in Udschidschi Elfenbein einzuhandeln.«

»Ich bin dieser Weiße.«

»Sie?«

»Jawohl.«

»Nun, man hat uns gesagt, Sie seien tot und hätten mit den Wazavira gekämpft.«

»Ach, mein Freund, das sind die Worte von Ndschara, dem Sohne von Khamisi. Sieh mal her (auf Livingstone zeigend), dies ist der Weiße, mein Vater*, den ich in Udschidschi besucht habe. Er geht mit mir nach Unyanyembé, um sein Tuch in Empfang zu nehmen, worauf er wieder an die großen Wasser zurückkehren wird.«

»Wunderbar! Du redest die Wahrheit.«

»Was kannst du mir vom Weißen in Unyanyembé sagen?«

»Von welchem Weißen?«

»Dem Weißen, den ich im Hause von Sayd, dem Sohne Salims – in meinem Hause – in Kwihara zurückgelassen habe.«

»Er ist tot.«

»Tot?«

»Wirklich.«

»Das kann doch gar nicht der Fall sein.«

»Ja, er ist wirklich tot.«

»Seit wie lange?«

»Seit vielen Monaten.«

»Woran ist er gestorben?«

»Am Homa (Fieber).«

»Sind noch mehr von meinen Leuten gestorben?«

»Das weiß ich nicht.«

»Genug.« Ich sah den Doktor an, und dieser sagte:

»Das habe ich Ihnen ja gesagt; als Sie ihn mir als einen Trunkenbold schilderten, wußte ich, daß er nicht am Leben bleiben könne. Gewohnheitssäufer bleiben hierzulande ebensowenig am Leben wie Leute, die anderen Lastern ergeben sind. Ich schreibe den Todesfall, der in meiner Expedition auf dem Sambesi vorkam, ganz derselben Ursache zu.«

»Ach, Herr Doktor, da sind nun zwei von uns tot. Ich werde der dritte sein, wenn dieses Fieber lange dauert.«

»O nein, keineswegs. Wenn Sie am Fieber sterben sollten, so wären Sie in Udschidschi gestorben, als Sie den schweren Anfall von remittierendem Fieber hatten. Denken Sie doch nicht daran. Ihr Fieber kommt jetzt nur vom Naßwerden her. Ich selbst reise

---

* Es ist ein höflicher Brauch in Afrika, ältere Leute als Baba (Vater) anzureden.

316

nie während der nassen Jahreszeit. Diesmal habe ich es nur getan, weil ich so besorgt war und Sie nicht in Udschidschi aufhalten wollte.«

»Ja, es gibt doch nichts Schöneres, als einen guten Freund hierzulande bei sich zu haben, durch den man ermutigt und aufrecht erhalten wird. Armer Shaw! Er war zwar ein schlechter Mensch, aber trotzdem dauert er mich sehr. Wie oft habe ich es versucht, ihn aufzuheitern; es fehlte ihm aber an Energie, und die letzten Worte, die ich vor unserer Trennung zu ihm sprach, waren: ›Denken Sie daran, daß Sie sterben werden, wenn Sie nach Unyanyembé zurückkehren.‹«

Vom Führer der Karawane des Sayd bin Habib erhielten wir auch die Nachricht, daß mehrere Pakete Briefe und Zeitungen und Kisten durch meine Boten und Araber für mich aus Sansibar angekommen seien und daß Selim, der Sohn Scheikh Haschids aus Sansibar, unter den neuerdings in Unyanyembé Angekommenen sich befinde. Livingstone erinnerte mich in seiner großen Gutmütigkeit auch daran, daß er nach seinen Berichten einen Vorrat von Fruchtsäften und Schiffszwieback, Suppen, Fischen, eingemachtem Schinken und Käse in Unyanyembé liegen habe und daß er sich freuen werde, diese Leckerbissen mit mir zu teilen.

Der Doktor aß, trotz des unaufhörlichen Regens, Taus und Nebels, der Marschanstrengungen und seiner wunden Füße, wie ein Held, und ich faßte daher den ernsten Entschluß, es ihm in männlicher Weise in der ausdauernden Aufmerksamkeit, die er dem Wohle seiner Verdauungskraft widmete, nachzutun; aber es mißlang mir vollständig.

Dr. Livingstone besitzt alle Gaben eines Reisenden. Seine Kenntnis von allem, was Afrika betrifft, von Felsen, Bäumen, Früchten und deren Eigenschaften, ist sehr groß. Auch steckt er voll weiser Ansichten über ethnologische Dinge. Er ist mit der Kunst, ein Lager aufzuschlagen, und mit allen dazugehörigen Kniffen vertraut. Sein Bett ist so angenehm wie eine Federmatratze; jeden Abend wird dies unter eigener Oberaufsicht zurechtgemacht. Erst läßt er sich dazu zwei gerade Stangen von 3–4 Zoll im Durchmesser schneiden; diese werden parallel nebeneinander in einer Entfernung von 2 Fuß gelegt, quer darüber einige kurze, 3 Fuß lange Stöcke, Schößlinge von Bäumen, und über diese ein hoher Haufen Gras. Dann kommen ein Stück wasserdichtes Segeltuch und wollene Decken, und so wird ein Lager hergestellt, das für einen König gut genug wäre.

Auf Livingstones Anraten kaufte ich Milchziegen, durch welche wir seit unserem Abgang aus Udschidschi dreimal täglich mit frischer Milch zum Tee und Kaffee versorgt wurden. Nebenbei gesagt trinken wir viel von diesen angenehmen Erregungsmitteln und hören selten mit dem Trinken auf, bevor nicht jeder von uns 6 bis 7 Tassen zu sich genommen hat. Auch sind wir imstande gewesen, uns mit Musik zu versehen, welche zwar rauh, aber doch besser als gar keine ist. Ich meine das musikalische Geschrei der Papageien aus Manyuema.

Als wir durch den Wald von Ukamba zogen, sahen wir den gebleichten Schädel eines Unglücklichen, der den Entbehrungen der Reise erlegen war. Bei dieser Gelegenheit bemerkte der Doktor, daß er nicht durch einen afrikanischen Wald und seine feierliche, heitere Stille ziehen könne, ohne den Wunsch zu haben, ruhig unter den toten Blättern begraben zu werden, wo er sicherlich ungestört liegenbleiben werde. In England sei nicht Platz genug vorhanden, und daher würden die Gräber oft entweiht. Daher habe er, seitdem er seine Frau in den Wäldern von Schupanga beerdigt, sich immer nach einem solchen Ort gesehnt, wo seine Gebeine die ewige von ihm ersehnte Ruhe genießen könnten.

Am 7. Februar kamen wir am Gombé an und schlugen unser Lager in der Nähe eines der größten Seen desselben auf. Dieser ist wohl mehrere Meilen lang und wimmelt von Flußpferden und Krokodilen.

Von diesem Lager aus schickte ich den Koch Feradschi und Tschauperch nach Unyanyembé, um uns die Briefe und Arzneien, die mir aus Sansibar zugeschickt waren, bis nach Ugunda entgegenzubringen. Wir dagegen zogen am nächsten Tage in unser altes Quartier am Gombé, wo wir zuerst in das eigentliche Jägerparadies in Zentral-Afrika eingeführt worden waren. Der Regen hatte zwar die meisten Herden auseinandergetrieben, es

Ein Löwe im hohen Gras!

gab jedoch noch viele Jagdtiere in der Umgegend. Bald nach dem Frühstück nahm ich Khamisi und Kalulu mit mir auf die Jagd. Nach einem langen Marsch kamen wir an ein dünnes Gebüsch, wo ich die Spuren verschiedener Tiere, zum Beispiel von Ebern, Antilopen, Elefanten, Rhinozerossen, Flußpferden und eine ungewöhnliche Zahl von Löwenspuren entdeckte. Plötzlich hörte ich Khamisi rufen: »Herr, Herr, hier ist ein Simba! (Löwe).« Erzfeige, wie der junge Bursche war, kam er, vor Furcht und Erregung zitternd, zu mir gelaufen, um mir den Kopf des Tieres zu zeigen, das gerade aus dem hohen Grase hervorsah und uns standhaft anblickte. Gleich darauf sprang der Löwe von einer Seite auf die andere, doch war das Gras so hoch, daß man ihn nicht genau sehen konnte. Indem ich einen vor mir stehenden Baum nutzte, kroch ich ruhig weiter mit der Absicht, das schwere Gewehr gegen denselben anzulegen, da ich infolge mehrerer Fieberanfälle zu schwach und ganz außerstande war, aus freier Hand sicher zu zielen. Groß war aber mein Erstaunen, als ich das Gewehr vorsichtig an den Baum gestützt und die Mündung auf den Punkt gerichtet hatte, wo ich das Tier hatte stehen sehen. Als ich nämlich weiter hinblickte, wo das Gras dünner und spärlicher war, sah ich das Tier, wirklich ein Löwe, sehr rasch davonspringen. Der König des Waldes befand sich in voller Flucht. Von dem Augenblicke an habe ich aufgehört, ihn als das mächtigste Tier zu betrachten oder sein Gebrüll am hellen Tage für furchtbarer zu halten als das Girren einer Taube.

Am nächsten Tage machten wir wiederum halt, und da ich außerstande war, mein Verlangen nach der Jagd an einem Orte zu unterdrücken, wo es so viel Wild aller Art gab, schlenderte ich bald nach dem Morgenkaffee, nachdem ich ein paar Leute mit Geschenken an meinen Freund Mamanyara geschickt hatte, dessen man sich von der Geschichte mit der Ammoniak-Flasche her erinnert, noch einmal in den Wald hinaus. Kaum 500 Schritt vom Lager hielt ich nebst meinen Leuten plötzlich still, indem wir in unserer unmittelbaren Nähe, etwa 100 Schritt entfernt, das Brüllen dreier Löwen hörten. Instinktiv erhoben meine Finger die beiden Drücker, da ich einen gemeinsamen Angriff derselben auf mich erwartete, denn wenn auch ein Löwe die Flucht ergriffen hatte, so war es doch kaum glaublich, daß drei dasselbe tun würden. Während ich mich scharf umsah, entdeckte ich in bequemer Schußweite ein schönes Hartebeest, das hinter einem Baum zitternd kauerte, als ob es die Krallen der Löwen in seinem Nacken zu fühlen fürchtete. Obgleich es mit dem Rücken zu mir gewandt dastand, so meinte ich, eine Kugel könne es doch tödlich treffen, und feuerte deshalb auf dasselbe, ohne einen Augenblick zu zögern. Das Tier sprang hoch auf, als ob es gedächte, durch den Baum zu springen, erholte sich aber und stürzte sich dann durch das Unterholz nach einer anderen Richtung als die, in der ich die Löwen glaubte, und ich habe es nie wiedergesehen, obgleich ich von der blutigen Spur her weiß, daß ich es getroffen habe. Auch habe ich nichts mehr von den Löwen gesehen oder gehört. Weit und breit suchte ich in dem Gehölz nach irgendwelcher Beute, war aber gezwungen, ohne eine solche ins Lager zurückzukehren.

Über mein Unglück verstimmt, brachen wir bald nach Mittag nach Manyara auf, wo wir gastfreundlich von meinem Freunde begrüßt wurden, der mir Leute zugeschickt hatte, damit sein weißer Bruder nicht im Walde, sondern in seinem Dorfe haltmache. Vom Häuptling wurden uns Honig und Nahrungsmittel geschenkt, die uns in unserer Lage sehr willkommen waren. Hier zeigten sich wieder die freundlichen Gesinnungen, wie sie den zentral-afrikanischen Häuptlingen eigen, welche noch nicht von Arabern verdorben worden sind, und wie sie auch Dr. Livingstone unter den Babisa und Ba-ulunga und in Manyuema angetroffen hat. Von allen Häuptlingen, von Imrera in Ukawendi an bis nach Unyanyembé, wurde ich ebenso freundlich wie von Mamanyara aufgenommen.

Am 14. langten wir in Ugunda an, und bald nachdem wir es uns in einer Hütte, die der Häuptling uns zum Gebrauch überlassen, bequem gemacht hatten, kamen Feradschi und Tschaupereh mit Sarmean und Uledi Manwa Sera zurück, welches, wie man sich erinnert, die beiden Soldaten waren, die ich mit Briefen nach Sansibar geschickt, damit sie Arznei für den kranken Shaw mitbrächten. Sarmean hatte den Deserteur Hamdallah, der auf unserem Wege nach Udschidschi in Manyara weggelaufen war, aufgegriffen. Dieser Bursche hatte, wie es scheint, in Kigandu haltgemacht und dem Häuptling und Doktor des Dorfes mitgeteilt, er sei vom Weißen abgeschickt worden, um das Tuch, das dieser für die Kur von Mabruk Salim zurückgelassen habe, wiederzuholen. Der einfältige Häuptling hatte es ihm wirklich auf sein bloßes Wort hin ausgeliefert, und infolge davon sei der Kranke sowie auch noch ein anderer, den ich in Unyanyembé zurückgelassen, gestorben.

Als Sarmean aus Sansibar in Unyanyembé ankam, etwa fünfzig Tage nachdem unsere Expedition nach Udschidschi abgegangen war, erhielt er die Nachricht, daß der Weiße (Shaw) gestorben sei und daß ein Mensch namens Hamdallah, der sich bei mir als Führer vermietet habe und bald darauf zurückgekehrt sei, sich in Unyanyembé befinde. Bis Feradschi und sein Gefährte ankamen, hatte er ihn unbelästigt gelassen, dann aber waren sie alle gemeinschaftlich in seine Hütte gegangen und hatten ihn in Sicherheit gebracht. Sarmean hatte mit dem Eifer, der ihn immer in meinem Dienst auszeichnete, sich eine Holzgabel verschafft und den Deserteur mit dem Nacken zwischen die Zakken derselben gebracht. Ein festgebundenes Querholz hinderte ihn daran, sich von dieser so gewandt angelegten Last zu befreien.

Nicht weniger als sieben Pakete Briefe und Zeitungen aus Sansibar hatten sich während meiner Abwesenheit von Unyanyembé dort angesammelt. Sie waren zu verschiedenen Zeiten den Führern von Karawanen anvertraut worden, die sie, ihrem dem Konsul gegebenen Versprechen getreu, in meinem Tembé abgegeben hatten. Darunter befand sich ein Paket von Dr. Kirk an mich, welches auch einige Briefe für Dr. Livingstone enthielt, dem ich sie natürlich sofort überlieferte mit meinem Glückwunsch, daß er von seinem Freunde nicht ganz vergessen worden sei.

Unsere Tür war von vielen neugierigen Eingeborenen umdrängt, die mit unbeschreiblicher Verwunderung die enormen Papierbogen betrachteten. Ich hörte sie oft die Worte wiederholen: »Khabari Kisungu« (Nachrichten des Weißen) und vernahm, wie sie über die Fülle der Nachrichten sprachen und ihren Glauben äußerten, daß der Wasungu »Mbyah sana« und sehr »Mkali« sei, womit sie sagen wollten, daß der Weiße sehr böse und sehr gescheit und gewandt sei. Durch das Wort »böse« wird häufig große Bewunderung ausgedrückt.

Am vierten Tage nach unserem Abgang von Ugunda, oder am 18. Februar, dem 35. Tage seit unserer Abreise aus Udschidschi, erschienen wir mit fliegenden Fahnen und unter Gewehrfeuer im Tale Kwihara, und als Dr. Livingstone und ich durch das Portal meines alten Quartiers traten, begrüßte ich ihn in aller Form in Unyanyembé und in meinem eigenen Hause. Seit dem Tage, wo ich die Araber krank und fast lebensmüde, aber trotzdem von der hohen Hoffnung beseelt, daß meine Mission von Glück gekrönt werde, verlassen hatte, waren 131 Tage vergangen – unter welchen Wechselfällen weiß der Leser jetzt. In dieser Zeit hatte ich mehr als 1200 englische Meilen zurückgelegt. Aus der Mythe, der ich durch die Wildnis nachgezogen war, war eine Tatsache geworden, und diese wurde mir um so deutlicher, als der lebendige Mann Arm in Arm mit mir in mein altes Zimmer trat und ich ihm sagte: »Herr Doktor! Endlich sind wir zu Hause!«

Unyanyembé erschien mir jetzt als ein irdisches Paradies. Livingstone war nicht weniger glücklich, denn er befand sich in einem bequemen Quartier, das im Vergleich zu seiner Hütte in Udschidschi ein Palast war. Unsere Vorratsräume waren von Leckerbissen angefüllt und enthielten außerdem noch Tuch, Perlen, Draht und tausenderlei zu einer Reise gehöriger und beschwerlicher Dinge, mit denen ich mehr als 150 Leute in Bagamoyo bepackt hatte. Ich besaß 74 Lasten verschiedener Sachen, von denen jetzt die wertvollsten Livingstone für seinen Marsch an die Quellen des Nils überliefert werden sollten.

Wir erlebten einen großen Tag, als ich mit Hammer und Meißel Livingstones Kisten aufbrach, damit wir unseren ausgehungerten Magen an den Leckerbissen ergötzen könnten, die uns von den Wirkungen der schlecht nährenden Durra- und Maisnahrung, der wir in der Wildnis ausgesetzt gewesen, erlösen sollten. Ich glaubte bestimmt, daß eine aus eingemachtem

Schinken, Schiffszwieback und Fruchtsäften bestehende Diät mich unbesiegbar wie Talus machen und daß ich dann nur eines starken Flegels bedürfen würde, um imstande zu sein, die mächtigen Wagogo in die Regionen des Nichts zu schicken, wenn sie es wagen sollten, auch nur eine Miene zu machen, die ich nicht billigte.

Die erste von mir geöffnete Kiste enthielt drei Zinnbüchsen mit Biskuit, sechs Zinnbüchsen eingemachten Schinken, kleine Dinger, die nicht viel größer als Fingerhüte waren, und als man sie aufmachte, nur ein Eßlöffel voll reichlich gepfefferten gehackten Fleisches enthielten. Die Vorräte des Doktors sanken dadurch 500 Grad unter Null in meiner Achtung. Darauf kamen fünf Töpfe mit eingemachten Fruchtsäften, von denen wir einen öffneten. Auch dies erwies sich als eine Täuschung; denn die Steinkruken wogen 1 Pfund, und in jeder befand sich nur wenig mehr als ein Teelöffel voll Saft. Ja, wir fingen wirklich an zu glauben, daß unsere Hoffnungen und Erwartungen zu hoch geschraubt gewesen seien. Darauf kamen drei Flaschen Curry, aber wer macht sich etwas aus Curry? Noch ein Kasten wurde aufgemacht, und es fiel ein kurzer dicker holländischer Käse heraus, der so hart wie ein Ziegel, aber sonst gut und unversehrt war; in Unyamwezi ist er freilich weniger tauglich. Dann kam noch ein Käse zum Vorschein, doch war er ganz verzehrt, nämlich hohl und bloßer Schein. Der dritte Kasten enthielt nur zwei Zuckerhüte, der vierte Lichte, der fünfte Flaschen mit Salz, verschiedenen Saucen, Anchovisessenz, Pfeffer und Senf. Um Gottes willen! Was war das für eine Nahrung, um einen Sterbenden wie mich wieder ins Leben zu rufen! Der sechste Kasten enthielt vier Hemden, zwei Paar starke Schuhe, einige Strümpfe und Schuhbänder, welche den Doktor so entzückten, daß er, als er sie anprobierte, ausrief: »Nun bin ich wieder ich selbst!« »Wer Ihnen das geschickt hat, ist wirklich Ihr Freund!« meinte ich. »Ja«, sagte er, »das hat mein Freund Waller getan.«

Die fünf andern Kisten enthielten eingemachtes Fleisch und Suppen; die zwölfte aber, die ein Dutzend Flaschen medizinischen Branntwein enthalten sollte, war fort, und durch ein genaues Verhör Asmanis, des Führers der Livingstone-Karawane,

Stanleys Haus in Unyanyembé

kam es heraus, daß nicht nur diese eine Kiste mit Branntwein fehlte, sondern auch zwei Ballen Tuch und vier Säcke von in Afrika höchst wertvollen Perlen, von Sami-Sami nämlich, die von den Eingeborenen so viel wie Gold geschätzt werden.

Nachdem die Vorräte untersucht waren, fühlte ich mich sehr enttäuscht. Alles erschien mir bei meiner Verstimmung als Täuschung. Unter den Zinnkästen, die Zwieback enthielten, erwies sich bei der Öffnung nur einer als gut, und der ganze Inhalt desselben reichte noch nicht zu einer vollständigen Mahlzeit. Und die Suppen – wer macht sich etwas aus Suppen in Afrika? Gibt es dort nicht genug junge Ochsen, Schafe und Ziegen, aus denen sich eine weit bessere Suppe als eine solche eingemachte bereiten läßt? Erbsen- oder irgendeine andere Pflanzensuppe wäre prächtig gewesen; aber Hühner- und Wildsuppen! Was war das für ein Unsinn!

Dann untersuchte ich meine eigenen Vorräte. Da fand ich noch etwas schönen, alten Branntwein und eine Flasche Champagner. Als ich jedoch die Tuchballen ansah, ward es mir offenbar, daß die Unehrlichkeit auch hier ihre Hand im Spiel gehabt hatte, und es wurde Asmani, dem von Dr. Kirk die Livingstoneschen Güter anvertraut worden waren, als der Schuldige bezeichnet. Als ich seine Habseligkeiten untersuchen ließ, fand ich 8–10 bunte Tücher mit dem Zeichen meines Agenten in Sansibar. Da er außerstande war, darüber Rechenschaft zu geben, wie sie in seinen Kasten gekommen seien, konfiszierte ich sie sofort und verteilte sie unter die verdienstvollsten Leute des Doktors. Einige der Wächter schuldigten ihn auch an, in meinen Vorratsraum gegangen zu sein und 2–3 Gorah amerikanischer Baumwollzeuge aus meinen Ballen gestohlen und einige Tage später einem meiner Leute die Schlüssel entrissen und zerbrochen zu haben, damit nicht andere Leute hineinkommen und seine Schuld beweisen könnten. Da Asmani sich als einer von den »moralischen Idioten« auswies, so entließ ihn Livingstone sofort. Wären wir nicht so bald in Unyanyembé angekommen, so wäre wohl der ganze von Sansibar hergeschickte Vorrat verschwunden gewesen.

Da Unyanyembé reich an Früchten, Korn und Rindvieh ist, beschlossen wir, uns noch einmal ein Weihnachtsessen, diesmal aber ein ordentliches, bereiten zu lassen, und da ich bei ziemlich guter Gesundheit war, konnte ich die Vorbereitungen dazu selbst beaufsichtigen. Nie hat man wohl in einem Tembé von Unyamwezi eine so große Verschwendung wie im unsrigen gesehen, und nie hat es da so viele Delikatessen gegeben.

Als wir in Unyanyembé ankamen, waren wenige Araber anwesend, da sie alle die Veste Mirambos belagerten. Etwa eine Woche nach unserer Heimkehr kam das kleine Herrchen Scheikh Sayd bin Salim – El Wali –, welcher der Oberbefehlshaber dieser Truppen war, von seinem Heer nach Kwihara. Sobald wir von seiner Ankunft hörten, ergriffen wir die Gelegenheit, sofort Leute zu ihm zu schicken wegen der Waren, die nach Livingstones Abreise an die Mikindany-Bucht an den Wali zur Weiterbeförderung gesandt worden waren. Als unsere Leute zum erstenmal zu ihm kamen, erklärte sich der Herr für zu krank, um sich mit dergleichen abgeben zu können; am zweiten Tage aber wurden sie uns ausgeliefert und die Bitte hinzugefügt, der Doktor möge über den Zustand derselben nicht zu böse sein, da die weißen Ameisen alles zerstört hätten.

Die Vorräte, die dieser Mensch in Unyanyembé zurückbehalten hatte, befanden sich in sehr traurigem Zustande. Die Kosten ihrer Fracht nach Udschidschi waren vorher bezahlt; die Güter waren aber seit 1867 absichtlich von Sayd bin Salim hier aufgehalten worden, damit er seine Liebhaberei für Spirituosa befriedigen und zwei wertvolle Gewehre, die sich darunter befanden, erben könne. Die weißen Ameisen hatten aber nicht nur faktisch den Kasten, in dem die Gewehre verpackt waren, sondern auch die Flintenkolben aufgefressen. Die Läufe waren oxydiert und die Schlösser ganz zerstört. Auch die Branntweinflaschen waren merkwürdigerweise diesen gefräßigen, unwiderstehlichen Zerstörern zum Opfer gefallen, den weißen Ameisen, welche auf irgendeine unerklärliche Weise den starken Henessyschen Branntwein ausgetrunken und die Korken durch Kornstöpsel ersetzt hatten. Auch die Arzneien waren verschwunden und die Zinktöpfe, in denen sie gut verpackt waren, durch Zernagung zerstört. Zwei Branntweinflaschen und eine kleine Zinkschachtel voll Medizin waren das einzige, was von allen vernichteten Gütern übriggeblieben war.

Das Folgende entnehme ich meinem Tagebuch:

12. März. Die Araber haben mir nicht weniger als 45 Briefe an die Küste mitgegeben. In den letzten Tagen bin ich Kurier geworden. Der Grund hiervon ist, daß regelrecht organisierte Karawanen Unyanyembé wegen des Krieges mit Mirambo nicht verlassen können. Wenn ich nun auch diese ganze Zeit über in Unyanyembé geblieben wäre, um das Ende des Krieges abzuwarten! Ich glaube nämlich, daß die Araber vor Ablauf von neun Monaten von jetzt ab noch nicht imstande sein werden, den Mirambo zu besiegen.

Heute haben sich die Eingeborenen versammelt, um mir zu Ehren vor meinem Hause einen Abschiedstanz aufzuführen. Es sind, wie ich sehe, die Pagazis von Singiri, dem Führer von Mtesas Karawane. Meine Leute beteiligten sich gleichfalls, und durch die Musik mir selbst zum Trotz gefesselt, nahm ich auch daran teil und tanzte zur großen Bewunderung meiner Tapferen mit, welche darüber sehr erfreut waren, ihren Herrn von seiner gewöhnlichen Steifheit ablassen zu sehen.

Es ist ein wilder Tanz. Die Musik ist lebhaft und entsteht durch den sonoren Ton von vier Trommeln, welche vier in der Mitte des Zauberkreises stehende Leute umgehängt haben. Der stets komische Bombay, der sich beim Tanz der Mrima am gemütlichsten fühlt, hat meinen Wassereimer auf dem Kopfe; der kräftige, flinke, festauftretende Tschauperch eine Axt in der Hand und ein Ziegenfell auf dem Haupt. Baraka hat meine Bärenhaut und hantiert mit einem Speer herum. Der stierköpfige Mabruki ist auf den Geist der Sache eingegangen und schreitet feierlich auf und ab, wie ein Elefant. Ulimengo hat eine Flinte und gebärdet sich wie ein wütender Bramarbas, so daß man meinen sollte, er wolle sich auf eine Schlacht mit Hunderttausenden einlassen. Khamisi und Kamna stehen, Rücken an Rücken, vor den Trommlern und werfen um die Wette die Füße in die Luft. Auch Asmani, die personifizierte Riesenkraft, ein wirklicher Titan, hat ein Gewehr, mit dem er in der Luft herumfuchtelt, als ob er Thor sei, der mit seinem Hammer Tausende erschlägt. Unser aller Skrupel und Leidenschaften ruhen; wir sind Dämonen, die sich unter dem himmlischen Licht der Sterne bekämpfen und teilnehmen an einem Zauberdrama, in welchem wir durch den furchtbaren Donner der Trommeln zur tätigen Bewegung angeregt werden.

Die Kriegsmusik ist beendet, und eine neue beginnt. Der Chorführer ist auf die Knie gesunken und taucht mit dem Kopf zwei- bis dreimal in eine Aushöhlung des Bodens. Ein Chor, der auch auf den Knien ruht, wiederholt in klagenden Tönen die letzten Worte eines feierlichen langsamen Refrains. Wörtlich übersetzt lautet der Gesang so:

Chorführer:	Oh, oh, oh! Der weiße Mann geht nach Hause!
Chor:	Oh, oh, oh! Er geht nach Hause! Er geht nach Hause, oh, oh, oh!
Chorführer:	In das glückliche Eiland auf dem Meere, Wo es Perlen gibt in Menge. Oh, oh, oh!
Chor:	Oh, oh, oh! Wo es Perlen gibt in Menge. Oh, oh, oh!
Chorführer:	Während Singiri uns zurückgehalten hat, oh, so lange Von unserer Heimat, so lange; oh, oh, oh!
Chor:	Von unserer Heimat, oh, oh, oh! Oh, oh, oh!
Chorführer:	Und wir hatten gar kein Essen so sehr lange Zeit. Wir sind halb verhungert, oh, sehr lange Zeit! Bana Singiri!
Chor:	Sehr lange Zeit, oh, oh, oh! Bana Singiri-Singiri! Singiri! Oh, Singiri!
Chorführer:	Mirambo ist in den Krieg gezogen, Zu kämpfen gegen die Araber; Die Araber und Wangwana Sind fort, Mirambo zu bekämpfen!
Chor:	Oh, oh, oh! Mirambo zu bekämpfen! Oh, Mirambo! Mirambo! Oh, Mirambo zu bekämpfen!

Chorführer:	Aber der weiße Mann wird uns erfreuen, Er geht nach Hause! Denn er geht nach Hause, Und er wird uns erfreuen! Sch-sch-sch!
Chor:	Der weiße Mann wird uns erfreuen. Sch-sch-sch! Sch – sch-h-h – sch-h-h-h-h-h! Um-m – mu – um-m-m – sch!

Dies war der eigentümliche Abschied, der mir von den Wanyamwezi Singiris zuteil wurde. Ich habe denselben wegen seiner merkwürdigen epischen Schönheit, rhythmischen Vortrefflichkeit und gewaltigen Leidenschaft als eins der wunderbarsten Erzeugnisse der chorliebenden Kinder Unyamwezis durch diese Blätter unsterblich machen wollen.

13. März. Endlich ist der letzte Tag meines Zusammenseins mit Livingstone vorüber; der letzte Abend, den wir gemeinsam zu verleben haben, ist da, und ich kann dem Morgen nicht ausweichen. Es ist mir zumute, als ob ich gegen das Schicksal rebellieren möchte, das mich von ihm trennt. Rasch folgen sich die Minuten und werden zu Stunden. Unsere Türe ist verschlossen, und jeder von uns ist mit seinen eigenen Gedanken beschäftigt. Wie die seinigen beschaffen sind, weiß ich nicht; die meinigen sind traurig. Es scheint mir, als ob ich meine Tage in einem elysischen Felde verlebt habe. Warum sollte ich sonst die nahe Abschiedsstunde so schwer empfinden? Haben mich nicht in letzter Zeit eine Reihe von Fieberanfällen Tag für Tag kraftlos auf ein schmerzhaftes Lager geworfen? Habe ich nicht in furchtbaren Phantasien gerast, nicht im Delirium die Fäuste wütend geballt und mit der wilden Kraft der Verzweiflung um mich geschlagen? Dennoch bedauere ich es, das Vergnügen aufgeben zu müssen, das ich in der so teuer erkauften Gesellschaft dieses Mannes empfunden, und kann doch nicht den sicheren Fortschritt der Zeit hemmen, welche heute abend dahinfliegt, als ob sie meiner spotte und sich an meinem Elende weide. So mag es denn sein! Wie oft habe ich nicht schon im Leben den Schmerz der Trennung von Freunden empfunden, wie oft noch länger zu bleiben gewünscht, wo das Unvermeidliche doch geschehen, das Schicksal uns trennen mußte. Dieses Mal ist es dieselbe traurige

Empfindung, nur daß sie tiefer schmerzt, daß der Abschied auf immer stattfinden kann! *Auf immer? Ja, auf immer!* So hallte ein wehmütiger Seufzer wider.

Ich habe mir alles niedergeschrieben, was er heute abend gesagt hat; der Leser soll das aber nicht mit mir teilen; es gehöre mir allein.

Ich bin ebenso eifersüchtig auf sein Tagebuch wie er selbst und habe in großen gotischen Buchstaben und deutlicher Schrift auf jede Seite des wasserdichten Segeltuchdeckels desselben geschrieben: »*Auf keinen Fall zu öffnen!*«, was er mit seinem Namen unterschrieben hat. Jedes Wort habe ich stenographiert, das er mir gesagt hat in bezug auf die gleichförmige Verteilung einiger Seltenheiten an seine Freunde und Kinder, und den letzten Wunsch betreffs »seines teuren alten Freundes Sir Roderick Murchison«, dessentwegen er sich geängstigt hat, seitdem wir in Ugunda die Zeitung erhalten, aus der wir ersahen, daß der alte Herr einen Schlaganfall gehabt. Sobald ich nach Aden komme, soll ich ihm bestimmte Nachrichten über ihn schicken; und ich habe es ihm versprochen, daß er sie von mir rascher erhalten soll, als es je früher in Zentral-Afrika geschehen ist.

»Morgen abend werden Sie allein sein, Herr Doktor.«

»Ja; das Haus wird so aussehen, als ob ein Todesfall darin stattgefunden hat. Sie würden doch besser daran tun hierzubleiben, bis der Regen, der jetzt nahe bevorsteht, vorüber ist.«

»Ich wünschte zu Gott, ich könnte das, lieber Herr Doktor; doch jeder Tag, den ich jetzt noch hier verweile, wo keine Notwendigkeit mehr vorliegt, hält Sie von Ihrer Arbeit und Ihrer Heimat zurück.«

»Das weiß ich; aber denken Sie doch an Ihre Gesundheit. Sie sind nicht imstande zu reisen. Was haben ein paar Wochen mehr oder weniger zu bedeuten? Sie werden ebenso rasch an die Küste gelangen, wenn der Regen vorüber ist, als wenn Sie jetzt fortziehen. Zwischen hier und der Küste werden die Ebenen überschwemmt sein.«

»Meinen Sie das? Ich will aber die Küste in 40, allerhöchstens 50 Tagen erreichen. Der Gedanke, daß ich Ihnen dadurch einen wesentlichen Dienst leiste, wird mich anspornen.«

14. März. Mit dem Morgengrauen waren wir aufgestanden; die Ballen und das Gepäck wurden zum Hause hinausgetragen, und die Leute bereiteten sich auf den ersten Marsch nach Hause vor.

Wir nahmen ein trauriges Frühstück zusammen ein. Ich konnte nicht essen, das Herz war mir so voll; auch mein Gefährte schien keinen Appetit zu haben. Wir fanden noch etwas zu tun, was uns etwas länger zusammenhielt. Um 8 Uhr war ich noch nicht fort und hatte doch die Absicht gehabt, um 5 Uhr morgens abzuziehen.

»Doktor«, sagte ich, »ich werde zwei Leute bei Ihnen lassen, die heute und morgen hierbleiben können, denn es kann doch sein, daß Sie bei der Eile meiner Abreise etwas vergessen haben. Einen Tag bleibe ich in Tura an der Grenze von Unyamwezi, um ein letztes Wort, einen letzten Wunsch von Ihnen in Empfang zu nehmen. Jetzt müssen wir scheiden, es hilft doch nichts. Leben Sie wohl!«

»Nun, ich werde Sie noch ein Stückchen begleiten. Ich muß sehen, wie Sie sich auf den Weg machen.«

»Vielen Dank. Nun, Leute, nach Hause! Kirangozi, erhebe die Fahne, und marsch!«

Das Haus sah verödet aus, es entschwand unseren Blicken. Die Vergangenheit, die Gedanken an meine Bestrebungen und Hoffnungen überwältigten mich. An die alten Berge, die mir früher interesselos und unbedeutend erschienen waren, hatten sich geschichtliche Erinnerungen geknüpft. Auf jener Burzani hatte ich stundenlang gesessen, geträumt, gehofft, geseufzt. Auf jenem Hügel hatte ich gestanden und die Schlacht und Zerstörung von Tabora beobachtet. Unter jenem Dache war ich krank gewesen, hatte ich deliriert und wie ein Kind über das Geschick geweint, das meiner Mission drohte. Unter jenen Bananenbäumen lag mein toter Kamerad, der arme Shaw! Ich hätte ein Vermögen darum gegeben, wenn ich ihn jetzt an meiner Seite gehabt hätte. Aus diesem Hause war ich nach Udschidschi gezogen; mit einem neuen, teuren Gefährten war ich in dasselbe wie zu einem alten Bekannten zurückgekehrt, und jetzt mußte ich alles verlassen. Schon jetzt erscheint mir alles wie ein sonderbarer Traum.

Wir gingen Seite an Seite; die Leute stimmten einen Gesang an. Ich blickte Livingstone lange an, um mir seine Züge recht genau ins Gedächtnis zu prägen.

»Soweit ich es verstehen kann, liegt also die Sache so, Herr Doktor, daß Sie nicht beabsichtigen heimzukehren, bis Sie sich über die Quellen des Nils vergewissert haben. Wenn Sie sich darüber aber zufriedengestellt haben, so werden Sie nach Hause kommen und auch andere zufriedenstellen, nicht wahr?«

»Jawohl! Sobald Ihre Leute zurückkommen, werde ich sofort nach Ufipa aufbrechen, dann über den Rungwa-Fluß nach Süden und um das Ende des Tanganika gehen. Darauf werde ich in südöstlicher Richtung nach Tschieumbis Wohnsitz am Luapula gehen, mich über den Luapula direkt nach den Kupferminen von Katanga begeben, und acht Tagereisen südlich von Katanga sollen, nach den Angaben der Eingeborenen, die Quellen sich befinden. Wenn ich sie gefunden, kehre ich über Katanga zu den unterirdischen Behausungen von Rua zurück. Von diesen Höhlen werde ich in zehn Tagen in nordöstlicher Richtung nach dem See Kamolondo ziehen. In Ihrem Boote werde ich imstande sein, von dem See den Lufira-Fluß hinauf nach dem See Lincoln zu reisen; dann kann ich auf meinem Rückwege nach Norden über den Lualaba an den vierten See gehen, von dem ich meine, daß er das ganze Problem lösen wird, und da werde ich wohl finden, daß es entweder der Tschauambe (Bakers See) oder Piaggias See ist.«

»Wieviel Zeit aber meinen Sie, daß diese kleine Reise beanspruchen wird?«

»Höchstens anderthalb Jahre von dem Tage an, an dem ich Unyanyembé verlasse.«

»Nehmen wir zwei Jahre an; es könnten ja doch unvorhergesehene Verhältnisse eintreten. Es wird doch gut sein, wenn ich die Leute auf zwei Jahre miete, und zwar von dem Tage an, wo dieselben in Unyanyembé ankommen.«

»Ja, das wird gut sein.«

»Nun aber, mein lieber Doktor, auch die besten Freunde müssen sich trennen. Sie haben mich weit genug begleitet; daher bitte ich Sie umzukehren.«

»Ich kann Ihnen nur folgendes sagen: Sie haben das geleistet, was nur wenige zu tun imstande sind, und zwar viel besser als verschiedene große Reisende, die ich kenne. Ich bin Ihnen dankbar für das, was Sie an mir getan. Gott geleite Sie sicher nach Hause und segne Sie, mein Freund!«

»Und möge Gott auch Sie uns allen glücklich heimführen, mein teurer Freund! Leben Sie wohl!«

»Leben Sie wohl!«

Wir schüttelten uns die Hände, und ich mußte mich von ihm losreißen, um nicht zu weich zu werden. Doch auch Susi, Dschumah und Hamoydah, die getreuen Genossen des Doktors, mußten mir die Hand drücken und küssen, ehe ich ganz fortkam. Daher verriet ich meine Empfindungen!

»Adieu, Doktor, teurer Freund!«

»Adieu!«

»Marsch! Was haltet ihr? Vorwärts! Geht ihr nicht nach Hause?« So trieb ich meine Leute vor mir her. Jetzt keine Schwäche mehr. Ich werde sie marschieren lassen, daß sie an mich denken sollen. Von heute in vierzig Tagen werde ich das abmachen, was mich früher drei Monate gekostet hat. –

Freundlicher Leser! Ich habe die vorstehenden Tagebuchblätter am Abend eines jeden Tages geschrieben. Ich sehe sie jetzt nach sechs Monaten wieder an, schäme mich ihrer aber nicht. Noch jetzt werden meine Augen trübe, wenn ich an die Trennung denke. Ich durfte das nicht ausstreichen oder abändern, was ich niedergeschrieben, als meine Gefühle so lebhaft waren. Gebe dir Gott, daß du, wenn du dich jemals auf eine Reise nach Afrika begibst, einen ebenso edlen, treuen Mann wie David Livingstone zum Gefährten haben mögest! Vier Monate und vier Tage habe ich mit ihm unter einem Dache, auf demselben Boot oder in demselben Zelt zugebracht und habe nie einen Fehler an ihm entdeckt. Ich selbst bin ein hitziger Mensch und habe schon oft wohl ohne ausreichende Ursache Bande der Freundschaft zerrissen, aber bei Livingstone habe ich nie eine Ursache gehabt, mich gekränkt zu fühlen. Ein jeder Tag, den ich mit ihm zubrachte, hat meine Bewunderung für ihn nur erhöht.

Ich habe nicht die Absicht, meine Leser mit einer genauen Schilderung unseres Rückmarsches zu belästigen, und werde ihnen nur einige Ereignisse, die uns auf der Reise nach der Küste passierten, erzählen.

17. März. Wir kamen an den Kwalah-Fluß, welchen ein Eingeborener von Rubuga Nyahuba, ein anderer Unyahuha nannte. Am heutigen Tage fiel der erste Regen der Masikazeit. Ehe ich zur Küste komme, werde ich angeschimmelt sein. Im vorigen Jahr begann die Masikazeit in Bagamoyo am 23. März und hörte am 30. April auf.

Einige Wangwana kamen nach Tura, um sich unserer heimkehrenden Expedition anzuschließen, da sie sich fürchteten, allein durch Ugogo zu ziehen; andere sollten nachkommen. Da man ihnen aber in Unyanyembé ganz bestimmt gesagt hatte, daß die Karawane jedenfalls am 14. abgehen werde, so wollte ich nicht länger warten.

Zwei Tage später kamen wir vor dem Dorfe Ngaraiso an, in welches die Spitze der Karawane hineinzugehen versuchte, doch wurden sie von den bösen Wakimbu mit Gewalt vertrieben.

Am 27. März gelangten wir nach Kiwyeh. Als wir mit dem Morgengrauen den Mdaburu-Fluß verließen, ließ ich den Leuten in aller Form warnend bedeuten, daß wir im Begriff wären, in Ugogo einzutreten. Unter lautem, trompetenartigem Blasen zogen wir aus dem Dorfe Kaniyaga und kamen durch ausgedehnte wogende Maisfelder. Da die Ähren reif genug zum Rösten und Dörren waren, wurden wir von einer Besorgnis befreit; denn sehr häufig leiden Karawanen zu Anfang März Hunger, der sowohl die Eingeborenen als Fremde heimsucht.

Darauf kamen wir in die Distrikte der Gummibäume und wußten, daß wir in Ugogo seien, denn die Wälder dieses Landes bestehen hauptsächlich aus Gummi- und Dornbäumen, Mimosen und Tamarisken sowie verschiedenen wilden Fruchtbäumen. Es gab viele Trauben, die jedoch noch nicht reif waren; auch fanden wir eine runde rötliche Frucht von der Süße der Sultanatraube mit stachelbeerähnlichen Blättern. Eine andere, etwa von der Größe einer Aprikose, hatte einen sehr bitteren Geschmack.

Als wir aus den dichten Dorndschungeln heraustraten, erblickten wir die ausgedehnten Ansiedlungen von Kiwyeh und fanden östlich vom Dorfe des Häuptlings einen Lagerplatz unter dem Schatten einer Gruppe kolossaler Baobabs.

Kaum waren wir im Lager, als wir überall Kriegshörner laut ertönen hörten und Boten erblickten, die nach allen Richtungen rasch dahinflogen, um Kriegsalarm zu schlagen. Als ich erfuhr, daß das Volk durch die Hörner zu den Waffen gerufen wurde, hatte ich zuerst halb und halb den Verdacht, daß ein Angriff auf unsere Expedition gemacht werden solle, doch erklärten mir die Worte »Urugu, Warugu« (Dieb, Diebe), die allgemein im Umlauf waren, alsbald die Ursache. Mukondoku nämlich, der Häuptling des bevölkerten, zwei Tagemärsche nach Norden zu liegenden Bezirkes, wo wir auf unserem früheren Zuge nach Westen etwas in Angst geraten waren, stand im Begriff, den jungen Mtemi, Kiwyeh, anzugreifen, und deshalb wurden die Soldaten von Kiwyeh zum Kampf zusammengerufen. Die Leute stürzten sich in ihre Dörfer, und in kurzer Zeit sahen wir sie in vollem Kriegskostüm heraufziehen. Straußen- und Adlerfedern wogten auf der Stirn oder Zebra-Mähnen um den Kopf; Knie und Knöchel waren mit kleinen Schellen besetzt. Vom Nacken flatterten ihre Dschoho-Gewänder; Speere, Assagais, Knüttel und Bogen schwenkten sie über dem Kopf oder hielten sie in der rechten Hand, als ob sie zum Wurf bereit seien. Zu beiden Seiten eines großen Heereskörpers, der im gleichmäßigen, raschen Doppelschritt aus dem Hauptdorfe herauskam, wobei die Schellen am Fuß- und Kniegelenk harmonisch erklangen, befanden sich Trupps von Plänklern, die ganz besonders begeistert zu sein schienen und sich auf dem Wege in Scheinkämpfen übten. Eine Kolonne nach der andern, Kompanien und Gruppen passierten eilig aus jedem Dorfe an unserem Lager vorüber, bis etwa fast tausend Soldaten in den Krieg gezogen waren. Diese Szene gab mir die beste Vorstellung von der Schwäche selbst der größten Karawanen, die zwischen Sansibar und Unyanyembé reisen.

Gegen Abend kehrten die Krieger aus dem Walde zurück, da der Alarm sich als grundlos erwiesen hatte. Anfangs hieß es allgemein, die Eindringlinge seien Wahehe oder Wadirigo, unter

Die Wagogo in vollem Kriegskostüm

welchem Spottnamen dieser Stamm wegen seiner Neigung zum Diebstahl bekannt ist. Die Wahehe machen oft Streifzüge nach dem fetten Vieh von Ugogo. Aus ihrem eigenen im Südwesten gelegenen Lande ziehen sie durch das Dickicht und bücken sich bei Annäherung an die Herden, indem sie sich den Körper mit aus Ochsenhaut bestehenden Schilden bedecken. Wenn sie so zwischen das Vieh und die Hirten gekommen sind, erheben sie sich plötzlich, fangen an, das Vieh mit Gerten zu peitschen, treiben es in die Dschungel zu den zu diesem Behuf Zurückgebliebenen, kehren dann schnell um und pflanzen ihre Schilde vor sich hin, um mit den empörten Schäfern zu kämpfen.

Am 30. langten wir in Khonze an, das sich durch die großen Laubkugeln auszeichnet, welche die riesigen Sykomoren und Baobabs über die Ebene ausbreiten. Der Häuptling von Khonze rühmt sich, vier Tembés zu besitzen, aus denen er 50 Bewaffnete um sich sammeln könnte. Von den Wanyamwezi-Bewohnern dazu angespornt, bereitete sich dieser Bursche darauf vor, sich unserer Weiterreise zu widersetzen, weil ich ihm nur 3 Doti (12 Meter Tuch) als Honga geschickt hatte.

Wir hielten und warteten auf die Heimkehr einiger uns freundlich gesinnter Wagogo-Reisender, die sich uns angeschlossen und die wir gebeten hatten, unserem Bombay bei den Unterhandlungen über den Tribut beizustehen. Plötzlich kamen diese Wagogo in atemloser Eile zu uns zurück und riefen: »Warum haltet ihr hier? Wollt ihr sterben? Diese Heiden wollen den Tribut gar nicht nehmen, sondern rühmen sich, daß sie euer ganzes Tuch verzehren wollen.«

Am 31. kamen wir zu Kamyenyi, dem großen Mtemi – Magombas –, dessen Sohn und Erbe Mtundu M'gondeh ist. Als wir gerade an dem Tembé des großen Sultans vorüberzogen, war sein Msagira oder erster Rat, ein angenehmer Mann mit grauem Haar, damit beschäftigt, eine Dornhecke um ein Fleckchen jungen Korns zu ziehen. Er begrüßte die Karawane mit einem sonoren »Yambo«, stellte sich an die Spitze derselben und führte sie an unsern Lagerplatz. Als er mir vorgestellt wurde, war er sehr herzlich in seiner Manier. Ich ließ ihm ein Kiti (Sessel) anbieten, und er unterhielt sich mit mir in leutseliger Weise. Er erinnerte

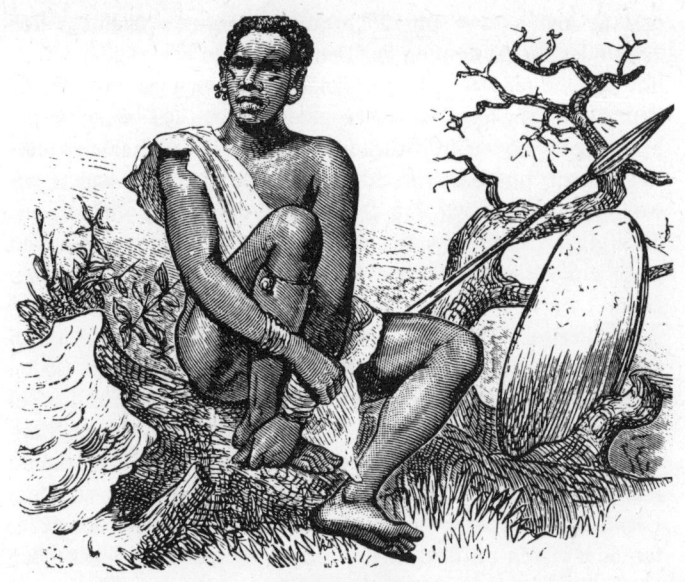
Unamapokera

sich meiner Vorgänger Burton, Speke und Grant sehr wohl und
sagte, ich sei viel jünger als sie. Auch bot er mir Eselsmilch an,
da er sich erinnerte, daß einer der Weißen (Burton?) solche zu
trinken pflegte. Die Art, wie ich sie trank, schien ihm sehr amü-
sant zu sein.

Sein Sohn Unamapokera war ein hoch aufgeschossener
Mann von etwa 30 Jahren, der mit mir große Freundschaft
schloß und mir den Tribut leichtzumachen sowie einen Menschen mitzugeben versprach, welcher mir den Weg zeigen solle
nach Myumi, einem Dorfe an der Grenze von Kanyenyi, wodurch ich den raubgierigen Kisewah vermeiden könne, der gewohnt sei, Karawanen großen Tribut abzunehmen.

Mit Hilfe Unamapokeras und seines Vaters gelang es uns,
nur wenig, das heißt 10 Doti zu zahlen, während Burton 60 Doti
Tuch hatte bezahlen müssen.

Am 1. April standen wir früh auf und erreichten Myumi
nach einem Marsche von vier Stunden; dann zogen wir weiter

und gelangten etwa um 2 Uhr nachmittags an einen großen Ziwa oder Teich inmitten der Dschungel und am nächsten Tage um 10 Uhr morgens auf die Felder von Mapanga. Als wir an dem Dorfe Mapanga vorbei an einen jenseits gelegenen Ruheplatz zogen, wo wir frühstücken und den Tribut bezahlen konnten, stürzte uns ein Bursche entgegen und fragte, wohin wir wollten. Nachdem wir ihm geantwortet, daß wir an einen Lagerplatz gingen, eilte er vorwärts, und wir hörten ihn gleich darauf in einem Felde zu unserer Rechten mit einigen Leuten sprechen.

Mittlerweile hatten wir einen anmutigen, schattigen Platz gefunden und haltgemacht; unsere Leute lagen auf dem Boden oder standen in der Nähe ihrer Lasten. Bombay war eben im Begriff, einen Ballen zu öffnen, als wir eine große Menge Menschen zusammenlaufen und laut schreien hörten. Gleich darauf kamen 40–50 Bewaffnete, ein Häuptling an der Spitze, aus dem Dickicht hervorgestürzt, schwangen ihre Speere über den Köpfen oder waren im Begriff, ihre Bogen zu spannen, und stießen ein Geheul aus, wie es nur Wilde können, das ungefähr wie ein langgezogenes »Hhaat-uh – Hhaat – uhh-uhh« klang und das zugleich trotzig, bestimmt und drohend, unverkennbar sagen wollte: »Ihr wollt doch wohl? Nein, ihr wollt nicht!«

Ich hatte es schon geahnt, daß die von mir gehörten Stimmen nichts Gutes für uns bedeuteten, und infolgedessen meine Waffen und Patronen in Ordnung gebracht. Das war wahrhaftig eine schöne Gelegenheit zu einem Abenteuer! Wenn sie nur einen Speer auf uns geworfen oder wir einen Schuß in diesen drohenden Haufen von Wilden hineingefeuert hätten, so wäre es zwischen den sich gegenüberstehenden Banden zu einem bösen Kampfe gekommen! Es wäre keine geregelte Schlacht, kein äußeres Kriegsgepränge, sondern ein mörderischer Strauß geworden, ein rasches Feuern von Hinterladern und Musketensalven, in das sich fliegende Speere und das Rauschen der Bogen gemischt hätten, wobei die Memmen sofort, von brüllenden Wilden verfolgt, fortgelaufen wären; und wer weiß, wie das geendet haben könnte? Zwar waren nur 40 Speere gegen 40 Flinten, aber wie viele von den mit Flinten Bewaffneten wären wohl davonge-

Ein mörderischer Strauß droht

laufen? Vielleicht alle, und ich wäre mit meinen kleinen Flintenträgern allein geblieben, um mir den Hals abschneiden oder mich enthaupten zu lassen, damit mein Kopf eine lange Stange in der Mitte eines Kigogo-Dorfes zieren könne, wie der des armen Monsieur Maizan in Dege la Mhora in Uzaramo. Welch glückliches Ende wäre das für meine Expedition gewesen! Und dazu der Verlust des Livingstoneschen Tagebuchs, der Frucht einer sechsjährigen Arbeit!

Hierzulande taugt es nichts zu kämpfen, wenn man nicht durch die alleräußerste Not dazu gezwungen wird. In Ugogo kann man nicht wie Mungo Park kriegerisch gesinnt sein und Glück haben, es sei denn, daß man eine ausreichende Zahl Truppen bei sich hat. Mit 500 Europäern könnte ich Afrika von Norden nach Süden durchstreifen und brauchte bei richtigem Takt und bei der moralischen Wirkung, die eine solche Truppe einflößt, nur wenig zu kämpfen.

Ohne also von dem Ballen aufzustehen, auf dem ich saß, bat ich den Kirangozi, eine Erklärung des furchtbaren Lärms und der drohenden Mienen zu verlangen und zu fragen, ob sie gekommen seien, um uns zu berauben.

»Nein«, sagte der Häuptling, »wir wünschen euch nicht den Weg zu versperren oder euch zu berauben, sondern wollen nur Tribut haben.«

»Aber seht ihr denn nicht, daß wir hier halten und der Ballen schon geöffnet ist, um euch den Tribut zu schicken. Wir sind so weit von eurem Dorfe, um, nachdem der Tribut bezahlt ist, unseres Weges weiterzuziehen, da der Tag noch jung ist.«

Der Häuptling brach in ein lautes Lachen aus, in das auch wir einstimmten. Er war offenbar über sein Betragen beschämt, denn freiwillig gab er die Erklärung ab, als er und seine Leute eben Holz schlugen, um einen neuen Zaun für ihr Dorf zu machen, sei ein Jüngling zu ihm gekommen und habe erzählt, daß eine Karawane von Wangwana im Begriff sei, durch das Land zu ziehen, ohne haltzumachen und zu erklären, wer sie seien. Alsbald waren wir sehr gute Freunde. Er bat mich, ihm Regen zu machen, da sein Korn leide und es seit Monaten keinen Regen gegeben habe. Ich sagte ihm darauf, daß die Weißen zwar

sehr groß und gescheit seien und weit über den Arabern stän-
den, aber doch keinen Regen machen könnten. Obwohl sehr
enttäuscht, bezweifelte er diese Behauptung doch nicht und gestattete uns, nachdem wir ihm ein geringfügiges Honga bezahlt,
unseres Weges zu ziehen, ja er begleitete uns sogar etwas weiter,
um uns den Weg zu zeigen.

Um 3 Uhr nachmittags kamen wir in ein Dornendickicht
und um 5 Uhr nach Muhalata, einem Gebiete, über das Nyam-
zaga als Häuptling herrscht. Ein Mgogo, den ich mir zum Freunde gemacht, erwies sich als sehr treu. Er gehörte nach Mulowa,
einem süd-südöstlich, südlich von Kulabi, gelegenen Lande, und
war unter Beihilfe von Bombay bei der Festsetzung des Tributs
in meinem Interesse sehr tätig. Als wir am nächsten Tage auf
unserem Weg nach Mvumi durch Kulabi zogen und die Wagogo
im Begriff waren, uns wegen des Honga Aufenthalt zu bereiten,
übernahm er es, uns von weiteren Zahlungen zu befreien, indem
er behauptete, wir seien aus Ugogo oder Kanyenyi. Da nickte
der Häuptling einfach mit dem Kopfe, und wir zogen weiter. Es
scheint also, daß die Wagogo von Karawanen, welche nur in ihrem eigenen Lande Handel treiben und nicht über ihre Grenzen
hinaus wollen, kein Lösegeld erpressen.

Am 4. April schlugen wir uns durch das Dickicht, nachdem
ich Bombay und meinen freundschaftlichen Mgogo mit 8 Doti
Tuch als Abschiedstribut an den Sultan abgeschickt, und in fünf
Stunden waren wir auf der Grenze der Wildnis Marenga Mkali,
dem »harten«, bitteren oder salzigen Wasser.

Aus unserem Lager schickte ich drei Leute nach Sansibar
mit Briefen an den amerikanischen Konsul, einer telegraphi-
schen Depesche an den »Herald« und der Bitte an den Konsul,
er möge die Leute bald wieder an mich zurückschicken mit einem Vorrat von Genußmitteln, wie sie hungrige, ermüdete und
durchnäßte Leute wohl zu schätzen wissen. Die drei Boten erhielten den Auftrag, sich durch nichts, ob Regen oder Flüsse
oder Überschwemmungen, aufhalten zu lassen, da wir sie, wenn
sie nicht vorwärtseilten, einholen würden, ehe sie die Küste erreichten. Mit einem inbrünstigen »Inschallah, Bana!« zogen sie
ab.

Am 5. begaben wir uns mit einem kräftigen aufmunternden Hurra mitten in die Wildnis, die ihrer ewigen Ruhe und Einsamkeit wegen den geräuschvollen Streitigkeiten der Wagogo-Dorfschaften sehr vorzuziehen war. Neun Stunden lang zogen wir dahin und stöberten durch lärmende Ausrufe wilde Rhinozerosse, furchtsame Quaggas und Herden von Antilopen auf, welche die Dschungel dieser breiten Salzbecken massenhaft bewohnen. Am 7. kamen wir unter strömendem Regen in Mpwapwa an, wo mein schottischer Begleiter Farquhar gestorben war.

Wir hatten den enormen Marsch von 338 englischen Meilen vom 14. März bis zum 7. April, das heißt in 24 Tagen, mit Einschluß aller Aufenthalte, zurückgelegt, was also etwas mehr als 14 Meilen täglich ausmachte.

Leukole, der Häuptling von Mpwapwa, bei dem ich Farquhar gelassen hatte, gab mir folgenden Bericht von seinem Tode: »Bis zum fünften Tage, nachdem Ihr ihn verlassen, schien der weiße Mann sich zu bessern; dann aber fiel er bei einem Versuch, aufzustehen und aus dem Zelte herauszuspazieren, auf den Boden. Von dem Augenblicke an wurde er immer schlimmer und schlimmer und starb am Nachmittag wie ein Mensch, der einschlafen will. Beine und Unterleib waren ihm bedeutend angeschwollen, und ich glaube, etwas muß in ihm zerrissen sein, als er fiel, denn er schrie wie ein Mensch, der großen Schaden erlitten hat, und sein Diener sagte: ›Der Herr meint, er sei im Begriff zu sterben.‹

Wir ließen ihn unter einen großen Baum tragen und daselbst liegen, nachdem wir ihn mit Blättern zugedeckt hatten. Sein Diener nahm Besitz von seinen Sachen, nämlich der Flinte, den Kleidern und der wollenen Decke, und zog in das Tembé eines Mnyamwezi in der Nähe von Kisokweh, wo er drei Monate gelebt hat und dann auch gestorben ist. Vor seinem Tode verkaufte er das Gewehr seines Herrn für 10 Doti an einen Araber, der nach Unyanyembé ging. Das ist alles, was ich davon weiß.«

Er zeigte mir hierauf die Vertiefung, in welche die Leiche Farquhars geworfen worden war; ich konnte dort aber keine Spur von seinen Gebeinen finden, obgleich wir uns genau danach umsahen, um ein anständiges Grab für sie herzustellen.

344

Ehe wir Unyanyembé verließen, waren fünfzig Leute zwei Tage lang damit beschäftigt, Felsblöcke zusammenzutragen, aus denen ich um das Grab Shaws einen soliden, dauerhaften Bau errichtete, der 8 Fuß lang und 5 Fuß breit war und von dem Dr. Livingstone meinte, er würde als das Grab des ersten in Unyamwezi verstorbenen Weißen Hunderte von Jahren dauern. Obwohl wir nun keine Überreste des unglücklichen Farquhar entdecken konnten, so sammelten wir doch eine große Menge Steine und bauten daraus einen Wall in der Nähe des Stromes auf, um den Ort zu bezeichnen, wo seine Leiche hingelegt worden war.

Am 12. April erreichten wir nach dem ermüdendsten Marsch, den ich je gemacht, die Mündung des Mukondokwa-Passes, aus welchem sich der Fluß in die Makata-Ebene ergießt. Wir erkannten, daß die Regenzeit in diesem Jahr ungewöhnlich heftig sei, denn der üble Zustand des Landes, wie wir ihn im vorigen Jahr angetroffen hatten, war nichts im Vergleich zu dem diesjährigen. Dicht am Rande der schäumenden, aufgeregten Flut lag unsere Route, die sich häufig in tiefe Gräben senkte, worin wir uns bisweilen bis an den Gurt, manchmal bis an den Hals im Wasser befanden. Doch wurden wir durch die dringendste Notwendigkeit weitergetrieben, um nicht in einer der Dorfschaften bis ans Ende der Monsunregen kampieren zu müssen. So zogen wir denn über Marschgründe, bis an die Knie im Kot watend, unter triefenden Dschungel-Gewölben, durch Pfützen, die bis an die Achseln reichten, weiter. Jeder Wasserlauf schien bis zum Überfließen voll zu sein, und noch immer strömte der Regen weiter, schlug die Oberfläche des Wassers zu einem gelben Schaum und peitschte uns, daß wir fast den Atem verloren. Ein halbtägiger Kampf gegen diese Schwierigkeiten brachte uns, nachdem wir über den Fluß gesetzt, wieder zu dem traurigen Dorfe Mvumi.

Die Nacht brachten wir damit zu, uns der schwarzen, gefräßigen Moskitos zu erwehren und in heldenmütigen Versuchen Ruhe und Schlaf zu finden, was uns zum Teil infolge der äußersten Ermattung des Körpers gelang.

Am 13. zogen wir vom Dorfe Mvumi fort. Es hatte die ganze Nacht geregnet und hörte auch am Morgen nicht auf. Meilenweit zogen wir über überschwemmte Felder, bis wir wieder einmal ans Ufer eines Flußarms kamen, wo derselbe eng und in der Mitte zu tief zum Übersetzen war. Wir fingen also an, einen Baum zu fällen, und richteten es so ein, daß er gerade über den Strom fiel. Über diesen gefallenen Baum bewegten sich unsere Leute langsam mit ihren Ballen und Kisten; Rodschab aber, ein junger Bursche, nahm, entweder aus Übereifer oder aus Tollheit, Livingstones Kasten, der seine Briefe und das Tagebuch enthielt, auf den Kopf und ging damit in den Fluß. Ich kam als erster am andern Ufer an, um den Übergang zu überwachen, und erblickte plötzlich diesen Menschen mit dem kostbarsten Kasten auf dem Kopf im Flusse gehend. Auf einmal fiel er in ein tiefes Loch, und Mann und Kasten verschwanden mir aus den Augen, so daß ich über das den Depeschen drohende Schicksal in Verzweiflung geriet. Zum Glück erholte er sich wieder und kam herauf, während ich ihm, einen auf seinen Kopf gezielten geladenen Revolver in der Hand, zuschrie: »Nimm dich in acht! Wenn du diesen Kasten fallen läßt, so wirst du sofort erschossen!«

Meine sämtlichen Leute hielten bei ihrer Arbeit inne und blickten auf ihren durch die Flut und die Kugel zugleich gefährdeten Kameraden. Der Mensch selbst schien die Pistole mit dem größten Schrecken anzusehen, und es gelang ihm nach einigen verzweifelten Anstrengungen, den Kasten glücklich ans Ufer zu bringen. Da die darin befindlichen Gegenstände keinen Schaden erlitten hatten, kam Rodschab ohne Strafe davon, wurde aber gewarnt, unter keinen Umständen den Kasten wieder anzurühren, welcher dem sicherfüßigen, vorzüglichen Pagazi Maganga zur Aufbewahrung übergeben wurde.

Von diesem Seitenfluß gelangten wir in etwa einer Stunde an den Hauptfluß; hier aber genügte uns ein Blick auf seine wilden Wasser. Wir arbeiteten angestrengt, um eine Fähre zu bauen; nachdem wir aber vier Bäume abgeschlagen, die grünen Stämme zusammengebunden und dann in den wirbelnden Strom hinabgestoßen hatten, sahen wir sie wie Blei sinken. Darauf banden

»Nimm dich in acht!«

wir sämtliche starken Seile, die wir besaßen, zusammen, machten daraus ein Tau von 180 Fuß Länge, wanden ein Ende desselben um Tschauperehs Körper und schickten ihn hinüber, um das Tau an einem Baume zu befestigen. Er wurde weit stromabwärts getrieben, da er aber ein vorzüglicher Schwimmer war, so gelang ihm der Versuch. Darauf wurden die Ballen, von den Seilen umschnürt, in den Strom gelassen und durch den Fluß ans andere Ufer gezogen, und ebenso geschah es mit dem Zelt und denjenigen Dingen, die durch das Wasser keinen Schaden leiden konnten. Auch wurden mehrere meiner Leute und ich selbst durch das Wasser gezogen, wobei die besten Schwimmer auf die Jungen aufpaßten. Als die Reihe aber an die Briefkästen und Wertsachen kam, wußten wir kein Mittel, sie herüberzubekommen. Es wurde daher auf jeder Seite des Stromes ein Lager aufgeschlagen; das eine auf einem Ameisenhaufen von erheblicher Höhe auf dem Ufer, das ich eben verlassen hatte; während meine Leute sich an einem flachen, schmutzigen Sumpfe niederlassen mußten. Ein fast fußhoher Damm wurde in einem Kreise von 30 Fuß Durchmesser aufgeworfen, mein Zelt in die Mitte desselben gestellt und ringsherum Lauben erbaut.

Dies war eine neue, außergewöhnliche Lage, in der wir uns befanden. Noch nicht 20 Schritt von unserm Lager schwoll ein Fluß an, der flache, niedrige Ufer hatte; über uns lagerte ein düsterer Regenhimmel; um uns zu drei Seiten ein ungeheurer Wald, auf dessen Zweige wir beständig den Regen herabprasseln hörten; uns zu Füßen ein großer, tiefer, schwarzer, ekelhafter Kot; hierzu kam noch der Gedanke, daß der Fluß austreten und uns dadurch völlig vernichten könne.

Am Morgen schwoll der Strom noch immer an, und ein unvermeidliches Geschick schien unser zu harren. Noch war es Zeit zu handeln, die Leute mit den wertvollsten Gegenständen der Expedition herüberkommen zu lassen; Dr. Livingstones Tagebuch und Briefe und meine eigenen Papiere hielt ich für viel wertvoller als alles andere. Als ich den schrecklichen Strom ansah, kam mir der Gedanke, daß ich vielleicht die Kästen dadurch einzeln herüberschaffen könne, daß ich zwei dünne Stangen schneiden, quer darüber Stöcke binden und dadurch eine

Art Tragbahre herstellen ließ, auf der ein Kasten angebunden werden könne. Zwei hinüberschwimmende Leute, die sich gleichzeitig am Tau hielten und die Enden der Stangen auf ihren Schultern hätten, mußten meines Erachtens imstande sein, einen Kasten von 70 Pfund bequem hinüberzuschaffen. In kurzer Zeit wurde eine solche Bahre angefertigt, und sechs Paar unserer stärksten Schwimmer wurden angefeuert durch ein Glas steifen Grog und ein Versprechen von Tuch, das ihnen in Aussicht stand, falls sie alles unbeschädigt ans Ufer brächten. Als ich sah, wie leicht sie sich mit der Bahre auf den Schultern hinüberzogen, war ich erstaunt, daß ich nicht früher auf diesen Plan verfallen war. Eine Stunde nachdem das erste Paar das Übersetzen begonnen hatte, befand sich die ganze Expedition sicher am östlichen Ufer. Sofort brachen wir unser Lager ab und marschierten nach Norden durch den sumpfigen Wald, der an einigen Stellen 4 Fuß unter Wasser stand. Nachdem wir sieben Stunden lang beständig im Wasser gewatet waren und manch eigentümliche Unfälle erlebt hatten, kamen wir nach Rehenneko. Jetzt befanden wir uns am Rande der überschwemmten Ebene des Makata, welche schon im Regen des vorigen Jahres zu schrecklich gewesen war, als daß man kalten Blutes daran hätte denken können, sie zu überschreiten.

Zehn Tage lang, bis zum 25., lagerten wir daher auf einem in der Nähe von Rehenneko gelegenen Berge und entschlossen uns erst, als der Regen vollständig aufgehört hatte, über den Makata zu setzen. Die Tuchballen waren sämtlich, mit Ausnahme einer kleinen Anzahl, die ich zu meinem eigenen Unterhalt zurückbehalten hatte, an die Leute als Geschenke für ihre Arbeit verteilt worden.

Wir hätten jedoch eigentlich noch einen Monat länger warten müssen, denn die Überschwemmung hatte sich noch nicht um 4 Zoll verringert. Da wir nun aber einmal bis an den Hals im Wasser wateten, so war es unnütz zurückzukehren. Auf zwei Märschen von jeweils acht Stunden arbeiteten wir uns durch Schlamm, Kot, tiefe Pfützen, bis an den Hals reichendes Wasser und wahre Kotfluten, schwammen über Nullahs, wateten durch Wasserrinnen und kamen am zweiten Tage gegen Sonnenuntergang an die Ufer des Makata-Flusses. Diese Nacht werden meine Leute wohl nie vergessen; kein einziger von ihnen war imstande einzuschlafen, ehe Mitternacht lange vorüber war, wegen der dichten Schwärme von Moskitos, welche uns zu verzehren drohten; und als am nächsten Tage das Marschhorn ertönte, war nicht einer unter ihnen, der nicht willig gewesen wäre, von hier rasch fortzumarschieren.

Um 5 Uhr morgens fingen wir an über den Makata zu setzen; am andern Ufer aber erstreckte sich 6 Meilen weit ein großer See, dessen Wasser langsam zum Wami flossen. Dies war der Zusammenfluß der Ströme; hier vereinigten sich vier Flüsse zu einem. Die Eingeborenen von Kigongo warnten uns zwar, den Versuch zu machen, da das Wasser uns über den Kopf reichen werde; ich brauchte aber meinen Leuten nur zu winken, und sie setzten ihren Weg fort. Selbst das Wasser – wir wurden geradezu zu Amphibien – war besser als der furchtbare Schmutz und die Haufen verwesender Pflanzen, die gegen das Boma des Dorfes getrieben wurden. Bald waren wir bis an die Schultern im Wasser; dann sank letzteres wieder bis an die Knie; darauf reichte es uns wiederum bis an den Hals, und wir mußten auf den Zehenspitzen waten und die Kinder über dem Wasser halten. Es wiederholten sich die Leiden des gestrigen Tages, bis wir am Rande des Kleinen Makata halten mußten, der in einem Tempo von 8 Knoten in der Stunde daherstürzte. Dieser war aber nur 50 Schritt breit, und auf der andern Seite erhoben sich ein hohes Ufer und trockenes Parkland, das sich bis nach Simbo ausdehnte. Es blieb uns nichts übrig, als zu schwimmen; dies ging aber sehr langsam vor sich, da die Strömung so reißend und stark war. Doch taten guter, tatkräftiger Wille, hohe Belohnungen, Geldgeschenke und das lebhafte Gefühl, daß wir uns der Heimat näherten, Wunder, und in einigen Stunden befanden wir uns am andern Ufer des Makata.

Freudig hoffend zogen wir den trockenen, ebenen Pfad, der jetzt vor uns lag, von Heldenmut und Veteranenausdauer beseelt, dahin. In einem Tage machten wir drei gewöhnliche Märsche ab und kamen lange vor der Nacht in Simba an.

Am 29. überschritten wir den Ungerengeri. Als wir nach Simbamwenni, der »Löwenstadt« von Useguhha, kamen, welche Veränderung erblickten wir da! Der überflutende Strom hatte die vordere Mauer der stark ummauerten Stadt vollständig fortgeschwemmt und etwa fünfzig Häuser zerstört. Die Dorfschaften der Waruguru an den Abhängen der Uruguru-Berge, der Mkambaku-Bergkette, hatten auch schwer gelitten. Wenn ein Viertel der Berichte, die uns mitgeteilt wurden, auf Wahrheit beruhte, so mußten wenigstens auch hundert Menschen umgekommen sein.

Die Sultanin war geflohen, und die Veste Kisabengos existierte nicht mehr! Ein tiefer Kanal, den er bei Lebzeiten hatte ausgraben lassen, um einen Arm des Ungerengeri in die Nähe der Stadt zu leiten, die sein Stolz war, hatte Simbamwenni zugrunde gerichtet. Nach der Zerstörung des Ortes hatte sich der Fluß ein neues Bett ungefähr 300 Meter von der Stadt gebildet. Was uns am meisten in Erstaunen setzte, waren die Massen von Trümmern, die überall in Haufen dalagen, und die große Anzahl Bäume, die niedergestreckt waren. Sie schienen sämtlich in derselben Richtung zu liegen, als ob ein starker Wind von Südwesten gekommen wäre. Der Anblick des Ungerengeri-Tals war vollständig verändert; aus einem Paradiese war es zu einer furchtbaren Wüste geworden.

Wir setzten unseren Marsch bis nach Ulagalla fort, und es wurde uns bei unserer Weiterreise klar, daß ein ungewöhnlicher Sturm über das Land hergefahren sei, denn die Bäume lagen an einigen Stellen wie in Schwaden.

Ein sehr anstrengender langer Marsch brachte uns nach Mussoudi, ans östliche Ufer des Ungerengeri; doch lange, ehe wir es erreicht hatten, wußten wir, daß ungeheuer viele Menschenleben und viel Eigentum zerstört worden waren. Man kann sich die Ausdehnung und den Charakter des Unglücks vorstellen, wenn ich sage, daß nach dem Berichte Mussoudis fast hundert Dorfschaften fortgefegt worden sind.

Der Diwan Mussoudi erzählte, die Einwohner hätten sich wie gewöhnlich zur Ruhe begeben, wie sie es seit fünfundzwanzig Jahren, wo er sich im Tale niedergelassen, immer getan, als sie mitten in der Nacht ein Getöse wie von vielfachem Donner hörten, das sie aufweckte und ihnen die Tatsache klarmachte, daß der Tod ihnen in Gestalt einer furchtbaren Wassermasse drohte, welche wie eine Mauer herabstürzte, die höchsten Bäume mit sich fortriß und mit einem grausen Schlage Dörfer zu Dutzenden der völligen Zerstörung anheimgab. Das sechs Tage nach dem Ereignis sich darbietende Schauspiel, wo der Fluß sich schon in seine während des Monsuns normale Breite und Tiefe zurückgezogen hatte, ist geradezu furchtbar. Wohin man auch blicken mag, findet man etwas, das auf die Verwüstung, die das Land heimgesucht hat, hinweist. Kornfelder sind viele Fuß hoch von Sand und Trümmern bedeckt; das Sandbett, das der Fluß verlassen hat, ist ungefähr eine Meile breit, und es stehen nur noch gegen drei Dörfer von allen, die ich auf der Hinreise nach Unyanyembé gesehen. Als ich Mussoudi fragte, wohin die Leute gegangen seien, antwortete er: »Gott hat die meisten derselben zu sich genommen; einige sind aber nach Udoe gegangen.« Der schwerste Schlag, der je den Stamm der Wakami getroffen, rührt allerdings von der Hand Gottes her, und um die Worte des Diwans zu brauchen: »Gottes Macht ist wunderbar, und wer kann ihm widerstehen?«

Ich kehre wieder zu meinem Tagebuche zurück und mache daraus folgende Auszüge:

30. April. An Msuwa vorbei reisten wir rasch durch Dschungel, die uns auf unserm Wege nach Unyanyembé so viele Beschwerden bereitet hatten. Welch schreckliche, unbeschreibliche, Ekel erregende Düfte erzeugt doch dieses Dickicht! Es ist so dicht, daß ein Tiger nicht hindurchkriechen, und so undurchdringlich, daß selbst ein Elefant es mit ganzer Kraft nicht durchbrechen könnte! Wenn man das hier von uns eingeatmete Miasma kondensieren und in eine Flasche füllen könnte, welch tödliches, augenblicklich wirkendes, in seinen Eigenschaften unenträtselbares Gift würde dies sein! Ich glaube, es würde rascher als Chloroform und tödlicher als Blausäure wirken.

1. Mai. Kingaru Hera. Hier hörten wir von einem großen Sturm, der in Sansibar gewütet und daselbst angeblich alle Häuser und Schiffe zerstört haben soll; ebenso sollte er in Bagamoyo

und Whinde gewütet haben. Ich bin jetzt hinreichend mit der Tendenz des Afrikaners zum Übertreiben bekannt, aber es mögen auch dort wirklich ernste Verluste stattgefunden haben, wie sich aus den Wirkungen des Sturmes im Innern schließen läßt. Man sagt mir auch, daß sich Weiße in Bagamoyo befinden, die im Begriff sind, ins Innere zu reisen, um mich aufzusuchen. Ich kann gar nicht begreifen, wer sich nach mir umsehen sollte. Man muß wohl irgendeine dunkle Vorstellung von meiner Expedition haben, obgleich ich es nicht erklären kann, wie sie davon etwas erfahren, daß ich jemanden aufgesucht habe, denn ich habe, ehe ich Unyanyembé erreichte, keiner Seele etwas davon gesagt.

2. Mai. Rosako. Kaum war ich im Dorf angekommen, als die drei Leute, die ich von Mvumi in Ugogo absandt, daselbst eintrafen und mir vom freigebigen amerikanischen Konsul einige Flaschen Champagner, mehrere Töpfe mit Fruchtsaft und zwei Büchsen Bostoner Zwieback mitbrachten. Nach meinen schrecklichen Erlebnissen im Makata-Tal war mir dies sehr willkommen.

4. Mai. Wir sind bei Kingweres Fähre angekommen, aber nicht imstande, die Aufmerksamkeit des Fährmanns auf uns zu ziehen. Zwischen unserem Lager und Bagamoyo haben wir eine wenigstens vier englische Meilen breit überschwemmte Ebene. Das Übersetzen unserer Expedition über dieselbe wird viel Zeit in Anspruch nehmen.

5. Mai. Kingwere, der Besitzer des Canoes, kam ungefähr um 11 Uhr vormittags aus seinem Dorfe Gongoni vom andern Ufer der Wasserfläche an. Nach seinen Bewegungen zu schließen, möchte ich annehmen, daß er der Nachkomme eines schwarzen Königs Log sei, denn ich habe in keinem Lande, an keinem Individuum die Eigentümlichkeiten jener fürstlichen Persönlichkeit so deutlich erkannt wie an Kingwere. Er brachte zwei kurze gebrechliche Nachen mit, in denen nur zwölf Mann von uns Platz hatten. Es war 3 Uhr nachmittags, ehe wir im Dorfe Gongoni ankamen.

6. Mai. Nachdem ich Kingwere die Notwendigkeit, rasch zu handeln, durch das Versprechen eines goldenen Fünfdollar-

stücks eingeschärft, hatte ich die Genugtuung, den letzten Mann um 3¹/₂ Uhr nachmittags in meinem Lager ankommen zu sehen.

Eine Stunde später sind wir auf dem Wege, und zwar in einem Schritt, den ich meine Karawane nie zuvor hatte annehmen sehen. Die Empfindungen jedes einzelnen sind außerordentlich gespannt, was sich durch eine gewisse Lebhaftigkeit, ja ich möchte sagen ein jähes Ungestüm der Bewegungen kundtut. Meine Gefühle entsprechen übrigens genau den ihrigen, und ich bin durchaus nicht zu stolz, die große Freude, die sich meiner bemächtigt hat, einzugestehen. Denn es erfüllt mich mit Stolz, daß ich die Sache glücklich zu Ende geführt habe; doch bin ich, ehrlich gesprochen, nicht einmal dadurch so freudig erregt als durch die Hoffnung, morgen an einer reichlich mit den guten Dingen dieser Welt besetzten Tafel zu sitzen. Welche Freude werde ich an Schinken, Kartoffeln und gutem Brot haben! Ist das nicht ein beklagenswerter Gemütszustand? Mein lieber Freund, warten Sie es ab, bis Sie durch abzehrenden Hunger und grobe, Ekel erregende Nahrung zu einem Skelett abgemagert sind; bis Sie durch einen Makata-Sumpf gewatet und in solchem Wasser, wie wir, 525 englische Meilen marschiert sind; dann werden auch Sie ordentliche Speisen für etwas Göttliches halten.

Glücklich sind wir, daß wir uns nach Vollendung unserer Expedition, nach der Plage und Eile des Marsches, nach aller Angst und Qual vor feindseligen Stämmen, nach dem angreifenden, fünfzehn Tage dauernden Marsche durch wahrhaft stygischen Morast und Kot der friedlichen Ruhe Beulahs nähern! Können wir es da wohl unterlassen, unsere Glückseligkeit kundzutun durch Abfeuern von Gewehren, bis unsere Pulverhörner geleert sind, oder durch Hurras auszudrücken, bis wir heiser sind, sowie jedes direkt von der See kommende Menschenkind mit herzlichen, die Seele erfreuenden »Yambos« zu begrüßen? Das halten die Wangwana-Soldaten für unmöglich, und ich sympathisiere so sehr mit ihnen, daß ich, ohne sie zu tadeln, ihre tollsten Streiche gestatte.

Mit Sonnenuntergang kommen wir in die Stadt Bagamoyo. In Beulah hörten wir die Worte: »Es sind noch mehr Pilger zur

Stadt gekommen«; in Bagamoyo sagte man: »Der Weiße ist zur Stadt gekommen.« Morgen werden wir nach Sansibar übersetzen und in die goldene Pforte eingehen; dort werden wir nichts mehr sehen, riechen oder schmecken, was den Magen beleidigt!

Der Kirangozi stößt so mächtig ins Horn wie Astolf, während sich Eingeborene und Araber um uns drängen; und die glänzende Fahne, deren Sterne über dem Wasser des großen Sees in Mittel-Afrika geflattert, die dem durch Unglück in U-dschidschi fast aufgeriebenen Livingstone Hilfe versprochen, kehrt zwar zerfetzt und zerrissen, aber nicht entehrt ans Meer zurück.

Als wir in die Mitte der Stadt kamen, sah ich auf den Stufen eines großen, weißen Hauses einen Weißen in Flanellkleidern und mit einer der meinigen ähnlichen Kopfbedeckung stehen; er war jung, hatte einen rötlichen Backenbart, ein leuchtendes, lebendiges, munteres Gesicht und hielt den Kopf leicht auf eine Seite gebeugt, wodurch er ein etwas nachdenkliches Aussehen bekam. Da ich mich mit allen Weißen gewissermaßen verwandt fühlte, spazierte ich auf ihn zu. Auch er kam auf mich zu, schüttelte mir die Hand und hätte mich fast umarmt.

»Wollen Sie nicht eintreten?« fragte er.

»Besten Dank.«

»Was wollen Sie trinken, Bier, Porter oder Branntwein? Bei Gott, ich gratuliere Ihnen zu Ihren glänzenden Erfolgen«, sagte er mit großer Erregung.

Ich erkannte ihn sofort. Es war ein Engländer. Sie haben es an sich, in dieser Weise aufzutreten; aber in Zentral-Afrika war es etwas anderes.

»Schönen Dank! Ich nehme alles sehr gern, was Sie mir geben wollen.«

»Junge, bringe rasch Bier her, oder ich werde dir sieben Teufel ausprügeln«, sagte er in lebhaftem Tone.

Es würde unnütz sein, Einzelheiten der Unterhaltung, die zwischen uns stattfand, mitzuteilen. Alsbald erzählte er mir mit der ihm eigenen leichten, lebendigen Weise, wer er sei, wozu er hergekommen, was seine Hoffnungen, Gedanken und Empfindungen über die verschiedensten Dinge seien. Es war Lieutenant

William Henn von der königlichen Marine, Anführer der Expedition zur Aufsuchung und Unterstützung Livingstones, welche die Königliche Geographische Gesellschaft im Begriffe war abzusenden. Der erste Führer derselben bei ihrer Organisation war Lieutenant Llewellyn S. Dawson, der, sobald er von meinen Leuten erfuhr, daß ich Livingstone aufgefunden, nach Sansibar übergesetzt war und nach einer Besprechung mit Dr. John Kirk seine Stelle niedergelegt hatte. Er hatte jetzt nichts mehr damit zu tun, sondern der Oberbefehl war dem Lieutenant Henn zugefallen. Auch ein gewisser Herr Charles New, ein Missionar aus Mombasah, hatte sich der Expedition angeschlossen; doch auch dieser war zurückgetreten. Jetzt blieb also niemand übrig als Lieutenant Henn und Oswald Livingstone, der zweite Sohn des Doktors.

»Ist Herr Oswald Livingstone hier?« fragte ich mit höchstem Erstaunen.

»Jawohl, er wird sogleich erscheinen.«

»Was wird er jetzt tun?« fragte ich.

»Ich halte es jetzt für mich nicht der Mühe wert, mich auf die Expedition zu begeben. Sie haben uns den Wind weggefangen. Da Sie ihm Hilfe gebracht haben, so hat es, nach meiner Ansicht, eigentlich keinen Zweck, daß ich hingehe. Was meinen Sie?«

»Das hängt davon ab. Sie kennen die Ihnen erteilten Befehle am besten. Wenn Sie nur hergekommen sind, um ihn aufzusuchen und ihm Hilfe zu bringen, so kann ich Ihnen in Wahrheit sagen, daß das bereits geschehen ist und daß er nichts als einige Büchsen eingemachtes Fleisch und noch ein paar Kleinigkeiten braucht, die Sie wohl nicht haben. Ich habe die Liste davon von ihm selbst geschrieben bei mir. Jedenfalls muß aber sein Sohn hingehen, und für den kann ich mit Leichtigkeit Leute zusammenbringen.«

»Gut, wenn er schon Hilfe hat, so ist mein Hingehen zwecklos ... Ich hatte auf gute Jagd gehofft, von der ich ein großer Freund bin. Wie gerne möchte ich einen afrikanischen Elefanten erlegen.«

»Nun, Livingstone bedarf Ihrer nicht. Wie er sagt, hat er hinreichend viele Vorräte, um bequem seine Reise zu beendigen; und er muß es doch am besten wissen. Wenn ihm etwas mangelte, so würde er es in seiner Liste aufgeführt haben. Eine größere Fülle würde ihm nur eine Last sein, denn er könnte nicht Lastträger dafür bekommen. Was haben Sie da?«

»Ach«, sagte er lächelnd, »wir haben ein Magazin voll Tuch und Perlen, wir haben mehr als 190 Lasten an Vorräten.«

»190 Lasten!«

»Jawohl.«

»Wohin wollen Sie denn mit allen diesen Lasten? Es gibt ja an der ganzen Küste nicht genug Leute, um eine solche Masse zu transportieren. Denn für 190 Lasten brauchen Sie 250 Träger, da sie wenigstens 50 Überzählige mitnehmen müßten!«

Jetzt trat ein hochaufgeschossener, hagerer junger Mann mit hellem Teint, blondem Haar, dunklen, glänzenden Augen herein, der mir als Herr Oswald Livingstone vorgestellt wurde. Es bedurfte kaum der Einführung, denn in seinen Zügen lag viel, was an seinen Vater erinnerte. Er sah ruhig und entschlossen aus, und in der Art, wie er mich begrüßte, zeigte sich ein schweigsamer Charakter, woraus ich auf eine empfängliche Natur schloß, die für die Zukunft Gutes versprach. Es konnte kaum einen größeren Kontrast geben als zwischen diesen beiden jungen Leuten. Der eine flüchtig, geschwätzig, inkonsequent, aufbrausend, von unbezwinglicher Lebenslust überschäumend, von der Beweglichkeit des Quecksilbers, heiter und jovial; der andere gesetzt bis zum Ernst, von gleichmäßig ruhigem Betragen, mit entschlossenem, festem Gesicht, aber aufblitzenden Augen, die seinen sonst unbeweglichen Gesichtsausdruck belebten. Von beiden würde nach meiner Meinung wohl der letztere der geeignete Führer einer Expedition gewesen sein; doch wäre Henn, wenn er Ausdauer, und zwar nicht bloß die zur physischen Konstitution gehörige, sondern den sittlichen Mut besaß, mit Ausdauer und Tapferkeit stets wiederkehrendes Unglück, Fieber, Entbehrungen und Beschwerden zu ertragen, wegen seines Humors und seiner übersprudelnden Munterkeit ein wünschenswerter Gefährte gewesen. Livingstone schien seiner Natur nach imstande zu sein, die ganze Last der Verantwortlichkeit zu tragen, wogegen Henn bei seiner natürlichen Lebendigkeit und impulsivem Wesen noch zu jung für eine solche Aufgabe zu sein schien, obwohl er sich im reifen Mannesalter befand.

»Ich habe soeben dem Lieutenant Henn gesagt, daß, gleichviel ob er geht oder nicht, Sie Ihren Vater aufsuchen müssen, Herr Livingstone.«

»Gewiß, das will ich.«

»Das ist schön. Ich werde Ihnen Leute und die Vorräte, deren Ihr Vater bedarf, besorgen. Meine Leute werden sie ohne Schwierigkeiten nach Unyanyembé bringen. Diese kennen den Weg gut, und das ist ein großer Vorteil; sie verstehen es, mit Negerhäuptlingen zu unterhandeln, und Sie werden sich um ihretwillen nicht den Kopf zu zerbrechen, sondern nur zu marschieren brauchen. Vor allen Dingen ist Eile nötig. Denn Ihr Vater wartet auf die Sachen.«

»Ich werde sie schon rasch genug marschieren lassen, wenn es nur darauf ankommt.«

»Sie werden mit wenig Gepäck landeinwärts ziehen und daher leicht lange Märsche machen können.«

So war es denn abgemacht. Henn kam zu der definitiven Ansicht, daß, da der Doktor bereits Hilfe erhalten, er selbst nicht nötig sei. Ehe er jedoch förmlich seine Stelle niederlegte, wollte er noch mit Dr. Kirk Rücksprache nehmen und zu dem Zweck am nächsten Tage mit der Expedition des »Herald« nach Sansibar übersetzen.

Um 2 Uhr morgens legte ich mich in bequemem Bett zum Schlafen nieder. Gewisse Dinge im Schlafzimmer, wie z. B. Ränzel, Tornister, Mantelsäcke, Sättel, Gewehrfutterale, hatten einen Geruch von Neuheit an sich. Offenbar fehlte es der neuen Expedition noch an Erfahrung; doch hätte eine Reise ins Innere bald den Vorrat von überflüssigen Dingen, mit denen sich jeder Neuling zuerst belastet, verringert.

Ach! Wie seufzte ich erleichtert auf, als ich mich auf mein Bett warf und den Gedanken faßte: »Gott sei Dank, mit dem Marschieren hat es ein Ende.«

Baker	Sir Samuel White Baker (1821–1893), englischer Afrikaforscher, der auf der Suche nach den Nilquellen 1861–1865 den dunklen Erdteil bereiste und den nach dem Prinzgemahl der britischen Königin benannten Albertsee entdeckte.
Bana	Herr.
Baobab	Affenbrotbaum (Adansonia). Laubwerfender Steppenbaum mit ungemein dickem Stamm.
Boma	Kreisrunde Einhegung aus Dornenverhau oder Palisaden.
Bubu	Schwarze Perlen.
Burton	Sir Richard Francis Burton (1821–1890), englischer Forschungsreisender, der 1853 Arabien und 1854 Äthiopien bereiste. Zusammen mit Speke (s. d.) entdeckte er 1858 bei der Suche nach den Nilquellen den Tanganikasee (s. d.).
Dabwani	Tuchsorte.
Dhau	Dhow, Dhaw, arabischer Zweimaster.
Diwan	Eigentl. Versammlung, Gesellschaft. Von den Eingeborenen in Ostafrika auch für Ältester, Häuptling oder ganz allgemein obrigkeitliche Person gebraucht.
Doti	Arabische Maßeinheit für vier Yard (s. d.) Tuch.
Dowa	Medizin.
Fundo	Zehn Halsbänder oder zehn »Khetes«.

Fuß	Hier als englisches Längenmaß von 0,305 Meter.
Ghulabio	Perlenart.
Grant	James Grant (1827–1892), englischer Afrikaforscher, der 1860–1864 zusammen mit Speke (s. d.) den Nillauf erforschte.
Hadschi	Arabische Bezeichnung für Mekkapilger.
Hafde	Perlenart.
Hamal	Lastträger.
Honga	Tribut.
Ismahili	Eingeborenenbezeichnung für eine Tuchart.
Kadunguru	Ziegelfarbige Perlenart.
Kaif-Halek	arab. »Wie geht es Ihnen?«
Kaliko	= Kattun, leinwandartig gewebtes Baumwollzeug.
Kaniki	In Indien hergestellte blaue Tuchart.
Khambi	Lager.
Khedive	pers. »Herr, Fürst«; 1845–1914 der Titel des ägyptischen Vizekönigs.
Kinglake	Alexander William Kinglake (1809–1891) schrieb 1863–1887 ein großes Werk über »The Invasion of the Crimea« (Eroberung der Krim).
Kirangozi	Führer.
Kitambi	Tuchart.
Kiti	Sessel.
Kitschuma-tschuma	»Kleine Eisen«, Suahelibezeichnung für eine Leberkrankheit.
Kopalgummi	Palmharz von großer Härte, das wie Bernstein zu Dreh- und Schnitzarbeiten dient, vor allem aber zur Herstellung von Lakken und Firnissen.

Lakhio	Rosafarbene Perlenart.
Lunghio	Blaue Perlen.
Lunghio mamba	Kleine blaue Perlen.
Lunghio rega	Große blaue Perlen.
M-	Suaheli-Vorsilbe, die zur Bezeichnung *eines* Einwohners eines Landes dient, z. B. M-dschidschi = ein Bewohner aus Dschidschi (vgl. U- und Wa-).
Martin Chuzzlewit	Romanfigur von Charles Dickens.
Manyapara	Ältester oder Unterhäuptling.
Matama	Sorghum oder arabische Durra = Hirseart.
Mbembu	Waldpfirsich.
Meile	Engl. Meile (Statute Mile) = 1609,81 m.
Merikani	Ungebleichte, in Amerika hergestellte Baumwollstoffe.
Mganga	Medizinmann oder Zauberdoktor.
Miezi-Mungo	Suaheli-Wort für Gott.
Mtemi	König.
Mtoni	Wasserlauf.
Muhongo	Tribut.
Mulungu	Eingeborenenbezeichnung für Gott.
Mukunguru	Eingeborenenbezeichnung für Malaria.
Musungu	= Wasungu, Weißer.
Mvuha	Donner.
Ngombe	Kuh.
Pagazi	Lastträger.
Percy und Douglas	Anspielung auf eine Episode der engl.-schottischen Geschichte (Kampf zwischen James Douglas und Henry Percy).
Poscho	Nahrungsmittel.

Réaumur-Grad	Die Thermometerskala nach Réaumur umfaßt bis zum Siedepunkt 80°. Umrechnungsformel: $x°R = ^5/_4 \, x°C$.
Sami-Sami	Rote Perlen.
Sansibar	Insel vor der ostafrikanischen Küste, 1660 km², mit der gleichnamigen Hauptstadt, z. Z. Stanleys Sitz eines Sultans, gehört heute zu Tansania.
Schamba	Feld.
Schasch	Musselintuch.
Scheikh	= Scheich, arab. Titel, der aus Höflichkeit auch älteren Männern gegeben wird.
Schukka	Maßbezeichnung der Eingeborenen für zwei Yards (s. d.) Tuch.
Sohari	Farbige Tuchart.
Speke	John Hanning Speke (1827–1864), er bereiste 1857–1859 zusammen mit Burton (s. d.) Zentralafrika und entdeckte u. a. 1858 den nach der britischen Königin benannten Victoriasee.
Sungomazzi	Große Glas- oder Porzellanperlen.
Tamarinde	In Ostafrika heimischer Steppenbaum.
Tamariske	In Südeuropa, Afrika und Indien heimische Strauchart.
Tanganika	= Tanganjika (Lake Tanganyika), langgestreckter · See in Zentralafrika, 34 000 km² groß, 670 km lang, bis zu 80 km breit, Seespiegel 773 m ü. M. Zuflüsse: Malagarasi und Rusizi (den Livingstone und Stanley erforschten), entwässert durch den Lukugu zum Lualaba-Kongo.
Tembé	Haus.
Toudschiri	Tuchart.

Tsetse-Fliege	(Zungenfliege-Glossinidae). Blutsaugende große Fliege, die beim Stich die Tsetse-Krankheit auf das Vieh und die Schlafkrankheit auf die Menschen überträgt.
U-	Suaheli-Vorsilbe, Bezeichnung für »Land« (s. M- und Wa-).
Udschidschi	= Udjidji, Ujiji, Stadt im heutigen Tansania am Ostufer des Tanganikasees (s. d.), früher bedeutender arabischer Sklavenmarkt.
Uganga	Eingeborenenbezeichnung für Arznei.
Unyanyembé	= Unjanjembe, zentrale Provinz von Unyamwesi (Unjamwesi), gehört heute zu Tansania.
Wa-	Suaheli-Vorsilbe, Bezeichnung für *mehrere* Bewohner eines Landes, z.B. Wanyanyembe als die Bewohner des Landes (U-)nyanyembé (s. d.).
Wakonongo	Eingeborenenbezeichnung für Araber.
Wasawahili	= (Wa-)suaheli, die das Suaheli (Bantu-Dialekt) sprechende ostafrikanische Bevölkerung zwischen Somalia und Moçambique.
Waschensi	Verächtliche Bezeichnung für »Eingeborene«.
Yambo	Suaheli: »Wie geht es?« Auch ganz allgemein als Gruß.
Yard	Englisches Längenmaß = 0,914 m.
Ziwa	Kleiner See, auch Tümpel.
Ziwani	Teich.

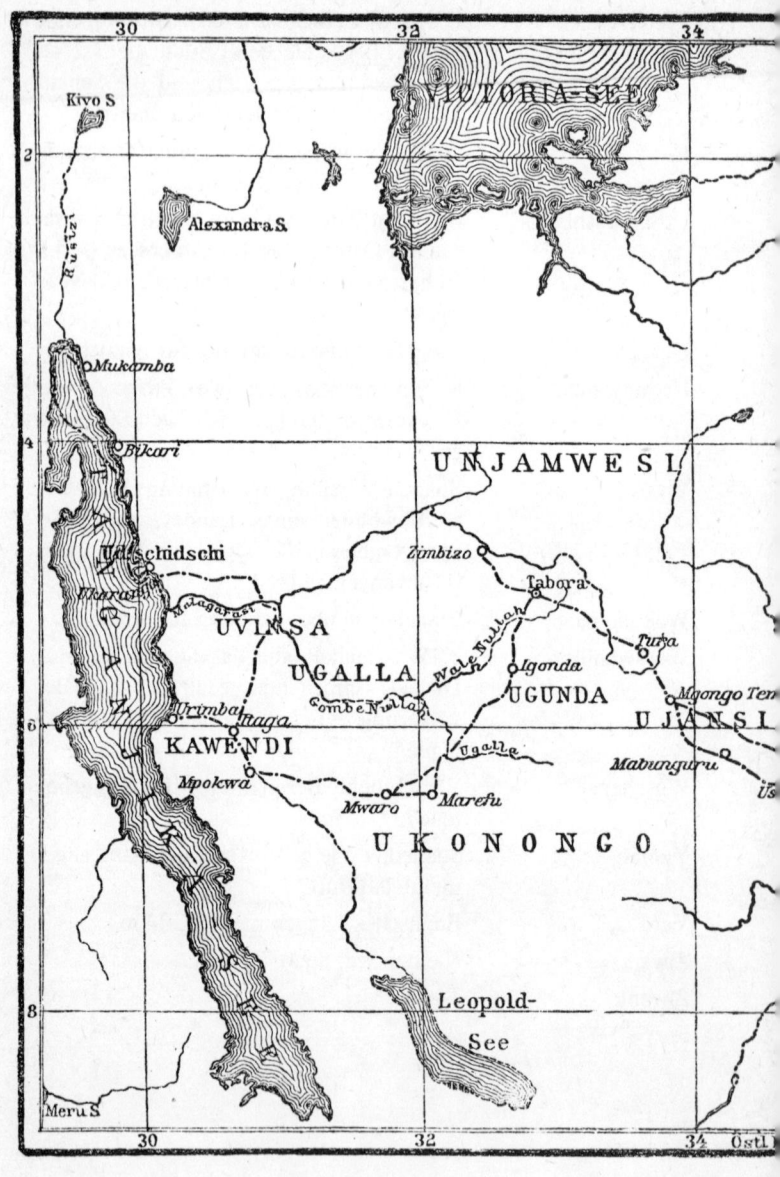

30   32   34

Kivo S.

VICTORIA-SEE

2

Alexandra S.

Mukamba

Bikari

4

UNJAMWESI

Uretschidschi

Zimbizo

Tabora

Ukurū

Malagarasi

UVINSA

Tura

Wale Nullah

UGALLA

Igonda

Mgongo Tem

Gombe Nullah

UGUNDA

UJANSI

Urimba

Itaga

Usalle

Mabunguru

6

KAWENDI

Mpokwa

Mwaro

Marefu

UKONONGO

Leopold-

8

See

Meru S.

30   32   34 Östl.

Karte eines Teils von

OST-AFRIKA

zur Veranschaulichung von
Henry Stanley's Zug
zur Aufsuchung Dr Living stone's
1871–72.
Maßstab 1:8000000
Kilometer

36   38

Natron S.

Kilima-Ndscharo

Galana Sabar

Wanga

Pangani

Pufu

I Pemba

Saadani   Zanzibar   I Zanzibar

Tschunjo

Mpwapwa

Wami

USAGARA

Kondowa

Simbamweni

Udoe

Ugogo

Kondoa

Bagamojo

Dar-es-Salaam

Ukami

Mgeta

Kingani

USARAMO

UKWERE

I Mafia

Pronga

Rufidschi

Greenw 36   38

Beck, Hanno: Große Reisende. Entdecker und Erforscher unserer Welt. München 1971. Darin: S.227–238: David Livingstone.

Campbell, R. J.: David Livingstone. London 1929.

Daye, Pierre: Stanley. Die Eroberung von Zentralafrika. Leipzig 1937.

Hassert, Kurt: Die Erforschung Afrikas. Leipzig 1941.

Jeal, Tim: Livingstone. London 1973.

Livingstone, David: Missionsreisen und Forschungen in Süd-Afrika während eines sechzehnjährigen Aufenthalts im Innern des Continents. 2 Bde. Leipzig 1858. Bearbeitete Neuausgabe unter dem Titel: Zum Sambesi und quer durchs südliche Afrika 1849–1856. Edition Erdmann in K. Thienemanns Verlag: Stuttgart 1985.

ders.: Neue Missionsreisen in Süd-Afrika unternommen im Auftrage der englischen Regierung ... in den Jahren 1858–1864. 2 Bde. Jena und Leipzig 1866.

ders.: Letzte Reise von David Livingstone in Centralafrika von 1865 bis zu seinem Tode 1873. Hrsg. v. Horace Waller. 2 Bde. Hamburg 1875.

Schiffers, Heinrich: Wilder Erdteil Afrika. Das Abenteuer der großen Forschungsreisen. Bonn 1954.

Stanley, Henry Morton: Wie ich Livingstone fand. 2 Bde. Leipzig 1879. (auch Neuübersetzung von D. Haek, Leipzig o. J. = Reclam UB 2908–2913).

ders.: Durch den dunkeln Welttheil. 2 Bde. Leipzig 1878. Bearbeitete Neuausgabe des 2. Bandes unter dem Titel: Die Entdeckung des Kongo, Edition Erdmann in K. Thienemanns Verlag: Stuttgart 1982.

ders.: Mein Leben. 2 Bde. [3]Basel 1914.

Wassermann Jakob: Das Leben Stanleys. Zürich 1949.

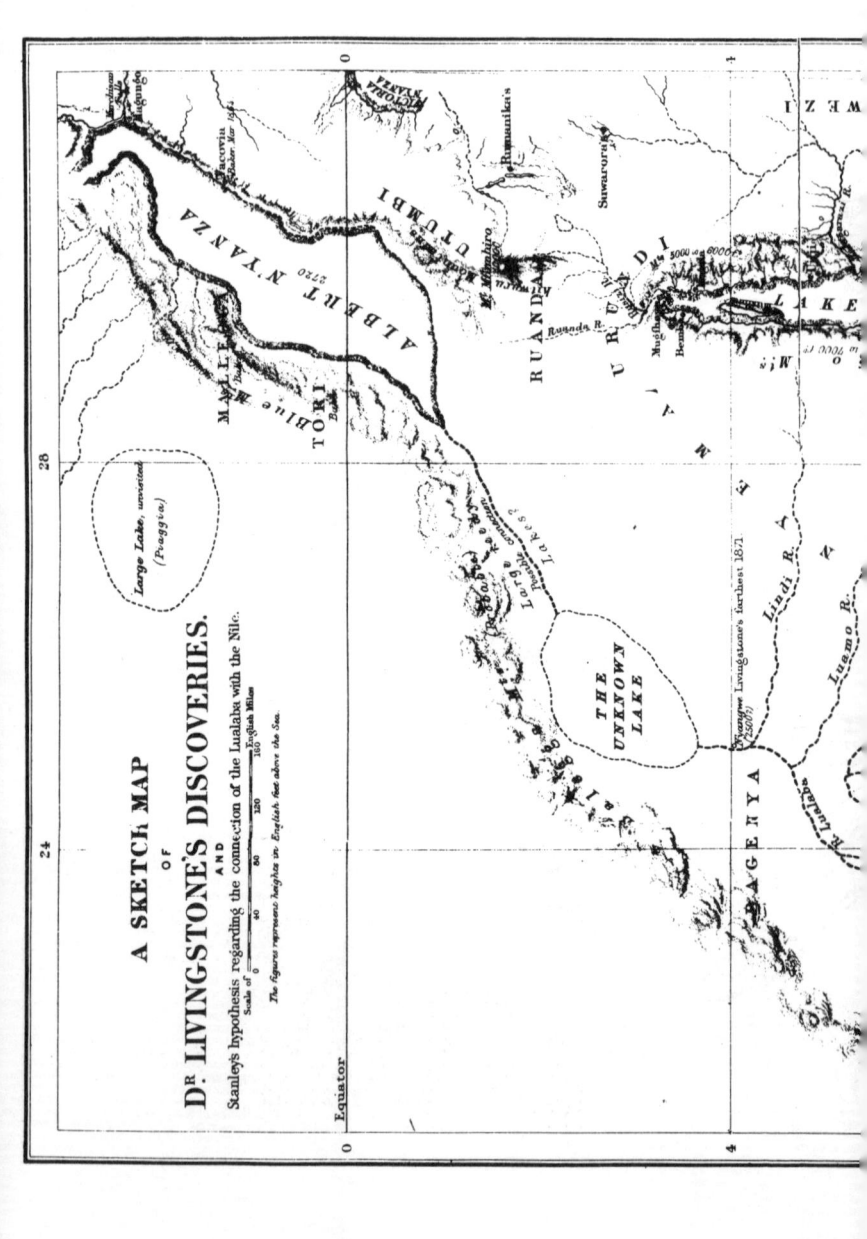

A SKETCH MAP
OF
DR LIVINGSTONE'S DISCOVERIES.
AND
Stanley's hypothesis regarding the connection of the Lualaba with the Nile.

Scale of
English Miles
0 40 80 120 160

The figures represent heights in English feet above the Sea.

Equator

Large Lake, unvisited

(Piaggia.)

VICTORIA
NYANZA

ALBERT NYANZA   2720

UTUMBI

MAUE W'TUNE
TORI
Bara

RUANDA

Rusako R.

URUNDI   LAKE

Rusausikas

M. Wombiro

Suwaromos

5000 to 6000 ft

Mugihewa
Bembe

to 7000 ft

M.

Large Lakes

Kabuga

THE
UNKNOWN
LAKE

BAGENYA

Nyangwe Livingstone's farthest 1871
(2500)

Luamabis

Lindi R.

Luamo R.

R. Lualaba

Equator

0

4

28   24